Kohlhammer

Kohlhammer
Standards Psychologie

Begründet von
Theo W. Herrmann
Werner H. Tack
Franz E. Weinert (†)

Herausgegeben von
Marcus Hasselhorn
Herbert Heuer
Frank Rösler

Heinz-Dieter Schmalt
Thomas A. Langens

Motivation

4., vollständig überarbeitete und erweiterte Auflage

Verlag W. Kohlhammer

Dieses Werk einschließlich aller seiner Teile ist urheberrechtlich geschützt. Jede Verwendung außerhalb der engen Grenzen des Urheberrechts ist ohne Zustimmung des Verlags unzulässig und strafbar. Das gilt insbesondere für Vervielfältigungen, Übersetzungen, Mikroverfilmungen und für die Einspeicherung und Verarbeitung in elektronischen Systemen.
Die Wiedergabe von Warenbezeichnungen, Handelsnamen oder sonstigen Kennzeichen in diesem Buch berechtigt nicht zu der Annahme, dass diese von jedermann frei benutzt werden dürfen. Vielmehr kann es sich auch dann um eingetragene Warenzeichen oder sonstige gesetzlich geschützte Kennzeichen handeln, wenn sie nicht eigens als solche gekennzeichnet sind.

Es konnten nicht alle Rechtsinhaber von Abbildungen ermittelt werden. Sollte dem Verlag gegenüber der Nachweis der Rechtsinhaberschaft geführt werden, wird das branchenübliche Honorar nachträglich gezahlt.

4., vollständig überarbeitete und erweiterte Auflage 2009

Alle Rechte vorbehalten
© 1981/2009 W. Kohlhammer GmbH Stuttgart
Gesamtherstellung:
W. Kohlhammer Druckerei GmbH + Co. KG, Stuttgart
Printed in Germany

ISBN 978-3-17-020109-5

Inhalt

Vorwort zur 4. Auflage		9
1	**Was ist Motivation?**	**13**
1.1	Gegenstand der Motivationspsychologie	13
1.2	Basiskonzepte der Motivationspsychologie	18
	1.2.1 Motive	18
	1.2.2 Anreize	20
	1.2.3 Das Zusammenwirken von Anreizen und Motiven	22
	1.2.4 Anreiz und Emotion	23
	1.2.5 Erwartungen	26
1.3	Motivation durch Erwartung und Wert	27
1.4	Proximate und ultimate Ziele	28
1.5	Motive, Ziele und Motivation	30
1.6	Wille und Bewusstheit	31
1.7	Aufsuchen – Meiden	34
1.8	Auf ein Wort …	37
2	**Methoden der Motivationspsychologie**	**39**
2.1	Der experimentell-psychologische Ansatz	40
2.2	Kontrolle und Variation der Anreize	42
2.3	Kontrolle der organismischen Bedingungsfaktoren	44
	2.3.1 Neuroendokrinologie	46
	2.3.2 Bildgebende Verfahren	50
2.4	Messung von Motiven	52
2.5	Auf ein Wort …	57
3	**Forschungsansätze der Motivationspsychologie**	**58**
3.1	Der instinkttheoretische und ethologische Ansatz	59
3.2	Evolutionspsychologische und soziobiologische Ansätze	64
3.3	Der psychoanalytische Ansatz	69
3.4	Behavioristische Ansätze	73
3.5	Emotionspsychologische Ansätze	75
3.6	Kognitive Ansätze	80

Inhalt

3.7	Handlungstheoretische Ansätze	85
	3.7.1 Eine geschichtliche Kontroverse: Ach kontra Lewin	86
	3.7.2 Sequenzielle Modelle	89
	3.7.3 Hierarchische Modelle	96
3.8	Auf ein Wort ...	98

4 Bewusste und unbewusste Motivation ... 100

4.1	Implizite und explizite Motive	101
4.2	Verhaltenssteuerung durch implizite Motive: die Hypothese der somatischen Marker	105
4.3	Interaktion von impliziten und expliziten Motiven	108
4.4	Bewusste und unbewusste Ziele	110
4.5	(In)Kongruenz zwischen bewussten und unbewussten motivationalen Prozessen	114
4.6	Auf ein Wort ...	119

5 Hunger ... 120

5.1	Phänomene und Funktion	120
5.2	Organismische Bedingungsfaktoren	123
	5.2.1 Periphere Mechanismen	124
	5.2.2 Zentrale Mechanismen	128
5.3	Kognitive Bedingungsfaktoren	130
5.4	Lernfaktoren	135
5.5	Auf ein Wort ...	136

6 Sexualität ... 138

6.1	Phänomene und Funktion	138
6.2	Natürliche und sexuelle Selektion	139
	6.2.1 Fluktuierende Asymmetrie (FA)	140
	6.2.2 Sexuelle Attraktivität	143
6.3	Paarbildung und Partnerschaft	144
6.4	Sexuelle Erregung	150
6.5	Organismische Faktoren im Sexualverhalten	153
6.6	Soziale Faktoren	156
6.7	Auf ein Wort ...	157

7 Neugier und Exploration ... 159

7.1	Phänomene und Funktion	159
7.2	Klassifikation des Neugierverhaltens	161
	7.2.1 Spezifisches Neugierverhalten	163
	7.2.2 Diversives Neugierverhalten	166

7.3	Interindividuelle Unterschiede im Explorationsverhalten	167
7.4	Organismische Bedingungsfaktoren	171
7.5	Auf ein Wort ...	172

8 Angst und Furcht . . . 174

8.1	Phänomene und Funktion	174
8.2	Situative Auslöser der Angst	177
8.3	Die Triebkonzeption der Angst	178
8.4	Kognitive Modelle der Angst	180
	8.4.1 Aufmerksamkeitshypothesen der Ängstlichkeit	180
	8.4.2 Besorgtheit und Emotionalität als Komponenten der Ängstlichkeit	182
8.5	Angst in Konfliktsituationen und ihre Bewältigung	183
8.6	Angstkontrolle	187
8.7	Ängstlichkeit als Zustand (State) und als Disposition (Trait)	189
8.8	Neurobiologie der Angst	192
8.9	Auf ein Wort ...	193

9 Aggression . . . 195

9.1	Phänomene und Funktion	195
9.2	Biologische Grundlagen aggressiven Verhaltens	199
	9.2.1 Aggression bei Tieren	199
	9.2.2 Neurobiologie aggressiven Verhaltens	200
	9.2.3 Hormonale Faktoren	201
9.3	Situative Bedingungsfaktoren menschlichen aggressiven Verhaltens	202
	9.3.1 Die Frustrations-Aggressions-Hypothese	202
	9.3.2 Unangenehme Ereignisse und Aggression	204
9.4	Vermittelnde Mechanismen: affektive und kognitive Bedingungsfaktoren aggressiven Verhaltens	206
	9.4.1 Die Bedeutung des Ärgeraffekts und physiologische Erregung	207
	9.4.2 Die Bedeutung von Handlungsintentionen	208
9.5	Eine Erwartung-Wert-Theorie der Aggression: die Bedeutung antizipierter Konsequenzen	211
9.6	Gewalt in den Medien	216
9.7	Auf ein Wort ...	217

10 Machtmotivation . . . 219

10.1	Phänomene und Funktion	219
10.2	Macht, das Individuum und die Gesellschaft	221
10.3	Aufsuchen und Meiden in der Machtmotivation	223
10.4	Die Neurobiologie des Machtmotivs	226
10.5	Situative Determinanten machtmotivierten Verhaltens	228

Inhalt

10.6 Das Machtmotiv, politische Führung und Krieg und Frieden 231
10.7 Auf ein Wort 234

11 Anschluss und Intimität 236
11.1 Phänomene und Funktion 236
11.2 Die Messung sozialer Motive 238
11.3 Korrelate des Anschlussmotivs 241
11.4 Endokrinologische Grundlagen der Anschluss- und Intimitätsmotivation 246
11.5 Körperliche und psychische Gesundheit 250
11.6 Auf ein Wort 254

12 Leistungsmotivation 256
12.1 Phänomene und Funktion 256
12.2 Das Leistungsmotiv 258
12.3 Das Zusammenwirken von Person- und Situationsfaktoren:
     das Risiko-Wahl-Modell 259
12.4 Das attributionstheoretische Modell 264
     12.4.1 Ursachenerklärung von Erfolg und Misserfolg 265
     12.4.2 Das Leistungsmotiv und Ursachenerklärungen 266
     12.4.3 Ursachenzuschreibungen, Erfolgserwartungen und Affekte 267
12.5 Das Selbstregulationsmodell der Leistungsmotivation 272
12.6 Zieltheorien 274
12.7 Gelernte Hilflosigkeit 275
12.8 Auf ein Wort 279

Literaturverzeichnis 281
Sachregister 303

Vorwort zur 4. Auflage

In unserem Erleben sind wir alle mit der Motivation vertraut. Wir wissen, wie wir uns fühlen, wenn wir »motiviert« sind, wenn wir ganz in einer Sache aufgehen, wenn wir uns mit Feuer und Flamme einer Herausforderung stellen oder ganz in Hingabe und Liebe für eine andere Person vergehen und alles unternehmen, um ihr nahe zu sein. Das sind Lebensumstände, die unser ganzes Streben, Denken und Fühlen ausfüllen können und die, wenn man uns denn nur fragen würde, jeden zu der Antwort veranlassen würde: »Ja, ich bin motiviert!«

Motivation ist aber nicht nur unterstützend und hilfreich; sie bestimmt nicht immer in harmonischer Weise den beständigen Fluss des Handelns und Erlebens. Motivation kann automatisch, in Bruchteilen von Sekunden entstehen, und wir handeln oftmals bereits, längst bevor sich die Motivation unserem Erleben mitteilen kann. Bei bestimmten Formen antisozialer Motivation etwa müssen wir dann schnell eingreifen und versuchen, *gegen* die entstandene Motivation zu handeln. Wir müssen versuchen, *gegen* die zur unmittelbaren Ausführung drängenden Impulse zu agieren und sie herunterzuregulieren, was häufig nur unter Einschaltung des Bewusstseins und »besserer« Einsichten geschehen kann. Umgangssprachlich haben wir es hier mit dem menschlichen Willen zu tun, der jetzt in der Psychologie Volition heißt. Der deutsche Liedermacher Herbert Grönemeyer hat es in seinem Lied »Was soll das« in Worte gefasst, wenn er seine Reaktion bei der Konfrontation mit dem neuen Lebensgefährten seiner (Ex-)Freundin schildert: »… meine Faust will unbedingt in sein Gesicht. Und darf nicht …«.

Durch die psychologische Forschung der letzten Jahre, ergänzt durch Erkenntnisse auf den Gebieten der Neurowissenschaften und der Evolutionsbiologie, haben wir eine Menge von Tatsachen über dieses Geschehen in Erfahrung bringen können; sowohl über die Entstehungsbedingungen der automatischen, zumeist unbewusst bleibenden Motivierungen als auch über die gesteuerten, regulierten Prozesse, wie sie sich in unserem Bewusstsein darstellen. Die motivationspsychologische Theoriebildung versucht, die Entstehung und Entwicklung eines solchen Motivationsgeschehens nachzuzeichnen und verständlich zu machen. Motivationspsychologische Theorien sind deshalb in dem vorliegenden Buch von ganz zentraler Bedeutung. Theorien sind Konstruktionen über Wirklichkeit, sie bilden die Wirklichkeit mehr oder weniger gut und realistisch ab, sie hinken der Wirklichkeit aber immer hinterher. Sie bieten allerdings auch einzigartige Möglichkeiten bei der Entwirrung der komplexen Mechanismen und Verursachungsbedingungen von Motivationsvorgängen. Sie versuchen, Wirklichkeit in ihren Grundzügen zu erklären und auf diesem Hintergrund Vorstellungen darüber zu entwickeln, wie wir in dieses Geschehen eingreifen und es verändern können. Die Schaffung motivierungsgünstiger Bedingungen in Lehr- und Lernsituationen oder die Modifikation beeinträchtigender Motivdispositionen stellen wichtige Aufgabenbereiche angewandter Motivations-

Vorwort zur 4. Auflage

forschung dar, die wir ebenfalls in diesem Buch darstellen.

Die hier behandelten Theorien sind oftmals Mehr-Ebenen-Ansätze und verbinden die psychologische Erlebens- und Handlungsebene mit einer neurophysiologischen oder evolutionsbiologischen Perspektive. In diesem Punkt greift die zeitgenössische Motivationspsychologie weit über den Sachstand der vergangenen Jahre hinaus. Die geschilderten neuronalen Strukturen und Mechanismen sind oftmals ein Teil unseres biologischen Erbes; ein Erbe, dessen Entstehung weit in die Menschheitsgeschichte zurückreicht und das vor ca. 1,8 Millionen Jahren entstand und sich seither zunehmend ausdifferenziert hat. Die Strukturen und Mechanismen, auf denen das Motivationsgeschehen aufbaut, sind auch beim Menschen der Jetztzeit vorhanden, intakt und oftmals sehr »lebendig«.

Diese Vorstellung mag überraschend und vielleicht sogar befremdlich sein, gehen viele doch davon aus, dass dieses Erbe zu den »überwundenen« und mithin zu vernachlässigenden Bestandteilen menschlichen Motivationsgeschehens gehören. Das Gegenteil ist der Fall. Dieses alte Erbe mischt sich häufig tonangebend in die Orchestrierung des Gesamtgeschehens ein. Nur: Wir bemerken es nicht. Diese Vorgänge spielen sich hinter den Kulissen unseres wachen Bewusstseins ab und können deshalb zu der unzutreffenden Ansicht führen, sie spielten keine Rolle im Motivationsgeschehen. Es ist dies im Übrigen ein Aspekt, der auch die Forschung mit nichtmenschlichen Primaten für die Motivationspsychologie so wichtig macht. Der Dichter Franz Kafka hat diese Entwicklung in seiner Erzählung *Ein Bericht für eine Akademie* anschaulich geschildert, in der ein ehemaliger Schimpanse, der an der Goldküste Afrikas eingefangen wurde, den beschwerlichen Weg zu seiner eigenen Menschwerdung kommentiert: »An der Ferse aber kitzelt es jeden, der hier auf Erden geht: den kleinen Schimpansen wie den großen Achilles«.

Das vorliegende Motivationsbuch bietet eine reichhaltig illustrierte und kommentierte, gut verständliche Einführung in diese Themenschwerpunkte. Die verschiedenen Teilgebiete der Motivationspsychologie, einschließlich ihrer Methoden, werden ausführlich beschrieben sowie deren geschichtliche Entwicklungslinien nachgezeichnet. Wie die Vorauflagen auch, so gibt das Werk ebenfalls einen breit gefächerten Überblick über sämtliche Bereiche und Thematiken des Motivationsgeschehens. Die Darstellungen reichen von der Schilderung »biologienaher« Grundbedürfnisse bis hin zu den komplexen, an Bewusstheit gebundenen Kontrollprozessen, wie sie im Humanbereich zur Handlungsregulation eingesetzt werden können.

Ergänzt werden die Beschreibungen erstmals durch herausgehobene Boxen, in denen wichtige und interessante Anwendungs- und Vertiefungsaspekte motivationaler Vorgänge aufgegriffen werden. Vor dem Hintergrund rezenter Forschung eröffnet sich hier eine neuartige Perspektive auf das Sachgebiet »Motivation«, indem sie Problemstellungen in verschiedenen Anwendungsfeldern – etwa im schulischen oder klinisch-therapeutischen Kontext – aufgreift und motivationspsychologisch orientierte Wege zur Problemlösung aufzeigt. In diesem Teil tragen wir auch den neuen Studienkonzepten Rechnung, in denen eine intensivere Vernetzung von Grundlagen- und Anwendungsproblemen vorgesehen ist.

Wir danken an dieser Stelle allen, die an der Herstellung dieses Buches mitgewirkt haben; unser besonderer Dank gilt Frau Carola Ludwig, die die Manuskripte mehrerer Auflagen dieses Buchs betreut hat, Frau Vicky Noever, die viele Abbildungen erstellt hat, und Frau Kathrin Friesenkothen, die die wunderschönen Illustrationen für dieses Buch erstellt hat.

Wuppertal, im Frühjahr 2009
Heinz-Dieter Schmalt
Thomas A. Langens

1 Was ist Motivation?

1.1	Gegenstand der Motivationspsychologie
1.2	Basiskonzepte der Motivationspsychologie
1.2.1	Motive
1.2.2	Anreize
1.2.3	Das Zusammenwirken von Anreizen und Motiven
1.2.4	Anreiz und Emotion
1.2.5	Erwartungen
1.3	Motivation durch Erwartung und Wert
1.4	Proximate und ultimate Ziele
1.5	Motive, Ziele und Motivation
1.6	Wille und Bewusstheit
1.7	Aufsuchen – Meiden
1.8	Auf ein Wort …

1.1 Gegenstand der Motivationspsychologie

Menschen verfolgen bei verschiedenen Gelegenheiten unterschiedliche Ziele mit unterschiedlicher Intensität und Ausdauer. Ein schöner Samstagnachmittag im Frühjahr lockt Schüler A aus dem Haus ins Grüne, obwohl das Abitur im kommenden Jahr ansteht, während Schüler B, der sich ebenfalls auf das Abitur vorbereitet, den Nachmittag in seinem Zimmer verbringt, um sich auf einen Mathematiktest vorzubereiten. Das Studierverhalten von Schüler B während dieses Nachmittags ist nicht gleichmäßig intensiv: Zunächst hat er Schwierigkeiten, sich zu konzentrieren – er denkt an das letzte Zusammensein mit seinen Freunden bei einer Radtour; dann kommt er in Gang und kann konzentriert arbeiten. Später dringt aus der unteren Etage das Geräusch eines laufenden Fernsehers, in dem ein spannendes Bundesliga-Spiel übertragen wird, an sein Ohr. Er verlässt sein Zimmer, um sich das Spiel anzuschauen. Danach surft er eine Weile im Internet. Nach dem Abendessen studiert er weiter, fühlt sich aber um 21.00 Uhr so müde, dass er beschließt, zu Bett zu gehen. Der Sonntag ist regnerisch und kalt. Beide Schüler bleiben nun zu Hause und bereiten sich auf Prüfungsarbeiten vor.

Sowohl aus unserer Selbstbeobachtung als auch aus der Beobachtung anderer Menschen und auch der Tiere ist uns bekannt, dass ein und dasselbe Lebewesen zu unterschiedlichen Zeiten unterschiedliche Verhaltensweisen an den Tag legt und damit offensichtlich unterschiedliche Ziele verfolgt. Ziele, die man verfolgen kann, gibt es unendlich viele. In der Motivationspsychologie hat es denn auch nicht an Versuchen gefehlt, diese Vielfalt an Zielen zu ordnen.

1 Was ist Motivation?

Je nachdem, welches Abstraktionsniveau gewählt wird, ergeben sich hierbei ganz unterschiedliche Einteilungsmöglichkeiten. Als brauchbar hat sich erwiesen, drei große Klassen von Zielen zu unterscheiden, nämlich mit Artgenossen zusammen zu sein, Einfluss auf die dingliche und soziale Umwelt zu haben und Unsicherheit zu reduzieren (McClelland, 1985). Diese Einteilung ist deswegen recht praktikabel, weil sie sich nicht nur für den Menschen, sondern auch für die meisten der höher organisierten Lebewesen verwenden lässt.

Wenn man diese drei großen Klassen von Zielen noch etwas ausfächert und das Zusammensein mit Artgenossen etwa mit Anschluss, Intimität und Sexualität verbindet, die Einflussnahme auf die dingliche und soziale Umwelt etwa mit Leistung, Macht und Aggression und schließlich die Unsicherheitsreduktion mit Furcht und Exploration verbindet, hat man schon eine recht vielfältige Ansammlung von Zielen und Motivationsformen beisammen. Diese Liste liegt auch unserem Motivationshandbuch zugrunde; sie hat sich als praktikabel erwiesen, sie ist aber weder endgültig noch erschöpfend. Versuche, solche endgültig verbindlichen Listen von Motivationsformen zu erstellen, sind so alt wie die Persönlichkeits- und Motivationspsychologie – sie alle sind Näherungslösungen, die in einem bestimmten theoretischen Kontext ihren Stellenwert haben; universell verbindlich sind sie allerdings alle nicht.

Ziele bilden einen ganz zentralen Sachverhalt von Motivationsprozessen. Ziele, so haben wir gerade gesehen, lenken das Verhalten in eine ganz bestimmte Richtung, und sie helfen uns darüber hinaus, Motive zu definieren. Wenn nämlich gewisse Gleichförmigkeiten in der Zielausrichtung des Verhaltens zu beobachten sind, Schüler B z. B. immer und immer wieder bei Prüfungsvorbereitungen anzutreffen ist, könnte man bei ihm eine dispositionelle Neigung oder Voreingenommenheit für ein ganz bestimmtes Ziel – hier wäre das ein leistungsthematisches Ziel – vermuten. Man nimmt an, dass es sich hierbei um eine dispositionelle Voreingenommenheit bei der Bewertung von Zielen oder der Wertschätzung von Zielen einer bestimmten Art handelt. In der motivationspsychologischen Theoriebildung wird eine solche Bewertungsvoreingenommenheit für einen bestimmten Zieltyp als Motiv bezeichnet. Wir haben damit ein erstes wichtiges Merkmal von Motiven kennengelernt, nämlich Ziele zu bilden und das Erleben und Verhalten daran zu orientieren.

Nicht zu jedem Zeitpunkt werden solche Ziele auch verhaltenswirksam; wenn aber in diesen Zielen überdauernde Anliegen und Bewertungsvoreingenommenheiten zum Ausdruck kommen, stehen sie bereit, um bei entsprechender Anregung verhaltenswirksam zu werden. Das kann auf unterschiedliche äußere und innere Anregungsfaktoren, Anreize in der Umwelt und/oder wechselnde innere Zustände zurückgeführt werden. Viele dieser Unterschiede treten bei den meisten Personen in ähnlicher Weise auf und sind dann offensichtlich durch generell wirksame Umweltfaktoren bedingt. An einem sonnigen Wochenende im Frühjahr treffen wir in den Erholungsgebieten einer Stadt sehr viele Menschen an, an einem regnerischen nur wenige. Der Anreiz zum Spazierengehen, so schließen wir, ist bei Sonnenschein unter sonst vergleichbaren Umständen bei Bewohnern unseres Kulturkreises größer als bei Regen.

Andere im Verhalten manifest werdende Unterschiede werden durch innere Veränderungen hervorgerufen, die auch bei den meisten Personen in vergleichbarer Weise vonstatten gehen können – sei es als Ausdruck genetisch verankerter Mechanismen, wie beim circadianen Aktivitätsrhythmus, sei es als Ausdruck erworbener kultureller Einstellungen. So streben wir Menschen als tagaktive Lebewesen einige Zeit nach Einbrechen der Dunkelheit einen Schlafplatz an, während nachtaktive Lebewesen dann erst richtig munter werden. Eine innere Uhr drängt uns dazu. Viele Menschen verspüren um die Mittagszeit Hunger oder Appetit und suchen eine Gelegenheit, Nahrung zu sich zu nehmen. Dieses Verhalten ist einmal durch organismische Veränderungen aufgrund des Energieverbrauchs seit der letzten Nahrungsaufnahme bedingt, gleichzeitig unterliegt dieses Verhalten aber im Hinblick auf den genauen Zeitpunkt und auf das, was und wie viel der Mensch isst, einer kulturellen Prägung und ist damit von Lernfaktoren abhängig. Es sei noch einmal daran erinnert, dass gleiche Umweltfaktoren durchaus nicht immer alle Menschen zu vergleichbaren Verhaltensweisen anregen. Auch die angeführten Beispiele können das demonstrieren. Im Beispiel des Spaziergangs gilt: Selbst das schönste Sonnenwetter kann manche Menschen nicht ins Grüne locken – sei es, dass sie wie unser Schüler B im Moment Wichtigeres zu tun haben, oder aber, dass sie als notorische Computerfreaks ein Computerspiel oder Surfen im Internet einer motorisch beanspruchenden Tätigkeit wie einem Spaziergang vorziehen.

Aus dem Zusammenwirken von Motiven und situativen Anreizen ergeben sich die konkreten Zielsetzungen, sie determinieren die Bewertung der angestrebten Ziele und initiieren Handlungen. Sie beeinflussen aber auch handlungsrelevante Momente, z. B. die Beurteilung der Realisierungschancen einer Zielsetzung. Neben der Wertschätzung bestimmen auch die wahrgenommenen Realisierungschancen, die Erfolgs- oder Misserfolgserwartungen, menschliches und tierliches Verhalten. So könnten in unserem Beispiel beide Schüler die beschriebenen Tätigkeiten mit ihren unmittelbaren und langfristigen Folgen zwar gleich positiv bewerten, aber unterschiedliche Realisierungschancen für den Mathematiktest wahrnehmen. So mag Schüler A zwar eine gute Note in Mathematik genauso schätzen wie Schüler B, nur sind die von ihm wahrgenommenen Realisierungschancen höher oder niedriger: Vielleicht glaubt er, jede Anstrengung sei zwecklos, weil die Aufgabe zu schwer sei; oder aber, er sei sehr begabt für dieses Fach und benötige daher solche Vorbereitung nicht; folglich wird er eher spazieren gehen als sich auf das Abitur vorbereiten. Solche Erwartungen sind einmal abhängig von der wahrgenommenen Schwierigkeit einer Aufgabe und den wahrgenommenen Leistungsfaktoren in der Person (Begabung, Tagesform), werden aber auch durch die Stärke und Richtung der Motive mitbestimmt.

Etwas umgangssprachlich ausgedrückt hat die Motivationspsychologie mit zwei Größen zu tun: der Wünschbarkeit und der Machbarkeit von Zielen. Wie wünschbar, wie erstrebenswert ist ein bestimmtes Ziel, und wie groß ist die Wahrscheinlichkeit des Erreichens oder des Scheiterns? Beide Größen variieren häufig nicht unabhängig voneinander. Leider ist das Leben auf dieser Erde so eingerichtet, dass das Attraktive und besonders Wünschenswerte und die Erreichbarkeit nicht unabhängig voneinander sind. Das Wünschenswerte ist häufig auch besonders schwer zu erreichen. Ein Qualitätsexamen abzulegen ist vergleichsweise besonders schwierig und ein besonders hübsches (und vielleicht auch wohlhabendes) Mädchen als Freundin oder Ehefrau zu gewinnen ist ebenso schwierig. Bereits der Volksmund weiß, dass die süßesten Früchte besonders hoch hängen. Was also ist zu tun? Es hat sich als sinnvoll erwiesen, nach Kompromissen zu suchen und bei der Festlegung auf ein bestimmtes Ziel beide Größen miteinander zu verrechnen.

In der Modellierung von Motivationsprozessen hat man die Wirkungsweise von Erreichenswahrscheinlichkeiten und Bewertungen durch sogenannte Erwartung-Wert-Modelle abzubilden versucht. Der Grundgedanke einer solchen Modellvorstellung besagt, dass eine Person sowohl ihre Wertschätzung für bestimmte Handlungs-

1 Was ist Motivation?

ziele als auch die von ihr wahrgenommenen Realisierungschancen bei der Auswahl von Handlungszielen in Rechnung stellt. Wert bezeichnet hier einen subjektiven Sachverhalt, die von der Person wahrgenommene Attraktivität. Interessanterweise zeigen viele Untersuchungen, dass sich auch tierliches Verhalten, selbst das Verhalten ganz niederer Arten, durch Erwartungs- und Wertvariablen modellieren lässt. Wir nehmen also an, dass die Modellierbarkeit von Motivationsvorgängen durch Erwartungs- und Wertvariablen eine Universalie darstellt und nicht an die Tatsache gebunden ist, dass sich Erwartungs- und Wertvorstellungen, wie bei uns Menschen, auch unter gewissen Umständen im bewussten Erleben zeigen. Dies mag auf den ersten Blick verwunderlich erscheinen. Wir kommen auf dieses Thema noch mehrfach zu sprechen (vgl. Kap. 1.2.5, 1.3 und 3.6).

Unterschiede in den Motiven können (a) auf Unterschieden in den genetischen Grundlagen dieser Dispositionen oder (b) auf unterschiedlichen Lernerfahrungen der Individuen beruhen. Die genetische Ausstattung einer Person und ihre Lernerfahrungen beeinflussen die Bewertung von Handlungszielen, die als personseitige Determinanten von Erwartungen und anderen Kognitionen die Wahl von Zielen, die Ausdauer und Intensität einer Handlung mitbestimmen. Ein Motiv stellt gewissermaßen den innerorganismischen Anteil eines Motivationssystems dar, das zielführendes Verhalten sicherstellt.

Wir halten als erstes Zwischenergebnis fest, dass sich die Motivationspsychologie mit Zielen, konkret mit zielgerichtetem Verhalten, beschäftigt. Die Tatsache, dass Personen sich darin unterscheiden, welche Ziele sie verfolgen, wird darauf zurückgeführt, dass sie diese Ziele unterschiedlich bewerten. Diese unterschiedliche Bewertung von Zielen geschieht durch das Motiv, das deswegen auch als Bewertungsdisposition bezeichnet wird. Damit eine solche Bewertungsdisposition aktiv werden kann, bedarf es allerdings noch einer Anregung durch einen geeigneten Anreiz. Ein solcher Anreiz signalisiert die Möglichkeit, dass ein ganz bestimmtes Ziel erreicht (oder verfehlt) werden könnte (vgl. **Abb. 1.1**). Durch diese Anregung wird aus dem Motiv ein Prozessgeschehen, die Motivation, deren Auswirkungen wir dann in vielfältiger Form im Erleben und Verhalten aufspüren können.

Dieses einfache Diagramm ist eine Rekonstruktion, ein Modell. Es muss nicht be-

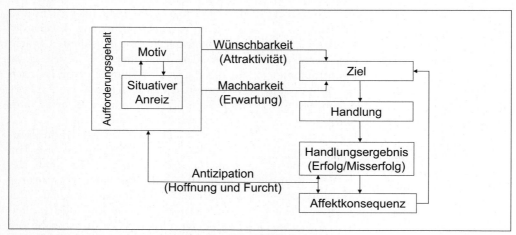

Abb. 1.1: Schema eines allgemeinen Modells der Motivation

1.1 Gegenstand der Motivationspsychologie

> **Box 1.1: Phänomenologie der Motivation**
>
> Stellen Sie sich vor, es ist Sonntagmorgen, Sie sind gerade aufgewacht und liegen noch ein wenig schlaftrunken, aber wach im Bett: Welcher Gedanke führt dazu, dass Sie aufstehen? Die meisten Menschen werden antworten, dass sie an irgendeinem Punkt einen bewussten Entschluss fassen (»Ich stehe jetzt auf«) oder sich selbst dazu auffordern (»Steh jetzt auf!«). Das ist aber oft nicht der Fall. Was uns zuverlässig aus dem Bett bringt, ist die Vorstellung einer positiven (bedürfniskongruenten) Aktivität: Der Gedanke an eine erfrischende Dusche, den ersten Schluck Kaffee oder den Biss in ein leckeres Brötchen; alternativ kann es – etwa an einem Montagmorgen – auch die Vorstellung negativer Konsequenzen des Nicht-Aufstehens sein, die uns aus dem Bett treibt. An diesem Beispiel lassen sich die unterschiedlichen Prozesse illustrieren, die Motivation ausmachen. Nach Schmalt und Sokolowski (2006) lassen sich motivationale Prozesse durch drei zentrale Merkmale beschreiben:
>
> - *Motivation entsteht durch die Antizipation eines Wechsels der Emotionslage*: Die Vorstellung, einen leckeren Schluck Kaffee zu nehmen, signalisiert, dass man nur aufstehen und die Kaffeemaschine in Betrieb nehmen muss, um sich ein bisschen besser zu fühlen als im »Hier und Jetzt«. In diesem Fall lässt sich die durch eine Vorstellung hervorgerufene Erwartungsemotion als »Vorfreude« bezeichnen.
> - *Motivation energetisiert Verhalten*: Die Vorfreude vertreibt die Trägheit, die einen zuvor noch an das Bett gefesselt hat und stellt die zum Aufstehen nötige Handlungsenergie zur Verfügung. Dieser Vorgang läuft völlig automatisch ab: Sie müssen sich nicht zum Aufstehen überwinden, sondern stehen wie von Fäden gezogen auf.
> - *Motivation richtet Verhalten aus*: Obwohl es sich so anfühlt, als würde man von einem starken, in der Kaffeemaschine lokalisierten Magneten angezogen, ist es die innere mentale Repräsentation des antizipierten Zielzustandes (»eine duftende Tasse Kaffee«), die das Verhalten steuert und koordiniert.
>
> Das Konzept der Motivation beschreibt jedoch nicht nur solche episodischen Phänomene, sondern soll ebenfalls erklären, warum Menschen (und Tiere) ein Ziel ausdauernd, über Stunden, Tage, Wochen oder sogar Jahre verfolgen. Was treibt einen 25-jährigen Studenten dazu, 20 und mehr Stunden pro Woche in einem Fitness-Studio zu trainieren, eintönig Gewichte zu stemmen und darüber sein Studium und seine Freunde zu vernachlässigen? Wie kann man erklären, dass sein kleiner Bruder ganze Nächte mit seiner Spielekonsole vor dem Fernseher verbringt und dabei auch im frühen Morgengrauen keine Anzeichen von Müdigkeit erkennen lässt? Es sind solche Phänomene, die deCharms (1976) dazu veranlasst haben, Motivation als »eine milde Form der Besessenheit« (S. 79) zu charakterisieren. Der Begriff »Besessenheit« beinhaltet, dass ein bedeutender Anteil des Erlebens und Verhaltens auf unerklärliche Weise von einem zentralen Anliegen beherrscht wird. Die Betroffenen können oft selbst nicht erklären, wie diese Handlungen von ihnen Besitz ergriffen haben; ihre Erklärungen erscheinen dem Außenstehenden oft blass und oberflächlich (»Ich möchte meine körperliche Fitness steigern«; »Videospiele machen Spaß«). Wir können daraus schließen, dass die Prozesse, die dazu führen, dass sich Ziele in unserem Motivationssystem einnisten, nicht vollständig bewusst reflektierbar sind und der Zustand einer starken Motivation daher rein anschaulich – für die Betroffenen ebenso wie für Beobachter – tatsächlich einer »milden Besessenheit« entspricht.

deuten, dass ein Motivationsprozess zwingend alle diese Phasen durchläuft. Einige Motivationstheorien, wie etwa das Rubikon-Modell der Handlungsphasen (vgl. Kap. 3.7), nehmen einen solchen Prozess an, dass nämlich, bevor gehandelt wird, sorgfältig die Attraktivität und die Erreichbarkeit von Zielen abgewogen werden. In vielen Fällen, insbesondere dort, wo auf »automatische« oder genetisch fixierte Verhaltensprogramme zurückgegriffen werden kann (oder muss), bedarf es des bewussten Abwägens nicht; das gewählte Verhalten ist bereits hochgradig adaptiv und effektiv. Stellen wir uns hierzu einen unserer Vorfahren vor, der, in einem Baumwipfel Zentralafrikas sitzend, eine attraktive Artgenossin vorüberziehen sieht. Wäre er nicht in der Lage, die Attraktivität dieser Artgenossin als mögliche Fortpflanzungspartnerin sowie deren Erreichbarkeit (ausgedrückt in der Entfernung von Baumwipfel zu Baumwipfel, in Relation zur eigenen Sprungkraft) automatisch und in wirklichkeitsentsprechender Weise abzuschätzen, würde er entweder abstürzen oder nicht zur Reproduktion gelangen, weswegen er auch nicht zu unseren Vorfahren gehören würde. Die Modellvorstellungen gehen dahin, dass in einem solchen Fall eine entsprechende Handlung allein durch Antizipation der Affektkonsequenzen ausgelöst werden kann (vgl. **Abb. 1.1**) und keiner bewussten Ausarbeitung bedarf. Auch im Humanbereich lassen sich hoch angepasste und effiziente Handlungen allein durch Affekte und Affektantizipationen auslösen (Aarts & Dijksterhuis, 2000; Custers & Aarts, 2005; vgl. Kap. 4).

1.2 Basiskonzepte der Motivationspsychologie

1.2.1 Motive

In der Forschung hat sich der Begriff des Motivs zur Bezeichnung von thematisch abgrenzbaren Bewertungsdispositionen durchgesetzt. Die Einteilung der Motive muss sich an den Zielen oder Zwecken dieser Disposition orientieren, die dann, wenn sie auch bei den uns am nächsten verwandten Primaten nachgewiesen werden, als Ausdruck einer stammesgeschichtlichen Anpassung verstanden werden können. Sie entsprechen den natürlichen Bedürfnissen und stellen Antworten der Evolution auf die Erfordernisse des Überlebens und die Weitergabe des Erbgutes dar. Insofern erfüllen solche Motive, die lebenswichtige Ereignisse für einen Organismus bewerten und entsprechende Handlungsweisen bereitstellen, die gleiche Funktion wie angepasste morphologische Strukturen oder Organe, die für das Überleben einer Art unabdingbar sind, wie etwa ein besonders leistungsfähiges Seh- und Hörvermögen. Wir nehmen an, dass die von uns hier vorgestellten relativ allgemeinen Motivsysteme wie Hunger, Ängstlichkeit, Neugier und Sexualität, aber auch das Leistungs-, Anschluss- und Machtstreben sowie einige Formen aggressiven Verhaltens, eine genetische Basis besitzen, weil sie Anpassungen an Überlebens- und Fortpflanzungsbedingungen der dinglichen und sozialen Umwelt in der Entwicklung zum Menschen hin darstellen. Die durch die Soziobiologie angeregte Diskussion der letzten Jahrzehnte (Buss, 2004; Simpson & Kenrick, 1997) hat deutlich gemacht, dass die in allen Kulturen vorfindbaren Anliegen der Menschen, für die außerdem Parallelen im Verhalten der uns am nächsten verwandten Primaten zu finden sind, immer auch Ausdruck einer phylogenetischen Anpassung und damit biogen sind.

Die Annahme einer genetischen Fundierung schließt nicht aus, dass in solchen Verhaltensdispositionen auch gesellschaftlich fundierte Wertschätzungen enthalten sind, die vom Individuum im Verlauf seiner Lerngeschichte übernommen wurden und damit Bestandteil seines Individualgedächtnisses sind. Schon bei Tieren, mehr noch bei Menschen, müssen wir annehmen, dass die genetische Information nur die Vorschrift für die Ausbildung relativ »offener«, d. h. durch Erfahrung modifizierbarer Verhaltensprogramme enthält (vgl. Mayr, 1974), so dass spezielle Bewertungen und Verhaltensweisen in der Ontogenese erworben und ergänzt werden müssen. Diesen Vorgang bezeichnet man als Sozialisation oder Enkulturation. Die vermittelten Werthaltungen unterliegen auch einem kulturellen Wandel (kulturelle Evolution), der nicht völlig losgelöst von den Antworten gedacht werden kann, die die biologische Evolution auf die Notwendigkeiten der Existenzerhaltung gefunden hat. Man kann annehmen, dass die Sozialisationsbedingungen sich in vielen Fällen an das biologisch Vorgefundene anlehnen, so dass sich eine gewisse Synchronisation der genetischen und kulturellen Entwicklungsbedingungen ergibt. Aus dem Blickwinkel einer koevolutionären Betrachtungsweise kommt man zu dem Schluss, dass die genetische und die kulturelle Selektion in kooperativer Weise auf die Entfaltung von Merkmalen einwirken, die sich als adaptiv und vorteilhaft erwiesen haben. Die Sozialisationsbedingungen, die auch für die Übernahme und Weitergabe von Werthaltungen und Motiven verantwortlich sind, sind keine kulturellen Selbstläufer, sondern selber an die biologische Evolution angebunden. Andererseits wirkt aber auch die kulturelle Evolution zurück auf die biologische Evolution. Mit gewisser Wahrscheinlichkeit beeinflussen z. B. bestimmte Erfindungen aus der Medizin, wie etwa die Anwendung der Gentechnik oder der gezielte Einsatz von empfängnisverhütenden Mitteln, auch den Verlauf der biologischen Evolution. Was die motivationspsychologischen Aspekte betrifft, so kann man davon ausgehen, dass »... die Werthaltungen und Bedürfnisse des Individuums die Werte und Bedürfnisvorgaben seiner Gesellschaft ebenso gestalten, wie sie von dieser gestaltet werden« (vgl. Riedl, 1987, S. 96).

Am Beispiel der Entwicklung des Leistungsmotivs lässt sich dieses Zusammenwirken anschaulich demonstrieren. So ist von vielen Autoren eine genetische Basis für eine Kompetenz- bzw. Effizienzmotivation angenommen worden (Deci & Ryan, 1991; White, 1959), die sich in dem frühkindlichen »Selbermachen-Wollen« manifestiert mit dem Ziel, die persönliche Effizienz in der Auseinandersetzung mit der sachlichen Umwelt möglichst zu steigern und die Grenzen der eigenen Kompetenz realistisch einschätzen zu lernen. Kulturelle Entwicklungen können nun in unterschiedlichem Ausmaß die Wertschätzung des Selbermachen-Wollens betonen. Insbesondere der im 18. und 19. Jahrhundert sich in Mitteleuropa ausbreitende Calvinismus hat in seiner Glaubenslehre das Selbermachen-Wollen, Selbstverantwortung, das Austesten der eigenen Kompetenz und schließlich den bestmöglichen Einsatz der eigenen Talente zum eigenen Nutzen und zum Wohle der Gesellschaft als besonders erstrebenswertes Ziel christlichen Lebenswandels hervorgehoben. Es ist deswegen nicht verwunderlich, wenn beim Vergleich verschiedener Religionsgruppen die Calvinisten die höchsten Werte für das Leistungsmotiv, das eben diese Sachverhalte betont, aufweisen (Vontobel, 1970). Diese Unterschiede verlieren sich allerdings zunehmend in modernen Industriegesellschaften mit multikultureller Ausrichtung.

1.2.2 Anreize

Unabhängig von den Anteilen und der Bedeutung genetischer und lernbedingter Faktoren bedarf in jedem Falle das Motiv einer situativen Anregung, um zur Verhaltenswirksamkeit zu gelangen. Die situativen Momente, die Motive ansprechen und damit die Ausbildung einer Motivation bewirken, werden als Anreize bezeichnet. Motive und Anreize sind eng aufeinander bezogen, sie sind in gewisser Weise komplementär. Dieses Zusammenwirken von Motiv und passendem Anreiz hatte bereits Murray (1938, 1942) als ein »Thema« beschrieben. Besteht eine solche Korrespondenz zwischen Motiv und Anreiz, treten bestimmte Situationsmerkmale in den Vordergrund und bekommen einen »Aufforderungscharakter« (Lewin, 1926; später auch »Valenz« oder »Wert«; Lewin, 1938). Die Wirksamkeit solcher Anreize erfolgt unwillkürlich und automatisch; sie signalisieren dem Organismus, dass geeignete Bedingungen zum Ablauf zielgerichteter Handlungen vorliegen. Die ethologische Forschung hat diesen Sachverhalt geradezu als »Auslösemechanismus« bezeichnet. Der Wirkmechanismus dieses Vorgangs dürfte über Affektantizipation verlaufen (vgl. **Abb. 1.1**).

Was die Natur dieser Anreize anbelangt, so kann man auch hier – ähnlich wie bei den Motiven – biologische und soziale Einflussfaktoren in Rechnung stellen. Überwiegen die biologischen Einflussfaktoren, spricht man von »natürlichen« Anreizen (McClelland et al., 1989; Weinberger & McClelland, 1990). Sie unterliegen einem evolutionären Angleichungsprozess, in dem die innerorganismischen Bedingungsfaktoren, die Motive, mit situativen Bedingungsfaktoren, den Anreizen, verbunden werden, um so Organismus-Umwelt-Passung herzustellen. Ein solch evolutionärer Druck zur Herstellung von Passung lastete sicherlich vor allem auf Verhaltenssystemen, wie etwa dem Fortpflanzungsverhalten, weil hiervon ganz unmittelbar die Arterhaltung abhängt. So ist beispielsweise bei manchen Primaten die Präsentation des Genitalbereichs ein mächtiger Anreiz, der Paarungsbereitschaft signalisiert und unmittelbar zum Kopulationsverhalten auffordert. Die moderne soziobiologisch orientierte Forschung hat eine ganze Reihe solcher Anregungsbedingungen für das Paarungsverhalten – wie etwa bestimmte Körperbauformen oder Gerüche – beschrieben, die ohne unser Bewusstsein wirksam werden, aber das entsprechende Verhalten verlässlich auslösen und damit den individuellen Fortpflanzungserfolg und mithin das Überleben der Art sicherstellen (Buss, 2004).

Die Wirkung von Anreizen kann allerdings auch auf Lernerfahrungen aufbauen und von kulturellen und sozialen Faktoren oder schlicht den gegenwärtigen Umständen abhängen. Man spricht dann von »sozialen« Anreizen. Wenn man beispielsweise in einer fremden Stadt unterwegs ist und dringend eine bestimmte Person telefonisch erreichen muss, so besaßen bis vor einigen Jahren die gelben Telefonzellen der Deutschen Bundespost einen entsprechenden Anreizcharakter, heute sind es die stahlgrauen Häuschen der Telekom; hat man ein Handy dabei, verlieren auch diese ihren Aufforderungscharakter. Sollte sich herausstellen, dass der Akku unseres Handys leer ist, kommt es wiederum zu einem schlagartigen Wechsel in der Aufforderungslandschaft unserer Umgebung. Umweltereignisse gewinnen also deshalb einen Aufforderungsgehalt und werden positiv oder negativ erlebt, weil ihnen auf der Organismusseite ein Motiv oder ein momentanes Anliegen entspricht. Ein Aufforderungscharakter stellt also eine Umweltgegebenheit dar, die durch ein Motiv gewichtet und bewertet wird. Zwei Dinge sind hierbei von Bedeutung: Die Aufmerksamkeit wird auf bedürfnisrelevante Aspekte der Umwelt gelenkt, und die Umweltgegebenheit wird affektiv aufgeladen: positiv, wenn Zielerreichung im Vordergrund steht;

1.2 Basiskonzepte der Motivationspsychologie

Box 1.2: Anreize und Blickbewegungen

Die Wahrnehmung unserer Umwelt wird zu einem wesentlichen Anteil durch Anreize strukturiert. Gegenstände, Personen und Situationen, die uns interessieren – weil sie motivrelevant sind oder eine potenzielle Gefahr darstellen –, ziehen unseren Blick automatisch auf sich und springen so in der Wahrnehmung hervor. Illustrieren lässt sich dieser Gedanke durch die folgende Abbildung, in der die Blickbewegungen eines Versuchsteilnehmers während der ersten vier Sekunden nach der Präsentation eines komplexen Bildes wiedergegeben sind. Bereits innerhalb der ersten Sekunde tastet seine Aufmerksamkeit das Gesicht des Jungen im Vordergrund ab, was sich an dem typischen Dreiecksmuster (Betrachtung der Augen und der Nase) erkennen lässt. In der folgenden Sekunde richtet sich seine Aufmerksamkeit auf die Gesichter der Männer im Hintergrund. Es gibt Hinweise darauf, dass Gesichter zu den »natürlichen Anreizen« gehören, also auch ohne spezifische Lernerfahrungen als bedürfnisrelevant eingestuft werden. Wie wir in einem späteren Kapitel noch ausführen werden, gilt dies insbesondere für hoch anschlussmotivierte Personen. Danach blickt der Proband auf das Skalpell, mit dem die Männer die Operation durchführen. Messer gehören wie Waffen zu »gelernten Anreizen«, die nur aufgrund komplexer Lernerfahrungen Anreizwirkung gewinnen (siehe z. B. den in Kapitel 9 beschriebenen »Waffeneffekt«). Im Anschluss richtet sich der Blick des Probanden auf das Gesicht des auf der Bahre liegenden Mannes und wieder zurück auf das Skalpell. Es ist bemerkenswert, wie die Betrachtung des Bildes höchst effizient durch die markanten Anreize des Bildes gesteuert wird; irrelevante Reize (wie die Krawatte des Jungen) werden ebenso ausgeblendet wie schwer erkennbare Reize (der Gewehrlauf links im Bild).

Abb.: Blickbewegungen innerhalb der ersten vier Sekunden nach Präsentation des Bildes

negativ, wenn mögliche Zielverfehlung im Vordergrund steht. Es sind damit nicht die objektiven Sachverhalte, die emotional-motivational wirksam werden, sondern die subjektiven, also die von einer Person wahrgenommenen und bewerteten Sachverhalte.

Anreize können beim Menschen auch dann verhaltenswirksam werden, wenn sie nicht aktuell in einer Situation vorhanden sind, sondern auf der mentalen Probebühne des Bewusstseins imaginiert werden. Nehmen wir an, Schüler B sitzt allein in seinem Zimmer und liest als Vorbereitung auf seine Deutsch-Klausur einen Roman von Thomas Mann. Eine Figur der Handlung hat denselben Namen wie ein alter Freund, mit dem er schon seit Monaten nicht mehr gesprochen hat. Sobald er den Namen gelesen hat, schweifen seine Gedanken vom Roman ab und richten sich darauf, wie angenehm es wäre, mal wieder mit dem alten Freund zu telefonieren. Der Anreiz selbst – die Möglichkeit zu einem anregenden Gespräch mit einem Freund – existiert in diesem Beispiel nur in der Vorstellung (der Freund selbst ist nicht physisch anwesend). Die mentale Repräsentation dieses Anreizes kann dazu führen, dass Schüler B seine Lektüre unterbricht, zum Telefon greift und seinen Freund anruft. Vorstellungen dieser Art sind nicht ungewöhnlich: Schätzungen zeigen, dass Menschen bis zu einem Drittel des wachen Erlebens vertieft in Gedanken und bildhaften Vorstellungen verbringen, die mit Anreizen für unterschiedliche Motive gesättigt sind (Klinger, 1990). Motive sprechen gleichermaßen auf situative wie imaginierte Anreize an, und diese Fähigkeit emanzipiert menschliche Motivationsprozesse von der momentanen objektiven Reizumgebung: Wir reagieren nicht nur passiv auf die Anreize in unserer Umgebung, sondern ebenfalls auf die Anreize, die wir in der Vorstellung selbst generieren.

Die Bedeutung und Wirkungsweise von Anreizen ist nicht nur abhängig von Motiven, sondern auch von wechselnden organismischen Zuständen. Eine Entleerung des Energiereservoirs im Organismus erhöht beispielsweise die Wirksamkeit von nahrungsbezogenen Anreizen in der Umwelt: Sie werden eher wahrgenommen und positiver bewertet (vgl. Kap. 5). In ähnlicher Weise wirken Veränderungen der Konzentration der Sexualhormone auf die Ansprechbarkeit derjenigen Mechanismen im Zentralen Nervensystem (ZNS), die das Sexualverhalten steuern, und damit auf die Wahrnehmung von sexuellen Anreizen und die Ansprechbarkeit darauf (vgl. Kap. 6). Die Wirkung innerorganismischer Faktoren kann man sich wie einen Verstärker vorstellen, sie sensitivieren oder desensitivieren die informationsaufnehmenden und bewertenden Strukturen im ZNS: Die Wahrnehmung und die Bewertung von potenziellen Anreizen wird dadurch positiv oder negativ verändert.

1.2.3 Das Zusammenwirken von Anreizen und Motiven

Die äußeren Ursachen des Verhaltens und der beobachtbaren intra- und interindividuellen Unterschiede liegen also in der Situation, in den darin wahrgenommenen und emotional bewerteten Anreizen und bei einigen Motivationssystemen zusätzlich auch in organismischen Zuständen, die entsprechende ZNS-Mechanismen (vor)aktivieren. Situative und organismische Faktoren können aber nur wirksam werden, wenn entsprechende Motive in die verhaltenssteuernden Mechanismen als personseitige Bewertungsdispositionen integriert sind. Eine umfassende Erklärung des Verhaltens kann also nur gelingen, wenn sowohl Personfaktoren, die Motive, als auch Situationsfaktoren und (wenn nötig) organismische Zustände mit in das Erklärungsmodell einbezogen werden. Auf die Notwendigkeit der gleichzeitigen Berücksichtigung von Person- und Situationsfaktoren hatte bereits Lewin (1926) hingewiesen. Er hat damit eine Vorgehensweise begründet, die inzwischen in motivations- und persönlichkeitstheoretischen Forschungsansätzen allgemein akzeptiert und als »Interaktionismus« bezeichnet wird (vgl. Funder, 2006; Mischel & Shoda, 1998): Ein Motiv – als personseitige Verhaltensdeterminante – kann nur in dem Ausmaß verhaltenswirksam werden, wie es durch situative Anreize angeregt wird. Andererseits kann auch ein Anreiz – als situationsseitige Verhaltensdeterminante – nur in dem Ausmaß verhaltenswirksam werden, wie er auf die entsprechende Motivdisposition im Individuum trifft. Dieses Aufeinandertreffen von Motiv und Anreiz bezeichnet man als Motivanregung, aus der ein Zustand der Motivierung resultiert.

Die enge Korrespondenz zwischen den Motiven und den entsprechenden Anreizen wurde bereits in dem sehr anschaulichen Begriff des Aufforderungscharakters deutlich. Auf der Ebene der Theoriebildung hat sich zur Beschreibung des gleichen Sachverhaltes der »Wert-« bzw. »Valenz-«Begriff (Lewin, 1938) durchgesetzt. Der Wert stellt also einen durch die Person gewichteten und bewerteten Sachverhalt der Situation bzw. einer zukünftigen Situation dar. Die Erlangung eines positiven Ereignisses wird als emotional befriedigend erfahren, ebenso das Vermeiden eines negativen Ereignisses; dagegen wird der misslungene Versuch der Erlangung eines positiven Ereignisses oder der Eintritt eines negativen Ereignisses oder Handlungsausgangs als emotional negativ erfahren (Carver & Scheier, 1998). Was emotional befriedigende und unbefriedigende Erfahrungen sind, wissen wir aus unserem eigenen Erleben. In der Fremdbeobachtung, besonders bei Lebewesen, die sich sprachlich nicht oder noch nicht mitteilen können, erschließen wir befriedigende und unbefriedigende Zustände aus dem Aufsuchen- und Vermeidungsverhalten, beim Menschen manchmal auch aus Mimik und Gestik und aus neuroendokrinologischen Veränderungen oder der Aktivität bestimmter Hirnareale (vgl. Kap. 2.2).

1.2.4 Anreiz und Emotion

In der Motivations-, Emotions- und Lernpsychologie besteht ein weitgehender Konsens darin, dass beim Menschen und wahrscheinlich generell bei Säugetieren Lust und Unlust die großen Lehrmeister sind, d.h., dass Lebewesen solche Verhaltensweisen bevorzugt ausführen und wiederholen, deren Konsequenzen als lustvoll erlebt werden, und solche Verhaltensweisen eher unterlassen, deren Konsequenzen als unlustvoll erlebt werden. Die Bedeutung der Lust bzw. Unlust für das menschliche Handeln finden wir bereits sehr klar bei einem Pionier unseres Faches, Gustav Theodor Fechner, in seiner Schrift *Über das höchste Gut* ausgesprochen: »Ein fester und untrennbarer Bezug besteht zwischen den Trieben, wovon das willkürliche wie das instinktartige Handeln der Wesen abhängt, und Lust und Unlust. Es gibt keinen Trieb, der nicht darauf zielte, Lust zu erzeugen oder zu erhalten, Unlust zu beseitigen oder zu verhüten« (Fechner, 1923, S. 34).

Zur Popularisierung dieses »Lustprinzips« haben sicherlich die Schriften Freuds beigetragen, der den Umstand einer Triebbefriedigung fest an ein Lusterlebnis geknüpft hat (Freud, 1915b; vgl. Kap. 3.3). Später (Freud, 1920) bekam das Lustprinzip eine noch weitergehende Bedeutung, indem es zum Regulativ des gesamten psychischen Geschehens gemacht wurde: »In der psychoanalytischen Theorie nehmen wir unbedenklich an, dass der Ablauf der seelischen Vorgänge automatisch durch das Lustprinzip reguliert wird, das heißt, wir glauben, dass er jedes Mal durch eine unlustvolle Spannung angeregt wird und dann eine solche Richtung einschlägt, dass sein

1 Was ist Motivation?

Endergebnis mit einer Herabsetzung dieser Spannung, also mit einer Vermeidung von Unlust oder Erzeugung von Lust zusammenfällt.« Als Beleg dafür, dass diese Anschauung, für die als frühester Zeuge Aristippos von Kyrene (ca. 430 v. Chr.) benannt wird, bereits eine lange Geschichte im europäischen Denken hat, sei folgende Stelle aus dem Buch von Aristoteles *Über die Seele* (ca. 330 v. Chr.) zitiert: »Zum Streben gehört nämlich Begierde, Mut und Wille; die Lebewesen haben aber alle wenigstens ein Wahrnehmungsvermögen, den Tastsinn. Für die wahrnehmenden Wesen aber gibt es auch Lust und Schmerz, Lust- und Schmerzvolles, und wo es das gibt, besteht auch Begierde. Diese ist ja Streben nach dem Lustvollen.«

Insbesondere die neobehavioristisch orientierte Motivationspsychologie hat in ihrer Theoriebildung auf diesen Lust-Unlust-Mechanismus zurückgegriffen. Das grundlegende Postulat dieses Ansatzes besagt, dass jede antizipatorische Veränderung eines emotionalen Zustandes hin zum Lustvollen positiv motivierende Eigenschaften besitzt (z. B. Hilgard, 1963, S. 265; McClelland et al., 1953). Affektwandel wurde damit zum eigentlichen motivierenden Sachverhalt. Gemeint ist, dass bestimmte Ereignisse einen Affektwechsel nach sich ziehen, der dann seinerseits antizipiert werden kann. Die Antizipation eines solchen Affektwechsels stellt sich in unserem Erleben häufig durch Erwartungsemotionen vom Typ der Hoffnung und vom Typ der Furcht dar (vgl. **Abb. 1.1**).

Die Enge der Beziehung von Motiv und den antizipierten Affekten ist so bedeutsam, dass einige Autoren Motive geradezu durch die antizipierten Affekte definiert haben. Einem solchen Vorgehen liegt die Vorstellung zugrunde, dass ein Motiv nicht so sehr durch die auslösenden Bedingungen, auch nicht durch spezielle Formen des Verhaltens zu kennzeichnen ist, sondern durch den speziellen Affekt, der angestrebt und antizipiert wird. Diese Affekte sollen so spezifisch sein, dass sie eindeutig ein Motiv definieren können. Atkinson (1964, S. 241) hat etwa das Leistungsmotiv mit »Stolz über eine erbrachte Leistung« in Verbindung gebracht, und McClelland (1975, S. 77) hat das Machtmotiv mit einem »Gefühl von Stärke« definiert.

Affekte dieser Art sind notwendige, aber noch nicht hinreichende Bestandteile einer Motivdefinition. Hinzutreten müssen noch konkrete Handlungsresultate als Vorausbedingung für einen Affektwechsel. Im Falle des Leistungsmotivs war man beispielsweise der Ansicht, dass es eines Erfolges bei der Auseinandersetzung mit einem Gütemaßstab bedarf, um Stolz im leistungsthematischen Sinne zu antizipieren und zu erleben. Dies gestattet es auch, den Affekt »Stolz« im leistungsthematischen Sinne von anderen Affekten abzuheben, etwa von dem Stolz, den man bei dem Gedanken an die eigenen Eltern oder während einer Fußballweltmeisterschaft erleben kann. Von einer sehr schönen Unterstützung für diese Konzeption eines spezifischen affektbasierten Anreizes berichten Williams und DeSteno (2008). Sie fanden heraus, dass Stolz – im Gegensatz zu unspezifischen positiven Affekten – als Anreiz fungiert, eine anstrengende Aufgabe ausdauernd zu bearbeiten.

Es war in der Motivationspsychologie lange üblich, zu unterscheiden, ob diese relative Verschiebung auf der Lust-Unlust-Dimension dadurch erreicht wird, dass man ein positives Ziel anstrebt oder dadurch, dass ein negatives Ziel vermieden werden soll (Lewin, 1935; Miller, 1944; Mowrer, 1960). Auf der Ebene motivationspsychologischer Theoriebildungen wird man diesem Sachverhalt gerecht, indem man zwei voneinander unabhängige motivationale Tendenzen, eine »Aufsuchen-« und eine »Meiden-« Tendenz, in Rechnung stellt und hierbei auch wieder dispositionelle Unterschiede in der Motivausstattung, etwa durch die Unterscheidung von »Hoffnung-« und »Furcht-«

Motiven, berücksichtigt (Atkinson, 1964; Heckhausen, 1963; Gable, Reis & Elliot, 2003; Revelle, 1995). Die neuere Motivationsforschung hat diese Differenzierung aufgegriffen und postuliert unterschiedliche Formen der Handlungsregulation für Fälle, in denen es primär um die Erlangung eines positiven Ziels oder Vermeidung eines negativen Ziels geht (Elliot & Thrash, 2008).

Für die Motivations- und Lernpsychologie wurde dieser Lust-Unlust-Mechanismus insbesondere auch deshalb interessant, weil es gelang, im ZNS Strukturen und Überträgersubstanzen (Neurotransmitter) nachzuweisen, die an der Vermittlung positiver Affekte beteiligt sind. Frühe Untersuchungen von Olds und Milner (1954) hatten bereits gezeigt, dass Ratten lernten, sich in bestimmten Regionen des Gehirns selbst zu stimulieren. Diese Selbststimulation war so effektiv und offensichtlich »lustvoll«, dass andere Anreize wie z. B. Futter verschmäht wurden. Folgerichtig wurde diese Region als »Lustzentrum« bezeichnet. Zu den angesprochenen Regionen gehören das gesamte dopaminerge System (vgl. Kap. 2.2 und **Abb. 2.4**) und insbesondere Zellen im Bereich des lateralen Hypothalamus. Am häufigsten haben Stimulationsuntersuchungen entsprechende Effekte im Bereich des medialen Vorderhirnbündels (MFB) nachweisen können. Von besonderer motivationspsychologischer Bedeutung ist der Nucleus accumbens: Hier liegt eine Schaltstelle, in der zunächst wertneutrale sensorische Information einläuft, die dann durch das dopaminerge Signal markiert und dadurch in eine wertbesetzte, motivational bedeutsame Information übersetzt wird. Ein zunächst neutraler Sachverhalt kann so einen Aufforderungscharakter bekommen und durch die Anregung eines Motivs eine Reihe von Verhaltensweisen in Gang setzen (Berridge, 2003).

Anreizwirkung als Affektwechsel und dessen Antizipation als motivierendes Agens zu konzipieren, ist eine theoretische Konstruktion (wie etwa die »Verstärkung«) und direkt nicht in unserem Erleben beobachtbar. Würden wir im Alltagsleben etwa auf eine »Warum-« oder »Wozu-«Frage nach den Zielen unserer Handlung nicht das angestrebte Ziel (z. B. eine Anweisung geben) selber, sondern die antizipierten Affektkonsequenzen (die Macht zu genießen oder sich »stark« zu fühlen) nennen, würde dies skurril und lächerlich wirken, wie der Cartoon in **Abbildung 1.2** verdeutlicht. Dennoch ist eine solche theoretische Konstruktion als eine sehr allgemeine motivationspsychologische Basis von Vorteil, denn sie gestattet eine Erklärung des Verhaltens unabhängig vom bewussten Erleben. Sie ist damit universell einsetzbar sowohl für Ver-

Abb. 1.2: Begründung einer Handlung aus der Antizipation der postaktionalen Affektkonsequenzen (© Bulls Pressedienst GmbH, Frankfurt/M.)

halten im Humanbereich, das ohne bewusste Steuerung abläuft, als auch für tierliches Verhalten, das – soweit wir gegenwärtig wissen – auch sehr gut gesteuert, allerdings prinzipiell ohne Bewusstheit abläuft.

Wir wollen an dieser Stelle darauf hinweisen, dass wir den Begriff Anreiz in zwei Bedeutungskontexten verwenden: Zum einen als situativer Anreiz, der Anregungseigenschaften gegenüber dem Motiv besitzt, zum anderen wird der Anreiz auch als Affektantizipation aufgefasst. Das mag verwirrend erscheinen, stellt sich aber bei näherer Betrachtung als die zwei Seiten einer einzigen Medaille heraus. Die Wirkung eines situativen Anreizes beruht auf seiner Fähigkeit, über die Motivanregung einen Vorgang der Affektantizipation einzuleiten, andererseits beruht die Affektantizipation auf einer situativen Motivanregung (vgl. **Abb. 1.1**).

1.2.5 Erwartungen

Neben den antizipierten Affektkonsequenzen steuern auch die wahrgenommenen Realisierungschancen das Verhalten. Lebewesen bewerten offensichtlich nicht nur Handlungsziele, sie setzen auch in Rechnung, ob und wie sie diese Ziele erreichen können – sei es aufgrund fördernder oder widriger Umstände in der Umwelt oder aufgrund der eigenen Verhaltensmöglichkeiten. Auch Tiere werden in ihrem Verhalten von solchen Erwartungen geleitet (Bolles, 1972; Tolman, 1932; vgl. Kap. 3.4). Jeder Hundebesitzer, der zur gewohnten Stunde mit seinem Tier spazieren geht, weiß eine Fülle von Verhaltensindikatoren für die entsprechende Erwartung seines Tieres zu nennen. Laborratten, die zuvor freien Zugang zu ihrer Nahrung hatten und ab einem bestimmten Zeitpunkt nur noch für eine begrenzte Zeit am Tag gefüttert werden, lernen im Verlaufe von zwei bis drei Wochen, ihre Nahrungsaufnahme in dieser Zeit derart zu steigern, dass sie ihr Gewicht halten. Sie nehmen sozusagen die kommende Fastenzeit vorweg und erwarten – und das drückt sich in ihrem Verhalten aus –, dass die nächste Mahlzeit erst in 23 Stunden erfolgt. Es gibt viele empirische Belege dafür, dass selbst ganz einfache Organismen wie Planarien, die nur eine ganz rudimentäre Organisation des Nervensystems aufweisen, den Zusammenhang zwischen zwei Ereignissen bzw. zwischen ihrem Verhalten und dessen Ergebnissen und Folgen erfassen und in ihrem Verhalten berücksichtigen können (Corning & Kelly, 1973; Dehaene, 1997).

Der Begriff der »Erwartung«, den wir für diesen Sachverhalt verwenden, soll nicht suggerieren, dass es sich hierbei um Bewusstseinsinhalte handelt. Nur unter bestimmten Umständen können sich diese Wahrscheinlichkeiten auch im bewussten Erleben niederschlagen. Allerdings lässt die Genauigkeit, mit der objektive Wahrscheinlichkeiten in subjektive Wahrscheinlichkeiten überführt werden, oftmals sehr zu wünschen übrig (Shafir & Tversky, 1995). Dies liegt darin begründet, dass die Bildung einer subjektiven Erwartung selbst wieder durch die Motive beeinflusst wird. Hoch- und Erfolgsmotivierte neigen beispielsweise dazu, ihre Erfolgschancen zu überschätzen (vgl. Kap. 12) oder ihnen bei der Ausführung riskantester Sportarten gar keine Beachtung zu schenken (vgl. Kap. 7). Personen, die zwischen mehreren (gleichwertigen) Handlungsalternativen auswählen, sind hierbei eher realistisch; erst wenn sie die gewählte Handlungsalternative auch ausführen, neigen sie dazu, ihre Realisierungschancen optimistisch zu überschätzen (vgl. Kap. 3.7). Ein solcher Optimismus ist durchaus funktional, da er die momentane Motivationslage unterstützt und bei Auftreten von Schwierigkeiten ein vorzeitiges Aufgeben verhindert (Taylor & Gollwitzer, 1995). Es gibt allerdings auch Personen, bei denen sich dieser Optimismus nicht einstellen mag, die im Gegenteil ihre Chancen ganz realistisch sehen oder gar unterschätzen: chronisch depressive Personen (Alloy & Tabachnik, 1984).

1.3 Motivation durch Erwartung und Wert

Eine auf den französischen Philosophen Pascal zurückgehende Denktradition, die Eingang in die Motivationsforschung gefunden hat, verknüpft die Konzepte des Wertes und der Erwartung miteinander. In dieser sogenannten Erwartung-Wert-Theorie geht man von der grundlegenden Annahme aus, dass Verhalten aus einer Interaktion der beiden Größen »Wert« (= individuell gewichteter Anreiz) und »Erwartung« zu erklären ist. Das Erwartung-Wert-Modell folgt einer einfachen Logik, nämlich dass die Motivation weder allein der Attraktivität eines Ziels noch allein dessen Realisierbarkeit folgt, sondern beides in Rechnung stellt. Viele der Modelle haben auch eine multiplikative Verknüpfung von Erwartungs- und Wertvariablen angenommen (Erwartung × Wert). Hierdurch wird eine Motivationstendenz beschrieben, die das Verhalten so ausrichtet, dass der subjektiv erwartete Nutzen maximiert wird (Shafir & Tversky, 1995). »Wünschbarkeit« (Attraktivität) und »Machbarkeit« (Erwartung, Wahrscheinlichkeit) müssen also gewissermaßen einen Kompromiss eingehen (s. o.).

Kritiker halten diesem Modell entgegen, es sei zu kognitiv und zu rational, indem es Motivation ausschließlich aus dem »rationalen Oberstübchen« erkläre und damit auch impliziere, dass die Motivationsprozesse, die diesem Modell folgen, stets eine bewusst darstellbare Rationalität aufweisen müssen. Beide Einwände sind ungerechtfertigt. »Erwartung« und »Wert« erklären Motivation auf der Ebene einer psychologischen Theorie. Dies bedeutet nicht, dass diese beiden Variablen im Motivationsprozess auch bewusst repräsentiert sein müssen. Es gibt offensichtlich funktionale Äquivalente zu den Erwartung und Wert generierenden Systemen, die es gestatten, die jeweils einschlägige Information zu verarbeiten und in einem entsprechenden Algorithmus zu verbinden. Da dem entsprechenden Verhalten häufig genetisch fixierte Programme zugrunde liegen, liegt die Vermutung nahe, dass die Evolution bei der Herausbildung dieser Mechanismen bereits einer Strategie der Nutzenmaximierung durch eine Verbindung von Wert- und Erwartungsgrößen gefolgt ist. Auch der zweite Einwand, dass der utilitaristische Ansatz dieses Modells ein hohes Niveau an Rationalität und genauer Verarbeitung von Erwartungs- und Wertinformationen verlange, ist unzutreffend. Zwar ist das Modell selbst am Prinzip der Nutzenmaximierung orientiert, was jedoch nicht bedeutet, dass jedes Verhalten, das durch dieses Modell erklärt wird, auch das Prinzip der Nutzenmaximierung realisiert. Das Spielverhalten eines Glücksspielers etwa berücksichtigt kaum Wahrscheinlichkeitsinformationen, wohl aber Wertinformationen (vgl. Kap. 10). Es ist – obwohl wenig »rational« – dennoch durch ein (erweitertes) Erwartung-Wert-Modell beschreibbar, in dem Erwartung (E) und Wert (W) noch einmal gewichtet werden (α und β) und die spezielle Art der Interaktion dieser beiden Variablen offen gehalten wird. Man kann also generell die folgende Funktionsgleichung aufstellen:

$$\text{Verhalten (V)} = f(\alpha E, \beta W)$$

Der Einfluss dieser Modellvorstellung war im Übrigen so durchdringend, dass viele moderne Theorien im Bereich der Humanmotivationsforschung diesem Modell zuzuordnen sind und sie auch für die Erklärung tierlichen Verhaltens zunehmende Bedeutung gewinnt. Die in den letzten Jahrzehnten so einflussreichen kognitiven

1 Was ist Motivation?

Motivationstheorien, allen voran die Attributionstheorie, spezifizieren im Wesentlichen Ursachenzuschreibungen als Determinanten von Wert- und Erwartungsvariablen (Weiner, 1985; vgl. Kap. 3.6), und die erst jüngst populär gewordenen Zieltheorien der Motivation bauen ihre Verhaltensvorhersagen auf den Variablen »Zielattraktivität« und »Zielerreichenswahrscheinlichkeit« auf (vgl. Kap. 1.5). Die Tatsache, dass auch die spieltheoretische Rekonstruktion von Motivation, wie sie in soziobiologischen Theoriebildungen anzutreffen ist (Voland, 2004), im Wesentlichen auf dem Wert von Ressourcen (z. B. Futter, Geschlechtspartner etc.), gewichtet durch die Chancen, sie auch zu erlangen (evtl. vermindert um die Kosten, die beispielsweise durch einen Kampf um Ressourcen entstehen), aufbaut, zeigt, wie hilfreich eine solche Erwartung-Wert-Rahmentheorie für die Modellierung menschlichen und tierlichen Verhaltens sein kann.

1.4 Proximate und ultimate Ziele

Wie oben bereits erläutert, beschreiben Motive eine dispositionelle Neigung und Voreingenommenheit bei der Bewertung bestimmter Klassen von Anreizen und Zielen. Nach Ansicht der Soziobiologie dienen solche biologisch fundierten Motivationssysteme der Vergrößerung der »Fitness«, d. h. der Ermöglichung der Weitergabe des eigenen Erbgutes – sei es auf direktem Wege durch Fortpflanzung oder sei es indirekt durch Fürsorge für die nächsten Verwandten, mit denen das Lebewesen einen Teil des Erbgutes gemeinsam hat (vgl. Kap. 3.1 und 3.2). Im Verlaufe der Evolution einzelner Arten des Tierreichs ist es daher zur Ausbildung von morphologischen Merkmalen und auch von Verhaltenssystemen gekommen, weil sie zur Anpassung der Art an ihre Umwelt und damit zur Vergrößerung der Fitness beitrugen.

Die stammesgeschichtliche Entwicklung dieser Systeme kann also unter dem Gesichtspunkt gesehen werden, welchen Beitrag sie dazu leisteten, die Chancen zur Weitergabe des eigenen Erbgutes zu maximieren. Dies wäre in einer Hierarchie von Zielen gewissermaßen das alleroberste, letztgültige, ultimate Ziel, dem sich alle anderen Ziele unterordnen. Die Aufgabe einer evolutionsbiologisch orientierten Motivationspsychologie besteht deswegen im Nachweis solch funktionaler Beziehungen zwischen den verschiedenen Motiven und dem ultimaten Ziel der Fitnessmaximierung. Gelingt eine solch schlüssige funktionale Erklärung, könnte das im Umkehrschluss ein wichtiger Hinweis darauf sein, dass es sich hierbei um ein evoluiertes Verhaltenssystem mit einem starken Anteil genetisch fixierter Verhaltensdeterminanten handelt.

Bei der Nahrungsaufnahme und der Sexualmotivation liegt der Anpassungswert auf der Hand – ohne die Existenz dieser Systeme wäre Leben in der uns bekannten Form auf der Entwicklungsstufe der Säuger nicht möglich. Bei anderen Verhaltenssystemen, wie etwa der Neugier, der Angst und der Anschluss- und Machtmotivation, ist der Nachweis einer direkten Funktionalität nicht ganz so einfach zu führen, wenngleich auch bei diesen Systemen gute Gründe für eine stammesgeschichtliche Entwicklung zugrundeliegender Mechanismen und Strukturen angegeben werden können: Zur Vergrößerung der Darwin'schen Fitness und damit zum Fortpflanzungserfolg tragen Motivationssysteme, die z. B. für die Exploration der Umwelt verantwortlich sind oder das Lebewesen vor erkannten Gefahren zurückschrecken lassen, ebenfalls in hohem Maße bei (Schneider, 1996). Ein Organismus, der seine Umgebung erforscht hat, der weiß, wo Nahrung und Wasser vorhanden sind, wo sich potenzielle

1.4 Proximate und ultimate Ziele

Reproduktionspartner aufhalten und wo Fressfeinde oder sonstige Gefahren lauern, besitzt einen Anpassungsvorteil und eine vergleichsweise höhere Fitness. In ähnlicher Weise ist die Erhaltung und Pflege sozialer Beziehungen für Individuen all jener Arten, die in sozialen Verbänden leben, von größter Bedeutung. Die Tatsache, dass bereits in geschlossenen Tiergesellschaften, in denen ein individualisiertes Erkennen möglich ist, Rang- und Dominanzhierarchien installiert sind, die einen Anpassungsvorteil für die Gruppe darstellen, lässt eine genetische Basis für das Machtmotiv ebenfalls wahrscheinlich werden. Schließlich wird auch der Reproduktionserfolg bei einigen sozial lebenden Säugern in nicht unerheblichem Ausmaß von der Stellung in der Dominanzhierarchie beeinflusst. Dies gilt z. B. sowohl für männliche als auch für weibliche Mitglieder von Primatenverbänden (Harcourt, 1989; Kuester & Paul, 1989) und war vor dem nahezu flächendeckenden Einsatz von Empfängnisverhütungsmitteln auch im Humanbereich die Regel (vgl. Kap. 10).

Bestimmte Formen feindseliger und impulsiver Aggressionen dürften (vor allem bei männlichen Organismen) ebenfalls genetische Vorläufer besitzen (Berkowitz, 1990; Miles & Carey; 1997). Beide Aufgaben – Überleben in der Gruppe und den eigenen Fortpflanzungserfolg zu sichern – werden erleichtert, wenn es gelingt, fremde Artgenossen von der Gruppe und vor allem von möglichen Reproduktionspartnern fernzuhalten. Die Annahme einer biologischen Basis für territoriale Aggression scheint deswegen ebenfalls auf der Hand zu liegen. Konkurrenzeliminierung und Ressourcensicherung sind die beiden wichtigsten Ziele bei der Entstehung territorialer Aggression. Auch hier scheint der Reproduktionserfolg das eigentliche Ziel, denn je mehr die ausschließliche Nutzung eines Territoriums für den Reproduktionserfolg maßgeblich ist, desto entschiedener wird es auch verteidigt (Voland, 2004).

Das von der Evolutionsbiologie beschriebene ultimate Ziel der Fitnessmaximierung ist nicht zu verwechseln mit den aktuellen Zielen und damit den unmittelbar wirksamen, proximaten Ursachen menschlichen und tierlichen Verhaltens. Schon gar nicht sollten die ultimaten Ziele verwechselt werden mit den bewussten Beweggründen menschlichen Handelns. Dazu ein Beispiel: Nach Auskunft der Völkerkunde ist bei vielen »primitiven« Kulturen das Wissen um die Bedeutung der sexuellen Verhaltensweisen für die Fortpflanzung mangelhaft (Mead, 1961). Trotzdem pflanzen sich diese Gruppen fort. Der unmittelbare Anreiz für das sexuelle Verhalten muss also in anderen Konsequenzen des Verhaltens liegen und nicht im Ziel der Fortpflanzung selbst. Gleiches gilt sicherlich in der Regel auch für Kulturen wie die unsrige, in denen dieses Wissen um die Bedeutung sexueller Verhaltensweisen für die Fortpflanzung verbreitet ist. Der wichtigste Anreiz und damit die entscheidende motivationale Ursache für sexuelle Verhaltensweisen dürften bei Unwissenden und Wissenden gleichermaßen die antizipierten Affektkonsequenzen und nicht der antizipierte Fortpflanzungserfolg sein. Dieses Beispiel macht noch einmal – hier unter einem anderen Blickwinkel – auf die Bedeutung antizipierter Affektkonsequenzen aufmerksam. Offensichtlich hat die Evolution hier einen einfachen, aber wirkungsvollen Mechanismus hervorgebracht, indem das angepasste Verhalten – das Verhalten das dem Überleben des einzelnen Individuums und der Art dienlich ist – durch einen positiven Affekt (Lust) markiert wird (Buck, 1999; Toates, 2001). Die antizipierten Affekte stellen also die unmittelbare (proximate) Grundlage für ein entferntes (distales, ultimates) Zielereignis dar, ohne dass Einsicht in diese Zusammenhänge oder gar eine bewusste Repräsentation notwendig wären.

1.5 Motive, Ziele und Motivation

Ein Motiv, so hatten wir bereits gesehen, ist ein »ausgedachtes«, ein theoretisches Konstrukt. Bei der Definition von Motiven wird ein nicht unbeträchtliches Abstraktionsniveau bevorzugt (»Leistung«, »Macht« etc.). Die Wahl eines solchen Abstraktionsniveaus bringt den Vorteil mit sich, die schier unüberschaubare Anzahl denkbarer Ziele in eine überschaubare Anzahl äquivalenter, d.h. zu dem gleichen Motiv gehöriger Ziele zu überführen. Äquivalent ist, was für einen Organismus »äquifinal« ist, d.h., was ihm die gleichen begehrenswerten Handlungsfolgen verheißt oder die gleichen bedrohlichen Handlungsfolgen befürchten lässt.

In zeitgenössischen Theorien taucht der Zielbegriff mit unterschiedlicher Generalisierungsbreite auf. Der biologisch orientierte Ansatz betont nur ein einziges Ziel: das der Fitnessmaximierung. Persönlichkeitstheoretisch orientierte Motivationstheorien definieren Ziele auf mittelhohem Abstraktionsniveau (z.B. »Angenehme Beziehungen zu anderen Personen aufbauen«) und situationistische berücksichtigen ganz konkrete Intentionen und Ziele (z.B. »Um 10.00 Uhr in den Gottesdienst gehen!«). Solche Ziele stehen häufig vor der Realisierung der entsprechenden Handlung im Bewusstsein und werden deswegen auch häufig als die »Veranlasser« der Handlung betrachtet. Theorien dieser Art erreichen oft eine – allerdings triviale – Präzision bei der Verhaltensvorhersage, aber über den motivationalen Gesamtzusammenhang, in dem eine Intention oder ein Ziel steht, weiß man häufig nur wenig. Wir bevorzugen deswegen einen Ansatz, in dem Ziele und Intentionen in einen motivationspsychologischen Gesamtzusammenhang, dominiert von den Motiven, eingebunden sind. Allerdings sind die Beziehungen zwischen Motiven und Zielen häufig nur schwach ausgeprägt. Offensichtlich lassen sich die abstrakten Motivziele nicht immer ganz reibungslos und automatisch in thematisch gleiche, spezifische Handlungsziele überführen.

Viele der in den letzten Jahren entstandenen Zieltheorien sind ein spezielles Feld für die Humanmotivationsforschung, weil sie an eine bewusste Repräsentationsform (Brunstein & Maier, 1996) und häufig auch an einen Willensakt gebunden sind (vgl. Kap. 1.6). Es gibt aber auch eine Unzahl alltäglicher Anlässe, bei denen es gewohnheitsmäßig mehr oder weniger automatisch zum Handeln kommt. Das gilt zumindest dann, wenn die Handlungsausführung nicht auf unvorhergesehene Schwierigkeiten stößt oder in Konflikt mit anderen Motivationstendenzen gerät. Auf diesem Grundgedanken einer direkten, automatischen Verhaltenskontrolle durch die Umwelt ohne Vermittlung einer bewussten Wahl oder Intentionsbildung bauen die neoassoziationistischen Positionen von Bargh und Ferguson (2000) sowie von Berkowitz (1993) auf, in denen ein – möglicherweise biologisch vorbereiteter – Assoziationsverbund zwischen Wahrnehmung, Motiv, Ziel und dazugehörigem Verhalten hergestellt wird unter Umgehung jedweder bewussten Deutung oder Vermittlung. Diese Automatismus-Hypothese wird vor allem gestützt durch Untersuchungen, in denen ein Motiv unbemerkt angeregt (geprimt) wird und anschließend motivabhängige Verhaltenseffekte aufgezeigt werden. So arbeiten Personen schneller und effizienter, wenn bei ihnen (durch Einstreuen leistungsbezogener Wörter in einen Text) das Leistungsmotiv (unbemerkt) angeregt wurde. Personen, bei denen das Machtmotiv unbemerkt angeregt wurde, neigen dazu, anderen Personen eher ins Wort zu fallen und sie zu unterbrechen (vgl. Kap. 4).

Kann sich ein Ziel nicht automatisch im Verhalten durchsetzen, muss die Zielrealisierung kontrolliert und gegebenenfalls gegen konkurrierende Ziele und aktualisierte Motivationen abgeschirmt werden. Insgesamt werden Ziele umso eher in Handlungen umgesetzt,

- je genauer die Ziele hinsichtlich Ort und Zeit der notwendigen Handlung spezifiziert sind,
- je wichtiger die Ziele sind,
- je größer das Vertrauen in die eigene Wirksamkeit ist und
- wenn die Ziele selbstbestimmt (vs. fremdbestimmt) sind (vgl. Kleinbeck & Schmidt, 1996).

1.6 Wille und Bewusstheit

Wir sind in unseren bisherigen Darstellungen von der Vorstellung ausgegangen, dass Motivation durch ein angeregtes Motiv entsteht und dass sich diese Motivation dann auch im Verhalten und Erleben zeigt. Dieses Modell dürfte sicherlich für die Darstellung von Motivationsvorgängen im tierlichen und für die allermeisten Fälle auch im menschlichen Bereich zutreffend sein, aber es gibt Fälle – wir vermuten ausschließlich im Bereich menschlicher Motivation –, wo es versagt: dann nämlich, wenn eine solche Motivation angeregt und auch dominant ist, ihr aber dennoch nicht – sei es aufgrund kultureller Normvorschriften oder aufgrund »besserer« Einsicht – gefolgt werden kann. So könnte unser Schüler B, den wir schon zu Anfang des Kapitels beschrieben haben, sich spät abends immer noch mit der Vorbereitung auf die Klausur beschäftigen, obwohl ihn seine Freundin eingeladen hat und er dieser Einladung nur zu gerne gefolgt wäre. Am nächsten Morgen fährt er zu seinem Mathematiktest, obwohl er von erheblicher Prüfungsangst gepeinigt wird und am liebsten im Bett geblieben wäre.

Es gibt also Fälle, in denen entgegen einer angeregten Motivation gehandelt werden muss. Solche motivationalen Vorgänge werden mit »Wille« oder neuerdings »Volition« bezeichnet (vgl. Kap. 3.7). Der Wille beschreibt ein motivationales Geschehen, das sich gleichermaßen auf die Generierung eines Ziels als auch auf die Handlungsausführung bezieht; darüber hinaus an Bewusstheit gebunden ist und damit ein besonderes Problem der Humanmotivation betrifft.

Es bedarf des Willens nicht, wenn ein Ziel gebildet und in Handlung umgesetzt wird, das durch ein angeregtes Motiv unterstützt wird. Willentliche Prozesse setzen ein, wenn Entschlüsse gefasst werden, Ziele gebildet und verfolgt werden müssen, die nicht auf angeregten Motiven aufbauen, ihnen zuwiderlaufen oder eine zurzeit nicht dominante Motivation betreffen. Ein Willensvorgang stellt sich also nicht »überflüssigerweise« ein, sondern nur dann, wenn »... der Mensch Widerstände innerer oder äußerer Art, Hemmungen, Schwierigkeiten, ein Motivationsdefizit oder dergleichen zu überwinden hat, die sich seinem Handeln entgegenstellen. Diese Schwierigkeiten müssen ihm in irgendeiner Art zum Bewusstsein kommen« (Ach, 1935, S. 196). Lindworsky beschreibt, dass sich der Wille auf eben diese zwei Gebiete bezieht, nämlich die Entschlussfassung und die Durchführung des in dem Entschluss vorgestellten Ziels (Lindworsky, 1932, S. 55). In ähnlicher Weise äußert sich Lewin, indem er eine deutliche Trennung zwischen »Vornahmehandlung« und »beherrschter Handlung« zieht (Lewin, 1926, S. 377). Während eine Vornahmehandlung in Motiven fundiert und ihre Realisierung insbesondere durch diesen Umstand gesichert ist, fehlt es der beherrschten Handlung (Willenshandlung) an dieser motivationalen Unterstützung. Damit ein solches Ziel, das nicht durch ein angeregtes Motiv gestützt wird, tatsächlich in die Tat umgesetzt wird, kann man

1 Was ist Motivation?

Box 1.3: Motivation und Volition beim Marathonlauf

Schüler und Langens (2007) untersuchten den Marathon als ein Beispiel für einen Handlungsverlauf, der zunächst motivational gestützt ist, ab einem bestimmten Punkt jedoch nur noch mithilfe willentlicher Kontrollprozesse aufrechterhalten werden kann. Während der ersten Kilometer eines Marathons herrscht bei den Läufern üblicherweise eine motivationale Steuerungslage vor: Das Laufen erscheint mühelos und macht Spaß, die erlebte Anstrengung ist niedrig, und die Zeit vergeht wie im Fluge. Im weiteren Verlauf des Rennens nehmen die körperlichen und psychischen Ressourcen naturgemäß ab: Der Körper stellt vom Glukose- auf den Fettstoffwechsel um, die Muskeln können übersäuern, und auch mental werden die Läufer durch die Monotonie des langen Laufs zermürbt. Unter Läufern ist bekannt, dass sich etwa bei Kilometer 30 eines Laufes ein extremes Motivationsdefizit einstellen kann, das als »die Mauer« bezeichnet wird; es handelt sich dabei um eine psychologische Handlungskrise, die sich durch extreme Unlust und den starken Impuls, das Rennen aufzugeben, auszeichnet (vgl. die folgende Abbildung). In dieser Phase des Rennens geraten die Läufer in eine volitionale Steuerungslage, in der die Zielverfolgung nur noch durch den Einsatz willentlicher Handlungskontrolle aufrechterhalten werden kann. Interessanterweise nimmt die Stärke der psychologischen Krise ab Kilometer 30 wieder ab; verantwortlich dafür ist der motivationale Sog, der von der Nähe zur Ziellinie ausgeht und der die Läufer wieder in eine motivationale Steuerungslage versetzen kann. Schüler und Langens (2007) fanden, dass die Stärke der psychologischen Krise bei Kilometer 30 (nicht aber die wahrgenommene Beeinträchtigung durch körperliche Symptome wie etwa Muskelschmerzen und Schwindel) die Laufleistung vorhersagte: Je stärker die Krise, desto länger brauchten die Läufer, um das Rennen zu beenden. Schüler und Langens (2007) untersuchten ebenfalls, ob die Leistungseinbußen, die als Folge der psychologischen Krise auftreten, durch willentliche Kontrollstrategien aufgehoben werden können. In einer weiteren Studie wurde eine Hälfte der an der Studie teilnehmenden

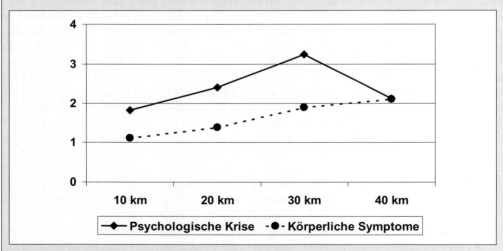

Abb.: Im Verlauf eines Marathonlaufs ist der Impuls, das Rennen abzubrechen (»psychologische Krise«) bei Kilometer 30 maximal. Körperliche Beschwerden nehmen dagegen über den Lauf linear zu (nach Schüler und Langens, 2007, S. 2327)

1.6 Wille und Bewusstheit

> Läufer gebeten, beim Auftreten einer psychologischen Krise Selbstinstruktionen anzuwenden wie etwa: »Es läuft gut, du kannst es schaffen«, »Laufe deinen eigenen Rhythmus« oder »Du wirst stolz sein, wenn du das Ziel erreichst«. Die andere Hälfte wendete keine Selbstinstruktionen während des Rennens an. Es zeigte sich, dass Selbstinstruktionen die Laufleistungen insbesondere dann verbesserten, wenn die Läufer bei Kilometer 30 in eine schwere Handlungskrise gerieten: Läufer, die an diesem Punkt Selbstinstruktionen anwendeten, brauchten im Mittel etwa 15 Minuten weniger für die gesamte Distanz als Läufer, die keine Selbstinstruktionen anwendeten. Die Untersuchung zeigt also deutlich, wie sich motivationale und volitionale Steuerungslagen im Laufe der Verfolgung eines Ziels abwechseln können, und dass willentliche Prozesse (hier: Selbstinstruktionen) die Zielverfolgung beim Auftreten motivationaler Defizite unterstützen können.

verschiedene Hilfskonstruktionen vornehmen. So kann man etwa auf gegenwärtig nicht aktualisierte Motive zurückgreifen, d. h. sie vergegenwärtigen – hierzu gehört die »Anreizaufschaukelung« (Kuhl, 1983) bzw. auch die Simulation einer nicht vorhanden Motivationslage (»Antriebssimulation«; Bischof, 1989). Zur Sicherstellung einer effizienten willentlich gesteuerten Handlungsausführung muss also auf Teile von Motivationsprozessen – allerdings bewusst kontrolliert – zurückgegriffen werden, indem sie im Bewusstsein simuliert werden. Für die Ausführung der Handlung ist es wichtig, die intendierte Handlung selbst möglichst »konkurrenzlos« (James, 1890, S. 527) über einen längeren Zeitraum im Bewusstsein zu halten und bei auftretenden Schwierigkeiten die handlungsförderlichen Emotions- und Motivationslagen zu simulieren – bei gleichzeitiger Unterdrückung anderer störender Emotions- und Motivationslagen. Dies beruht auf einer besonderen Eigenschaft des Bewusstseins: seiner Enge. Die Bewusstheit eines Inhalts schließt für den Zeitraum seiner Repräsentation das Auftreten anderer Inhalte aus.

Die hier angesprochene Funktion des Bewusstseins zeigt, dass das Gehirn den Zustand des Bewusstseins als Kennzeichnung benutzen kann, um Willensprozesse von anderen – etwa automatisch ablaufenden – zu unterscheiden (Roth & Menzel, 1996). Die hier interessierenden Vorgänge der Handlungskontrolle stellen den Kern einer volitionalen Steuerungslage dar, die auf dem Umstand unzureichender motivationaler Unterstützung einer Handlungstendenz oder auf einem Motivationsdefizit beruht (vgl. **Tab. 1.1**). Besonders deutlich wird das motivationale Defizit dadurch, dass diese Handlungen keinen Spaß bereiten und dass sich bei ihnen – relativ zur tatsächlich investierten Anstrengung – ein intensives Anstrengungserlebnis einstellt (Sokolowski, 1993). Handlungen, die durch Motive direkt oder indirekt gestützt werden, sind auf der Erlebnisebene häufig durch Spaß an der Tätigkeit, Flow-Erleben und schneller voranschreitendes Zeiterleben (Csikszentmihalyi & Rathunde, 1993; vgl. Kap. 3.6) gekennzeichnet, ein Zustand, wie er beispielsweise bei einem spannenden Computerspiel auftreten kann. Um zu betonen, dass eine solche Motivation nicht auf äußere Faktoren – z. B. zusätzliche Anreize oder Belohnungen – angewiesen ist, bezeichnet man einen solchen Zustand auch als »Intrinsische Motivation«.

Die Fähigkeit, gegen aktuell angeregte Motivation zu handeln, indem nicht aktuelle Antriebslagen simuliert werden, ist eine exklusiv dem Menschen gegebene Fähigkeit: »Die Menschen unterscheiden sich von den Tieren vor allem dadurch, dass sie den Ablauf von Instinkten durch Willensimpulse zu unterdrücken vermögen, was bei Säugetieren und Vögeln nur in geringem Maße

1 Was ist Motivation?

Tab. 1.1: Überblick über einige Bestimmungsstücke motivationaler und volitionaler Steuerungslagen (nach Sokolowski, 1993)

Problem	Motivationale Steuerungslage	Volitionale Steuerungslage
Zielgenerierung	durch Motive und Anreize	durch Ziel- und Tätigkeitsvorstellungen
Steuerung (Aufmerksamkeitslenkung)	unwillkürlich, kaum ablenkbar	kontrolliert, ablenkbar
Energetisierung	unwillkürlich	kontrolliert
Emotion (Gefühle) u. Kognition (Gedanken)	förderlich, zielleitend, »macht Spaß«	störend, ablenkend, »macht keinen Spaß«
Anstrengungserleben	niedrig	hoch
bei Hindernissen oder Ablenkung	unwillkürliche Anstrengungssteigerung	zusätzliche Kontrollvorgänge
Zeiterleben	schnell (»wie im Fluge«)	langsam (»kriecht«)

zu erkennen ist« (Rensch, 1988, S. 30). Triebaufschub und Triebverzicht sind nach Freud (1930) auch die Voraussetzungen, an die die Entwicklung der menschlichen Kultur gebunden ist.

1.7 Aufsuchen – Meiden

Die typische Konfliktsituation, die auch das größte Forschungsinteresse auf sich gezogen hat, ist jene, in der das Lebewesen in Bezug auf ein Zielobjekt über zwei im Wettstreit stehende, sich gegenseitig ausschließende Verhaltenstendenzen verfügt. Ein solcher Konflikt wird als Annäherungs-Vermeidungs- bzw. auch als Aufsuchen-Meiden-Konflikt bezeichnet. Das Zielobjekt wird angestrebt und zugleich gefürchtet. Angst entsteht in einer solchen Situation dadurch, dass die bedrohlichen Momente bemerkt werden, auf die aber wegen der zugleich bestehenden Annäherungstendenz nicht adäquat – etwa durch Flucht – reagiert werden kann.

Mit zunehmender Annäherung an ein solches ambivalentes Ziel steigt die Aufsuchen-Tendenz, auch »Aufsuchen-Gradient« genannt, an – gleichzeitig steigt aber auch die Meiden-Tendenz oder der »Meiden-Gradient« an, wobei letzterer erst in unmittelbarer Zielnähe wirksam wird, dafür aber einen steileren Anstieg aufweist (vgl. Abb. 1.3). Epstein (1967, 1972) hat ein Modell für den Humanbereich formuliert, in dem die Aufsuchen- und Meiden-Gradienten als Triebe bzw. Motivationen aufgefasst werden. Sie können gemessen werden anhand ihrer aktivierenden Komponenten, die sich im Modell zu einem Gesamtaktivierungsmaß additiv ergänzen. Aktivierung ist also mit beiden Motivationskomponenten verbunden. Das Aktivierungsmaß sagt jedoch nicht die Richtung des Verhaltens vorher. Dies bestimmt sich vielmehr nach einem Differenz-Maß aus dem Aufsuchen- und Meiden-Gradienten, da die Aufsuchen-Komponente als eine fördernde, die Meiden-Komponente als eine hemmende Größe konzipiert ist. Sobald also in Konfliktsituationen Aufsuchen- und Meiden-Tendenzen angeregt werden, vermindert sich bei Ziel-

1.7 Aufsuchen – Meiden

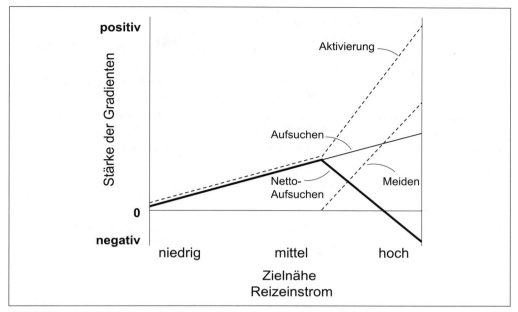

Abb. 1.3: Hypothetische Aufsuchen- und Meiden-Gradienten (bei der Annahme eines relativ stärkeren Aufsuchen-Gradienten) sowie der durch Subtraktion resultierende Netto-Aufsuchen-Gradient und der durch Summation gewonnene Aktivierungs-Gradient

annäherung die Aufsuchen-Tendenz um den entsprechenden Betrag der angeregten Meiden-Tendenz und ergibt damit die Netto-Aufsuchen-Tendenz (vgl. **Abb. 1.3**).

Das dargestellte Gradienten-Modell beschreibt Aufsuchen und Meiden als veränderliche Tendenzen und berücksichtigt neben der Zielannäherung auch den Reizeinstrom als unabhängige Größe. Es ist deshalb auch speziell auf Neugier, Furcht und Exploration beziehbar. Die Stärke der Neugiertendenz wächst nämlich monoton mit dem Reizstrom, die Stärke der Furcht steigt ebenfalls monoton, setzt aber erst bei mittlerem Reizeinstrom ein, um dann bei größer werdendem Reizeinstrom steiler anzusteigen. Dies liegt darin begründet, dass bei großem Reizeinstrom die Anzahl der furchtauslösenden Reize schneller wächst als die Anzahl der neugierauslösenden Reize. Aus der bereits bekannten Dynamik des Gradienten-Modells ergibt sich also auch hier eine maximale Netto-Aufsuchen-Tendenz bei mittelhohem Reizeinstrom (Schneider, 1996).

Einige empirische Arbeiten haben in Erweiterung dieses Modells die Frage zu klären versucht, ob sich Aufsuchen und Meiden auch als grundlegende Persönlichkeitsdimensionen darstellen lassen, wenn man Affekte, Motive und Temperamenteigenschaften zur Beschreibung heranzieht. Die Ergebnisse einer Untersuchung von Gable, Reis und Elliot (2003) zeigt **Abbildung 1.4**. Danach ergeben sich nach einer Faktorenanalyse deutlich zwei Systeme: ein appetitives System (Aufsuchen) und ein aversives System (Meiden), die jeweils durch die impliziten Hoffnungs- und Furcht-Motive für Macht, Leistung und Anschluss (MMG-Hoffnung, MMG-Furcht) mitdefiniert werden. Die Annäherungsmotivation ist an positive Affekte und mithin an das Belohnungssystem gebunden, während das Vermeidungssystem an negative Affekte und an das Bestrafungssystem gebunden ist.

1 Was ist Motivation?

> **Box 1.4: Verhaltenskonflikte im täglichen Leben**
>
> Einen Aufsuchen-Meiden-Konflikt kann man nach **Abbildung 1.3** daran erkennen, dass die maximale Netto-Aufsuchen-Tendenz *vor* dem Zielbereich liegt und mit weiterer Annäherung an das Ziel *abnimmt*. Diese Dynamik der Zu- und Abnahme der Netto-Aufsuchen-Tendenz kann man ebenfalls im täglichen Leben beobachten. Stellen Sie sich etwa vor, Sie sind auf einer Party und erblicken am anderen Ende des Raums eine ihnen unbekannte Person, die Sie auf Anhieb sympathisch finden und gerne ansprechen wollen. Voller Zuversicht – in großer Entfernung zum Ziel überwiegt der Aufsuchen-Gradient – gehen Sie los. In der Mitte des Raumes merken Sie vielleicht, dass sich Ihr Schritt verlangsamt; hier setzt der Meiden-Gradient ein, der den Aufsuchen-Gradienten hemmt. Sollte Ihr Meiden-Gradient stark ansteigen – etwa weil Sie schüchtern sind oder Furcht vor Zurückweisung haben –, dann wird die Meiden-Tendenz kurz vor dem Ziel stärker als die Aufsuchen-Tendenz werden: Wenige Schritte vor der Person werden Sie möglicherweise den Drang verspüren, einen kleinen Abstecher zum Buffet zu machen (»Vielleicht sollte ich mich vorher noch etwas stärken …«), und sich dadurch wieder von dem Ziel entfernen. Durch den Einsatz von Handlungskontrollstrategien (den »Willen«) könnte es ihnen jedoch gelingen, diesen Impuls zu unterdrücken und die Person trotz einer dominanten Meiden-Tendenz anzusprechen. Ein ähnliches Phänomen kann man vor Prüfungen beobachten: Lange vor der Prüfung (in großer zeitlicher Entfernung) überwiegt der Aufsuchen-Gradient und verleitet Studenten dazu, sich voller Optimismus für die Prüfung anzumelden. Der Meiden-Gradient setzt erst etwa eine oder zwei Wochen vor der Prüfung ein und kann Zweifel hervorrufen, dass die Prüfung wirklich zu schaffen ist. Am Tag der Prüfung kann die Meiden-Tendenz so stark werden, dass Studenten trotz guter Vorbereitung die Prüfung absagen. Unmittelbar vor der Prüfung verspüren viele Studenten den Drang wegzulaufen, schaffen es aber mithilfe von Handlungskontrollstrategien, sich der Prüfung zu stellen. Wahrscheinlich können Sie in Ihrem eigenen Leben leicht noch weitere Beispiele für die motivationale Dynamik bei der Annäherung an ambivalente Ziele finden.

Annäherung und Vermeidung sind auch die ersten rudimentären Verhaltensimpulse, die sich direkt aus der jeweiligen Affektlage – unbeeinflusst von höheren kognitiven Prozessen – ergeben (vgl. Kap. 3.5). Die Entwicklung eines solchen auf Annäherung und Vermeidung beruhenden Regulationsmechanismus stellt eine Grundvoraussetzung für eine erfolgreiche evolutionäre Anpassung an eine bestimmte Umgebung dar, weswegen sich dieses rudimentäre Regulationssystem in der Stammesgeschichte auch so weitgehend durchgesetzt hat (Jones & Gosling, 2005). Die stammesgeschichtlich alten Aufsuchen-Meiden-Systeme sind einfach und unmittelbar zielgerichtet; sie wurden im Verlaufe der Stammesgeschichte durch komplexere Systeme unter Einbezug kognitiver, im Humanbereich auch bewusster Bewertungsprozesse ergänzt. Ergänzt, nicht ersetzt! Aufsuchen- und Meiden-Tendenzen sind beim Menschen auf viele Ebenen verteilt. Sie arbeiten auf der Ebene des Rückenmarks, des Hirnstamms und des Kortex und sind in Neurotransmittersysteme eingebunden (Derryberry & Tucker, 1991; Kosslyn et al., 2002).

Die Vorstellung zweier antagonistischer Regulationssysteme, von denen das eine appetitiver, aufsuchender, das andere aversiver, meidender Art ist, ist ein Grundbestandteil vieler zeitgenössischer Motivationstheorien.

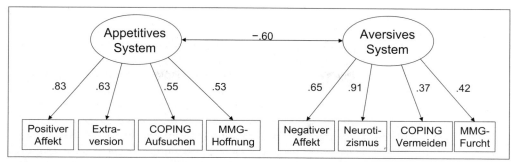

Abb. 1.4: Appetitives System (Aufsuchen) und aversives System (Meiden) und die jeweils konstitutiven Personenmerkmale. Die Koeffizienten geben die Stärke des Zusammenhangs an (nach Gable et al., 2003, S. 363)

Sie unterscheiden aufsuchende und meidende Motive (Hoffnung und Furcht; einschließlich der neurophysiologischen Substrate), aufsuchende und meidende Ziele, positive und negative Anreize (Affekte) sowie auch die zugeordneten Verhaltensweisen des Aufsuchens und Meidens (Gable, 2006; Revelle, 1995; Elliot & Thrash, 2008). Die anschauliche Übertragung der »Meiden-Motivation« auf die Verhaltensebene zeigt eine Untersuchung von Puca, Rinkenauer und Breidenstein (2006). Ein akustisches Signal traf von vorne oder von hinten auf die Versuchsteilnehmer, die die Aufgabe hatten, auf dieses Signal mit vorwärts- oder rückwärtsgerichteten Armbewegungen zu reagieren. Hoch meidend motivierte Versuchsteilnehmer tun das, was die Bezeichnung andeutet: Sie meiden dieses Signal, indem sie die Distanz dazu vergrößern. Kommt das Signal von vorne, ziehen sie den Arm kraftvoll zurück; kommt es von hinten, dann schieben sie den Arm kraftvoll nach vorne. Die Anregung oder Aktivierung dieser Regulationssysteme geschieht »normalerweise« über die Anreize, aber auch über Affekte können Ziele und Verhaltensweisen aktiviert werden. Neuere Untersuchungen zeigen, dass dies auch umgekehrt gelingen kann: Über die Ausführung rudimentärer Verhaltensweisen, wie beispielsweise etwas von sich wegzudrücken oder fernzuhalten und im Gegensatz dazu etwas zu sich hin zu ziehen oder herbeizuholen, lassen sich aufsuchende oder meidende Motivationstendenzen herstellen. Offenbar sind die Komponenten dieser Regulationssysteme auf mehreren Ebenen angeordnet und können von verschiedenen Seiten »angestoßen« und angeregt werden. Die Verteilung der Informationsverarbeitung auf mehrere Ebenen ist auch dafür verantwortlich, dass sich Disharmonien und Inkongruenzen im Gesamtsystem einstellen können. Jemand kann beispielsweise bewusst ganz bestimmte aufsuchende Ziele verfolgen (z. B. stets versuchen, andere Personen zu kontrollieren und zu beeinflussen), die nun so gar nicht seinen zugrunde liegenden Motiven (z. B. einer starken Furcht vor Kontroll- und Machtverlust) entsprechen. So etwas reduziert das Wohlbefinden und erhöht die Anfälligkeit für psychosomatische Erkrankungen (vgl. Kap. 4).

1.8 Auf ein Wort ...

Motivation ist ein prozesshaftes Geschehen, in dem Handlungsziele herausgebildet und das Verhalten und Erleben auf diese Ziele ausgerichtet werden. Eine Motivation entsteht durch das Zusammenwirken von situativen Anreizen und Motiven. Umweltgegebenheiten, die eine motivationale Bedeutung haben, werden durch die Motive bewertet, sie gewinnen dadurch einen Aufforderungscharakter, der zum Handeln motiviert. Die motivationale Bedeutung dieses Prozesses teilt sich dem Organismus durch einen Affektwechsel mit. Es wird ein bei Zielerreichung (oder -verfehlung) entstehender Affektwechsel antizipiert, der gegenüber der momentanen Affektlage eine relative Positivierung oder Negativierung der Lust-Unlust-Bilanz verspricht oder befürchten lässt. Diese Antizipation eines Affektwechsels stellt den Kern einer Motivierung vom Typ des Aufsuchens oder Meidens dar. Gleichzeitig werden durch diese Motivanregung andere Funktionen – wie Wahrnehmung, Kognition und Gedächtnis – zur Erleichterung der Zielerreichung selektiv auf solche Sachverhalte eingestellt, die zu der momentanen Motivation »passen« (Motivkongruenz).

Die Herausbildung von Motivationstendenzen wird durch ein – zunächst nicht näher spezifiziertes – Zusammenwirken von Wert (das ist ein durch das Motiv bewerteter Anreiz) und Erwartung der Zielerreichung modelliert. Beide Größen werden als theoretische Konstrukte, nicht als Bewusstseinsinhalte, verstanden. Auch Tiere verfügen über ein Informationsverarbeitungssystem, das es erlaubt, Wert- und Erwartungsinformationen bzw. deren funktionale Äquivalente zu verarbeiten und das Verhalten auf Nutzenmaximierung einzustellen. Das hier beschriebene Rahmenkonzept der Motivation ist deshalb gleichermaßen auf Menschen und (eine Reihe von) Tieren anwendbar. Das gilt mit einer Ausnahme: dem Willen. Die Betätigung des Willens ist ausdrücklich an das Bewusstsein gebunden und damit ein Spezialfall von Motivation, der ausschließlich im Humanbereich Gültigkeit besitzt. Wenn es in Zukunft im Bereich der tierexperimentellen Forschung allerdings zwingende Belege für ein tierliches Bewusstsein geben sollte, muss diese Feststellung vielleicht revidiert werden.

2 Methoden der Motivationspsychologie

2.1	Der experimentell-psychologische Ansatz
2.2	Kontrolle und Variation der Anreize
2.3	Kontrolle der organismischen Bedingungsfaktoren
2.3.1	Neuroendokrinologie
2.3.2	Bildgebende Verfahren
2.4	Messung von Motiven
2.5	Auf ein Wort …

Die Motivationsforschung ist aus der alltäglichen Suche nach den Ursachen des Verhaltens von Menschen und von Tieren erwachsen. Auch die Alltagspsychologie benutzt das Motivkonzept, häufig in der Form überdauernder statischer Eigenschaften, und benutzt auch Begriffe, die die Anreize in der Situation kennzeichnen, um Verhalten zu erklären. Die wissenschaftliche Motivationsforschung ist auf diesem Weg fortgeschritten, wobei sie ihre Motivationstheorien und Modelle systematisch anhand von kontrollierten Verhaltens- und Erlebnisstichproben überprüft. Aus den vorangegangenen Erörterungen ergibt sich die Notwendigkeit, in motivationspsychologischen Experimenten sowohl die Anreize und Motive in der Situation einschließlich ihrer organismischen Bedingungsfaktoren zu kontrollieren und nach Möglichkeit zu messen. Darüber hinaus müssen auch die vermittelnden kognitiven und emotionalen Variablen (z. B. Erwartungen, Affekte, antizipierte Affektwechsel) erfasst werden. Das ist leichter gesagt als getan; tatsächlich ist dies für einige der hier dargestellten Verhaltenssysteme noch nicht völlig befriedigend gelungen. So wissen wir beispielsweise im Bereich der Aggressionsforschung bereits sehr viel über die auslösenden Situationsfaktoren, aber kaum etwas über die Rolle der möglicherweise beteiligten Motive. Die Leistungsmotivationsforschung auf der anderen Seite ist zum großen Teil eine Motivationspsychologie von Motivunterschieden.

In den letzten Jahrzehnten sind vor allem die neurophysiologischen Untersuchungsmethoden für die Emotions- und Motivationsforschung immer wichtiger geworden. Sehr vereinfacht betrachtet geht dieser Forschungsansatz so vor, dass eine Person mit einem bestimmten Emotions- oder Motivationsproblem – einer Aufgabe, einem Anliegen – konfrontiert wird und der Untersucher mit geeigneten Methoden die dabei beteiligten neuronalen Strukturen, Systeme und Funktionen analysiert. Aus den bekannten Eigenschaften dieser neuronalen Grundlagen (z. B. ob das Bewusstsein beteiligt ist) kann dann auf bestimmte Eigenschaften der untersuchten psychologischen Sachverhalte zurückgeschlossen werden.

Ein ganz besonderer Stellenwert kommt in diesem Zusammenhang auch der tierexperimentellen Forschung zu. Es ist sicherlich bemerkenswert, dass eine ganze Reihe der großen Pioniere der Psychologie – etwa Pawlow, Yerkes, Hull, Tolman, Hebb und Skinner – einen tierexperimentellen Zugang aufweisen. Wie wir bereits geschildert haben, ist es für viele Fragestellungen unmöglich, auf Humanexperimente zurückzugreifen, so dass das Tierexperiment die einzige Möglichkeit des Erkenntnisgewinns darstellt. Die entscheidende Frage ist allerdings, ob wir dadurch prinzipiell auch etwas Bedeutungsvolles über menschliches Verhalten und Erleben und deren organismische Grundlagen erfahren können. Gosling (2001) ist dieser Frage empirisch nachgegangen und hat für eine ganze Reihe von Motivations- und Emotionsformen (Exploration, Aggression, Dominanz, Furcht-Angst) die tierexperimentelle Forschungsliteratur für verschiedene Spezies (Schimpansen, Rhesusaffen, Hunde, Ratten etc.) gesichtet und dabei herausgefunden, dass es sich bei vielen Tierarten – insbesondere aber den nichtmenschlichen Primaten – anbietet, ihre Motivstruktur mit den vom Menschen her bekannten Motiven zu beschreiben. Das ist zuverlässig und valide. Ausgenommen sind hiervon nur die dem Menschen eigenen Merkmale, die an Bewusstsein und Sprache gebunden sind, wie etwa das Selbstkonzept, persönliche Vorhaben, Identität und Autonomie.

2.1 Der experimentell-psychologische Ansatz

Neben dem *Experiment* als dem Königsweg zur Überprüfung von Theorien und Modellen nutzen Motivationsforscher, wie andere Verhaltenswissenschaftler auch, die Verhaltensbeobachtung – entweder ausschließlich, wenn Verhalten unter »natürlichen« Bedingungen analysiert werden soll, oder als Bestandteil von experimentellen Untersuchungen. Bei Untersuchungen am Menschen werden häufig auch Befragungsmethoden eingesetzt. Weder die Beobachtung noch die Befragung allein erlauben eine schlüssige Überprüfung von Aussagen, die Kausalzusammenhänge betreffen, so dass die Mehrzahl der nachfolgend dargestellten Theorien einer experimentellen Überprüfung unterzogen worden sind. Nur experimentelle Anordnungen, in denen bestimmte Bedingungen willkürlich hergestellt oder ausgeblendet werden, erlauben einen Rückschluss auf vermutete Kausalzusammenhänge. Nach Wundt (1907) sind die Kennzeichen des Experiments (1) die Willkür in der Herstellung der Bedingungen, (2) die Wiederholbarkeit und (3) die Variierbarkeit der Bedingungen. Davon scheint das letzte Kriterium das wichtigste zu sein: Das entscheidende Merkmal des Experimentes liegt in der planmäßigen Variation und Kontrolle eines oder mehrerer Bedingungsfaktoren, sogenannter unabhängiger Variablen, und der Beobachtung der zugehörigen Veränderungen in den abhängigen Variablen, den Verhaltens- und Erlebnisphänomenen also, die erklärt werden sollen.

Dabei scheint gerade für die Motivationsforschung ein besonderes Problem darin zu liegen, dass die interessierenden Verhaltens- und Erlebnisphänomene in der experimentellen Situation nicht ohne weiteres hergestellt werden können. Während z. B. durch Darbietung einer entsprechenden Reizvorlage unschwer das Erlebnis »rote Gegenstandsfarbe« hergestellt werden kann, ist es häufig nicht möglich oder verbietet es sich aus ethischen Gründen, motivational-emotionale Phänomene, wie z. B. eine starke Furcht oder eine starke Aggressionsmotivation, im psychologischen Labor durch Variation und Kontrolle von unabhängigen Variablen herzustellen. Zutreffenderweise werden deshalb im Labor schwächere Varianten von alltäglichen Motivations-/Emotionszuständen zum Gegenstand gemacht. Kontrollierte motivationspsychologische Experimente im psychologischen Labor sollten daher durch Studien in der natürlichen Umwelt, durch sogenannte Feldstudien, ergänzt werden. Für die Mehrzahl der in diesem Buch zusammengestellten Motivthematiken, selbst für solch »schwierige« Themen wie Sexualität und Aggression, hat die Forschung allerdings unterdessen laborexperimentelle Anordnungen gefunden, die eine verlässliche Untersuchung der jeweiligen Motivationsphänomene gestatten (Anderson et al., 2003).

Als Bedingungsfaktoren von intra- und interindividuellen Verhaltensunterschieden hinsichtlich der Richtung, Intensität und Dauer von Verhalten hatten wir Situationsfaktoren (an erster Stelle Anreize) sowie Personfaktoren (Motive, aber auch innerorganismische Faktoren) angesehen. Will der Motivationsforscher Hypothesen über die Wirksamkeit dieser Bedingungsfaktoren überprüfen, muss er im Experiment (1) einen oder mehrere dieser Faktoren als unabhängige Variable kontrollieren und planmäßig variieren und (2) durch die Anordnung und Organisation des Experimentes ausschließen können, dass die beobachteten Effekte im Verhalten und Erleben auf andere, hier nicht berücksichtigte Bedingungsfaktoren zurückgehen. Hierzu bietet das bislang erarbeitete Methodeninstrumentarium eine Reihe von Techniken an, von denen die wichtigsten sind, weitere nicht berücksichtigte äußere Faktoren möglichst im Experiment konstant zu halten und die Versuchspersonen (Vpn) auf die einzelnen Bedingungen eines Experiments zufällig oder nach gleichen Gesichtspunkten parallel aufzuteilen.

Grundsätzlich gesehen gibt es in der experimentell-psychologischen Behandlung von Person- und Situationsfaktoren zumindest einen gravierenden Unterschied: Situative Anreize im psychologischen Experiment können mit den bereits genannten Einschränkungen fast beliebig hergestellt werden. So könnte man z. B. in einem Experiment zur Aggressionsmotivation eine Gruppe von Versuchspersonen heftig frustrieren (z. B. dadurch, dass man eine bereits zugesagte Belohnung nicht auszahlt; Experimentalgruppe 1), und eine zweite Gruppe von Versuchspersonen könnte in milderer Form frustriert werden (z. B. dadurch, dass die zugesagte Auszahlung lediglich verschoben wird; Experimentalgruppe 2). Eine dritte Gruppe von Versuchspersonen, die sogenannte Kontrollgruppe, bleibt unbehandelt. Man sieht, dass die verschiedenen Anreize zu aggressivem Verhalten willkürlich hergestellt werden können. Man spricht deshalb auch von einer »Manipulation«.

Natürlich lassen sich die Motive nicht ebenso behandeln. Es handelt sich ja hierbei um eine Dispositionsvariable, die kurzfristig nicht verändert werden kann. Man muss deshalb zu einer anderen Methode greifen, nämlich der Selektion. Man geht hier so vor, dass man das interessierende Motiv – hier etwa das Aggressionsmotiv – misst und die Verteilung der Messwerte dann teilt, so dass zwei (oder mehrere) gleich große Gruppen entstehen, im einfachsten Fall also Personen mit hohem und niedrigem Aggressionsmotiv getrennt werden können. In unserem Falle würde dann ein sogenannter 2×3-Versuchsplan (siehe **Tab. 2.1**) entstehen, mit dem gleichzeitig Motiv- und Anreizeffekte untersucht werden können. Die Auswertung eines solchen Versuchsplans erfolgt zumeist mit der Varianzanalyse. Ein Nachteil dieser Vorgehensweise ist, dass viele Informationen, die in den Motivkennwerten enthalten sind, bei einer Reduktion auf zwei Gruppen verloren gehen. Neuere Analysetechniken, wie etwa die Regressions- und Pfadanalyse, bauen stattdessen auf korrelationsstatistischen Methoden auf, in denen die gesamte Variabilität der Messwerte erhalten bleibt. Solche Techniken können vor allem dort mit Vorteil eingesetzt werden, wo nicht nur – wie in unserem fiktiven Fall – die Auswirkungen unabhängiger (Motiv- und

Tab. 2.1: Ein fiktiver Versuchsplan zur Analyse von Motiv- und Anreizeinflüssen auf aggressives Verhalten

Motiv	Anreiz		
	Frustration stark	Frustration schwach	Kontrollgruppe
Aggressionsmotiv hoch			
Aggressionsmotiv niedrig			

Anreiz-)Variablen auf die abhängige Variable (die Aggression), sondern auch noch dazwischen liegende, vermittelnde Variablen (z. B. hier: Ärgeremotionen, Frustrationserlebnisse etc.) berücksichtigt werden. Es lassen sich dann Netzwerke rekonstruieren, die das Zusammenhang- und Verursachungsmuster mehrerer Variablen und auch die Vermittlungsprozesse gleichzeitig beschreiben (vgl. z. B. **Abb. 12.5**).

2.2 Kontrolle und Variation der Anreize

Die wahrgenommenen Anreize menschlichen Handelns sind emotional positiv oder negativ bewertete Situationsaspekte. Menschen können wir bitten, solche Beurteilungen vorzunehmen, uns etwa mitzuteilen, wie sehr sie sich freuen, wenn sie ein bestimmtes Handlungsziel erreichen oder einen befürchteten Ausgang vermeiden. Wir können, um diese Beurteilungen abzubilden, geeignete Skalen vorlegen oder aber alle Ziele und Handlungsergebnisse im Paarvergleich bewerten oder zumindest in eine Rangreihe bringen lassen, um so etwas über die Stärke der Anreizwirkung in Erfahrung zu bringen.

Die gleiche Information kann man grundsätzlich auch aus dem Verhalten selbst erschließen. Bei Tieren und kleinen Kindern ist man sogar auf diese Methode angewiesen. Bietet man Tieren und Kleinkindern die Wahl zwischen zwei verschiedenen Verhaltensmöglichkeiten, etwa Nahrungsstoffen, dann lässt sich aus dem Wahlverhalten, dem Ausmaß, in dem ein Nahrungsstoff gegenüber dem anderen bevorzugt wird, etwas über den Anreiz dieser Nahrung im Vergleich mit der anderen ausmachen.

Berridge (2003) hat in mehreren Untersuchungen den Anreiz von verschiedenen Nahrungsmitteln und Geschmacksstoffen anhand der emotionalen Reaktion, die sie auslösen, analysiert. Er hat hierbei auf den Gesichtsausdruck zurückgegriffen, der sich beim Menschen und auch bei einigen höher organisierten Säugern in ganz charakteristischer Weise in Abhängigkeit vom Geschmack verändert (vgl. **Abb. 2.1**). Der Gesichtsausdruck wurde ganz grob danach unterteilt, ob er eine positive Emotion (hedonischer Ausdruck) oder eher eine negative Emotion (aversiver Ausdruck) widerspiegelt; dies entspricht auch den Ausdrucksmöglichkeiten von Kindern. Ein hedonischer Gesichtsausdruck ist durch Lecken der Lippen und rhythmisches Vorwölben der Zunge (vermutlich zur Stimulierung der Geschmacksrezeptoren) gekennzeichnet. Häufig wird dies von einer Entspannung der Muskulatur in der Gesichtsmitte und (z. T.) auch von einem milden Lächeln begleitet. Charakteristisch für den aversiven Gesichtsausdruck sind hingegen ein

2.2 Kontrolle und Variation der Anreize

weit geöffneter Mund (so als wolle man die geschmeckte Substanz wieder herausbefördern), das Zurückwölben der Lippen, das Rümpfen der Nase und das Zusammenziehen der Augenbrauen sowie das Schütteln des Kopfes. Die Untersuchungen zeigen, dass viele der höher organisierten Säuger – von nichtmenschlichen Primaten bis hin zu einem Nager wie der Ratte – ähnliche Reaktionen auf unterschiedliche Geschmacksstoffe aufweisen; interessanterweise mit einem Gradienten von Ähnlichkeit, der der stammesgeschichtlichen Entfernung zum Menschen entspricht. **Abbildung 2.2** zeigt

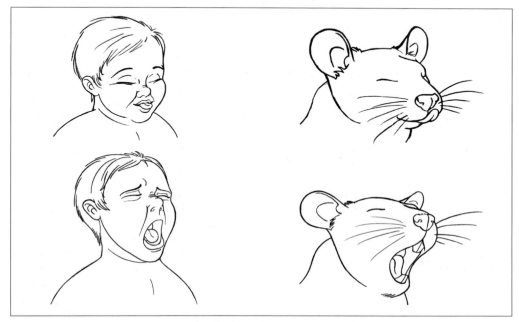

Abb. 2.1: Mimische Reaktionen auf süße (oben) und bittere (unten) Substanzen

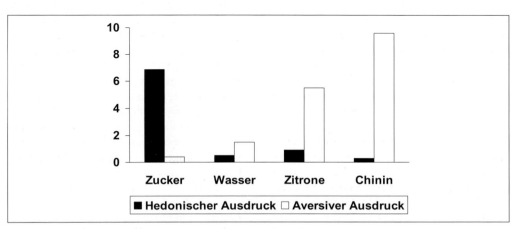

Abb. 2.2: Hedonischer und aversiver Gesichtsausdruck bei vier Geschmacksrichtungen (nach Berridge, 2003, S. 110)

die hedonischen und aversiven Reaktionen auf vier verschiedene Substanzen. Wie zu sehen ist, ist die hedonische Reaktion auf Süßes sehr ausgeprägt, während ein saurer oder bitterer Geschmack eine deutlich aversive Reaktion auslöst. Man kann aus diesen Beobachtungen schließen, dass es sich bei den hedonischen und aversiven Reaktionen auf Süßes bzw. Bitteres um evolutionäre Anpassungsleistungen handelt, die eine ausgeglichene und bekömmliche Ernährung sichergestellt haben (vgl. Kap. 5).

Diese Art, etwas über die emotionale Tönung von Geschmäckern und mithin etwas über die Anreize, die die Nahrungsaufnahme beeinflussen, in Erfahrung zu bringen, mag für den einen oder anderen etwas umständlich und »akademisch« anmuten. Man muss aber sehen, dass hier eine objektive, wenig verfälschbare Methode gefunden wurde, etwas über die affektive Tönung des Erlebens zu erfahren, und zwar, ohne auf die Sprache angewiesen zu sein. Darüber hinaus ist die Methode auch im Tierexperiment einsetzbar und erlaubt so auch eine vergleichende Perspektive in der Motivationspsychologie.

2.3 Kontrolle der organismischen Bedingungsfaktoren

Einige Motive entsprechen organismischen Bedürfnissen. Sie entstehen durch bestimmte Defizitzustände im Organismus und erlöschen bei deren Aufhebung – ein Umstand, der in der Regel durch positive Emotionen angezeigt wird. Wir hatten oben (vgl. Kap. 1.2.2) bereits erwähnt, dass sich solche organismischen Faktoren in der Veränderung der Bewertung von Anreizen bemerkbar machen. Die Kontrolle der organismischen Bedingungsfaktoren setzt voraus, dass die organismischen Veränderungen, die mit dem Auftreten und der Befriedigung der Bedürfnisse einhergehen, gemessen werden können. Auch für solche Motivsysteme, denen keine organismischen Bedürfnisse entsprechen, wie etwa dem Sexualmotiv oder dem Aggressionsmotiv, können organismische Bedingungsfaktoren (z. B. des Hormonsystems oder bestimmte Mechanismen des Zentralen und/oder Peripheren Nervensystems [ZNS und PNS]), kontrolliert und manipuliert werden. Wie geht man dabei vor?

Generell kann man drei Gruppen von Methoden unterscheiden: zunächst solche, die in bestimmte Strukturen des ZNS eindringen, um dort kontrollierte Veränderungen vorzunehmen. Man kann gezielt bestimmte Bereiche im ZNS zerstören und die entsprechenden Ausfallerscheinungen beobachten, oder man kann die betroffenen Bereiche stimulieren und das damit einhergehende Verhalten beobachten. Die zweite Gruppe von Methoden versucht, die Aktivität ganz bestimmter neuronaler Strukturen anhand von peripheren oder humoralen Indikatoren nachzuweisen. Die Aktivität bestimmter Bereiche im ZNS macht sich nämlich auch an der Körperoberfläche (z. B. durch Veränderung des Hautwiderstandes oder bestimmter Muskelaktivitäten z. B. im Gesicht) oder in der Hormonkonzentration bemerkbar. Diese Methode erfasst entsprechende Veränderungen und erschließt daraus die Aktivität der interessierenden Bereiche. Die dritte Gruppe von Methoden schließlich versucht, die Aktivität dieser zentralnervösen Strukturen direkt mithilfe moderner bildgebender Verfahren sichtbar zu machen. Dies ist die eleganteste Methode und gestattet, den betroffenen Bereichen des ZNS »direkt bei ihrer Arbeit zuzuschauen«.

Im Einzelnen kommen die folgenden Methoden bei der Variation und Kontrolle organismischer Bedingungsfaktoren des Verhaltens zum Einsatz (vgl. Gahr, 1996):

2.3 Kontrolle der organismischen Bedingungsfaktoren

- die Zerstörung von Geweben, z. B. im Zentralen Nervensystem (ZNS), die Durchtrennung peripherer Nerven und das Studium der korrelierenden Ausfallerscheinungen,
- elektrische oder chemische Stimulation von Strukturen des ZNS und PNS,
- die Ableitung elektrischer Potenzialänderungen (z. B. Elektroenzephalographie (EEG), evozierte Potenziale, multiple Zellableitung, Einzelzellableitung),
- die Erfassung peripherer physiologischer Veränderungen, wie etwa Veränderungen der Atemfrequenz oder des Hautwiderstandes,
- die Erfassung neuroendokrinologischer Variablen (Hormone, Neurotransmitter) sowie deren Abbauprodukte,
- die systematische Verabreichung von chemischen Substanzen (Pharmaka, Hormone, Nährstoffe) und die Erfassung von Funktionsveränderungen im ZNS und PNS,
- die Messung der regionalen Hirndurchblutung (rCBF) mittels funktionaler Magnetresonanztomographie,
- die Positronenemissionstomographie (PET), mit der sich die Stoffwechselaktivität (vornehmlich Sauerstoff- und Glukoseverbrauch) in bestimmten Regionen des Gehirns darstellen lässt.

Die für die Motivationsforschung interessanten Areale des ZNS sind die phylo- und ontogenetisch alten Anteile des Gehirns, insbesondere das Mittelhirn, aber auch das darüber liegende Zwischenhirn und die älteren Areale des Endhirns. Diese Bezeichnungen orientieren sich an der Vorstellung, dass das Gehirn in der stammesgeschichtlichen Entwicklung vom Rückenmark her über die Medulla seinen Ausgang genommen hat und deshalb dort die »alten« Anteile des Gehirns lokalisiert sind. Die Schaltzentrale für vegetative und motivationale Steuerungsmechanismen findet sich im Zwischenhirn, genauer gesagt im Hypothalamus. Die phylogenetisch älteren Anteile des Endhirns, die für motivationale Vorgänge von Bedeutung sind, sind im Riechhirn auf der medialen Oberfläche des Schläfenlappens, in der Tiefe des Schläfen-

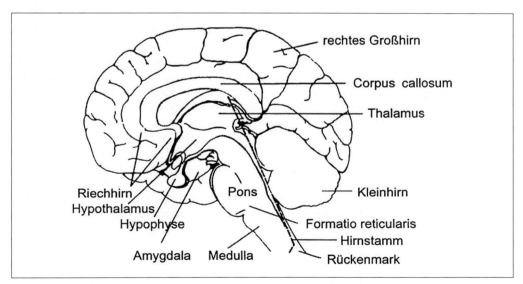

Abb. 2.3: Ansicht auf die rechte menschliche Endhirnhemisphäre nebst Hirnstamm (Zwischenhirn, Mittelhirn und Nachhirn oder Medulla) von oben nach unten

lappens (in der Amygdala) sowie im Septum lokalisiert (vgl. **Abb. 2.3**).
Hypothalamus, Hippocampus sowie die Amygdala sind auch die wichtigsten Bestandteile des »Limbischen Systems« (MacLean, 1974), das – für Emotion und Motivation zuständig – eine eigenständige Funktionseinheit im Gehirn bilden soll. Die Tatsache allerdings, dass dieses System wiederum mit anderen sensorischen und motorischen Zentren verschaltet ist, hat Kritik an der Idee einer eigenständigen Funktionseinheit entstehen lassen (Cacioppo et al., 2003).
Organismische Manipulationen lassen sich im Humanversuch nur in beschränktem Ausmaß durchführen, z. B. durch Verabreichung von psychisch wirksamen Pharmaka. Eine Reihe von organismischen, verhaltenswirksamen Größen lassen sich auch durch psychologische Reize oder körperliche Übungen beeinflussen und in ihren Veränderungen durch psychophysiologische Methoden kontrollieren. Diese Methoden erlauben u. a. eine Feststellung der kortikalen Erregung durch das Elektroenzephalogramm (EEG) und eine Feststellung der Aktivierung des autonomen Nervensystems durch die Messung peripherer physiologischer Variablen wie Atemfrequenz, Herzfrequenz, Volumenänderungen von peripheren Geweben (z. B. in den Gliedmaßen), Pupillenweite, Magenmotilität, Körpertemperatur sowie elektrodermale Phänomene (Hautwiderstand, Hautpotenzial und Hauttemperatur). Alle diese Größen erfahren eine charakteristische Veränderung, je nachdem, ob der sympathische oder parasympathische Anteil des autonomen Nervensystems dominiert. Bei einer Erhöhung des Sympathikotonus steigt z. B. die Herzfrequenz, und der Hautwiderstand fällt (es steigt die Leitfähigkeit der Haut). Das sogenannte Elektromyogramm, die Messung der elektrischen Aktivität in verschiedenen Muskelgruppen des Körpers, erlaubt schließlich Rückschlüsse auf die Intensität von Bewegungen und rudimentären Handlungsanfängen.

2.3.1 Neuroendokrinologie

Eine immer größere Bedeutung für die Erforschung der organismischen Bedingungsfaktoren des Verhaltens haben in den letzten Jahren neurochemische Methoden gewonnen. In verschiedenen funktionalen Systemen des ZNS werden unterschiedliche Neurotransmitter als Überträgerstoffe verwandt. Durch Injektionen von solchen Neurotransmittern oder von Stoffen, die als Vorstufen bei der Produktion solcher Transmitter in den Nervenzellen genutzt werden (Agonisten), wie auch durch Injektionen von Stoffen, die die Wirksamkeit der Neurotransmitter blockieren (Antagonisten), lässt sich etwas über die Bedeutung solcher Transmittersysteme für die Verhaltenskontrolle im Rahmen bestimmter Motivationssysteme ausmachen. Transmitter lassen sich sogar im akuten Versuch aus dem ZNS entnehmen und analysieren oder zumindest in regelmäßigen Abständen aufgrund von Bestimmungen ihrer Abbauprodukte im Blut oder in anderen Körperflüssigkeiten wie etwa dem Urin oder Speichel quantitativ bestimmen. Wichtig für die Motivationspsychologie sind gegenwärtig die klassischen Neurotransmitter Noradrenalin, Dopamin und Serotonin. In **Abbildung 2.4** zeigen wir in exemplarischer Form die Hauptfasertrakte der Neurotransmitter Dopamin und Noradrenalin.
Es gibt insgesamt drei wichtige dopaminerge Systeme, von denen das erste nur eine lokale Verschaltung im Hypothalamus darstellt. Das zweite nimmt von der Substantia nigra seinen Ausgangspunkt, um sich von dort zu den Basalganglien, zum Hypothalamus und der Amygdala sowie zur Großhirnrinde und anderen Vorderhirnstrukturen zu erstrecken. Die Substantia nigra weist auch Projektionen zum Nucleus cau-

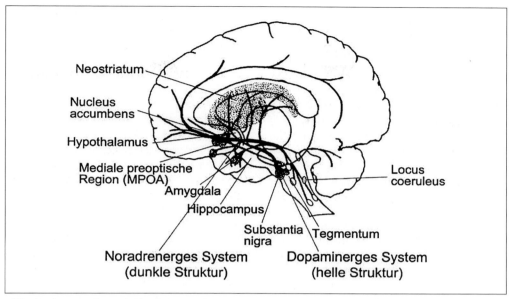

Abb. 2.4: Hauptfasertrakte für Noradrenalin und Dopamin (nach Klivington, 1992, S. 158)

Box 2.1: Dopamin und Leistungsmotivation

Das dopaminerge System gilt als »gemeinsame Endstrecke« unterschiedlicher Motivationssysteme: Jede Form aufsuchenden Verhaltens – gleichgültig, ob es durch Hunger, Sexualität, Anschluss oder Neugier veranlasst wird – geht mit einer Aktivierung des meso-limbokortikalen dopaminergen Systems einher. Leistung – das Streben nach Erfolg in der Auseinandersetzung mit Gütemaßstäben (vgl. Kap. 12) – galt lange Zeit als ein rein »soziogenes« Motivationssystem, das ausschließlich durch individuelle Lernerfahrungen geformt wird und daher in geringerem Ausmaß als Hunger oder Sexualität durch spezifische physiologische Prozesse (wie eben die Aktivität des dopaminergen Systems) vermittelt wird. Eine Studie von Bäumler (1975) untersuchte diese Annahme, indem er seine Probanden ein Verfahren zur Erfassung von Motiven (einen TAT, vgl. Kap. 2.4) bearbeiten ließ, nachdem sie entweder einen Dopaminagonisten (Ritalin), einen Dopaminantagonisten (ein Neuroleptikum) oder ein Leerpräparat (ein »Placebo«) eingenommen hatten. Wenn leistungsmotiviertes Verhalten durch die Aktivität des dopaminergen Systems vermittelt wird, dann sollte die Gabe eines Dopaminagonisten (der die Aktivität des dopaminergen Systems erhöht) im Vergleich zur Einnahme eines Dopaminantagonisten (der die Aktivität des dopaminergen Systems dämpft) mit einer verstärkten Leistungsmotivation einhergehen. Tatsächlich fand Bäumler, dass Ritalin selbst in geringer Dosierung die aufsuchende Leistungsmotivation (»Hoffnung auf Erfolg«) verstärkte. Das Neuroleptikum schien dagegen die meidende Komponente des Leistungsmotivs (»Furcht vor Misserfolg«) abzuschwächen. Die Befunde weisen also recht schlüssig nach, dass Leistungsmotivation – der »Hunger nach Erfolg« – durch ähnliche biopsychologische Prozesse vermittelt wird wie die Motivationssysteme Hunger und Sexualität.

datus und zum Putamen (Neostriatum) auf (meso-striatales Projektionssystem). Das dritte System geht vom Tegmentum aus und umfasst Verbindungen zum limbischen System (speziell der Amygdala), zum Nucleus accumbens und zu verschiedenen Regionen im präfrontalen Kortex (meso-limbokortikales Projektionssystem).

Die Funktion von Dopamin, die unter motivationspsychologischer Perspektive am wichtigsten erscheint, ist, dass die Neurochemie der Belohnung und damit der Lustmechanismus, der für positive Anreizwirkungen und mithin für aufsuchendes Sozialverhalten verantwortlich ist, an das dopaminerge System gebunden ist. Nahrungsaufnahme und appetitives Anschluss- und Sexualverhalten stehen ebenfalls deutlich unter dopaminerger Kontrolle. McClelland, Patel, Stier und Brown (1987) stellten fest, dass hoch Anschlussmotivierte, bei denen das Anschlussmotiv situativ angeregt wurde, eine erhöhte Dopaminausschüttung aufwiesen. Verlust oder Degeneration der Dopamin produzierenden Zwischenhirnregionen (mesostriatales Projektionssystem) und damit ein chronischer Dopaminmangel werden auch für die Parkinson-Krankheit (auffälliges äußeres Kennzeichen: Schüttellähmungen, sich wiederholende Handbewegungen) verantwortlich gemacht. Entsprechend sollten Parkinson-Patienten ein vergleichsweise niedriges Anschlussmotiv aufweisen, eine Vermutung, die sich in einer Untersuchung von Sokolowski, Schmitt, Jörg und Ringendahl (1997) bestätigt fand. Parkinson-Patienten fällt auch die Kontaktaufnahme mit anderen Personen schwer, und sie empfinden den Umgang mit anderen Personen als anstrengend. Vergleichsgruppe waren Patienten mit einer chronischen Rheumaerkrankung. Beide Patientengruppen haben also eine vergleichsweise schwere Störung des Bewegungsapparates, die allerdings nur bei den Parkinson-Patienten mit einem Dopaminmangel einhergeht.

Der Nucleus accumbens wird durch seine Verbindungen zum präfrontalen Kortex und zur Amygdala über die Belohnungsqualitäten von Umweltreizen informiert und auch darüber, in welchem situativen Kontext eine Belohnung erwartet wird. Die Wahrnehmung von Belohnungsreizen – die sowohl gelernt (z. B. Geld, Alkohol) als auch ungelernt (z. B. ein süßer Geschmack) sein können – führt zu einer erhöhten Ausschüttung von Dopamin im Nucleus accumbens. Die Dopaminkonzentration im Nucleus accumbens kann daher als ein direktes physiologisches Korrelat der Intensität des antizipierten positiven Affektwechsels angesehen werden: je größer die erwartete Belohnung, desto mehr Dopamin wird im Nucleus accumbens umgesetzt. Das dopaminerge System wird offenbar als »gemeinsame Endstrecke« von allen in diesem Buch beschriebenen Motivationssystemen – von Hunger über Sexualität zu Leistung, Macht und Anschluss – genutzt. Der Zusammenhang zwischen der Anreizstärke einer Belohnung und der dopaminergen Aktivität im Nucleus accumbens ist dabei bidirektional: Einerseits führt die Wahrnehmung oder die Antizipation attraktiver Belohnungen zu einer erhöhten dopaminergen Aktivität. Zum anderen werden Umweltreize durch eine erhöhte dopaminerge Aktivität erst zu attraktiven Belohnungen.

Das noradrenerge System entspringt einer kleinen Ansammlung von Zellen im Hirnstamm, dem Locus coeruleus, und projiziert zu fast sämtlichen Strukturen im Gehirn, insbesondere dem Kleinhirn, dem Hypothalamus, dem Thalamus, dem Hippocampus, der Amygdala und der Großhirnrinde. Es ist sehr wahrscheinlich die wichtigste Formation für die Regulation des Aktivierungsniveaus.

Das serotonerge System durchzieht den Hirnstamm, den Hypothalamus, und gelangt von dort zu verschiedenen Vorderhirnstrukturen. Das serotonerge System ist deshalb für die Motivation von kaum

2.3 Kontrolle der organismischen Bedingungsfaktoren

zu überschätzender Bedeutung, weil es fast sämtliche Phasen eines Motivationsvorganges, von der ersten Aufforderung zu einer Handlung bis zu deren Realisierung, modulierend beeinflusst. Die Bewertung von Umweltereignissen, das Abwägen von Alternativen, die Herausbildung einer entsprechenden Motivationstendenz,

---

Box 2.2: Dopamin und Aufsuchen-Motivation

Die folgende Abbildung illustriert den Zusammenhang zwischen der Stärke der dopaminergen Aktivität im Nucleus accumbens und der Anzahl bzw. Qualität appetitiver Stimuli, die zu einer aufsuchenden Motivation führen (vgl. Depue & Collins, 1999, S. 571). Bei starker dopaminerger Rezeptoraktivität (rechte Seite der Abszisse) rufen sehr viele (Extensität) und auch vergleichsweise schwache (Intensität) appetitive Stimuli aufsuchendes Verhalten hervor. In einem solchen Zustand ist die Welt voller Abenteuer, Chancen und Verlockungen, die einen magisch anziehen. Bei schwacher dopaminerger Aktivität (linke Seite der Abszisse) sind es dagegen nur starke und recht wenige Belohnungsreize, die eine Aufsuchenmotivation in Gang setzen. Eine solche schwache dopaminerge Aktivität geht mit einem Zustand der Anhedonie einher: Kaum ein Anreiz in der Umwelt scheint interessant genug, um nachhaltig Interesse zu wecken oder den Wunsch hervorzurufen, sich ihm anzunähern. Die Stärke der dopaminergen Aktivität im Nucleus accumbens scheint zum einen durch Temperamentseigenschaften bedingt zu sein (z. B. durch Extraversion), zum anderen durch die Stärke von Motiven wie Leistung, Macht und Anschluss oder das Sensation-Seeking-Motiv.

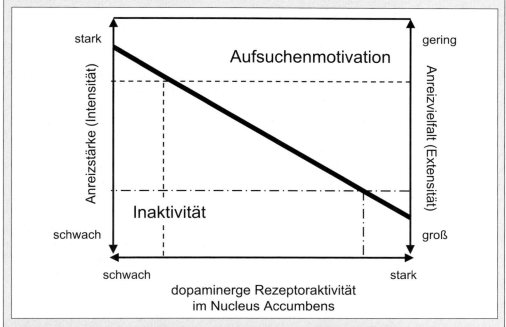

Abb.: Bei starker Aktivität des dopaminergen Systems regen viele unterschiedliche Reize (hohe Extensität) und auch schwache Anreize (geringe Intensität) eine Aufsuchenmotivation an (modifiziert nach Depue & Collins, 1999, S. 510)

deren Umsetzung in Verhalten sowie die Unterdrückung unangemessener und unpassender Alternativen sind allesamt von einem ausgeglichenen Serotoninhaushalt abhängig. Kernvorgang scheint hierbei der modulierende Eingriff in das bedeutungsgenerierende Motivationssystem zu sein, in dem unwichtige Informationen ausgefiltert und motivationsrelevante Informationen entsprechend hervorgehoben werden. Störungen in diesem Bereich zeigen sich bei serotoninverarmten Laborratten darin, dass sie auf bestimmte Reize extrem schnell reagieren (reduzierte Latenz), auch wenn sie sich hierdurch selber schädigen oder ihnen eine Belohnung entgeht. Für die Tiere bekommt das Zusammenleben mit Artgenossen einen bedrohlichen Charakter, und bizarres Sozialverhalten (Hyperaggressivität, Hypersexualität) ist zu beobachten. Eine serotonerge Mitverursachung wird bei verschiedenen psychischen Krankheitsbildern für möglich gehalten: so bei Angststörungen, Depression, Migräne, Schlafstörungen und Substanzmissbrauch (Drogen, Alkohol etc.) (Baumgarten & Grozdanovic, 1995).

Für die Motivationspsychologie wichtig ist noch ein weiterer »schneller« Transmitter, die γ-Aminobuttersäure (GABA). GABA ist im gesamten ZNS verbreitet und der wichtigste hemmende (inhibitorische) Transmitter. Die (Un-)Möglichkeit, bestimmte Handlungen zu initiieren und Lernfortschritte zu machen, ist von der GABA-Konzentration abhängig. Durch die Injektion von GABA in die Amygdala können in bestimmten Situationen Angstreaktionen reduziert werden. Versuchstiere, die in einer Experimentalsituation gelernt hatten, gar nichts mehr zu tun (Gelernte Hilflosigkeit, vgl. Kap. 12.7), wiesen im Vergleich zu Kontrolltieren eine erhöhte GABA-Konzentration auf.

2.3.2 Bildgebende Verfahren

Eine große Bedeutung für die Erforschung zentralnervöser Korrelate psychischer Vorgänge beim Menschen haben die sogenannten bildgebenden Verfahren gewonnen. Für die Analyse motivationaler und emotionaler Prozesse dürfte gegenwärtig die Messung des regionalen Blutflusses mittels des Magnetresonanztomographen (fMRT) die aufschlussreichste Methode sein (Cacioppo et al., 2003). Bei dieser Methode ist die lokale Anreicherung des Blutes mit Sauerstoff der entscheidende Parameter. Bei beginnender neuronaler Aktivität einer bestimmten Region des Gehirns steigt der Bedarf an Sauerstoff, was sich unter anderem in einer Erweiterung der Gefäße und somit auch in einer Erhöhung der Konzentration oxygenisierten Hämoglobins in unmittelbarer Nachbarschaft des aktivierten Areals bemerkbar macht.

Die Aussagemöglichkeiten, die sich mit dem Einsatz der fMRT-Technik ergeben, kann man an einer Studie von Cunningham et al. (2003) verdeutlichen. Diese Autoren untersuchten unbewusste (automatische) und bewusste (kontrollierte) emotionale Bewertungsvorgänge und die Orte im Gehirn, an denen diese Informationen bearbeitet werden. Sie boten hierzu ihren Vpn Personennamen an (z.B. Adolf Hitler und Bill Cosby) mit der Aufgabe, zu entscheiden, ob diese Person »gut« oder »böse« ist (Bedingung a) oder ob diese Person aus der Gegenwart oder Vergangenheit stammt (Bedingung b). Die regionale Hirndurchblutung (rCBF) wurde in der Amygdala und im Bereich des medialen präfrontalen Kortex gemessen. **Abbildung 2.5** zeigt die gemessene Aktivierung in der linken Amygdala für beide Bedingungen. Die getrennte Betrachtung guter und böser Personen in den beiden Bedingungen, zeitlich aufgelöst, zeigt, dass böse Figuren eine relativ hohe Aktivierung der Amygdala auslösen, die unabhängig von der Aufgabenstellung

2.3 Kontrolle der organismischen Bedingungsfaktoren

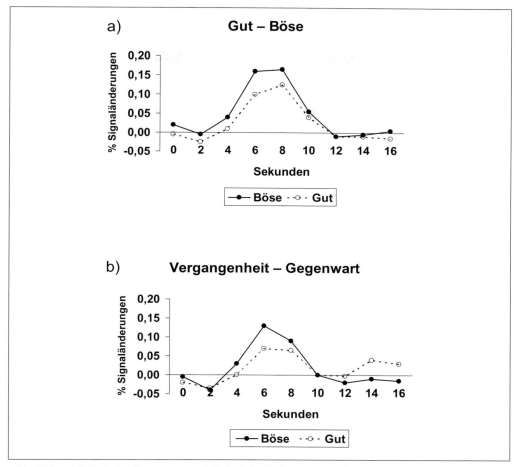

Abb. 2.5: Aktivität der linken Amygdala bei der Präsentation von »guten« und »bösen« Personen, getrennt für die beiden Bedingungen Gut – Böse zu bewerten (a, oben) oder anzugeben, ob die Person in der Vergangenheit oder Gegenwart lebt (b, unten) (nach Cunningham et al., 2003, S. 645)

in den beiden Bedingungen und mithin unabhängig von der bewussten Intention der Vpn ist. Böse Personen lösen eine erhöhte Aktivierung aus, und zwar auch dann, wenn die bewusste Intention sich auf etwas ganz anderes richtet, nämlich zu beurteilen, ob die Person aus der Vergangenheit oder der Gegenwart stammt. Die Autoren sehen hierin eine Bestätigung für die Annahme, dass die Amygdala für die automatische Bedeutungsevaluation von Sachverhalten zuständig ist.

Zusätzlich zeigten sich vermehrte Aktivitäten in verschiedenen Bereichen des präfrontalen Kortex (medial und ventrolateral) bei den Gut-böse-Bewertungen. Diese kortikalen Regionen sind für die bewusste Filterung und Hemmung (irrelevanter) Informationen zuständig und legen die Vermutung nahe, dass die Amygdala eine automatische Bewertung vornehmlich bedrohlicher Informationen vornimmt, dass ihre Aktivität aber von kortikalen Zentren ausgehend bewusst bearbeitet und moduliert werden kann. Die weitreichende Schlussfolgerung aus dieser Untersuchung liegt in dem Nachweis für die Existenz zweier unterschiedlicher Bewertungssysteme, die bewusst und kontrolliert oder unbewusst und automatisch arbeiten (Cunningham et al., 2003, S. 648).

2.4 Messung von Motiven

Informationen über die Stärke von Motiven können aus drei verschiedenen Quellen kommen: Die Vp berichtet selbst (Selbstbeurteilung), andere Personen berichten über die Vp (Fremdbeurteilung), oder das Verhalten der Vp wird direkt beobachtet. So wird etwa in einem Angst-Fragebogen Folgendes gefragt: »In welchem Maße wird (oder wurde) Ihre Leistung während eines Einzel-Intelligenztests durch Ihre gefühlsmäßigen Reaktionen gestört?« oder »In welchem Ausmaß fühlen Sie während eines Gruppen-Intelligenztests einen beschleunigten Herzschlag?« (Mandler & Sarason, 1952). Beide Fragen bauen auf der Beobachtung auf, dass hoch ängstliche Personen in Prüfungssituationen stark erregt sind, was als störend empfunden wird und sich in einem beschleunigten Herzschlag bemerkbar macht. Personen, die diesen Fragen in verstärktem Maße zustimmen, werden als hoch ängstlich bezeichnet. In einem Leistungsmotiv-Fragebogen erscheint die folgende Aussage: »In meiner Freizeit würde ich lieber ein Spiel erlernen, das gleichzeitig meine Fähigkeiten weiterentwickelt, als ein Spiel, bei dem man sich nur erholt« (Mehrabian, 1969). Hier verweist die erste Alternative auf ein hohes und erfolgsorientiertes Leistungsmotiv. Allein für das Leistungsmotiv sind in den letzten Jahrzehnten (ab 1930) mehr als 50 verschiedene Fragebogenverfahren entwickelt worden (Mayer, Faber & Xu, 2007).

In der auf McClelland gründenden Tradition der Motivationsforschung war man stets skeptisch gegenüber dem Einsatz von direkt arbeitenden Fragebogenverfahren. So meinte man, dass einer Person die bewusste Einsichtnahme in die Beweggründe des eigenen Handelns verstellt sei; versucht sie dennoch, direkt darüber Auskunft zu geben, kommen in ihren Antworten lediglich kulturell geprägte stereotype Wertungen oder Motive, die auf soziale Anforderungen ansprechen, zum Ausdruck (McClelland et al., 1989). Es wurde deshalb schon frühzeitig auf ein Verfahren zurückgegriffen, das erlauben soll, die dem Verhalten zugrunde liegenden Motive auf indirektem Wege zu erfassen. Diese Tradition der Motivmessung geht zurück auf Murray (1942), der mit der Entwicklung des *Thematischen Auffassungstests* (TAT) der Motivationspsychologie bedeutungsvolle Impulse gegeben hat. In diesem Verfahren bekommen die Probanden eine Reihe von Bildern vorgelegt, zu denen sie möglichst originelle Geschichten erzählen sollen. Durch eine entsprechende Inhaltsanalyse dieser Geschichten können dann die Beweggründe, Motive und Handlungstendenzen der untersuchten Personen herauspräpariert werden.

Viele Jahre motivationspsychologischer Forschung, in denen Motive mit Fragebogen und dem TAT gemessen wurden, haben gezeigt, dass beide Motivmaße gar nicht oder nur sehr gering miteinander korreliert sind. Dieser Umstand stellte für die Motivationspsychologie lange Zeit ein Ärgernis dar, weil man doch generell davon ausgehen muss, dass ein wichtiges Persönlichkeitsmerkmal, wie etwa ein Motiv, über mehrere diagnostische Medien (wie etwa Fragebogen und TAT) verfolgbar sein und sich in diesen Verfahren in gleicher Weise niederschlagen sollte. McClelland hat aus der nicht vorhandenen Übereinstimmung von Fragebogen- und TAT-Daten die These abgeleitet, dass beide Verfahrenstypen unterschiedliche Typen von Motiven messen:

2.4 Messung von Motiven

> **Box 2.3: Die thematische Auswertung von TAT-Geschichten**
>
> Probanden, die einen TAT bearbeiten, werden aufgefordert, möglichst interessante Geschichten zu Bildern zu erzählen, die eine Vielzahl von Deutungen erlauben. In dem Kategoriensystem von Winter (1991) ist die grundsätzliche Analyseeinheit ein einzelner Satz einer TAT-Geschichte. Für diesen (und jeden weiteren) Satz muss entschieden werden, ob er eine Motivthematik – z. B. Anschluss – enthält oder nicht. Als anschlussthematisch werden Sätze verrechnet, die um den Aufbau, die Aufrechterhaltung oder Wiederherstellung positiver Beziehungen zu anderen Menschen kreisen. Dieses Bedürfnis kann sich auf verschiedene Weise äußern:
>
> 1. als Ausdruck freundlicher, freundschaftlicher oder vertrauter Gefühle anderen Menschen gegenüber (Beispielsatz: »Karin erinnerte sich gerne an die vielen schönen Stunden, die sie mit Peter auf dieser Bank verbracht hatte«);
> 2. durch die Beschreibung gemeinschaftlicher Aktivitäten (»Stundenlang waren sie Hand in Hand am Ufer des Rheins entlangspaziert und hatten sich über Gott und die Welt unterhalten«);
> 3. als Traurigkeit in Folge einer Trennung oder Unterbrechung einer freundschaftlichen Beziehung (»Nun, da Peter in Amerika studiert, wird sie von dem Gefühl der Einsamkeit übermannt«) oder als Wunsch, positive Beziehungen wiederherstellen zu wollen (»Sie würde alles dafür tun, mit ihm nur wenige Stunden verbringen zu können«);
> 4. durch die Beschreibung freundschaftlicher und freundlicher Hilfeleistung (»Als Jens Karin so allein auf der Bank sitzen sah, hoffte er, sie durch seine Anwesenheit aufmuntern zu können«).
>
> In empirischen Studien konnte gezeigt werden, dass eine experimentelle Anregung des Anschlussmotivs – z. B. indem Probanden von Kommilitonen bewertet oder zu einer Wohnheimfeier eingeladen werden – zur Folge hat, dass Probanden vermehrt anschlussthematische Inhalte in TAT-Geschichten produzieren. Im Umkehrschluss heißt das: Wenn eine Person unter neutralen Bedingungen (ohne situative Anregung des Anschlussmotivs) Geschichten schreibt, die stark mit Anschlussthematik gesättigt sind, dann kann dies nicht auf die Situation, wohl aber auf ein Merkmal der Person – ihr starkes Anschlussmotiv – zurückgeführt werden.

Der TAT misst die »eigentlichen«, unbewussten (impliziten) Motive, die auf »natürliche« Anreize ansprechen, und der Fragebogen misst Motive, die man sich selber zuschreibt und die daher bewusst (explizit) sind und auf soziale Appelle ansprechen (McClelland et al., 1989; Weinberger & McClelland, 1990; vgl. Kap. 4.1).

Bei der Entwicklung der TAT-Methode für die Motivmessung wurde von McClelland schon früh erkannt, dass messtheoretische und motivationstheoretische Prinzipien in einem gemeinsamen Modell der Motivdiagnostik zusammengeführt werden müssen. Wichtig war hierbei die Überzeugung, dass Motive keine statische Größe darstellen, die man jederzeit zum Gegenstand entsprechender Selbstreflexionen machen kann wie etwa bei der Messung mit einem Fragebogen, sondern dass man bei der Messung eines Motivs genau das Gleiche tun muss wie im Alltagsleben: Man muss es nämlich durch geeignete Anreize anregen. Dies geschieht in der TAT-Motivdiagnostik dadurch, dass die Probanden Bilder angeboten bekommen, die bekannte Anreizeigen-

2 Methoden der Motivationspsychologie

schaften für bestimmte Motive, etwa das Leistungs-, Macht- und Anschlussmotiv, besitzen. Ein solches Bild aus einem zurzeit häufig benutzten Bildersatz (Smith, Feld & Franz, 1992) zeigt **Abbildung 2.6**.

Die Probanden werden nun aufgefordert, zu diesen Bildern möglichst einfallsreiche Geschichten zu erzählen, die dann mit einem geeigneten Inhaltsschlüssel auf das Vorliegen bestimmter Motivthematiken analysiert werden können. Das Leistungsmotiv z. B. wird inhaltsanalytisch verrechnet, wenn in den Geschichten Affekte bei der Auseinandersetzung mit einem Gütemaßstab geäußert werden (McClelland et al., 1953, S. 110). Wir hatten oben bereits die Antizipation der bei Zielerreichung oder Zielverfehlung entstehenden Affekte als Anreizmechanismus beschrieben und diesen als den Kern eines Motivationsvorganges angesehen. Diese Affekte erscheinen hier nun wieder als die Kernstücke der Motivdiagnostik mittels TAT. Man erkennt an den McClelland'schen Formulierungen sehr gut, wie messtechnische Details völlig in Übereinstimmung mit der allgemeinen Motivationstheorie stehen. Es dürfte in der Psychologie nur sehr wenige Messverfahren geben, die in so schlüssiger und stringenter Weise aus der zugrunde liegenden Theorie herleitbar sind. Ein weiterer Vorteil der TAT-Motivdiagnostik besteht darin, dass die Motive, die gemessen werden sollen, durch geeignetes Bildmaterial angeregt werden – ein Vorgang, der den Vpn in der Regel verborgen bleibt und der deshalb einen ungefilterten und unverfälschten Zugang zu dem zu messenden Motiv ermöglicht, im Gegensatz zur Motivmessung mittels Fragebogen, die ganz auf bewusster Selbsteinsicht und bereitwilliger Selbstoffenbarung aufbaut. Die Aussagemöglichkeiten einer Motivmessung mittels Fragebogen sind deshalb begrenzt (Schmalt & Sokolowski, 2000).

Trotz der Brauchbarkeit und der in vielen Untersuchungen belegten Gültigkeit des TAT-Verfahrens ist es immer wieder – am

Abb. 2.6: Eine für die Motivdiagnostik verwendete TAT-Tafel (aus Smith, 1992, S. 635)

entschiedensten von Entwisle (1972) – kritisiert und für unbrauchbar erklärt worden, weil es keine Homogenität und nur geringe Wiederholungszuverlässigkeit aufzuweisen hat. Nach Ansicht der klassischen Testtheorie ist beides jedoch eine unabdingbare Voraussetzung für hohe Gültigkeitserwartungen. Diese Situation führt in ein Dilemma: Einerseits ist die Gültigkeit des Verfahrens in vielen Dutzenden von Untersuchungen dokumentiert; andererseits behauptet die klassische Testtheorie, das Verfahren könne überhaupt nicht gültig sein, da hierzu die Voraussetzungen fehlen. Unterdessen ist dieses Dilemma gelöst. Man hat erkannt, dass die klassische Testtheorie nicht das geeignete Modell ist, um die Güteeigenschaften des TAT abzubilden. Es ist nämlich zu erwarten, dass dann, wenn man Bilder mit ganz unterschiedlichem Anregungsgehalt aneinanderreiht, die Motivkennwerte von Bild zu Bild sehr stark variieren. Der Gesamttest weist dann eine geringe Homogenität auf, dennoch gibt der Testkennwert ein zutreffendes Bild von der individuellen Motivstärke (Atkinson, Bongort & Price, 1977). Auch die geringe Wiederholungszuverlässigkeit wird erklärbar, wenn man bedenkt, dass die Vpn aufgefordert werden, kreativ zu sein und eine einfallsreiche Geschichte zu erzählen. Wer erzählt schon zweimal hintereinander die gleiche – »einfallsreiche« – Geschichte? Winter & Stewart (1977) gaben ihren Vpn bei der zweiten Messung die Instruktion, sich nicht weiter darum zu kümmern, ob die Geschichte von derjenigen, die sie bei der ersten Messung bereits erzählt hatten, abweicht oder nicht und erhielten dann Wiederholungszuverlässigkeiten von durchaus befriedigender Höhe. Insgesamt gesehen sind also die Homogenitäts- und Zuverlässigkeitsdesiderate der klassischen Testtheorie auf ein Verfahren wie den TAT nicht anwendbar, nicht zwingend notwendig, oder ihnen kann bei geeigneten Instruktionen durchaus entsprochen werden.

Ein Nachteil der inhaltsanalytischen Motivmessung mittels TAT bleibt aber dennoch bestehen: Das Verfahren ist umständlich, zeitaufwändig und setzt bei dem Testauswerter ein hohes Maß an Expertentum voraus. Schmalt (1976, 1999) hat deswegen ein Verfahren entwickelt, das versucht, die Vorteile des TAT-Verfahrens mit der handlichen Praktikabilität von Fragebogenverfahren zu kombinieren. Das Ergebnis ist ein Verfahren, die sogenannte Gitter-Technik, bei dem das Prinzip der bildsituativen Motivanregung, wie beim TAT, erhalten bleibt, die Vpn aber dann aus einer Liste von Aussagen die zutreffenden angeben sollen. Es sind dies z. B. leistungsthematische Aussagen, wie sie auch im Inhaltsschlüssel des TAT enthalten sind. Die Antworten der Vpn lassen sich in einer Matrix anordnen (»Gitter«), die durch die Dimensionen »Situationen« und »Aussagen« gekennzeichnet ist. Da der spezifische Konstruktcharakter der in den Aussagen erfassten Erlebnis- und Verhaltensweisen bekannt ist, lassen sich Kennwertberechnungen für die erfassten Motive, z. B. »Hoffnung auf Erfolg« leicht durchführen. Durch diese Vorgehensweise wird einerseits gewährleistet, dass durch die dargestellten Situationen mit ihren motivspezifischen Anreizen Motive implizit angeregt werden, andererseits wird durch die Standardisierung der Antwortmöglichkeiten eine Überprüfung der psychometrischen Güteeigenschaften mittels der klassischen Testtheorie möglich. Das Gitter verfügt denn auch über psychometrische Güteeigenschaften, wie sie von standardisierten Verfahren her bekannt sind. Viele der theorietestenden Untersuchungen im deutschsprachigen Raum zum Thema Leistung wurden mit diesem Verfahren durchgeführt (vgl. Heckhausen, Schmalt & Schneider, 1985) und belegen somit auch die Validität dieses Verfahrens. Insbesondere die Auswirkungen von Motivänderungsprogrammen, durchgeführt in Schulklassen, konnten durch das Gitter-

2 Methoden der Motivationspsychologie

Verfahren abgesichert werden (Rheinberg & Engeser, 2009; vgl. Kap. 12). Gegenwärtig häufig eingesetzt wird ein kurzes Kompaktverfahren, das das Anschluss-, Macht- und Leistungsmotiv gleichzeitig misst. In diesem sogenannten Multi-Motiv-Gitter (MMG; Schmalt, Sokolowski & Langens, 2000; Sokolowski, Schmalt, Langens & Puca, 2000; Langens & Schmalt, 2008) sind unterschiedliche Typen von Bildsituationen enthalten: solche, die nur ein einziges Motiv anregen, und solche, die zumindest zwei der drei gemessenen Motive oder alle drei Motive anregen. **Abbildung 2.7** zeigt zwei dieser mehrfach anregenden Bilder aus dem MMG. Inzwischen gibt es auch computergestützte Versionen des MMG in einem weit verbreiteten Testsystem und eine weitere Variante speziell für Selektionsentscheidungen im Personalbereich (ELIGO).

Es wurde bereits erwähnt, dass implizite und explizite Verfahren in der Regel nicht miteinander korreliert sind. Dies muss nicht unbedingt auf die sehr unterschiedlichen Testinhalte zurückzuführen sein, sondern mag auch an unterschiedlichen strukturellen Eigenschaften der verwendeten Tests liegen. So stellten etwa Payne, Burkley und Stokes (2008) in ihren Untersuchungen fest, dass in dem Maße, in dem die strukturellen Eigenschaften zweier Tests angeglichen werden, auch deren korrelative Zusammenhänge ansteigen.

Es ist auf diesem Hintergrund auch nicht verwunderlich, wenn etwa das MMG und der TAT, die mit ganz unterschiedlichen Bildersätzen arbeiten und auf unterschiedliche Antwortformate zurückgreifen (Itembeantwortungen vs. Geschichten erzählen), nur unerheblich miteinander korreliert sind. Wichtiger scheint hier eine funktionale Betrachtungsweise zu sein: Wie sind die mit unterschiedlichen Verfahren gemessenen Motive in ein motivnahes Umfeld von Variablen integriert? Hier ist eine jüngere Untersuchung von Schüler, Job, Fröhlich und Brandstätter (2008) aufschlussreich. Diese Autorinnen haben den Zusammenhang des impliziten Anschlussmotivs mit dem emotionalen Wohlbefinden erhoben und herausgefunden, dass das Motiv einen förderlichen Einfluss hat, allerdings nur dann, wenn auch das explizite Anschlussmotiv gleichgestimmt (kongruent) ist und wenn ausreichend Gelegenheiten für anschlussbezogene Handlungen bestanden und genutzt wurden. Es ergaben sich in mehreren Teiluntersuchungen völlig gleichgerichtete Zusammenhänge sowohl dann, wenn das implizite Anschlussmotiv mit dem MMG gemessen wurde, als auch dann, wenn es mit dem TAT gemessen wurde. Obwohl gemeinhin nicht miteinander kor-

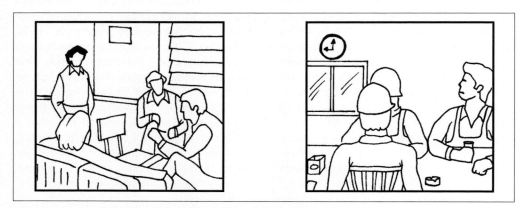

Abb. 2.7: Zwei Bilder aus dem MMG (nach Schmalt, Sokolowski & Langens, 2000)

reliert, haben das MMG-Anschlussmotiv und das TAT-Anschlussmotiv gleiche Funktionen in einem Umfeld motivationaler Variablen.

Die beschriebenen Verfahrenstypen (Fragebogen, MMG, TAT) sind in den verschiedenen Motivbereichen in unterschiedlichem Ausmaß eingesetzt worden. So hat man Angst nahezu ausschließlich mit Fragebogen erfasst, während die Forschung zum Machtmotiv ausschließlich mit TAT und Gitter-Technik durchgeführt wurde. Im Bereich leistungsmotivierten Verhaltens sind bereits alle drei Verfahrenstypen eingesetzt worden. Bei der Erforschung aggressiven Verhaltens sind bislang Motive nur in wenigen Fällen berücksichtigt worden. Ganz offensichtlich ist die Forschung zum Thema Aggression eine Motivationspsychologie ohne Motive. Man erwartet bei der Aufklärung der Bedingungsfaktoren für aggressives Verhalten eher einen Beitrag von den situativen Anreizfaktoren als von Unterschieden in dispositionellen Faktoren.

2.5 Auf ein Wort ...

Die Motivationspsychologie setzt zur Sicherung ihrer Erkenntnisse und zur Überprüfung ihrer Theorien vor allem experimentelle Methoden ein. Es gibt allerdings motivationspsychologische Tatbestände, die laborexperimentell herzustellen unstatthaft oder unmöglich ist. In diesen Fällen müssen andere Verfahren, etwa feldexperimentelle Methoden, eingesetzt werden.

Aus der Vielzahl von Verfahren haben wir drei Bereiche herausgegriffen, die spezifisch motivationspsychologische Sachverhalte betreffen: die Kontrolle von Anreizen, die Kontrolle innerorganismischer Bedingungsfaktoren und die Messung von Motiven. Zu den Anreizwirkungen haben wir ein Beispiel aus dem Bereich der Nahrungsaufnahme näher dargestellt. Viele der Arbeiten zu den »angeborenen Auslösemechanismen« (vgl. Kap. 3.1), zu Bevorzugungen bei der Partnerwahl (vgl. Kap. 6.2) und zu den situativen Auslösern von Aggression (vgl. Kap. 9.3) sind reine Anreizstudien und können auch als Beispiele für die Analyse der Anreizauswirkungen auf die aktuelle Motivation herangezogen werden.

Bei den organismischen Bedingungsfaktoren haben wir einige der bedeutsamen Strukturen im ZNS näher beschrieben (vor allem die Amygdala und den Hypothalamus) und einige Methoden aufgezeigt, die helfen, deren Rolle in Motivationsprozessen näher zu analysieren. Von immer größerer Bedeutung für die Motivationspsychologie wird das Studium neuroendokrinologischer Faktoren. Wir haben hier die Neurotransmitter Noradrenalin, Dopamin, Serotonin und GABA sowie einige Methoden, mit denen ihre Verteilung im Gehirn analysiert werden können, näher dargestellt.

Bei der Motivmessung schließlich sind wir näher auf den TAT und die Gitter-Technik eingegangen. Beide Verfahren regen Motive bildsituativ an und unterlaufen damit die Ebene bewusster sprachlicher Repräsentationen. Sie dürften deswegen für die Messung impliziter Motive besondere Eignung besitzen.

3 Forschungsansätze der Motivationspsychologie

3.1	Der instinkttheoretische und ethologische Ansatz
3.2	Evolutionspsychologische und soziobiologische Ansätze
3.3	Der psychoanalytische Ansatz
3.4	Behavioristische Ansätze
3.5	Emotionspsychologische Ansätze
3.6	Kognitive Ansätze
3.7	Handlungstheoretische Ansätze
3.7.1	Eine geschichtliche Kontroverse: Ach kontra Lewin
3.7.2	Sequenzielle Modelle
3.7.3	Hierarchische Modelle
3.8	Auf ein Wort …

In diesem Kapitel wollen wir den Versuch unternehmen, den gegenwärtigen Stand der Motivationspsychologie in einer Reihe von zentralen Forschungspositionen zusammenzufassen und in einen historischen Gesamtzusammenhang zu stellen. Die Auseinandersetzung mit den geschichtlichen Entwicklungen erscheint deswegen so interessant und aufschlussreich, weil sich die Motivationspsychologie nicht in allen ihren Bereichen kontinuierlich und in breiter Front fortentwickelt hat, sondern eher in vertikalen Spiralbewegungen, wobei immer wieder auf ältere Konzepte und Modellvorstellungen zurückgegriffen wird, die dann im Lichte neuer Befunde und mit neuen Methoden untersucht werden können. Die letzten Jahrzehnte sind vor allem durch drei Entwicklungen gekennzeichnet: erstens durch die zunehmende Bereitschaft, in den Modellbildungen neben den sozialen auch biologische Einflussfaktoren zu berücksichtigen, zweitens durch die zunehmende Bereitschaft, auch unbewusste Einflüsse im Motivationsgeschehen theoretisch in Rechnung zu stellen und mit geeigneten Analysemethoden zu untersuchen, und schließlich drittens durch die Notwendigkeit, Motivation als einen zeitlich ausgedehnten Prozess zu konzipieren und mithin verschiedene Phasen in einem solchen Handlungsverlauf zu unterscheiden und in den Modellbildungen darzustellen. Alle drei Forschungsschwerpunkte der letzten Jahre stellen fundamental nichts Neues dar. Sie waren bereits vor Jahrzehnten Gegenstand psychologischer Forschungen und Theorienbildungen, ja, man kann sogar noch weitergehen und diese Forschungsschwerpunkte bereits auch im Schrifttum der Gründungsväter der Psychologie – Wilhelm Wundt, Sigmund Freud und William James – aufspüren. Wir werden versuchen, diese Entwicklungen in der problemgeschichtlichen Entfaltung von insgesamt sieben Forschungsansätzen darzustellen.

3.1 Der instinkttheoretische und ethologische Ansatz

Das Instinktkonzept hatte bereits eine große Vergangenheit in der abendländischen Philosophiegeschichte – von Aristoteles über Thomas von Aquin bis zu Descartes –, ehe es im 19. Jahrhundert zunächst von der Biologie und später auch von der Psychologie aufgegriffen wurde. Das Instinktkonzept sollte eine Erklärung liefern für die Zweckmäßigkeit und Zielgerichtetheit tierlichen Verhaltens, ohne dem Tier Einsicht in die Funktion einzelner Verhaltensweisen zusprechen zu müssen. Nachdrücklich sollte die Zielgerichtetheit und scheinbare Zweckrationalität tierlichen Verhaltens von der Rationalität menschlichen Handelns abgesetzt werden. Darwins Schrift *Über die Entstehung der Arten* im Jahre 1859 hob die zuvor als notwendig erachtete absolute Unterscheidung in der Erklärung menschlichen und tierlichen Verhaltens auf und machte dadurch eine vergleichende Psychologie möglich. Genau wie körperliche Merkmale durch die »natürliche Selektion«, d.h. aufgrund ihres Anpassungswertes, ausgewählt werden und sich in bestimmten Populationen durchsetzen können, so können sich auch erblich bedingte Verhaltensdispositionen – die »Instinkte« – in einer Population ausbreiten, wenn sie unter den gegebenen Umständen einen Anpassungsvorteil mit sich bringen. In Übereinstimmung mit anderen Autoren seiner Zeit verstand Darwin unter einer instinktiven Handlung folgenden Sachverhalt: »Wenn eine Handlung, zu deren Vollziehung selbst von unserer Seite Erfahrung vorausgesetzt wird, von Seiten eines Tieres und besonders eines sehr jungen Tieres noch ohne alle Erfahrung ausgeführt wird, und wenn sie auf gleiche Weise bei vielen Tieren erfolgt, ohne dass diese ihren Zweck kennen, so wird sie gewöhnlich eine instinktive Handlung genannt« (Darwin, 1876, S. 287). Wir haben hier eine auch heute noch brauchbare Kennzeichnung der Instinkthandlung vorliegen, die die Basis für die tierexperimentelle Forschung abgegeben hat. Nach wie vor ist die Aufzucht unter Ausschluss spezifischer Erfahrungsmöglichkeiten (Kaspar-Hauser-Versuch) der Königsweg zum Nachweis angeborener Verhaltensdispositionen beim Tier. Erst die neurophysiologische Forschung der letzten Jahre hat hier neue Erkenntnismöglichkeiten eröffnet.

Dem Geist der Zeit entsprechend und durchdrungen von der auch heute gültigen Annahme, dass auch beim Menschen genetisch fundierte, im Laufe seiner Stammesgeschichte entstandene Verhaltensdispositionen anzunehmen sind, ist das Instinktkonzept auch für die Humanpsychologie nutzbar gemacht worden. Es sollen hier nur zwei für die Entwicklung der Psychologie sehr wichtige Autoren genannt werden: William James und William McDougall. James (1890) und McDougall (1928) nahmen auch beim Menschen genetisch fundierte Instinkte an. So definiert McDougall einen Instinkt als eine »ererbte oder angeborene psychophysische Disposition, welche ihren Besitzer befähigt, bestimmte Gegenstände wahrzunehmen und ihnen Aufmerksamkeit zu schenken, durch die Wahrnehmung eines solchen Gegenstandes eine emotionale Erregung von ganz bestimmter Qualität zu erleben und daraufhin in einer bestimmten Weise zu handeln oder wenigstens den Impuls zu solch einer Handlung zu erleben« (McDougall, 1928, S. 24). Beide Autoren stellten unterschiedlich lange Listen von Instinkten auf, die später mit Recht als willkürlich kritisiert wurden. So finden sich bei McDougall unter seinen zwölf, später achtzehn Instinkten neben Flucht- und Neugierinstinkt auch der Instinkt der Selbsterniedrigung und der Erwerbsinstinkt. Ganz offensichtlich hat der Autor hier verschiedenen Verhaltensweisen, die er bei sich und seinen Zeitgenossen beobachten konnte, einen Instinkt zugeordnet, wobei er in der Art eines Zirkelschlusses von beobachtetem Verhalten auf den Instinkt zurückschloss und mit dem so erschlossenen Instinkt wiederum das beobachtete Verhalten erklärte.

Die Zirkularität dieser Vorgehensweise hat in der behavioristisch orientierten experimentellen Tierpsychologie dazu Anlass gegeben, das Instinktkonzept ganz zu verwerfen und Antriebe des Verhaltens einzig und allein an objektiv feststellbare Bedürfnisse des Organismus anzubinden, wie die Bedürfnisse nach Nahrung, Flüssigkeit und die Vermeidung von Schmerz. Hier hat man allerdings das Kind mit dem Bade ausgeschüttet; in den 1950er-Jahren hatte die angloamerikanische Motivationspsychologie dann auch große Mühe, sich aus dieser selbst verordneten konzeptionellen Einengung zu befreien: Zur Daseinsbewältigung gehört nämlich mehr als die Stillung organismischer Bedürfnisse – notwendig sind auch ein gewisses Ausmaß an Informiertheit über die Umwelt, Pflege für die Nachkommen und bei vielen Lebewesen auch eine Einbindung in den sozialen Verbund von Artgenossen, um nur einige Bedürfnisse zu nennen, die nicht auf organismischen Defiziten beruhen, aber dennoch überlebenswirksam sind und zur Arterhaltung ihren Beitrag leisten.

In der europäischen Vergleichenden Verhaltensforschung erwies sich das Instinktkonzept nach einer Präzisierung, die Lorenz (1937) im Anschluss an Darwin vornahm, als überaus fruchtbar. Hilfreich erwies sich die Beschränkung auf die beobachtbare Instinkthandlung und dabei vor allem auf die starr ablaufenden, arttypischen Handlungselemente, die *»Endhandlung«*, die häufig den Abschluss von zielsuchenden Verhaltenssequenzen bildet. Lorenz sprach im Hinblick auf diese starren Verhaltensanteile von Erbkoordinationen, um dadurch die genetische Determination dieser Verhaltensanteile hervorzuheben. Dieser Endhandlung geht das *»Appetenzverhalten«* voraus, eine Art Suchverhalten, das sich auch bei niederen Arten als im starken Maße durch Erfahrung modifizierbar erweist.

Vor und während des Appetenzverhaltens sowie am Ende der eigentlichen Instinkthandlung treten häufig Emotionen auf. Ganz in Anlehnung an McDougall (1928) wird davon ausgegangen, dass spezifische Gefühle und Affekte je einem Instinkt entsprechen – im Sinne einer Handlungsbereitschaft (Lorenz, 1950, S. 480) bzw. einer aktivierten, aber noch nicht ausagierten Antriebsthematik (Bischof, 1989, S. 198). Aber auch die instinktmäßige Reaktion selbst ist durch spezifische Emotionen gekennzeichnet. Diese emotionalen Begleiterscheinungen der Instinkthandlung stellen den unmittelbaren Zweck des Appetenzverhaltens dar, was einer anreiztheoretischen Fassung des Motivierungsgeschehens entspricht. Das befriedigende, lustvolle Ablaufenlassen einer Instinkthandlung ist das eigentliche Ziel eines solchen, auf einem Instinkt beruhenden Motivationsprozesses. Man kann also von einer »doppelten Motivierung des Appetenzverhaltens« (Lorenz, 1937, S. 295) sprechen, wobei der Organismus zum Ablaufenlassen einer Handlung »getrieben und gelockt« wird. Beide Zustände teilen sich dem Organismus in Form bestimmter Emotionen mit.

Diese Emotionen scheinen auch die stammesgeschichtlich beständigsten Teile von Instinkthandlungen zu sein. Die Verhaltensweisen selbst können sich im Laufe der Stammesgeschichte ihrer Bewegungskomponenten entledigen und sich auf das stets instinktmäßige Ende einer Handlungskette – nämlich die Emotionen – zurückziehen (Rudimentierung) (Lorenz, 1937, S. 315 und 318). Dies bedeutet, dass von einer Instinkthandlung im Laufe der stammesgeschichtlichen Entwicklung zum Menschen hin nichts weiter übrig geblieben ist als die Emotion.

3.1 Der instinkttheoretische und ethologische Ansatz

> **Box 3.1: Emotionale Reaktionen als Überbleibsel von Instinktprogrammen: Das Kindchenschema**
>
> Ein Beispiel für emotionale Reaktionen, die ohne vorangehende Lernerfahrungen auf sehr spezifische Auslösereize (»Schlüsselreize«) angeregt werden, ist das zuerst von Konrad Lorenz beschriebene »Kindchenschema«. Kleinkinder weisen ebenso wie Jungtiere vieler Säugetiere spezifische Gesichtsmerkmale auf, etwa eine große Stirnregion, eine runde Kopfform, tief liegende Gesichtsmerkmale, große, runde Augen und eine kleine Nase (vgl. die folgende Abbildung). Diese Merkmale werden universell als »niedlich« empfunden und rufen perzeptive Zuwendung und positive emotionale Reaktionen hervor. Wir finden hier in Form von emotionalen Reaktionen und einem rudimentären Verhaltensimpuls (Hinwendung) die Überbleibsel eines Instinktprogramms, das bei vielen Wirbeltieren fest verankert ist. Das Kindchenschema signalisiert den Elterntieren, dass ihr Nachwuchs hilfsbedürftig und nicht allein lebensfähig ist und regt – geleitet über die Anregung positiver emotionaler Reaktionen – Fürsorge und beschützendes Verhalten an, ohne das der Nachwuchs in seinen jungen Jahren nicht überleben könnte. Dieses Programm ist so fest verankert, dass auch wir Menschen uns kaum gegen den Charme des Kindchenschemas wehren können. Als ein jüngeres Beispiel kann der Eisbär Knut aufgeführt werden, der nur so lange Besucher in den Berliner Zoo lockte, wie er die typischen Merkmale des Kindchenschemas aufwies. Als er sich zu einem erwachsenen Eisbär entwickelte und alle Merkmale des kindlichen Gesichts verlor, ließ das Besucherinteresse merklich nach.
>
>
>
> **Abb.:** Bei Menschen und Tieren wächst sich das Kindchenschema im Jugend- und Erwachsenenalter aus

Neben solchen angeborenen Verhaltensmustern haben die Ethologen ihr Hauptaugenmerk auf die Analyse derjenigen Reize in der Umwelt gerichtet, die solche Instinkthandlungen auslösen. Man spricht hier von Schlüsselreizen oder Auslösern. Solche *Schlüsselreize* können entweder Einzelmerkmale oder Merkmalskombinationen sein; welchen Merkmalen diese Funktion zukommt, lässt sich in sogenannten Attrappenversuchen feststellen. **Abbildung 3.1** zeigt die hinreichenden Merkmale einer Elterntier-Attrappe, die von Amseljungen angesperrt wird. Die Elterntier-Attrappe wird dann maximal beantwortet, wenn das Kopf-Rumpf-Verhältnis der Attrappe 1:3 beträgt.

Abb. 3.1: Sperrende Amseljungen vor einer Elterntier-Attrappe (modifiziert nach Tinbergen & Kuenen, 1939, aus Eibl-Eibesfeldt, 1978, S. 165)

Schlüsselreize lösen Verhalten nicht in der beinahe mechanischen Form aus, in der ein Reflex durch den zugehörigen unbedingten Reiz ausgelöst wird. Sie setzen voraus, dass das Lebewesen sich in einer entsprechenden Motivation, aufgebaut etwa durch innerorganismische Faktoren, in einer bestimmten »Stimmung« befindet. Bei einem weiblichen Tier, das nicht in Brunft ist, bleiben die von einem männlichen Tier dargebotenen Auslöser wirkungslos. Als innere Bedingungsfaktoren, die Lebewesen in solche Bereitschaft oder Stimmung versetzen, nahm Lorenz eine endogene Triebproduktion an. Jede Instinkthandlung entspringt sozusagen einer eigenen Triebquelle. Der Drang, die Handlung auszuführen, wächst mit zunehmender Zeit seit der letzten Ausführung der Instinkthandlung. Dem Schlüsselreiz entspricht ein sensorischer Mechanismus, der *»Angeborene Auslösemechanismus«* (AAM). Die Wirksamkeit solcher Reize ist ebenfalls unabhängig von Lernerfahrungen. Man schließt daraus, dass der Mechanismus stammesgeschichtlich angepasst ist, d.h. unter natürlichen Bedingungen zum Überleben des Organismus beiträgt. Die Auslösemechanismen bei den höher organisierten Säugern und insbesondere beim Menschen werden allerdings zunehmend komplexer und auch durch Lernerfahrungen beeinflussbar. Die neuere Ethologie spricht dann von »durch Erfahrung modifizierten angeborenen Auslösemechanismen« (EAAM) oder dann, wenn sie ausschließlich auf Lernerfahrungen aufbauen, von »erlernten Auslösemechanismen« (EAM).

Das Zusammenwirken dieser verschiedenen Mechanismen kann man sich nach Tinbergen (1952) als ein hierarchisch organisiertes Zusammenwirken von Verhaltensbereitschaften oder Stimmungen, inneren Reizen (hormonellen Veränderungen), angeborenen Auslösemechanismen und bereitliegenden Bewegungsprogrammen vorstellen. Unter einem Instinkt versteht Tinbergen dann folgerichtig »einen hierarchisch organisierten nervösen Mechanismus, der auf bestimmte vorwarnende, auslösende und richtende Impulse, sowohl innere wie äußere, anspricht und sie mit wohlkoordinierten, lebens- und

3.1 Der instinkttheoretische und ethologische Ansatz

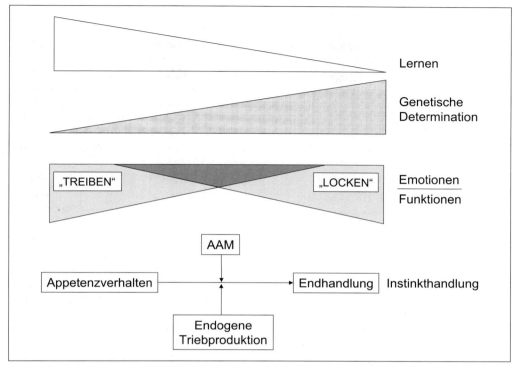

Abb. 3.2: Das klassische Instinktmodell der Vergleichenden Verhaltensforschung

arterhaltenden Bewegungen beantwortet« (Tinbergen, 1952, S. 104).
So fruchtbar sich diese Einengung und Präzisierung für die Vergleichende Verhaltensforschung bei Tieren erwies, für die Humanmotivationsforschung wurden Instinkte und Instinkthandlungen damit zunächst noch nicht zu brauchbaren Konzepten. Von wenigen Endhandlungen bei der Nahrungsaufnahme, dem Flucht-, Kampf- und Sexualverhalten abgesehen sind die Handlungen, mit denen Menschen positiv bewertete Ziele verfolgen und negative vermeiden, variabel, d. h. abhängig von der individuellen Lerngeschichte und damit in hohem Maße vom sozialen und kulturellen Kontext geprägt. Menschen drücken z. B. feindselige Handlungsimpulse nicht in arttypischen, formstarren Bewegungsmustern (Erbkoordinationen) aus, sondern benutzen hierzu kulturabhängige und von Person zu Person variierende Verhaltensweisen – angefangen vom körperlichen Angriff bis zu sehr subtilen Formen verbaler Aggression. Auch die auslösenden Bedingungen für bestimmte Verhaltensweisen dürften in vielfältiger Weise von sozialen und kulturellen Faktoren mit beeinflusst sein (Kornadt, 2007). Trotz der größeren Variabilität menschlichen Verhaltens, die den Gültigkeitsbereich des ethologischen Ansatzes für die Humanforschung einschränkt, sollte die Bedeutung dieses Ansatzes jedoch auch nicht unterschätzt werden. Diese Ansicht gründet sich darauf, dass die zentralnervösen Strukturen und Systeme, die im Verlaufe der Stammesgeschichte bestimmte Erlebens- und Verhaltensweisen kontrolliert haben, auch beim Menschen noch vorhanden und im gleichen funktionalen Zusammenhang aktiv sind. Sie werden in der evolutionären Entwicklung also nicht ersetzt («vergessen«), son-

dern überlagert und moduliert (Derryberry & Tucker, 1991). Es wäre unter dem Anspruch einer umfassenden Aufklärung der menschlichen Motivation töricht, ihren potenziellen Einfluss leugnen zu wollen. Ebenso unangemessen ist aber auch eine unmodifizierte Übertragung dieses Ansatzes in den Humanbereich.

3.2 Evolutionspsychologische und soziobiologische Ansätze

Der klassische ethologische Ansatz wird in der neuen Soziobiologie fortgeführt, die die Frage nach der Funktion und damit dem Anpassungswert eines Verhaltenssystems in den Vordergrund stellt, und zwar für tierliches und menschliches Verhalten in gleicher Weise (Voland, 2004). Ausgangspunkt war ebenfalls der evolutionstheoretische Ansatz Darwins (vgl. **Abb. 3.3**), der, um den Grundgedanken der Soziobiologie verstehen zu können, hier etwas näher dargestellt werden muss. Darwins Evolutionstheorie ersetzte den in der Schöpfungsgeschichte enthaltenen Grundgedanken einer zielgeleiteten Entwicklung, an deren Ende der Mensch steht (1. Mose 1), durch ein im Wesentlichen mechanistisches Prinzip, das sich auf fünf Tatsachen und drei Schlussfolgerungen reduzieren lässt (Mayr, 1994; vgl. **Abb. 3.4**).

Im Mittelpunkt der Überlegungen Darwins steht das Konzept der natürlichen Auslese und der Anpassung. Er gründet dieses Konzept auf der Beobachtung, dass jede Population über ein erhebliches Wachstumspotenzial verfügt, also von Generation zu Generation größere Populationen erzeugt werden können (Tatsache 1). Tatsächlich aber bleiben Populationen über große Zeiträume relativ stabil (Tatsache 2), da die Ressourcen (z. B. Futter) begrenzt sind (Tatsache 3). Aus diesen drei Tatsachen leitete Darwin seine erste Schlussfolgerung ab, dass nämlich potenzielles Bevölkerungswachstum bei gleichzeitig begrenzten Ressourcen zu einem erbitterten Kampf ums Dasein führen müsste. Der Gedanke des Kampfs ums Dasein wird in evolutionärer Perspektive erst dann bedeutungsvoll, wenn zwei weitere Tatsachen hinzugezogen werden: dass nämlich jedes Individuum einzigartig ist (Tatsache 4) und damit die Mitglieder einer Population ganz unterschiedlich sind und dass diese Unterschiede auf genetischen Faktoren beruhen (Tatsache 5). All dieses führte zu der zentralen Schlussfolgerung der natürlichen Auslese, einem Prozess, in dem bevorzugt Individuen mit einer Erbausstattung von hohem Anpassungswert überleben. Variation in den Genen und Selektion der Tüchtigsten sind demnach die Motoren der Evolution. Die genetischen Dispositionen für die körperlichen und psychologischen Voraussetzungen für eine effiziente Lebensbewältigung sind so auf optimale reproduktive Effizienz, also

Abb. 3.3: Charles Darwin, der Begründer der Evolutionstheorie

3.2 Evolutionspsychologische und soziobiologische Ansätze

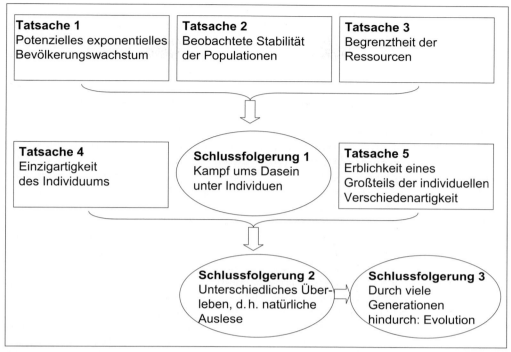

Abb. 3.4: Darwins Erklärungsmodell der Evolution durch natürliche Auslese (modifiziert nach Mayr, 1994, S. 101)

auf größtmöglichen Fortpflanzungserfolg herangezüchtet worden. Anpassung bezieht sich auf ein Merkmal eines Individuums, das durch natürliche Selektion entstanden ist, weil es im Verlaufe der Evolution direkt oder indirekt den Fortpflanzungserfolg erhöht hat (Buss et al., 1998, S. 535).

Im Verlaufe der Entwicklung darwinistischer Positionen wurde zunehmend das einzelne Individuum als Zielobjekt der Selektion betrachtet (Mayr, 1994, S. 187). Die Entwicklung der Soziobiologie erhielt ihren entscheidenden Impuls durch die Annahme, dass die Selektion zwar an der Variabilität der Individuen einer Population ansetzt, dass die Zielobjekte der Selektion aber die Gene sind. Sie sind der eigentlich wichtige Träger der stammesgeschichtlich erworbenen Informationen. Die einzelnen Individuen sind völlig uninteressant; sie sind nur das kurzlebige Medium für die Möglichkeit der Genreplikation (Dawkins, 1976). Die Grundidee eines solchen genzentrierten Selektionskonzepts besteht also in der Annahme eines allen Arten gemeinsamen ultimaten Verhaltensziels, nämlich einen größtmöglichen Fortpflanzungserfolg zu erzielen. Dies wäre ganz im Sinne des »egoistischen Gens« – sich selber in möglichst vielen Nachkommen wiederzufinden. Die Perspektive der Soziobiologie wird für die Motivationspsychologie deswegen so interessant, weil sie versucht, menschliches Sozialverhalten und die jeweils zugrunde liegende Motivation unter dem Blickwinkel seiner Funktionalität für das angenommene genzentrierte Fortpflanzungsinteresse zu analysieren. Die zentrale Aussage der Evolutionären Psychologie besagt, dass der Mensch über eine Reihe von Motiven, Strebungen oder anderen zielgenerierenden Neigungen verfügt, die zu seiner genetischen Ausstattung gehören und die zur Zeit unserer Vorfahren deren reproduktiven Erfolg determinierten. Die Entwicklung eines generellen Motivs »sich maximal zu reproduzieren« oder »die inklusive Fitness zu maximieren« ist biologisch allerdings nicht vorstellbar (Tooby & Cosmides 1992; Buss, 2001, S. 966). Die Modellvorstellung ist vielmehr die, dass die Selektion die Entwicklung solcher Motive begünstigt hat, die sich wiederholt als förderlich für die Lösung von Anpassungsproblemen und damit als *funktional* für die Fitnessmaximierung erwiesen haben.

Entscheidend war weiterhin, dass auch die reproduktive Effizienz als Maß für die Fitness (Angepasstheit) neu konzipiert wurde. Hamilton (1964) schlug vor, dass eine Eigenschaft dem Selektionsmechanismus auch dann unterliegt, wenn nicht das Individuum selbst, das diese Eigenschaft besitzt, sein Erbgut weitergibt, sondern nahe Verwandte, z. B. Bruder oder Schwester, die 50 % des Erbgutes mit dem Individuum teilen. Es kann sich also unter bestimmten Bedingungen »lohnen«, auf eigenen Fortpflanzungserfolg zu verzichten und nahe Verwandte bei der Aufzucht und Sorge um die Nachkommenschaft zu unterstützen. Auch das erhöht die Fitness, allerdings die »inklusive Fitness« (Gesamtfitness), die sich aus »direkter Fitness«, auch Darwin-Fitness genannt, und der »indirekten Fitness«, die sich durch Verwandtenunterstützung ergibt, zusammensetzt. Dieses Prinzip kann sehr schön an der Tatsache demonstriert werden, dass einige Säugetiere und tropische Vögel vorübergehend auf eigene Fortpflanzung verzichten und anderen Artgenossen (häufig den eigenen Eltern) bei der Aufzucht der Jungen helfen. Reyer (1985, 1990) hat solche »Helfer-am-Nest«-Gesellschaften beschrieben. Er beobachtete an ostafrikanischen Seen Graufischer und fand, dass einige unverpaarte Männchen sich Brutpaaren anschließen und helfen, deren Junge zu versorgen. Einige werden von Anfang an geduldet (»primäre Helfer«), andere erst dann, wenn die Jungen geschlüpft sind (»sekundäre Helfer«). Die primären Helfer sind fast immer Söhne beider Eltern oder zumindest eines Elternteils, so dass ihre Hilfe Voll- oder Halbgeschwistern zugute kommt. Sekundäre Helfer sind mit dem Brutpaar nicht verwandt. Sekundäre Helfer erscheinen häufig im zweiten Jahr am selben Brutplatz und übernehmen oftmals das Weibchen, dem sie im Vorjahr geholfen haben. Der Fitnessgewinn der primären Helfer kommt über einen Zweijahreszeitraum überwiegend durch die indirekte Fitness zustande (vgl. **Tab. 3.1**), während der Fitnessgewinn der sekundären Helfer durch einen direkten Fitnessgewinn im zweiten Jahr zustande kommt. Am geringsten ist der Fitnessgewinn, wenn Männchen weder brüten noch helfen. Wichtig ist an diesem Beispiel, dass das Helfer-am-Nest-Phänomen ohne das Konzept der inklusiven Fitness schwer verständlich ist. Wenn selber brüten nicht möglich ist, ist es nach diesem Verständnis immer noch vorteilhafter, sich als primärer Helfer zur Verfügung zu stellen oder, wenn auch das nicht möglich ist, die Position eines sekundären Helfers einzunehmen.

Helfersozietäten sind im Tierreich vor allem bei Säugern und Vögeln beobachtet worden. Aber auch aus der menschlichen Kulturgeschichte sind Formen des Zusammenlebens bekannt, deren funktionale Bedeutung durchaus mit derjenigen in tierlichen Gemeinschaften vergleichbar ist. Wo solche Helfersozietäten im Humanbereich auftreten – so z. B. in Griechenland, Ungarn, in der Südsee und der Karibik –, stellen sie sich allerdings stets im Sinne einer Ergänzung von genetisch und kulturell bedingten Reproduktionsstrategien dar, die es den Individuen und Familien gestattet, unter den gegebenen Umständen dem biologischen Imperativ der Fitnessmaximierung bestmöglichst zu entsprechen, ohne sich für eine bestimmte Reproduktionsstrategie zu entscheiden (Voland, 2004).

3.2 Evolutionspsychologische und soziobiologische Ansätze

Tab. 3.1: Direkte, indirekte und inklusive Fitnesserträge* für primäre und sekundäre Helfer (nach Reyer, 1990, S. 543)

Status	Jahr	direkt	indirekt	inklusive
Brüter	1	0,96	0	0,96
	2	0,80	0	0,80
	Σ	1,76	0	1,76
primärer Helfer	1	0	0,45	0,45
	2	0,42	0,20	0,62
	Σ	0,42	0,65	1,07
sekundärer Helfer	1	0	0,04	0,04
	2	0,87	0,01	0,87
	Σ	0,87	0,05	0,91
weder Helfer noch Brüter	1	0	0	0
	2	0,30	0	0,30
	Σ	0,30	0	0,30

* Die Kalkulation dieser Fitnesserträge beruht auf drei Faktoren: der Wahrscheinlichkeit, einen bestimmten Status zu erreichen, der Anzahl der durch den Beitrag (z. B. als Helfer) erzielten Nachkommen und der genetischen Verwandtschaft zwischen Eltern und Helfern.

Soziobiologen betrachten Tiere geradezu als »Entscheidungsträger«, die versuchen, unter gegebenen Umständen den Nettonutzen ihres Verhaltens zu maximieren. Die Modelle, die herangezogen werden, um tierliches Verhalten vorauszusagen, gehen davon aus, dass das Tier »Entscheidungen« trifft, die die günstigste Kosten-Nutzen-Relation in Bezug auf Optimierung der inklusiven Fitness entstehen lässt. So sinnvoll diese Verhaltensweisen aus funktionaler Perspektive auch sein mögen, auf welche Weise Tiere die Entscheidungen fällen, ist gänzlich unbekannt. Sicherlich können sie keine genetischen Verwandtschaftsgrade kalkulieren; wahrscheinlich dürfte sein, dass sie Informationen verwenden, die ihnen ständig zur Verfügung stehen und die mit der Gesamtfitness korreliert sind, wie etwa der Energieaufwand und die körperliche Verfassung.

Das theoretisch wohl bedeutungsvollste Forschungsfeld der Soziobiologie beschreibt Strategien der Partnerwahl unter dem Aspekt der genzentrierten Reproduktionsmaximierung. Bei der Partnerwahl werden viele Strategien und Vorlieben erst verständlich, wenn man sie unter dem Gesichtswinkel sieht, dass es darum geht, ein möglichst günstiges Kosten-Nutzen-Verhältnis herzustellen, also möglichst viele gesunde Nachkommen bei vergleichsweise geringem Elternaufwand zu erzeugen. Da die Eigenschaften des Partners, die dies gewährleisten, nicht direkt sichtbar sind, sind männliche und weibliche Individuen bei der Partnerwahl auf verlässliche indirekte Indikatoren angewiesen. Ein wichtiger Indikator, der bei männlichen Individuen einen hohen eigenen Reproduktionserfolg erwarten lässt, ist die Stellung in der Dominanzhierarchie. Der Reproduktionserfolg bei einigen sozial lebenden Säugern wird nämlich in nicht unerheblichem Ausmaß von der Stellung in der Dominanzhierarchie beeinflusst (Harcourt, 1987; Kuester & Paul, 1989). In westlichen Kulturen werden Männer mit hoher Dominanz und hohem Ressourcenpotenzial bevorzugt Ziel weiblichen Wahlverhaltens, weil bei ihnen ein erhöhtes väterliches Engagement und damit ein überdurchschnittlicher Reproduktionserfolg zu erwarten ist (Buss, 2004; vgl. hierzu auch Kap. 6.2).

Bei Frauen ist der zu erwartende Reproduktionserfolg auch nicht unmittelbar ersichtlich und muss aus indirekten Hinweisreizen erschlossen werden. Soziobiologen sind der Ansicht, dass die eingeschätzte körperliche Attraktivität, hier dargestellt durch den Quotienten aus Taillen- und Hüftgröße (WHR; Waist-to-Hip-Ratio), einen solchen indirekten Hinweis geben könnte. Es gibt eine ganze Reihe von medizinischen Belegen dafür, dass die WHR einen verlässlichen körperlichen Indikator für das Fortpflanzungspotenzial bei Frauen darstellt. Singh (1993) hat seinen männlichen Vpn Silhouettenzeichnungen von weiblichen Personen, bei denen die WHR planmäßig variiert wurde (vgl. **Abb. 3.5**), vorgeführt. Sein Hauptbefund ist, dass unabhängig vom Gewicht der Person eine WHR von 0,7 am attraktivsten beurteilt und mit dem größten wahrgenommenen Fortpflanzungspotenzial verbunden wurde. Wenn der oben geschilderte Zusammenhang von Dominanz und Fortpflanzungserfolg stabil ist, so sollte man vermuten, dass die Dominanz- oder Machtmotivation für diesen Zusammenhang mitverantwortlich ist und dass hoch machtmotivierte Personen Strategien der Partnerwahl bevorzugen, die ihren möglichen Fortpflanzungserfolg maximieren. Schmalt (2006) überprüfte diese Vermutung und fand diese Hypothese bestätigt: Hoch machtmotivierte Personen legen besonderen Wert auf die WHR-Informationen und bevorzugen Partnerinnen mit dem optimalen Quotienten von 0,7.

Wie bereits beschrieben, baut eine evolutionäre Betrachtungsweise von Motivation vor allem auf einer funktionalen Rekonstruktion der Zusammenhänge auf. Der geradlinige Funktionalismus, der in jedem evoluierten Merkmal das Ergebnis eines gelungenen Anpassungsprozesses sieht, muss jedoch auch kritisch betrachtet werden, denn die Evolution hat neben den durch eine Erhöhung des Reproduktionserfolgs erzielten Anpassungen auch Nebenprodukte solcher Anpassungen und reine Zufallsergebnisse (»Rauschen«) hervorgebracht. So sind sich viele Evolutionsbiologen darin einig, dass die Entwicklung des Federkleides bei Vögeln hin zu funktionsfähigen Flugapparaten auf einem Zufall beruht. Das Federkleid hatte wohl ursprünglich die Funktion der Temperaturregulation, bevor die Evolution »entdeckte«, dass es auch für die Erfüllung anderer Aufgaben sehr nützlich und funktional sein kann. Ein anderes interessantes und kontroverses Thema bezieht sich auf den Versuch, eine entsprechende Funktionalität für die Entwicklung der menschlichen Sprache nachzuweisen. Viele Autoren sehen hier einen klaren Beitrag zur Fitnessmaximierung, weil Sprache die Kommunikation in groß und unübersichtlich gewordenen Sozialverbänden erleichtert und damit das

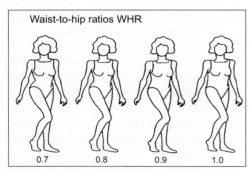

Abb. 3.5: Silhouettenzeichnungen von Frauen mit unterschiedlichen Quotienten aus Taillen- und Hüftgröße (WHR) (nach Singh, 1993, S. 298)

Überleben derjenigen (Individuen, Gene) begünstigt, die Sprache »können«. Andere Autoren behaupten hingegen, dass diese plausible Annahme unhaltbar ist und dass die Sprachentwicklung lediglich ein zufälliges Nebenprodukt der Großhirnentwicklung sei.

Letztlich muss auch noch einmal darauf hingewiesen werden, dass ein Ansatz, der ausschließlich auf der biologischen Evolution aufbaut und kulturelle Einflussfaktoren weitgehend unberücksichtigt lässt, zwar einige intellektuell herausfordernde Einsichten und Erklärungsansätze anbieten kann, aber dennoch der Gefahr von einseitigen und deswegen unvollständigen Erklärungsansätzen ausgesetzt ist. Wir hatten oben in Bezug auf die Entstehung von Werthaltungen und Motiven eine koevolutionäre Perspektive des Ineinandergreifens biologischer und soziokultureller Faktoren eingenommen (vgl. Kap. 1.2.1). Die konfrontative Position »Angeboren-Erworben« oder »Natur-Kultur« (»nature-nurture«) ist in dieser Hinsicht falsch aufgebaut. Kulturelle Entwicklungen greifen modulierend und moderierend in diese Zusammenhänge ein, indem sie die evoluierten interindividuellen Unterschiede nivellieren oder hervorheben (Kornadt, 2007). Häufig sind die Kulturleistungen selbst wiederum auf dem Hintergrund einer biologischen Vorbereitung entstanden. Wie biologisch vorbereitete funktionale Zusammenhänge durch moderne kulturelle Entwicklungen auch völlig abgebogen werden können, zeigt folgendes Beispiel: In vielen Gesellschaften ist der Fortpflanzungserfolg männlicher Individuen vom Sozialstatus abhängig. Das gilt jedoch nicht mehr in heutigen westlichen Kulturen. Hier scheint es eher eine negative Beziehung zwischen Fortpflanzungserfolg und Sozialstatus zu geben. Allein lebende Männer mit hohem Sozialstatus haben zwar mehr Geschlechtspartnerinnen und verkehren mit ihnen auch bevorzugt zu deren fruchtbaren Zeiten, aber der tatsächliche Fortpflanzungserfolg ist nicht mit dem Sozialstatus korreliert (Pérusse, 1993). Dies wird dadurch erklärbar, dass Männer mit hohem Sozialstatus zwar einen *potenziell* höheren Fortpflanzungserfolg aufweisen, diesen aber durch den Einsatz entsprechender Verhütungsstrategien oder anderweitig verhindern.

3.3 Der psychoanalytische Ansatz

Von allergrößter Bedeutung für die Theorieenentwicklung wie auch für die Entwicklung von motivationspsychologischen Methoden waren die allgemeinpsychologischen Schriften Sigmund Freuds (vgl. **Abb. 3.6**), die das theoretische Fundament der Psychoanalyse bilden. Ausgehend von der Deutung neurotischer Krankheitssymptome stellte Freud bereits frühzeitig in seinem Schaffen auch eine Deutungslehre für normalpsychologische Phänomene, wie Träume (Freud, 1900) und sogenannte Fehlleistungen im Alltag (Freud, 1904), vor. In Träumen und Fehlleistungen drücken sich nach Freuds Auffassung unbefriedigte und verdrängte Wünsche aus – häufig solche aggressiver oder sexueller Art –, die im bewusst kontrollierten, den gesellschaftlichen Konventionen gehorchenden Leben keinen Ausdruck finden konnten. War es bei den Instinkttheoretikern die Zielgerichtetheit tierlichen Verhaltens, die den Anstoß zur Aufstellung von Motivationstheorien gab, so war es bei Freud die versteckte Bedeutungshaftigkeit scheinbar zufälliger Erlebnis- und Verhaltensweisen, wie den neurotischen Krankheitssymptomen, den Trauminhalten und Fehlleistungen, die Anstoß gab zur Entwicklung seiner »Metapsychologie«, die wir heute als allgemeine Motivations- und Emotionspsychologie bezeichnen würden.

Abb. 3.6: Sigmund Freud, der Begründer der Psychoanalyse

Im Jahre 1915 legte Freud in seinem Aufsatz *Triebe und Triebschicksale* eine theoretische Konzeption für die menschliche Motivation vor, die für mehr als ein halbes Jahrhundert den Rahmen abgab für einen gewichtigen Teil der Motivationsforschung, insbesondere der im angloamerikanischen Raum so einflussreichen Triebtheorie Hulls (1943), der sich großzügig an Freud'sche Konzeptionen »anlehnte«. Nach Freuds Auffassung ist das Triebkonzept ein psychophysisches Konzept, »ein Grenzbegriff zwischen Seelischem und Somatischem« (Körperlichem). Der Trieb hat eine organische Erregungsquelle; der Reiz, der von einer solchen Quelle ausgeht, stellt das somatische Bedürfnis dar. Die Repräsentation dieses Bedürfnisses im Bewusstsein ist der Trieb. Jeder Trieb hat ein Ziel, nämlich die Befriedigung, die durch Aufhebung des Reizzustandes an der Triebquelle erreicht wird, und ein Objekt, nämlich dasjenige, wodurch der Trieb sein Ziel erreichen kann. Charakteristisch für Triebe ist außerdem das Moment des »Drängenden«: »Der Charakter des Drängenden ist eine allgemeine Eigenschaft der Triebe, ja das Wesen derselben« (Freud, 1915a, S. 214).

Ziel des Triebes und damit des durch den Trieb motivierten Verhaltens ist es also, einen inneren Reizzustand aufzuheben – eine Auffassung, die uns in der behavioristischen Motivationsforschung als Triebreduktionshypothese wiederbegegnen wird. Vom biologischen Standpunkt aus ist diese Triebreduktionshypothese allerdings nicht universell gültig, denn in den Organismus gelangende Reize können auch Informationsgewinn bedeuten, sei es über die Umwelt, sei es über Zustände im Organismus. Eine Reihe von Beobachtungen belegt eindeutig, dass Lebewesen Information aktiv suchen, und zwar gerade dann, wenn Hunger und Durst gestillt sind. Diese Kritik vom heutigen Standpunkt aus soll die Bedeutung Freuds für die Entwicklung der Motivationsforschung nicht mindern. Freud betrat Neuland; er war sich der Vorläufigkeit seiner Begriffsbildung und theoretischen Annahmen durchaus bewusst. So schreibt er in dem zitierten Aufsatz von diesen motivationspsychologischen Grundbegriffen: »Sie müssen zunächst ein gewisses Maß von Unbestimmtheit an sich tragen; von einer klaren Umzeichnung ihres Inhaltes kann keine Rede sein ... Erst nach gründlicher Erforschung des betreffenden Erscheinungsgebietes kann man auch dessen wissenschaftliche Grundbegriffe schärfer erfassen und sie fortschreitend so abändern, dass sie in großem Umfange brauchbar und dabei durchaus widerspruchsfrei werden« (Freud, 1915a, S. 210 f.).

Die als Triebbefriedigung beschriebene Aufhebung eines inneren Reizzustandes ist in der Regel mit einem positiven Affektzustand (Lust) verbunden: »Die Triebbefriedigung ist immer lustvoll« (Freud, 1915b, S. 248). Mit dieser Konzeption von Trieb und Affekt – von Motivation und Emotion – wird eine Auffassung vertreten, wie

> **Box 3.2: Drei Thesen Freuds im Lichte aktueller empirischer Forschung**
>
> Beispiel 1: Defensive Projektion
> *Freuds Position:* Für eine Person inakzeptable Emotionen (z. B. Schuld), Eigenschaften (z. B. Unehrlichkeit) und Triebimpulse (z. B. sexuelle Impulse) werden verdrängt. Solche verdrängten Gedanken, Impulse und Eigenschaften können sich Zugang zum Bewusstsein verschaffen, indem sie anderen Personen zugeschrieben, also »projiziert« werden.
> *Empirische Evidenz:* Nach dem Ausfüllen eines Persönlichkeitsfragebogens bekommen Vpn Rückmeldung über verschiedene Eigenschaften, die wenig akzeptabel sind (z. B. »Sie neigen dazu, die Unwahrheit zu sagen«). Als Nächstes mussten die Vpn laut über sich sprechen, aber ohne an die nicht akzeptablen Eigenschaften zu denken (Verdrängungsbedingung). Anschließend sollten sie eine Videoaufzeichnung einer fremden Person bewerten. Vpn schätzen die fremde Person am ungünstigsten auf den Eigenschaften ein, die sie selbst verdrängt hatten (z. B. »Diese Person ist unehrlich«; Newman, Duff & Baumeister, 1997).
>
> Beispiel 2: Das Ich als Energieträger
> *Freuds Position:* Alle seelischen Prozesse werden durch eine allgemeine Energie gespeist. Anstrengende Aktivitäten können diese Energie erschöpfen, die dem Ich dann bei der Abwehr von Bedrohungen nicht mehr zur Verfügung steht.
> *Empirische Evidenz:* Versuchspersonen, die einer Verlockung widerstehen mussten (Radieschen statt Schokolade essen mussten) oder eine anstrengende Tätigkeit unternahmen (ein Manuskript zur Korrektur lesen) waren – im Vergleich zu Probanden, die Verlockungen nachgeben oder sich entspannen konnten – nachfolgend weniger gut in der Lage, emotionale Reaktionen zu unterdrücken (Muraven & Baumeister, 2000).
>
> Beispiel 3: Das Libidokonzept
> *Freuds Position:* Freud hob den Libidobegriff im Hinblick auf seinen »besonderen Ursprung« von dem allgemeinen Energiebegriff ab (Freud, 1905). Er verankerte die Libido im Es – dem Reservoir aller unbewussten Triebregungen – und brachte sie speziell mit der Betätigung des Sexualtriebes in Verbindung.
> *Empirische Evidenz:* Die neuropsychologische Forschung hat ein System isoliert, dass Bekräftigung (Lust) vermittelt und viele Formen appetitiven Sozialverhaltens (Sexualität, Intimität, Anschlussmotivation) reguliert. Dieses System wird durch Dopamin gesteuert und ist in seiner Funktion identisch mit dem, was Freud als Libido bezeichnet hat (Solms, 2004).

sie auch in instinkttheoretischen, behavioristisch-lerntheoretischen, anreiztheoretischen und neueren handlungstheoretischen Ansätzen wieder auftritt. In ihnen werden diese postaktionalen Affekte unter lerntheoretischer Perspektive als »Bekräftigung«, unter motivationstheoretischer Perspektive als Befriedigung oder Enttäuschung und deren Vorwegnahme als »Anreize« konzipiert.

Diese enge Verbindung zwischen Motivation und Emotion wird auch noch durch eine andere Betrachtungsweise deutlich. Beide, die Triebe und die Affekte, besitzen jeweils zwei Repräsentationsformen: die Vorstellungsrepräsentanz (das ist die erlebnismäßige Seite von Trieb und Affekt) und die Repräsentanz von Erregungsgrößen. Letzteres betrifft den ökonomischen Aspekt des Geschehens, die Triebenergie bzw. den entsprechenden Affektbetrag. Dieser Affektbetrag stellt gewissermaßen das quantitative Substrat (die Erregungssumme) des erlebten Affekts dar und wird an anderer Stelle – speziell im Hinblick auf den Sexualtrieb – auch als Libido bezeichnet. Mit dem Konzept des Affektbetrages wird dem Moment des »Drängens des Triebes«, also seinen motivierenden Eigenschaften, Rechnung getragen. Wir haben also hier eine motivationspsychologische Konzeption vorliegen, in der das eigentliche motivationale Moment – also das Drängen des Triebes – unter Zuhilfenahme emotionspsychologischer Konzepte – hier insbesondere den Energetisierungsaspekt betreffend – aufgeklärt werden soll.

Bereits diese wenigen Bemerkungen zu den motivationspsychologischen Beiträgen Freuds lassen erkennen, wie ungemein anregend und befruchtend seine Vorstellungen auf fast sämtliche motivationspsychologische Schulen des 20. Jahrhunderts waren (Natsoulas, 1995). Auch die Annahme einer überragenden Rolle sexueller Motivation, wie sie in den neueren soziobiologischen Ansätzen betont wird, und ebenso die Annahme, dass sich viele Motivationsverläufe unserem Bewusstsein völlig entziehen, also unbewusst bleiben, verweisen auf die Aktualität Freud'scher Positionen. Freuds Bedeutung für die Psychologie dürfte vor allem darin begründet sein, dass er das Arsenal von theoretischen Konzepten, mit denen er das Verhalten und Erleben beschreibt und deutet, wesentlich erweitert, ja geradezu revolutioniert hat. Er entwickelte Hypothesen – wie etwa die von der »Existenz« unbewusster Emotions- und Motivationsprozesse –, die zunächst schroff von der damaligen Schulpsychologie abgelehnt wurden, dann kontrovers diskutiert und seit einigen Jahren mit geeigneten Methoden auch experimentell untersucht und z. T. bestätigt wurden.

Die Wertschätzung für das Freud'sche Œuvre wird auch deutlich, wenn man versucht, die Nachhaltigkeit der Wirkung seiner Schriften daran zu messen, wie häufig sie in der wissenschaftlichen Literatur herangezogen und zitiert werden. Gemessen an den Zitationsraten, sowohl in Lehrbüchern der Psychologie als auch in wissenschaftlichen Zeitschriften, nimmt Freud unter den 100 bedeutendsten Psychologen des 20. Jahrhunderts den ersten Platz ein, und zwar mit Abstand und unangefochten (Haggbloom et al., 2002). Dies ist ein eindrucksvoller Beleg für die Faszination, die von seiner Person und von seinen wissenschaftlichen Beiträgen ausging: »Der Alte hat aber scharf gesehen, er hat sich durch keine Illusion einlullen lassen – außer manchmal durch ein übertriebenes Vertrauen in die eigenen Einfälle« (A. Einstein, 1949).

Kritisch anzumerken ist allerdings, dass einige der Freud'schen Vorgehensweisen zu Recht mit Skepsis betrachtet werden müssen. So schrieb Freud 1898: »Wenn man den vorliegenden Fall von neurasthenischer Neurose sicher diagnostiziert und dessen Symptome richtig gruppiert hat, so darf man sich die Symptomatik in die Ätiologie (Entstehungsgeschichte) umsetzen und dann von den Kranken dreist die Bekräftigung seiner Vermutung verlangen. Anfänglicher Widerspruch darf einen nicht irremachen; man bestehe fest auf dem, was man erschlossen hat, und besiegt endlich jeden Widerstand dadurch, dass man die Unerschütterlichkeit seiner Überzeugung betont« (Freud, 1898, S. 498). Die unter dem Druck des behandelnden Therapeuten zustande gekommene Bestätigung des Patienten für die Deutung kann bei dieser Vorgehensweise natürlich keine Verifikation für die Deutung sein. Erkenntnistheoretisch ist es recht schwierig, aus der Tatsache, dass ein bestimmter Sachverhalt *nicht* auftritt (der Patient widersetzt sich der Deutung des Therapeuten), einen schlüssigen Beweis für die Richtigkeit einer theoretischen Annahme abzuleiten, da zuvor alle nur denkbaren Alternativerklärungen (z. B. andere Deutungsmöglichkeiten oder einfach: Der Patient widersetzt sich der Deutung zu Recht) ausgeschlossen werden müssen.

3.4 Behavioristische Ansätze

Zunächst noch unbeeinflusst durch Freuds Schriften entwickelte sich innerhalb der amerikanischen behavioristisch orientierten Psychologie ein Triebkonzept, das sich an der Kraftmaschine der damaligen Zeit orientierte. In Analogie zur Unterscheidung von Mechanismen der Kraftübertragung und dem Motor unterschied man zwischen Mechanismen oder Funktionen im menschlichen Organismus und dem Trieb, der diese Mechanismen mit Energie versieht. Außerdem führte die Unzufriedenheit mit einer bloßen Instinktbenennung dazu, dass der Vorschlag einiger Motivationspsychologen, Triebe nur noch an objektiv nachweisbare organismische Bedürfnisse anzuknüpfen, allgemein akzeptiert wurde. Die anatomisch-physiologische Basis der Bedürfnisse nach Nahrung, Flüssigkeit und Sexualverhalten schien bekannt, zumindest glaubte man, sie sehr bald aufklären zu können – ein Trugschluss, wie später deutlich wurde. Es stellte sich nämlich heraus, dass auch im ureigensten behavioristischen Anwendungsgebiet, nämlich der Erklärung stoffwechselabhängiger Motivationen (wie Hunger und Durst), die Vorstellung, dass Verhalten durch ein organismisches Bedürfnis ausgelöst wird und zu Ende kommt, sobald das Bedürfnis gestillt ist, nicht ausreichte, um eine Reihe von Beobachtungen verständlich zu machen. Diese sogenannte homöostatische Modellvorstellung hatte sich zunächst als ein außerordentlich fruchtbares Schema für die Analyse innerorganismischer Steuerungs- und Regelungsvorgänge erwiesen.

Tier und Mensch sind aber in der Lage, zukünftige Bedürfnisse vorwegzunehmen und ein entsprechendes Verhalten schon zu einem Zeitpunkt zu zeigen, zu dem das Bedürfnis noch nicht oder zumindest nicht in dem Ausmaß des gezeigten Verhaltens entstanden ist (vgl. Kap. 1.2.3). Da es offensichtlich war, dass mit den wenigen auf organismischen Bedürfnissen beruhenden sogenannten »primären« Motiven die Phänomenvielfalt motivierten Verhaltens bei Tier und Mensch nicht erklärt werden konnte, versuchten behavioristisch orientierte Forscher, die Grundannahmen der Theorie durch das Postulat »sekundärer« Triebe und »sekundärer« Bekräftigungen zu retten. Die Idee hierbei war die, dass bestimmte Sachverhalte auch aufgrund von Lernerfahrungen die Eigenart eines Triebes bzw. einer Bekräftigung erlangen können. So soll z. B. der Anblick der Mutter für das Kleinkind bekräftigend sein, weil die Mutter das Kind ernährt hat. Erworbene Triebe basieren auf Emotionen – insbesondere der Furcht –, die in bestimmten Situationen erworben (konditioniert) werden. Diese konditionierte Furcht erhält nun motivationale Qualitäten im Sinne eines Triebes dadurch, dass ihre Reduktion (Triebreduktion) bekräftigend wirkt. Es lässt sich experimentell zeigen, dass auch neues instrumentelles Verhalten erlernt wird, das durch Furchtreduktion bekräftigt wird (Miller, 1948).

Den Höhepunkt der behavioristisch orientierten Motivationsforschung stellen ohne Zweifel die theoretischen und experimentellen Beiträge Hulls (1943, 1952) und seiner Mitarbeiter dar. In diesem Modell tragen alle Bedürfnisse zu einem einheitlichen Trieb bei, der alle Reaktionsweisen gleichermaßen energetisiert, und zwar in dem Maße, wie diese Reaktionen aufgrund unterschiedlicher Gewohnheitsstärken bereitstehen. Ziel des Verhaltens ist, in Anlehnung an Freud, die Reduktion des Triebes. Nur solche Verhaltensweisen werden in ähnlichen Situationen wiederholt, die zu einer Triebreduktion geführt haben. Triebreduktion wird damit zur Voraussetzung allen Lernens. Der Trieb energetisiert, und die Richtung des Verhaltens wird primär durch Gewohnheiten, durch frühere Erfahrung also, festgelegt. Die Entstehung von Gewohnheiten, der Niederschlag der Erfahrung, ist wiederum nur möglich, wenn durch ein bestimmtes Verhalten der Trieb reduziert wird.

Eine Reihe von Befunden hat dann Hull später zu einer Revision seines Modells veranlasst (Hull, 1952). Es war aufgefallen, dass sich das Verhalten in kurzer Zeit an eine Veränderung der Bekräftigung anpasst. Wird beispielsweise nach einer Bekräftigung durch eine große Nahrungsmenge oder eine sehr schmackhafte Nahrung auf eine spärliche oder wenig schmackhafte Nahrung umgeschaltet, so verändert sich auch das Verhalten schlagartig: die Reaktionen sind schwächer, langsamer oder seltener. Veränderungen in der Quantität und Qualität der Anreize während eines Lernversuchs führen demnach zu sehr plötzlichen Veränderungen im Leistungsniveau, die nicht über die nur allmählich vonstatten gehenden Gewohnheitsänderungen erklärt werden können. Offensichtlich wirken diese unterschiedlichen Bekräftigungen im Sinne unterschiedlicher Anreize. Ein bestimmtes Ereignis kann nämlich unter Berücksichtigung der Lerngeschichte eines Organismus als »Bekräftigung«, unter Berücksichtigung der momentanen und zukünftigen Situation als »Anreiz« konzipiert werden. Es kommt hier einzig und allein auf das Zeitfenster an, das der Forscher seiner Analyse zugrunde legt. Betrachtet er Veränderungen im Verhalten von einem Lerndurchgang zum nächsten, hat er Anlass, Verstärkungseffekte festzustellen; betrachtet er eine momentane Verhaltenssituation, kann er die Effektivität verschiedener Anreize feststellen. Beide Betrachtungsweisen – eine bekräftigungstheoretische und eine anreiztheoretische – ergänzen sich und stellen nicht, wie häufig behauptet wird, gegensätzliche oder gar sich gegenseitig ausschließende Erklärungen dar.

Neben dem Trieb (D, drive) und den Gewohnheiten (H, habit) wurden in dem revidierten Modell also auch die Anreize (I, incentive) als verhaltenssteuernd und aktivierend erkannt. Diese drei hypothetischen Determinanten des Verhaltens werden multiplikativ miteinander verknüpft; alle drei bestimmen das Reaktions- oder exzitatorische Potenzial (E), das den motivationalen Aspekten des Verhaltens (Richtung, Intensität, Ausdauer) zugrunde liegt:

$$E = D \times H \times I$$

Die Hull'sche Theorie besticht durch konzeptuelle Klarheit und einen hohen Formalisierungsgrad. Das zugrunde gelegte Datenmaterial beruhte fast ausschließlich auf dem Verhalten von weißen Ratten bei verschiedenen experimentellen Lernaufgaben. Diese empirische Basis war weitaus zu schmal, um dem Anspruch zu genügen, ein allgemeingültiges Verhaltensmodell zu erstellen. In den 60er-Jahren des letzten Jahrhunderts brach dann das Hull'sche Theoriegebäude unter dem Ansturm neuer Beobachtungen und experimenteller Befunde zusammen.

Die Gründe dafür sind zum Teil schon genannt worden. Zu unübersehbar war die Tatsache, dass Lebewesen über die Befriedigung ihrer primären Bedürfnisse hinaus zielstrebige Verhaltensweisen an den Tag legen, z. B. im Explorationsverhalten (vgl. Kap. 7) und auch im Streben nach Nähe und Kontakt zu Artgenossen (vgl. Kap. 11). Außerdem mehrten sich Beobachtungen, die zeigten, dass auch bei Ratten nicht nur Bedürfnisreduktionen verhaltensverstärkende Wirkungen haben. Auch bloße sensorische Ereignisse ohne Bedürfnisreduktion, wie die Aufnahme einer nährstofffreien Saccharinlösung oder die bloße Intromission des Penis in ein Weibchen ohne nachfolgende Ejakulation, wirken verstärkend. Schließlich dokumentierte auch die bereits beschriebene Entdeckung von Olds und Milner (1954), dass im ZNS Strukturen existieren, deren Reizung offensichtlich einen hohen Bekräftigungswert hat (Lustzentrum), dass es sensorische und neuronale Ereignisse gibt, die im Sinne einer Bekräftigung wirken, aber gar nicht mit Triebreduktion in Verbindung zu bringen sind.

Eine weitere Annahme im Hull'schen Theoriesystem, die sich als nicht haltbar erwies, war die einschränkende Festlegung von Verhaltensgewohnheiten auf gelernte Reiz-Reaktions-Verbindungen. McFarlane (1930) ließ Ratten ein Labyrinth laufend erlernen; später mussten die Tiere das Labyrinth durchschwimmen, wodurch ganz andere Reaktionen erforderlich werden. Den Vorstellungen Hulls folgend hätte nun ganz neues »Lernen« mit der Herausbildung entsprechender Gewohnheiten (Reiz-Reaktions-Verbindungen) erfolgen müssen. Dieses fand offensichtlich nicht statt, denn die Tiere zeigten in der neuen Situation nur eine geringfügige Leistungsverschlechterung. Diese und andere Befunde bewogen Tolman (1932), auch bei Ratten und anderen niederen Lebewesen das funktionale Äquivalent von Erwartungen und kognitiven Repräsentationen der Umwelt (»kognitive Landkarten«) anzunehmen. Damit war auch innerhalb der tierexperimentellen, behavioristisch orientierten Motivationsforschung ein kognitiv orientierter Forschungsansatz möglich geworden. In diesem Ansatz wird auch bei niederen Lebewesen der Erwerb von Repräsentationen der Umwelt angenommen, die den Lebewesen Orientierung in Raum und Zeit und zielaufsuchendes Verhalten ermöglichen.

Diese Entwicklung und vor allem das Aufkommen emotions- und kognitionspsychologischer Modelle haben schließlich zum Untergang behavioristisch orientierter Modellvorstellungen geführt. Allerdings erleben sie in jüngster Zeit eine gewisse Renaissance. Bestimmte Handlungen treten auch im menschlichen Verhalten so schnell und mit großer Intensität auf, dass ein vorheriger Abwägungs- oder Entscheidungsprozess, in dem bewusste kognitive Prozesse eingebunden sind, eher unwahrscheinlich ist. Das Verhalten erfolgt eher »automatisch« und dürfte auf möglicherweise biologisch vorbereitetem Lernen beruhen (Bargh & Ferguson, 2000).

3.5 Emotionspsychologische Ansätze

Diese einseitige Beschränkung auf Konditionierungsvorgänge, behaviorale Erklärungsansätze und tierexperimentelle Paradigmen, die ihre Begründung in den rein methodischen Vorgaben einer nach Objektivität strebenden Verhaltenswissenschaft hatte, begann zunehmend gegen die behavioristische Position zu wirken: Es wurde nämlich deutlich, dass dieses Vorgehen zum Ausschluss bestimmter Phänomenbereiche, insbesondere der erlebnismäßigen Repräsentation kognitiver und emotionaler Prozesse und Sachverhalte führte, was mit eben diesem Anspruch nach unvoreingenommener Objektivität nun gar nicht vereinbar war. So kam es zu neuen theoretischen Konzeptionen, die man als anreiztheoretisch bezeichnen kann. Die Grundannahme anreiztheoretischer Konzeptionen besteht darin, dass Organismen in der Lage sind, die Konsequenzen ihres Verhaltens (z. B. einen positiven Affekt) vorwegzunehmen und dass diese Antizipation für die Zielausrichtung des Verhaltens verantwortlich ist.

Anreiztheorien, die im Gefolge behavioristischer Theoriebildungen oder auf dem Hintergrund von Erwartung-Wert-Theorien entstanden sind, versuchen vor allem eine theoretische Überbrückung des momentanen zu einem zukünftig zu erreichenden Zustand zu schaffen. Sie tun dies mit der Annahme von antizipierten Ergebnissen und Folgen. Mit Hilfe solcher Modellannahmen gelingt insbesondere eine befriedigende Erklärung der Zielausrichtung und Zielgerichtetheit des Verhaltens. Ist eine Handlung eingeleitet, so geben Emotionen eine wertende Stellungnahme in Bezug auf den Grad der Zielannäherung bzw. möglicher Zielabweichungen. Sie stellen eine schnelle, summarische Reaktion auf die Diskrepanz zwischen angestrebtem und gegenwärtig erreichtem Zustand dar. Jeder kennt das sprichwörtlich »gute Gefühl«, wenn man sich dem angestrebten Handlungsziel annähert, oftmals ohne dies analytisch und bewusst begründen zu können. Andererseits können auch die Motive selbst in die Regulierung der handlungsleitenden Emotionen eingreifen. So unterhalten beispielsweise gerade Erfolgsmotivierte während der Handlungsausführung eine freundlich optimistische Emotionslage, die der Zielerreichung eher förderlich ist (Puca & Schmalt, 1999).

Für die Erklärung des Motivierungsgeschehens sind die emotionalen Bewertungsvorgänge auch nach Abschluss einer Handlung bedeutungsvoll, wenn ein vorliegendes Handlungsergebnis mit dem anvisierten Handlungsziel verglichen wird und Diskrepanzen bewertet werden. Je nach dem Ergebnis dieser Bewertung dürfte sich bestimmen, ob das Handlungsziel erreicht ist oder ob man sich bei geeigneter Gelegenheit erneut um Realisierung dieses Zieles bemühen muss und ob aus diesen Ereignissen bestimmte Selbstbewertungskonsequenzen gezogen werden müssen. Diese postaktionalen Bewertungsemotionen sind es denn auch, die im Erleben zeitlich vorweggenommen werden können und im Sinne eines Anreizes für den Beginn eines neuen Motivierungsgeschehens verantwortlich sind (vgl. Kap. 1.2.4).

Eine solche funktionale Betrachtungsweise von Emotionen betont ihre Bedeutung für die Handlungsregulation. Emotionen sind das Ergebnis eines Bewertungsvorgangs, der innere und äußere Reizereignisse unter dem Aspekt ihrer motivationalen Bedeutung für den handelnden Organismus prüft. Empirisch gestützt wird diese Modellvorstellung durch das erstmals von Klüver und Bucy (1937) beschriebene Phänomen der »seelischen Blindheit«. Sie beobachteten, dass Rhesus-Affen, bei denen der Schläfenlappen zerstört worden war, eine Reihe von bizarren Verhaltensweisen zeigten: Sie offenbarten keinerlei Furchtreaktionen angesichts von Objekten, die sie vormals gefürchtet hatten, versuchten Kopulation bei anderen Spezies und fraßen ihre Fäkalien. Diese Veränderungen, die offensichtlich Ausdruck von Defiziten in der emotionalen Bewertung von Sachverhalten sind, gehen zurück auf die Zerstörungen der im Schläfenlappen lokalisierten Kerne der Amygdala. Die Amygdala wird durch afferente Nervenbahnen der visuellen (Sehen) und auditorischen (Hören) Areale des Kortex auf kurzem Wege (monosynaptisch) vom Thalamus erreicht und erhält Afferenzen von gustatorischen (Schmecken) Kernen im Mittel- und Hinterhirn sowie von olfaktorischen (Riechen) Arealen des Kortex (vgl. Abb. 3.7) (LeDoux, 1995; Phelps, 2006).

Solche Bewertungsprozesse sind besonders herausgehoben bei der Initiierung einer Handlung und nach Abschluss der Handlung. Aber auch während der Ausführung einer Handlung haben Emotionen die wichtige Funktion, für die Aufrechterhaltung der jeweils ablaufenden Handlung und damit für deren Zielführung zu sorgen (Leventhal & Scherer, 1986). Die in einer Handlung zeitlich früher stattfindenden Bewertungen benötigen keine oder nur geringfügige kognitive Verarbeitung, während die später stattfindenden Bewertungen an ein größeres Ausmaß kognitiver Verarbeitung gebunden sind. Insgesamt fünf solcher Bewertungsphasen können unterschieden werden:

1. Bewertung der Neuartigkeit eines Reizes. Motivationspsychologisch liegt diesem Bewertungsvorgang ein Diskrepanzmodell zugrunde. Diskrepanzen bzw. Inkongruenzen zwischen Reizeinstrom und internalen Repräsentationen in Form von Erwartungen, Schemata und verschiedenen Adaptationsniveaus führen zu Emotionen, die Schreck- und Orientierungsreaktionen auslösen können. Je nach dem Ausmaß der Diskrepanz zwischen Erwartetem und Wahrgenommenem können positive oder negative Emotionen entstehen, die verschiedene Formen des Neugierverhaltens determinieren (Berlyne, 1960; vgl. Kap. 7). Extreme Neuartigkeit bzw. Inkongruenz führt zu Furcht und Fluchtverhalten.

2. Bewertung der intrinsischen Lust-/Unlust-Tönung des Reizes. Hier entstehen rudimentäre Motivierungsimpulse vom Typ des Aufsuchens bzw. Meidens. Emotionen, die zwischen Reiz und Reaktion auftreten, geben dem Verhalten seine prinzipielle Ausrichtung. Dies gilt sowohl für Verhalten, für das eine genetische Basis angenommen werden muss, als auch für gelerntes Verhalten. In diesem Fall sorgen die auftretenden Emotionen für eine Entkoppelung von starren Reiz-Reaktions-Verbindungen zugunsten größerer Plastizität im Verhalten. Ist aufgrund dieses primären Bewertungsvorganges über die Verhaltensausrichtung entschieden, können jeweils unterschiedliche Anreizwerte der Objekte sowie die spezifischen Motivationszustände des Organismus und bestimmte Motivationsformen einer gegebenen Thematik entstehen. Die bereits beschriebenen Willenshandlungen (vgl. Kap. 1.6) verlangen hier eine besondere Beachtung, weil sie ja gerade dadurch gekennzeichnet sind, dass trotz der auftretenden Unlustemotionen zielgerichtet gehandelt werden muss. Die Ausführung solcher Handlungen macht in der Regel keinen Spaß und wird als anstrengend erlebt. Es müssen besondere Vorkehrungen der Handlungskontrolle getroffen werden, um die Zielführung sicherzustellen, was in der Regel dadurch geschieht, dass Emotionen oder auch eine Motivationslage simuliert werden, die trotz der momentan angeregten negativen Emotion eine Zielführung erlauben. Hierzu bedarf es allerdings einer Betätigung des Willens (vgl. Kap. 3.7).

3. Bewertung der Motiv- bzw. Zielrelevanz eines Reizes. Hier wird bewertet, ob bestimmte Gegebenheiten für die Verfolgung eines Motivziels relevant sind und ob sie der Zielerreichung eher hinderlich oder eher förderlich sind. Motivationspsychologisch betrachtet handelt es sich hierbei um die gegebenenfalls notwendige Neueinstellung bestehender Erwartungen. Je nachdem, ob bestehende Erwartungen in Bezug auf das angestrebte Ergebnis sich bestätigen oder revidiert werden müssen, können Furcht, Frustration, Ärger, Zufriedenheit oder Freude entstehen. An dieser Stelle dürften auch die ersten ergebnisabhängigen Affekte (Weiner, 1986; vgl. Kap. 3.6 und Kap. 12) bzw. auch affektive Reaktionen auf unangenehme Ereignisse (Berkowitz, 1990; vgl. Kap. 3.6 und Kap. 9) entstehen.

4. Bewertung der persönlichen Bewältigungsmöglichkeiten. An dieser Stelle setzen Ursachenanalysen für Ereignisse ein. Dies betrifft insbesondere das wahrgenommene Stärkeverhältnis von eigener Fähigkeit zur Schwierigkeit einer Aufgabe. Hier dürften die attributionsabhängigen Affekttypen Zuversicht, Deprimiertheit und Hilflosigkeit entstehen, die mit darüber entscheiden, ob eine Handlung eingestellt, ein Ziel aufgegeben oder beibehalten und weiterverfolgt wird (Lazarus, 1991; Weiner, 1986; vgl. Kap. 3.6 und Kap. 12).

5. Bewertung von Handlungsergebnissen sowie deren Folgen unter dem Aspekt ihrer Verträglichkeit mit internalisierten Standards und sozialen Normen. Motivationspsychologisch betrachtet handelt es sich hierbei um postaktionale Selbstbewertungskonsequenzen in Bezug auf erreichte bzw. verfehlte Handlungsziele. Die auftretenden Emotionen sind als Scham, Schuld, Stolz etc. zu klassifizieren. Solche Emotionen entscheiden mit darüber, ob nicht ganz neue Ziele gebildet und entsprechende Handlungen geplant werden müssen. Hier sind besonders auch solche Fälle zu bedenken, wenn aus hoch generalisierten Wissensstrukturen (»Vernunft«, »Moral«) Ziele abgeleitet werden, die der Handelnde mangels Einsatz von Anstrengung oder dadurch, dass er anderweitigen Verlockungen erlegen ist, verfehlt. Da die hier relevanten Ziele nicht durch die Motive selbst, sondern von außen – etwa durch moralische und ethische Standards – aufgebaut werden und zudem sehr wahrscheinlich an bewusste Informationsverarbeitung gebunden sind, dürfte es sich um eine speziell für den Menschen geltende Form der Emotionsentstehung bei volitionalen Steuerungslagen handeln.

Was das Verhältnis von Emotion und Kognition anbelangt, so hat es nicht an Versuchen gefehlt, beide Konzepte zu differenzieren; in alle Richtungen zu überzeugen vermochte allerdings keiner dieser Versuche. Ein für die Motivationspsychologie brauchbarer Ansatz zur Unterscheidung beider Konzepte besteht darin, Kognitionen auf deklaratives (beschreibendes) Weltwissen und Emotionen auf dessen Bewertung zu beziehen, sofern ein momentaner Motivationsprozess darauf gerichtet ist. Aber auch dieser Versuch führt in ein Dilemma, denn der Prozess und das Ergebnis einer motivgebundenen Bewertung selbst können wieder zur Information in einem System deklarativen Weltwissens werden und zu wichtigen Erkenntnissen führen. Emotion wird dann zur Kognition. Man kann deswegen auf Trennungsversuche gänzlich verzichten oder, was sinnvoller erscheint, versuchen, beide Konzepte anhand ihrer neuroanatomischen Substrate und deren Vernetzungen zu differenzieren (LeDoux, 1995; Phelps, 2006).

Neuroanatomische Befunde sprechen dafür, dass es sich bei Kognition und Emotion um qualitativ unterschiedliche und zunächst voneinander unabhängige Komponenten des psychischen Geschehens handelt, da

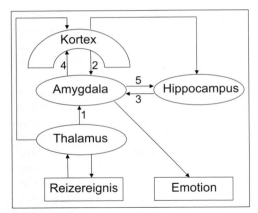

Abb. 3.7: Schematische Darstellung hirnanatomischer Strukturen, die an der Emotionsentstehung beteiligt sind

die Verarbeitung aus jeweils eigenen Informationsspeichern in unterschiedlichen Arealen stattfindet. Während das Emotionssystem vor allem in der Amygdala sowie thalamischen Zentren lokalisierbar ist, basiert das Kognitionssystem eher auf neokortikalen und hippocampalen Strukturen. Zentrale Schaltstelle in diesem System ist die Amygdala (vgl. **Abb. 3.7**). Sie vermittelt zwischen den sensorischen und motorischen Anteilen des Systems. Sie kann vom sensorischen Einstrom sowohl direkt über den Thalamus (1, **Abb. 3.7**) als auch über die entsprechenden Assoziationsfelder des Kortex unter Umgehung des Hippocampus (2, **Abb. 3.7**) oder aber auch über den Hippocampus (3, **Abb. 3.7**) erreicht werden. Der Weg vom Thalamus zur Amygdala ist monosynaptisch und deshalb besonders schnell, allerdings erfolgt hierbei nur eine recht grobe Einstufung der eingehenden Information in wenige, aber vital bedeutsame Klassen. Die Möglichkeit einer schnellen wenngleich groben Bewertung (»quick and dirty«) sich ändernder Situationsbedingungen besitzt zweifellos einen hohen Überlebenswert (Buck, 1999; LeDoux, 1995). Der thalamisch-kortikale Weg zur Amygdala (2, **Abb. 3.7**) ist länger, allerdings sind auch

3.5 Emotionspsychologische Ansätze

die Übertragungsmöglichkeiten wesentlich verfeinert. Subtile und genaue Informationsanalysen werden darüber hinaus im Hippocampus geleistet, der ebenfalls Projektionen in die Amygdala aufweist (3, **Abb. 3.7**). Die Amygdala wird also von Informationen aus drei unterschiedlichen Quellen erreicht, denen sie jeweils emotionale Bedeutungsgehalte verleiht (LeDoux, 1995, S. 214), um dann diese nunmehr emotional »bewertete« Information in den Motivationsprozess einzuschleusen. Die Amygdala kann deswegen als eine Art »Schaltstation« gelten, in der Informationen aus verschiedenen Arealen neokortikaler Strukturen in tiefere subkortikale weitergeleitet werden und umgekehrt. Die Amygdala weist auch rückwärts gerichtete Projektionen in den sensorischen Kortex, in den präfrontalen Kortex (PFC; 4, **Abb. 3.7**) und in den Hippocampus auf (5, **Abb. 3.7**). Die Verbindung in den sensorischen Kortex ermöglicht eine emotionsgeleitete Einflussnahme auf die Aufmerksamkeitsausrichtung. Die Verbindungen in den präfrontalen Kortex sind von weitreichender Bedeutung für Vorgänge der Emotionsregulierung, die ausschließlich im Humanbereich zu beobachten sind: Sie ermöglichen eine Modulierung der entstehenden Emotionen durch Neu- und Umbewertungen, wie sie etwa durch bewusste Intentionen und Direktiven übergeordneter Art (z. B. durch Willensprozesse) veranlasst werden können (vgl. Kap. 4; Phelps, 2006).

Es liegt an dieser Schaltstellenposition der Amygdala, dass sich die Möglichkeit zur Unterscheidung von zumindest drei Funktionskreisen emotionaler Bewertung ergibt:

- Die thalamisch vermittelten Emotionen, die eine rasche Handlungsbereitschaft zu Lasten einer präzisen Informiertheit des Organismus sicherstellen. Es handelt sich hier auch um das »älteste« Bewertungssystem. Schreck- und Orientierungsreaktionen ebenso wie rudimentäre Verhaltensimpulse vom Typ des Aufsuchens und Meidens (Flucht) dürften auf diese Art und Weise entstehen. Schnelle motivierte Reaktionen sind demnach durchaus möglich, ohne dass der Organismus genau über die Umstände, die motiviertes Handeln notwendig machen, informiert wäre und ohne dass dem Handelnden dies bewusst wäre.
- Die thalamisch-kortikal vermittelten Emotionen, die an eine elaborierte kortikale Verarbeitung gebunden sind. Hierbei handelt es sich um Bewertungen der für die Zielerreichung förderlichen und hinderlichen Umweltgegebenheiten sowie der persönlichen Bewältigungsmöglichkeiten.
- Die thalamisch-kortikal-hippocampal vermittelten Emotionen, die auf einer expliziten Situations- und Handlungsanalyse beruhen, die die attributionsabhängigen postaktionalen Bewertungsemotionen freisetzen. Scham, Stolz, Schuld heißen die hier entstehenden Emotionen. Aufgrund der besonderen Rolle, die der Hippocampus in Bezug auf das explizite Gedächtnis spielt, können auf dieser Ebene auch emotionale Reaktionen aufgrund bewusster, expliziter Erinnerungen, also vorgestellter Episoden, entstehen (LeDoux, 1995, S. 224; Phelps, 2006). Die oben (Kap. 1.2.2) beschriebenen Anreizwirkungen von Imaginationsprozessen haben hier ihre neurophysiologischen Grundlagen.

Neben der Amygdala ist auch der Kortex, genauer der orbitofrontale Kortex (OFK), an der Generierung emotionaler Reaktionen beteiligt (vgl. Rolls, 1999, 2000). Ebenso wie die Amygdala kodiert der OFK den Belohnungs- oder Bestrafungswert von ungelernten, primären Anreizen (wie z. B. dem süßen Geschmack von Speisen, angenehmem Körperkontakt und emotionalen Gesichtsausdrücken wie Lächeln oder Zorn) und gelernten, sekundären Anreizen (wie z. B. Geld). Der OFK geht dabei jedoch wesentlich flexibler vor als die Amygdala:

Während Lernerfahrungen in der Amygdala dauerhaft und beinahe »unlöschbar« abgelegt werden, wird die emotionale Bedeutung von Reizen im OFK ständig mit aktuellen Erfahrungen abgeglichen, was ein rasches Umlernen ermöglicht. Nehmen wir z. B. an, ein Affe wird in ein neues Gehege gesetzt und erhält in einer Ecke zunächst einen schmerzhaften Elektroschock; später werden am selben Platz in regelmäßigen Abständen Bananen abgelegt. Die Amygdala würde vorwiegend die initiale Lernerfahrung (Ecke = Schock) abbilden, was dazu führt, dass dieser Käfigteil über einen langen Zeitraum eine negative emotionale Reaktion vom Typ der Furcht anregen und daher gemieden würde. Der OFK wäre dagegen in der Lage, neue Lernerfahrungen abzubilden und nach Änderung der Reizkontingenzen (Ecke = Banane) eine positive emotionale Reaktion auf die Käfigecke anzuregen. Zusammen gelingt beiden Systemen eine schwierige Gratwanderung: Einerseits ist es – in einer Welt, die sich durch Stabilität und Konstanz auszeichnet – durchaus funktional, hochemotionale Erfahrungen dauerhaft zu konservieren: Was heute eine Gefahr darstellt, wird auch mit großer Wahrscheinlichkeit morgen noch gefährlich sein. Anderseits müssen Lebewesen in der Lage sein, sich in einer sich ständig verändernden Welt zurechtzufinden: Wer ausschließlich auf einmal gemachte Erfahrungen vertraut, verpasst die Chancen, die sich morgen möglicherweise bieten. Offenbar haben sich im Gehirn zwei unterschiedlich »konservative« Emotionssysteme entwickelt, um diesen beiden Aufgaben gerecht zu werden.

3.6 Kognitive Ansätze

Die Verwendung des Begriffs »kognitiv« ist wenig einheitlich, er kann in zumindest zwei Bedeutungsvarianten gebraucht werden. Die erste Art der Verwendung des Kognitionsbegriffs bezeichnet die funktionalen Eigenschaften der Informationsverarbeitung, wie nämlich ein sensorischer Einstrom transformiert, verdichtet, elaboriert, bewusst und schließlich verwertet wird. Daneben wird der Kognitionsbegriff aber auch in phänomendeskriptiver Weise verwendet und betont die erlebnismäßige Seite mentalen Geschehens. Wir wollen hier insbesondere diese zweite Form des Kognitionsbegriffs erörtern.

Diese im Erleben auftretenden Sachverhalte, die wir hier mit »Kognition« bezeichnen, basieren auf den oben bereits beschriebenen Verarbeitungsprozessen und beinhalten zu einem zunächst nicht näher bekannten Anteil solche Elemente, die eher deklarativer (beschreibender) Natur sind, und solche, die eher bewertungsabhängig, also emotionaler Natur sind. Abelson (1963) hat vorgeschlagen, zur Unterscheidung der Herkunft solcher Kognitionen von »kalten« (deklarativen) und »heißen« (evaluativen) Kognitionen zu sprechen.

Ein zentrales Konzept vieler kognitiver Theorien ist die *Erwartung*. Erwartungen beziehen sich auf (nicht unbedingt bewusst) wahrgenommene Zusammenhänge zwischen Sachverhalten, also beispielsweise dem eigenen Verhalten und bestimmten Verhaltenskonsequenzen, oder auch zwischen Reizereignissen untereinander. Solche Erwartungen – zumindest funktionale Äquivalente dazu – müssen auch bereits sehr einfache Lebewesen ausbilden können, sonst wären beispielsweise Lernvorgänge wie das klassische oder operante Konditionieren gar nicht vorstellbar (Penn & Povinelli, 2007). Das Erwartungskonzept ist auch ein Kernkonzept in *Erwartung-Wert-Modellen* (vgl. Kap. 1.3).

In den letzten Jahren ist die Bedeutung weiterer kognitiver handlungssteuernder Elemente erkannt und in die Analyse motivierten Handelns einbezogen worden. Neben Erwartungen und den positiven bzw. negativen Anreizen von möglichen Handlungsausgängen haben z. B. auch die Beurteilungen des Zustandekommens von Handlungsausgängen, die sogenannten Kausalattribuierungen, selbstbezogene Schemata und Kognitionen oder auch das Flusserleben eine inzwischen vielfach nachgewiesene Bedeutung für die Handlungssteuerung (Elliot & Dweck, 2005; Schmalt, 1996).

Das wohl differenzierteste, weitreichendste und in vielen Bereichen empirisch getestete kognitive Motivationsmodell hat Weiner (1985, 2005) entwickelt. In diesem Modell spielen *Ursachenzuschreibungen* (Kausalattribuierungen) für positive und negative Handlungsergebnisse eine zentrale Rolle. Sie determinieren die in einer gegebenen Situation entstehenden Erwartungen und Affekte, die ihrerseits dann Einfluss auf das Verhalten nehmen (vgl. **Abb. 3.8**). Art und Richtung des Einflusses von Ursachenzuschreibungen hängen allerdings von deren Zugehörigkeit zu bestimmten Kausaldimensionen ab. Jede einzelne Ursachenzuschreibung kann nämlich noch hinsichtlich ihrer dimensionalen Zugehörigkeit klassifiziert werden. Die Kausaldimensionen der Lokation (internal – external) und Kontrollierbarkeit bzw. Intentionalität nehmen Einfluss auf die entstehenden Affekte, während die Stabilität die Erwartungen bzw. Erwartungsänderungen determiniert. Weiner nimmt an, dass das Ausmaß typischer Erwartungsänderungen (Anheben nach einem positiven Resultat, Senken nach einem negativen Resultat) besonders ausgeprägt ist, wenn die Handlungsergebnisse mit stabilen Ursachenelementen erklärt werden, und dass sie gering sind, wenn variable (d. h. in der Zeit veränderliche) Ursachenelemente herangezogen werden.

Die Beziehungen der übrigen Dimensionen zu den Affekten werden noch näher spezifiziert durch die jeweils vorherrschende Motivationsthematik. Für die Entstehung von Affekten in einem leistungsthematischen Kontext ist die Lokationsdimension von besonderer Bedeutung, weil leistungsbezogene Affekte (z. B. Stolz) insbesondere bei internaler Ursachenzuschreibung entstehen. In den Bereichen der pro- und antisozialen Motivation (Hilfeleistung, Anschluss und Intimität, Aggression) sind eher die Dimensionen der Kontrollierbarkeit und Intentionalität von Bedeutung. Sie beeinflussen Affekte wie Ärger, Dankbarkeit, Schuld, Scham und Bedauern, von denen dann die unterschiedlichen Formen sozialen Verhaltens abhängen.

Wie lassen sich nun diese komplexen Zusammenhänge empirisch überprüfen? In einer Untersuchung von Graham, Weiner & Zucker (1997), die sich mit der Aggressionsthematik beschäftigte, wurde in verschiedenen Szenarien ein fiktiver Mörder beschrieben, wobei die Ursachen für seine Tat planmäßig auf den Dimensionen »Kontrollierbarkeit« und »Stabilität« variiert wurden (z. B. »Der Täter hatte eine lange kriminelle Vorgeschichte und er hatte die Absicht zu töten«; die Ursachen waren also kontrollierbar und stabil). Die Antworten der Vpn auf diese Szenarien zeigten, dass die unterstellte Verantwortlichkeit des Täters und der verspürte Ärger bei kontrollierbaren Ursachen besonders hoch waren, während die mögliche Sympathie für den Straftäter besonders groß bei unkontrollierbaren Ursachen (z. B. eine Krankheit) waren. Die Autoren haben auch verschiedene mögliche Strafmaßnahmen und die damit verbundenen Ziele in Abhängigkeit von den Attribuierungen untersucht und sind dabei von einem tatsächlichen Kriminalfall – O. J. Simpson – ausgegangen. O. J. Simpson, ein ehemals berühmter Footballspieler und Medienstar in den USA, war angeklagt, seine Frau und ihren mutmaßlichen Geliebten aus Eifersucht ermordet zu haben. Beide Untersuchungen, die fiktive Studie und die Fallstudie O. J. Simpson, zeigen, dass eine Strafmaßnahme, die den Vergeltungsaspekt im Auge hat, vornehmlich von den Affekten Ärger und Sympathie für

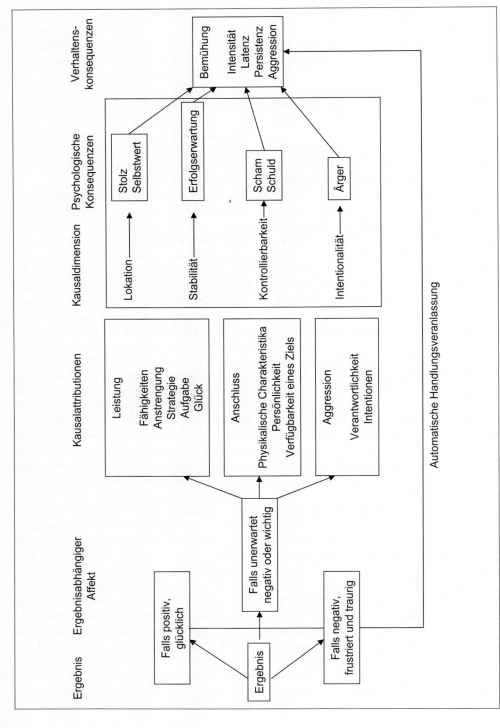

Abb. 3.8: Eine attributionstheoretische Motivations- und Emotionstheorie (modifiziert nach Weiner, 2005, S. 75)

3.6 Kognitive Ansätze

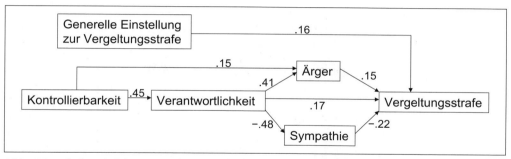

Abb. 3.9: Pfadmodell für eine vergeltungsorientierte Strafmaßnahme bei einem fiktiven Mord (nach Weiner, 2006, S. 145)

den Täter sowie von der wahrgenommenen Verantwortlichkeit abhängt, während eine Strafmaßnahme, die sich am Prinzip der Rehabilitation orientiert, von stabiler Ursachenzuschreibung abhängt. **Abbildung 3.9** zeigt die Hauptbefunde aus der Szenariostudie, dargestellt sind bedeutungsvolle Pfadkoeffizienten.

Diese Befunde zeigen, dass Kontrollierbarkeit und Verantwortlichkeit eng miteinander verknüpft sind. Die affektiven Vermittler (Ärger und Sympathie) sind von der wahrgenommenen Verantwortlichkeit des Straftäters abhängig. Strafe im Sinne von Vergeltung hängt direkt von der wahrgenommenen Verantwortlichkeit des Straftäters und von dem verspürten Ärger ab, wohingegen Sympathie mit dem Straftäter die Bereitschaft zu Vergeltungsmaßnahmen reduziert.

Im Bereich des Hilfehandelns hat sich als entscheidend erwiesen, inwieweit eine Notlage, in die eine Person geraten ist, als selbstverschuldet – also durch kontrollierbare Faktoren herbeigeführt – wahrgenommen wird. Wahrgenommene kontrollierbare Ursachen für die Notlage einer fremden Person führen zu Ekel, Ärger und zur Unterlassung von Hilfeleistung. Wird die Notlage von unkontrollierbaren Faktoren (z. B. »Schicksal«, »Krankheit«) abhängig gemacht, führt dies zu Sympathie mit dem Opfer und Hilfeleistung (Weiner, 2006).

Insgesamt besehen hat die Einbringung attributionstheoretischer Konzepte in die Motivationsforschung zu einer bemerkenswerten Forschungsprosperität und zu vielen aufschlussreichen Erkenntnissen geführt. Dennoch gibt es auch Beobachtungen, die mit Aussagen der Attributionstheorie nicht übereinstimmen. Insbesondere ist es bislang nicht gelungen, das Modell in seiner Gesamtheit empirisch zu bestätigen, also Zusammenhänge zwischen den gleichzeitig erfassten Ursachenzuschreibungen, Affekten, Erwartungen und Verhalten in einer Realsituation aufzuzeigen. Dies hat zu der Frage geführt, wann denn überhaupt im Erleben solche Ursachenzuschreibungen auftreten und unter welchen Umständen sie Auswirkungen auf Erwartungen, Affekte und Verhalten haben können. Ganz offensichtlich treten Ursachenzuschreibungen vornehmlich dann spontan im Erleben auf, wenn eine Handlung droht vom Zielkurs abzuweichen – etwa bei Unterbrechungen oder dem Auftreten unerwarteter Ereignisse – oder wenn sie mit einem Misserfolg endet.

Des Weiteren ist die implizite Annahme dieser Theorie, dass nämlich die erlebens- und verhaltensdeterminierenden Ursachenzuschreibungen auch mit Deutlichkeit im Bewusstsein stehen und sogar einem sprachlichen Zugriff zugänglich sind, oftmals unzutreffend. Es gibt Belege, die zeigen, dass verhaltensdeterminierende und erlebnismäßig repräsentierte Ursachenzuschreibungen nicht identisch sein müssen. Wilson und

Linville (1982) veränderten die Ursachenzuschreibungen ihrer Vpn und erfassten sie zugleich auf sprachlichem Niveau, zusätzlich erfassten sie die Auswirkungen von Attribuierungen auf der Verhaltensebene. Sie fanden einen Zusammenhang zwischen manipulierten Ursachenzuschreibungen und dem Verhalten, nicht aber zwischen verbalen Berichten der Vpn über die von ihnen vorgenommenen Ursachenzuschreibungen und dem Verhalten. Dieser Befund zeigt sehr deutlich, dass sich Änderungen in den Ursachenzuschreibungen im Verhalten niederschlagen können, ohne dass diese Änderungen der handelnden Person bewusst werden müssten. Man geht deswegen davon aus, dass Personen sich nicht permanent mit einer bewussten Kausalanalyse ihrer Umgebung beschäftigen. Sie besitzen offensichtlich aber implizite (nicht bewusste) Kausaltheorien, die es ihnen gestatten, unmittelbar ihr eigenes Verhalten und das ihrer Mitmenschen zu interpretieren.

Es ist ganz offensichtlich, dass Menschen, wenn sie nach den Ursachen ihres Verhaltens und ihres Erlebens gefragt werden, bereitwillig Auskunft geben. Oftmals ist es ihnen aber gar nicht möglich, »wahrheitsgemäß« zu berichten, weil die dem Urteil zugrunde liegenden Informationen in Bereichen des ZNS verarbeitet wurden, auf die ein bewusster Zugriff – auch bei »bestem Willen« – nicht möglich ist (Wilson & Dunn, 2004). Ein indirekter Hinweis darauf, dass diese Ursachenzuschreibungen nicht notwendigerweise Bewusstheit voraussetzen, liefert die Erforschung von Kognitionsvorgängen bei nichtmenschlichen Primaten. Die Tatsache, dass sie hoch angepasstes, flexibles Sozialverhalten zeigen, weist darauf hin, dass die Primaten sehr wohl die Kausalrelationen zwischen ihren eigenen Handlungen und deren Konsequenzen wahrnehmen und ihr Verhalten danach ausrichten können, freilich ohne uns darüber sprachlich Auskunft geben zu können (Dickinson & Balleine, 2000; Penn & Povinelli, 2007).

Ein zusätzliches Problem bei der Analyse von Ursachenzuschreibungen ergibt sich dadurch, dass die hier als »Kognition« bezeichneten Ursachenzuschreibungen als Ergebnis gemeinsamen Prozessierens des deklarativen und evaluativen Systems im Erleben auftreten, also gleichermaßen »heiße« und »kalte« Kognitionen darstellen. So gibt es eine Reihe von Befunden, die zeigen, dass die von den Vpn berichteten Ursachenzuschreibungen recht genau einem vorgegebenen Informationsmuster entsprechen (deklaratives System), während andere Befunde zeigen, dass die Ursachenzuschreibungen in Abweichung davon so vorgenommen werden, dass sie möglichst das Selbstbild der attribuierenden Person nicht belasten (evaluatives System). Man spricht darum von einer »hedonistischen Verzerrung« oder auch von einem »motivierten Attribuierungsfehler« (Kelley & Michela, 1980).

Als beeinträchtigend und dysfunktional für eine optimale Handlungsregulation erweisen sich Kognitionen mit bedrohlicher, negativer Selbstbewertungsthematik. Dies führt zu den häufig berichteten Befunden, dass eine Handlung erst gar nicht in Gang kommt oder nur sehr beschwerlich initiiert werden kann, wie etwa bei depressiven Personen, oder dass eine Handlung, wenn sie auftritt, mit nur geringer Effizienz abläuft, wie man es bei den Hochängstlichen beobachten kann. Gelingt es, die Aufmerksamkeit von den negativen selbstbezogenen Kognitionen abzuziehen und auf andere Dinge zu richten – etwa auf die Handlungsausführung selbst –, verschwinden häufig auch die beeinträchtigenden Effekte (Schmalt, 1994). Es gibt aber auch Prozesse, die die Aufmerksamkeit wie gebannt auf solche selbstwertbelastenden Aspekte des Erlebens richten und sie von dort nicht loslassen, so dass in endlosen Ruminationsschleifen immer wieder die gleichen bedrückenden Thematiken im Erleben auftauchen, was natürlich für eine affektive Handlungsgestaltung wenig förderlich ist (Trapnell & Campbell, 1999).

Die meisten der kognitiven Mediatoren, die in den verschiedenen Theorien beschrieben werden, sind von beeinträchtigender Wirkung. Sie verhindern, dass Handlungen überhaupt initiiert werden, blockieren eine effiziente Handlungsausführung oder versuchen, die Handlung vom Zielkurs abzulenken. Hiervon gibt es allerdings eine wichtige Ausnahme: das Erlebnis, »Spaß an der Tätigkeit« zu haben. Es gibt zumindest zwei wichtige Theorien, die »Spaß an der Tätigkeit« zu ihrem zentralen Sachverhalt gemacht haben: die Theorie des Flow-Erlebens (Csikszentmihalyi, 1975; Csikszentmihalyi & Rathunde, 1993) und die Theorie der Intrinsischen Motivation (Deci & Ryan, 1991). Der Ansatz von Csikszentmihalyi beruht auf der Idee, dass intrinsisch motivierte Aktivitäten optimale Herausforderungen darstellen und dass eine Person dann ein Flowerlebnis hat, wenn sie völlig in einer Aufgabe aufgeht, Zeit und eigene Beanspruchung völlig vergisst. Klar definierte Ziele, Rückmeldung von Resultaten eigenen Handelns und eine optimale Balance zwischen situativen Herausforderungen und den Möglichkeiten der Person sind Umstände, unter denen Flow-Erleben und Spaß an der Tätigkeit entstehen (vgl. **Abb. 3.10**).

Nach der Konzeption von Deci und Ryan ist Spaß an der Tätigkeit charakteristisch für einen Zustand der intrinsischen Motivation, der seinerseits auf angeborenen Bedürfnissen, wie dem Kompetenz- und dem Autonomiebedürfnis, beruht. Intrinsische Motivation entsteht, wenn Personen Rückmeldung über ihre eigene Tüchtigkeit bekommen und wenn Personen in Übereinstimmung mit ihrem Kompetenz- und Autonomiebedürfnis handeln können. Ebenso entsteht Spaß und Flow-Erleben, wenn Personen in Übereinstimmung mit der angeregten Leistungs-, Macht- und Anschlussmotivation handeln können (Sokolowski, 1993). Es wird auch aus dieser Perspektive erklärlich, warum Willenshandlungen, die einem Motiv oder einer aktuell angeregten

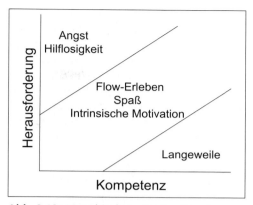

Abb. 3.10: Verschiedene Motivationsformen in Abhängigkeit von Kompetenzen und situativen Herausforderungen (unter Verwendung eines Schemas von Csikszentmihalyi & Rathunde, 1993, S. 75)

Motivation zuwiderlaufen, keinen Spaß bereiten und durch ein hohes subjektives Anstrengungserleben gekennzeichnet sind.

Abbildung 3.10 verdeutlicht diese Zusammenhänge noch einmal. Ein ausgeglichenes Verhältnis von Kompetenzen und Herausforderungen gestattet dem Individuum, in Übereinstimmung mit der jeweils angeregten Motivation zu handeln. Das macht Spaß und lässt Flow-Erleben entstehen. Ist das Individuum unterfordert, entsteht Langeweile, und der Organismus geht auf die Suche nach Herausforderungen (vgl. Kap. 7). Ist er überfordert, entstehen Angst und Hilflosigkeit; hier kann man nur unter Zuhilfenahme willentlicher Kontrolle noch zu Handlungen befähigt sein (vgl. Kap. 8 und Kap. 12).

3.7 Handlungstheoretische Ansätze

Mit Motivation »Verhalten« zu erklären ist leichter gesagt als getan, da häufig unklar ist, welche konkrete Verhaltenseinheit denn nun näher analysiert werden soll. Üblicherweise geht die Motivationspsychologie so vor, dass aus dem Verhaltensstrom eine bestimmte Episode herausgelöst wird, die einen definierten Anfang und ein definiertes Ende hat und in aller Regel in einem systematischen thematischen Zusammenhang mit den untersuchten Determinanten dieses Verhaltens steht. Es kann sich aber auch als sinnvoll herausstellen, eine solche untersuchte Episode noch einmal zu zergliedern, weil man Grund hat anzunehmen, dass verschiedene Teile einer solchen Episode unterschiedlichen motivationspsychologischen Gesetzmäßigkeiten gehorchen. Wir werden hier exemplarisch zwei wichtige zeitgenössische Theorien und deren historische Wurzeln darstellen, die einmal eine horizontale Zergliederung vornehmen und deshalb *phasische* oder *sequenzielle Modelle* genannt werden und die zum anderen eine vertikale Zergliederung vornehmen und deshalb *hierarchische Modelle* heißen.

Abb. 3.11: Kurt Lewin, der Begründer der Feldtheorie

3.7.1 Eine geschichtliche Kontroverse: Ach kontra Lewin

Geschichtlich ist der Übergang von der Willenstheorie zu Motivationstheorien vom Typ Erwartung-Wert durch Lewins Theorie der Vornahmehandlung (Lewin, 1926) gekennzeichnet. In dieser Arbeit entwirft Lewin (vgl. **Abb. 3.11**), von den Vornahmehandlungen ausgehend, eine allgemeine Motivationstheorie und bedient sich hierzu einer Reihe damals ganz neuer theoretischer Konstrukte. Das wichtigste motivierende Agens ist ein »innerer Spannungszustand«, ein Druck, der auf die Ausführung einer Vornahmehandlung hindrängt. Diese Kräfte weisen eine weitgehende Verwandtschaft zu jenen Kräften auf, die auch bei Bedürfnissen und Trieben zu beobachten sind. Auch bei ihnen spielen Bezugsvorstellungen, d. h. Gelegenheiten, die eine Bedürfnisbefriedigung versprechen, eine wichtige Rolle; sie werden theoretisch als »Aufforderungscharakter« oder »Anreiz« gefasst. Diese Aufforderungsgehalte sind keineswegs konstant, sie ändern sich in dem Maße, im dem sich die entsprechenden Bedürfnisse ändern. So kann beispielsweise eine trockene Schnitte Brot für den hungrigen Organismus einen hohen positiven Aufforderungscharakter haben, während sie für den gesättigten oder gar übersättigten Organismus entweder gar keinen oder sogar einen negativen Aufforderungscharakter haben kann. Ein positiver Aufforderungscharakter ist in der Regel mit Verhaltensweisen des Aufsuchens, ein negativer Aufforderungscharakter in der Regel mit Verhaltensweisen des Meidens verbunden.

Die Dinge, die Aufforderungscharakter besitzen, sind direkte Mittel zur Bedürfnisbefriedigung. Veränderungen der Aufforderungscharaktere verlaufen parallel zu denjenigen in den Bedürfnissen selbst. Eine Wandlung in den Bedürfnissen geht mit einer Wandlung von Aufforderungscharakteren einher. Bei Mangel an Gelegenheiten zur Bedürfnisbefriedigung werden bei an-

3.7 Handlungstheoretische Ansätze

steigenden inneren Spannungen solche Situationen aktiv aufgesucht, die eine Bedürfnisbefriedigung verheißen. Andererseits können die situativen Gegebenheiten mit ihrem Aufforderungscharakter so verheißend und verlockend sein, dass Bedürfnisse oder Vornahmen dadurch entstehen können (»Gelegenheit macht Diebe«).

Die große Parallelität in den Funktionsweisen von Bedürfnissen und Vornahmen veranlasste Lewin (1926, S. 355), die Vornahme als ein *Quasibedürfnis* zu bezeichnen. Häufig liegen den Quasibedürfnissen »echte« Bedürfnisse zugrunde; d.h. ein bestimmter Vorsatz wird gefasst, weil der Organismus sich in einem Bedürfniszustand befindet – etwa weil er sehr hungrig ist. Ja, die durch den Vornahmeakt gesetzten Spannungen und Aufforderungscharaktere sind im Grunde nur abgeleitete Größen. Sie gehen in jedem Falle zurück auf Bedürfnisse oder Triebe. So hängt dann auch die Wirksamkeit einer Vornahme nicht etwa von der Intensität ab, mit der sie gefasst wird, sondern von der Intensität der Bedürfnisse, auf die sie zurückgeht.

Lewin (1926) weist den Vornahmen eine wichtige Rolle bei der vorausschauenden Strukturierung von Situationen (dem »Feld«) zu. Durch die Vornahmen können gewissermaßen Umstände geschaffen werden, die es dem Handelnden erlauben, dann, wenn diese Umstände tatsächlich eintreffen, sich ganz den Aufforderungscharakteren der Situation (d.h. der Wirkung des »Feldes«) zu überlassen. So führt beispielsweise die Vornahme, einen Brief in den Briefkasten zu werfen, dazu, sich in Situationen zu begeben, in denen diese Handlung möglich ist. Ist eine solche Situation hergestellt, wenn man also einen Briefkasten gefunden hat, wird die Handlung wie automatisch durch die Kräfte des Feldes, also die Aufforderungscharaktere der Situation, gesteuert.

Diese hier dargestellte Konzeption des Vorsatzes, die an der Kritik der Ach'schen willenspsychologischen Konzeption ansetzte, hatte weitreichende Folgen. So führte die Kritik an der Vorstellung, dass die im Vornahmeakt verbundenen Bezugs- und Zielvorstellungen assoziativ miteinander gekoppelt sein sollen, dazu, nicht nur dieses Koppelungsprinzip zu ersetzen, sondern darüber hinaus auch das Willens- und Vorsatzproblem gänzlich umzuformulieren. Während es sich bei Lewin um Vorsätze handelt, die gänzlich in den Diensten von Bedürfnissen stehen und gewissermaßen nur mit der Aufgabe versehen sind, Möglichkeiten zu deren Befriedigung herzustellen, zielt das Ach'sche Vorsatzkonzept mehr auf die Durchführung von Handlungen, die gerade *nicht* durch die Aufforderungscharaktere der Situation nahegelegt oder durch andere Faktoren begünstigt werden und die zudem häufig mit Unlustanzeichen verbunden sind. Es geht bei Ach um solche Verhaltensweisen, die gerade *gegen* situative Verlockungen oder bei großen sich auftürmenden Schwierigkeiten aufrechterhalten und durchgeführt werden müssen.

Um es in ein anschauliches Beispiel zu kleiden: Das Lewin'sche Vorsatzkonzept ist auf einen fröhlichen Zecher anwendbar, der am Sonntagmorgen den Vorsatz fasst, zum Frühschoppen zu gehen, dieses auch tut, um sich dort völlig den Verlockungen und Aufforderungscharakteren der Situation zu überlassen. Er wird spät abends Schwierigkeiten haben, nach Hause zu finden. Ganz anders sein Kollege, der einen Vorsatz nach Ach'schem Muster gefasst hat. Er will – aus welchen Gründen auch immer – obwohl mit »Bierdurst« versehen, den sonntäglichen Wirtshausaufenthalt bei Mineralwasser verbringen. Er wird sich, wenn er seinen Vorsatz realisieren will, kaum den verlockenden situativen Aufforderungscharakteren überlassen dürfen. Er muss mit großen Anstrengungen gegen die durch die objektiven situativen Bedingungen geschaffenen Aufforderungscharaktere ankämpfen.

Die andere weitreichende Folge dieser Auseinandersetzung mit Ach bestand darin, dass sie Lewin zu einer völlig neuen Sichtweise für motivationspsychologische Probleme und schließlich zu der Fassung einer allgemeinen Handlungs- und Motivationstheorie führte, deren Einflüsse auf die weiteren Entwicklungen kaum zu überschätzen sind. Einige wesentliche Begriffe dieser Theorie sind bereits oben erwähnt worden. Da war von Bedürfnissen, Aufforderungscharakteren der Situation, dem Feld und schließlich dem Spannungsbegriff die Rede. Die Integration dieser verschiedenen Konzepte zu einer umfassenden Theorie gelang Lewin allerdings erst später (Lewin, 1935). Der zentrale Begriff der Theorie ist das »Feld«. Es umfasst sämtliche psychologisch wirksamen Bedingungsfaktoren der Situation wie auch der Person. Es trägt dem Grundpostulat der Theorie Rechnung, wonach die Analyse des Verhaltens von der Gesamtsituation auszugehen hat und sich nicht auf einige wenige Größen der Person (z. B. Triebe, Bedürfnisse) oder der Situation (z. B. Anreize, auslösende Reize) beschränken darf. Lewin entwickelte nun für jedes der beiden Teilsysteme ein eigenes Modell (ein »Personenmodell« und ein »Umweltmodell«), in dem die psychologisch wirksamen Sachverhalte sowie ihre jeweiligen Verbindungen untereinander durch ihre gegenseitige räumliche Lage gekennzeichnet sind. Unter strukturellen Gesichtspunkten wird die Person zunächst durch ein ovales Gebilde dargestellt, das sich nach außen von der Umwelt isoliert. Innerhalb der Person sind Bereiche abgegrenzt, die jeweils für bestimmte Handlungsziele stehen, die ihrerseits wiederum auf Bedürfnisse oder Vornahmen (Quasibedürfnisse) zurückgehen. Ihre Ähnlichkeiten und Verwandtschaften werden in dem Modell durch die räumlichen Nachbarschaftsverhältnisse dargestellt.

Ein solches System von aneinandergrenzenden Bereichen verbleibt nicht in Ruhelage, es verändert sich vielmehr. Solche Veränderungen und Bewegungen in dem System beschreibt Lewin unter dem »dynamischen« Gesichtspunkt mit Hilfe des Spannungsbegriffs. In dem Maße, in dem ein bestimmter Bereich – das ist ein Zielzustand – auf Verwirklichung durch eine Handlung drängt, gerät das System unter Spannung. Ein solches »gespanntes System« drängt nach Spannungsausgleich (nicht Spannungsreduktion!) in Relation zu den benachbarten Bereichen. Ein solcher Spannungsausgleich kommt z. B. zustande, wenn eine Handlung ausgeführt wird, die den jeweils entsprechenden Zielzustand realisiert. Wird der anvisierte Zielzustand nicht erreicht, sei es, dass er durch die Handlung nur zum Teil realisiert oder ein ähnlicher Zielzustand erreicht wurde, oder sei es, dass die zielgerichtete Handlung selbst unterbrochen wurde, so wird nur ein teilweiser Spannungsausgleich erreicht. Die verbliebene Restspannung kann bewirken, dass die unterbrochene Handlung wieder aufgenommen oder eine neue Handlung initiiert wird.

Das Umweltmodell ist strukturell von ähnlicher Beschaffenheit. Es ist auch in Bereiche gegliedert, die in diesem Falle jedoch die Wahrnehmung von Zielereignissen und Möglichkeiten instrumenteller Handlungen zur Realisierung dieser Zielereignisse repräsentieren. Da es sich hier um subjektive Wahrnehmungen von Zielereignissen handelt, unterliegen sie auch den subjektiven Bewertungen des Handelnden. Sie erhalten, wie wir bereits gesehen haben, positive oder negative Aufforderungscharaktere, sie erhalten eine »Valenz« und stellen sich dar als Zielregionen mit Verlockungs- oder Abschreckungscharakter. Die Valenz hat demnach zwei Bestimmungsstücke: das Bedürfnis (die Bedürfnisspannung, t [= tension]) und die Attraktivität des Zielobjekts (G = Goal):

$$Va\,(G) = f\,(t, G)$$
(Lewin, 1938, S. 106–107).

Unter dynamischer Sichtweise stellt sich die solchermaßen mit einer herausgehobenen Valenz versehene Umwelt als ein Kräftefeld dar, dessen Zentrum jeweils in dem valenzierten Bereich liegt. Es gibt hier eine auf die Person (K) wirkende Kraft, die sie dazu veranlasst, sich aus der Region A in die Region Z zu bewegen (psychisch, nicht unbedingt auch motorisch). Diese Kraft ist entscheidend von der Valenz des Zielobjekts (Va (G)) abhängig; aber auch von der psychologischen Distanz zwischen Person und Zielbereich. Wie **Abbildung 3.12** veranschaulicht, kann die Person verschiedene Handlungswege zum Zielbereich mit jeweils unterschiedlicher Anzahl von Handlungsschritten wählen, was sich dann in unterschiedlichen Entfernungen ausdrückt. Insgesamt ist die Stärke der auf eine Person (K) in Richtung auf das Ziel (G) wirkenden Kraft, d.h. die Motivation, direkt proportional der Valenz und umgekehrt proportional zur Entfernung.

Diese Kraft stellt die Stärke einer motivationalen Tendenz dar, sie wächst mit der Valenz der Zielregion und nimmt mit größer werdender Entfernung zwischen Person und Zielregion ab. Wenn man nun einmal annimmt, dass die Anzahl zu durchlaufender Umweltbereiche Auskunft über die »Widerständigkeit« der Umwelt gibt, d.h. zum Ausdruck bringt, wie schwierig es unter gegebenen Umständen ist, ein angestrebtes Ziel zu erreichen, so wird man in der Anzahl zu durchlaufender Umweltbereiche eine Entsprechung zum Erwartungsbegriff sehen dürfen. Mit diesen Modellvorstellungen war ein erster Schritt in Richtung auf eine Formalisierung der Erwartung-Wert-Theorie getan. Die später im Bereich leistungsorientierten Verhaltens entwickelten Modelle von Atkinson (1957, 1964) knüpfen unmittelbar an die hier dargestellten Überlegungen an und differenzieren sie in einigen Punkten (vgl. Kap. 12). Die wichtigste Ausdifferenzierung liegt wohl in der – nunmehr auch operational verfügbaren – Zerlegung des Valenzkonzepts in seine person- und situationsseitigen Komponenten: die Motive und Anreize.

3.7.2 Sequenzielle Modelle

Die ersten experimentalpsychologischen Arbeiten zur Motivationsforschung im engeren Sinne entstanden im Rahmen der Würzburger Schule der Denkpsychologie und wurden damals als Beiträge zur Willenspsychologie verstanden. Narziss Ach (1905, 1935; vgl. **Abb. 3.13**) hat einige grundlegende Methoden der Willenspsychologie entwickelt und als einer der ersten eine empirisch überprüfbare (und geprüfte) Willenstheorie vorgestellt. Zentraler Gegenstand dieser älteren Willenspsychologie ist der *Willensakt*; ihm geht der Prozess der Motivation voraus, der den Willensakt determiniert; ihm folgt die Willenshandlung. Demgemäß umfasst die vollständige Willensbetätigung drei Phasen, nämlich die Motivation, den Willensakt und die Willenshandlung. Der Willensakt kann vorbereitet werden durch eine automatische Anpassung an situative Erfordernisse,

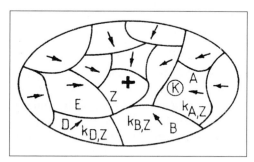

Abb. 3.12: Das Umweltmodell, dargestellt an einem positiven Kräftefeld, in dem alle Kräfte auf den positiv valenzierten Zielbereich (Z+) gerichtet sind. Auf eine Person, die sich in Region A aufhält (hier ein Kind, K), wirkt die Kraft $k_{A,Z}$ in Richtung auf das Ziel (nach Lewin, 1946)

3 Forschungsansätze der Motivationspsychologie

Abb. 3.13: Narziss Ach begründete die deutsche Willenspsychologie

wie etwa die Schwierigkeit einer Aufgabe, aber auch durch Motivationsprozesse, die den Charakter einer Wahlentscheidung haben. Wahlentscheidungen werden dadurch herbeigeführt, dass die antizipierten Werte untereinander in Konkurrenz treten. Der Willensakt wird eingeleitet, wenn eine der Wertvorstellungen schließlich obsiegt hat. Man würde dies heute als angeregte Motivation bezeichnen und mit der einfachen Annahme verbinden, dass sich die stärkste dieser Motivationen dann in einem Willensakt fortsetzt.

Achs Arbeitsgruppe versuchte mittels Introspektion, die erlebnismäßigen Besonderheiten des Willensaktes aufzuzeigen und begrifflich zu fassen. Dazu wurden Versuchspersonen in die Lage versetzt, gegen einen zunächst im Experiment geschaffenen Widerstand einen Willensakt vorzunehmen, um dabei eine bestimmte Vornahme in Handlung umzusetzen. Versuchspersonen lernten z. B. eine Liste von sinnlosen Silben, z. B. Trigramme, unterschiedlich gut. Dabei kommt es zur Ausbildung von Assoziationen zwischen benachbarten Trigrammen, so dass das Aussprechen eines Trigramms eine Reproduktionstendenz zum Aussprechen des nächsten wachrufen soll. Gegen diese experimentell erzeugte Reproduktionstendenz wird die Vornahme zu einer damit nicht zu vereinbarenden Handlung gesetzt, z. B. die Buchstaben umzustellen oder zu reimen. Dabei kommt es in Abhängigkeit von der Stärke der Reproduktionstendenz zu dem charakteristischen Erlebnis eines Willensaktes, der die Durchführung der Vornahme gegen diesen Widerstand, der durch die Reproduktionstendenz hervorgerufen wird, ermöglichen soll. Es geht in diesem Willensakt also darum, gegen eine Gewohnheit zu handeln.

Der Willensakt ist durch folgende Momente charakterisiert (Ach, 1935, S. 201):

1. »das gegenständliche Moment des Vorsatzes mit dem Inhalt der Aufgabe«, das also, was die Person tun will, die Zielvorstellung und die Bezugsvorstellung, mit welchen Mitteln der gewollte Zweck erreicht werden soll;
2. »das aktuelle Moment, das in dem Erlebnisteil ›ich will wirklich‹ seinen Ausdruck findet und durch das Hervortreten der Ichseite des seelischen Geschehens besonders charakterisiert ist«;
3. »das anschauliche Moment«, das in motorischen Spannungsempfindungen seinen Ausdruck findet und
4. »das zuständliche Moment«, die Bewusstseinslage der Anstrengung.

An diesen Willensakt schließt sich die eigentliche Willenshandlung an, die die Verwirklichung des antizipierten Inhalts des Willensaktes darstellt. Sie wird in der Regel eingeleitet durch das Gegenwärtigsein der Bezugsvorstellung. Die Wirkung des Willensaktes auf die Willenshandlung im Sinne der Verwirklichung der Zielvorstellung wird von Ach als »Determination« bezeichnet. Sie regelt den Vorstellungsverlauf im Sinne der Absicht. Später wurde der Ach'sche Ansatz im deutschsprachigen Raum von seinen Schülern und Mitarbeitern aufgegriffen und fortgeführt; allerdings gelang es lange Zeit nicht, das Willenskonzept in die Hauptströmungen der Motivationspsychologie zu integrieren. Erst die neuere Motivationspsychologie musste erkennen, dass mit der Ausgliederung des Willensbegriffs ganze Abschnitte im Handlungsverlauf bzw. auch ein ganz bestimmter Typus motivierten Verhaltens unbeachtet geblieben und schließlich abhanden gekommen sind.

Ein Grund dafür, dass das Ach'sche Erbe für die Psychologie für lange Zeit verloren ging, liegt wohl in der einflussreichen Schrift Lewins (1926) über »Vorsatz, Wille und Bedürfnis«, in der er den grundlegenden Unterschied zwischen »Bedürfnis« (Motiv) und »Vorsatz« aufhob, indem er von der »Parallelität zwischen der Wirkung eines echten Bedürfnisses und der Nachwirkung einer Vornahme« ausging. Diese Annahme erschien ihm gerechtfertigt, weil beide, ein Bedürfnis ebenso wie ein Vorsatz, die jeweiligen situativen Gegebenheiten mit bestimmten Aufforderungscharakteren zu belegen vermögen und damit unterschiedliche Handlungen in Gang setzen können (Lewin, 1926, S. 355). Das eigentliche Ach'sche Anliegen, jene Prozesse zu beschreiben, die bei der Herausbildung und Verwirklichung eines Vorsatzes, einer Absicht, maßgeblich sind, wurde zurückgeführt auf das Problem des Zusammenspiels eines Bedürfnisses mit den situativen Aufforderungscharakteren, wie es beispielsweise bei der Auswahl einer geeigneten Handlung vorliegt. Dieses zunächst elegant erscheinende Vorgehen führte jedoch dazu, dass die gesamte Problematik der Umsetzung einer Motivationstendenz oder einer Intention in konkrete Handlungen als eigenständiges Problemfeld aus der Motivationspsychologie verschwand und erst Ende des letzten Jahrhunderts wieder entdeckt wurde.

Die wieder entdeckte Willenspsychologie, die jetzt als »Volitionspsychologie« bezeichnet wird, geht etwas vereinfacht von einem dreigeteilten Motivationszyklus aus, in dem der Akt der Intentionsbildung herausgehoben ist und prä- und postintentionale Phasen im Motivationsverlauf unterschieden werden. In der ersten Phase, der präintentionalen, ist das Motivationsgeschehen primär auf eine realitätsgerechte Bearbeitung von Erwartungs- und Anreizparametern gerichtet. Aus ihnen entstehen dann, im Zusammenhang mit den Motiven, motivationale Tendenzen, von denen schließlich eine die Oberhand gewinnt, die, nunmehr dominant, das weitere Motivationsgeschehen bestimmt. Eine Motivationstendenz wird zur Handlungstendenz. In vielen Fällen geschieht das dadurch, dass eine Intention gebildet wird, ein ganz bestimmtes Ziel zu erreichen, und zusätzlich dadurch, dass sich der Handelnde auch an diese Intention bindet im Sinne einer persönlichen Verpflichtung.

Ist es hierzu gekommen, so äußert sich dieses in einer Veränderung der beteiligten motivationalen und informationsverarbeitenden Prozesse. Während in der ersten Phase vornehmlich Informationen aufgenommen und verarbeitet werden, die sich auf Erwartungs- und Anreizparameter beziehen, geht es nach Bildung einer dominanten Motivationstendenz darum, durch die Aufnahme und Verarbeitung handlungsbezogener Informationen die ablaufende Handlung so zu steuern, dass sie auf Zielkurs bleibt und das intendierte Handlungsziel erreicht wird. Da es in der präintentionalen Phase um die Herausbildung von Motivationstendenzen und vor allem um die Auswahl geeigneter Handlungsziele geht und in der postintentionalen Phase um deren handlungsmäßige Umsetzung, ist es gerechtfertigt, erstere als »Selektionsmotivation«, letztere als »Realisationsmotivation« zu bezeichnen.

Dieses Modell geht also davon aus, dass es bei der Zielausrichtung des Verhaltens mehrere Phasen gibt, die eine handelnde Person erfolgreich durchlaufen muss, um ein Ziel zu erreichen. Jede Phase stellt dabei an den Handelnden eine spezifische Anforderung, der entsprochen werden muss. Die wichtigsten Anforderungen sind hierbei, ein Ziel auszuwählen sowie Planung und Ausführung des Ziels sicherzustellen. Die zentrale Annahme des Modells besagt nun, dass diese verschiedenartigen Anforderungen den mentalen Apparat so umkonfigurieren, dass er möglichst effizient diese Anforderungen erfüllen kann. Der Übergang vom selektions- in den realisationsorientierten Motivationszustand wird durch den Akt der Intentionsbildung markiert. Die Intentionsbildung kann am Ende eines langen Prozesses des Abwägens verschiedener Ziele – evtl. unter Einbezug der zur Zielerreichung notwendigen Handlungen – stehen, aber auch automatisiert sein und gar nicht mehr ins Bewusstsein treten (Bargh & Gollwitzer, 1994).

Die Initiatoren dieser Modellvorstellungen haben ihr Modell als »Rubikon-Modell« bezeichnet (Heckhausen, Gollwitzer & Weinert, 1987), um damit den Gedanken auszudrücken, dass sich mit der Bildung einer Intention oder eines Vorsatzes auch die Motivationslage schlagartig und unumkehrbar verändert – ganz so wie im Rom Caesars (49 v. Chr.) das (bewaffnete) Überschreiten des Rubikons (ein kleines Flüsschen nördlich von Rom) einen friedlichen Zustand schlagartig und unwiderruflich beendete und in eine bewaffnete Konfrontation mündete.

Auch wenn eine Absicht gebildet ist, so kann dennoch der Umstand eintreten, dass in einer Situation andersartige Verlockungen auftreten, die die Realisierung der ursprünglichen Absicht zu behindern versuchen. Unter solchen Verhältnissen muss die Absicht gegen starke konkurrierende Handlungstendenzen abgeschirmt werden. Es müssen dann volitionale Strategien zur Handlungskontrolle eingesetzt werden. Kuhl (1983, S. 305) hat insgesamt sechs solcher Prozesse beschrieben:

1. *Aufmerksamkeitskontrolle*: Die Aufmerksamkeit wendet sich selektiv den für die Aufrechterhaltung und Abschirmung der Absicht wichtigen Bereichen zu.
2. *Sparsamkeit der Informationsverarbeitung*: Sie stellt Kapazitäten für die Aufgabenbearbeitung frei.
3. *Emotionskontrolle*: Sie sorgt für ein emotionales Klima, das der Ausführung einer Absicht dienlich ist.
4. *Motivationsaufschaukelung (Anreizaufschaukelung)*: Die Bedeutung derjenigen Anreize, die die jeweils aktuelle Absicht tragen, wird angehoben.
5. *Enkodierungskontrolle*: Neue Informationen werden vornehmlich nach solchen Kategorien geordnet, die in einer Beziehung zu der jeweils aktuellen Absicht stehen.
6. *Umweltkontrolle*: Es werden bestimmte Maßnahmen getroffen, die die Ausführung der jeweils aktuellen Absicht erleichtern.

Die Steuerung einer Handlung im Sinne der Absicht ist normalerweise gewährleistet, wenn sich die Aufmerksamkeit gleichermaßen auf alle Absichtselemente bezieht und vor allem auf die für die Ausführung wichtigen Elemente (z. B. »Wann muss ich handeln?«). Kuhl (1983) hat einen solchen Zustand als »Handlungsorientierung« bezeichnet. Die Realisierung von Absichten ist gefährdet oder gar unmöglich, wenn sich die Aufmerksamkeit übermäßig auf eines der Elemente bezieht oder wenn eines der ausführungsbezogenen Absichtselemente gänzlich fehlt. Ein solcher Zustand wird als »Lageorientierung« bezeichnet. Er führt in der Regel zu gehäuftem Auftreten von Kognitionen, die dysfunktional für die Absichtsrealisation sind. Verschiedene Befunde zeigen, dass Handlungsorientierung mit relativ effizienterem Handeln verbunden ist, insbesondere dann, wenn eine Handlung trotz langandauernden Misserfolgs auf Zielkurs gehalten werden muss.

> **Box 3.3: Handlungskontrolle am Beispiel**
>
> Durch den Einsatz von Handlungskontrollstrategien kann es gelingen, schwierige Absichten auch gegen alte Gewohnheiten und aktuelle Versuchungen durchzusetzen. Nehmen wir an, eine Person hat nach dem jahrelangen Konsum von Zigaretten endlich die Absicht, mit dem Rauchen aufzuhören. Nicht nur Leser, die sich einmal in einer vergleichbaren Situation befunden haben, werden wissen, dass sich diese Absicht nicht ohne Probleme in die Tat umsetzen lässt: Körperliche und psychische Abhängigkeit sowie über lange Zeit aufgebaute stabile Gewohnheiten (»die Zigarette zum Kaffee«) führen den ehemaligen Raucher ständig in Versuchung, mit seinen guten Vorsätzen zu brechen. In einer solchen Situation können Handlungskontrollstrategien das Festhalten an der Absicht und ein Zurückfallen in alte Konsummuster verhindern: Zunächst empfiehlt es sich, noch vorhandene Zigaretten und Rauchutensilien (z. B. Aschenbecher) aus der Wohnung zu entfernen (*Umweltkontrolle*). Sollte sich Suchtdruck einstellen – das quälende Gefühl, jetzt unbedingt eine Zigarette rauchen zu müssen –, dann können sich Ex-Raucher z. B. durch sportliche Aktivitäten davon ablenken (*Emotionskontrolle*). In besonders riskanten Situationen – man verbringt den Abend bei kettenrauchenden Freunden – kann man versuchen, seine Aufmerksamkeit von allen verlockenden Reizen (den genüsslich rauchenden Freunden, der Zigarettenpackung auf dem Tisch) abzuwenden (*Aufmerksamkeitskontrolle*) und Gespräche über das Rauchen zu überhören (*Enkodierungskontrolle*). Sollten sich »erlaubniserteilende Kognitionen« einschleichen (»Eine Zigarette kann ich mir gönnen; dann höre ich wieder auf«), kann man versuchen, dem Rauchimpuls zu widerstehen, indem man sich die positiven Konsequenzen langer Abstinenz vorstellt (bessere Gesundheit, mehr Geld: *Anreizaufschaukelung*) oder durch Gedankenstopp versucht, solche kontraproduktiven Überlegungen einzustellen (*Sparsamkeit der Informationsverarbeitung*).

Die empirischen Überprüfungen des Rubikon-Modells, in denen die besonderen kognitiven Merkmale selektions- und realisationsbezogener Motivationszustände untersucht wurden, haben sich insbesondere mit zwei Merkmalen der Informationsverarbeitung befasst: kognitiven Zentrierungen (cognitive tuning) und Urteilsverzerrungen (biased inferences) bei der Informationsverarbeitung (Fujita, Gollwitzer & Oettingen, 2007). Untersuchungen mit freien Gedankenstichproben (Heckhausen & Gollwitzer, 1997; Puca & Schmalt, 2001; Taylor & Gollwitzer, 1995) haben gezeigt, dass in einem selektionsbezogenen Motivationszustand, also vor Überschreitung des Rubikons, modellgerecht bevorzugt Erwartungs- und Wertparameter verarbeitet werden, die sich dementsprechend auf die Wünschbarkeit und Machbarkeit von Zielen beziehen. Die Gedanken in einem realisationsbezogenen Zustand beziehen sich hingegen auf das Wann, Wo und Wie der Zielrealisierung. Darüber hinaus nimmt die Theorie an, dass in einem selektionsbezogenen Zustand die Informationsverarbeitung ausgeglichen und realistisch ist, um eine angemessene Zielwahl zu gewährleisten. In einem realisationsbezogenen Zustand soll die Informationsverarbeitung hingegen bestimmten Verzerrungen unterliegen, um so die Realisation des einmal gewählten Ziels möglichst zu unterstützen. Man wird gewissermaßen zu einem »engstirnigen Partisanen der eigenen Ziele«. In der Tat hat die Forschung gezeigt, dass in einem selektionsbezogenen Zustand, verglichen mit einem realisationsbezogenen, die möglichen Zieloptionen und auch die Erfolgserwartungen realitätsentsprechend beurteilt wer-

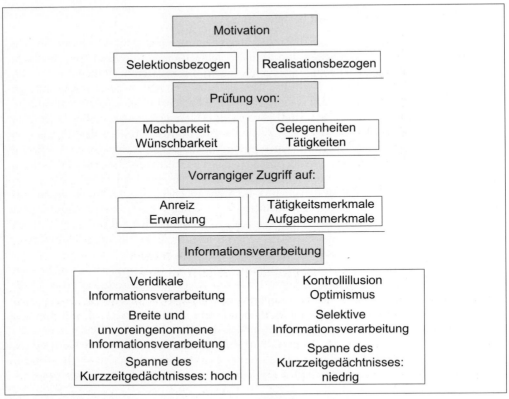

Abb. 3.14: Charakteristische Merkmale eines selektions- und realisationsbezogenen Motivationszustands

den (Armor & Taylor, 2003; Gollwitzer & Kinney, 1989; Puca, 2001; Taylor & Gollwitzer, 1995). Personen in einem realisationsbezogenen Motivationszustand neigen hingegen dazu, ihre eigene Effizienz und ihre Kontrollmöglichkeiten zu überschätzen (Kontrollillusion).

Auch die Zugriffsmöglichkeiten auf das Gedächtnis unterliegen diesem Prinzip der Funktionsoptimierung: Fujita et al. (2007) zeigen in ihren Studien, dass bevorzugt in einem selektionsbezogenen Motivationszustand zuvor nur beiläufig gelerntes Material aus dem Gedächtnis abgerufen werden kann. Offensichtlich wird der kognitive Apparat in einem selektionsbezogenen Motivationszustand so eingestellt, dass alle überhaupt erreichbaren Informationen zur Verfügung gestellt werden, um die Zielauswahl zu optimieren. **Abbildung 3.14** fasst einige empirisch gesicherte Merkmale selektions- und realisationsbezogener Motivationszustände zusammen.

Kommen wir noch einmal auf die eingangs dieses Kapitels gestellte Frage zurück: Muss die Gültigkeit des allgemeinen Erwartung-Wert-Modells durch die Befunde zum Rubikon-Modell eingeschränkt werden? Sicherlich nicht. Die ursprüngliche Vermutung, dass Erwartungs- und Wert-(Anreiz-)Informationen ausschließlich in einem selektionsbezogenen Motivationszustand verarbeitet werden, konnte in dieser absoluten Form nicht bestätigt werden. Erwartung-Wert-Informationen treten im gesamten Handlungsverlauf auf, werden aber wohl

3.7 Handlungstheoretische Ansätze

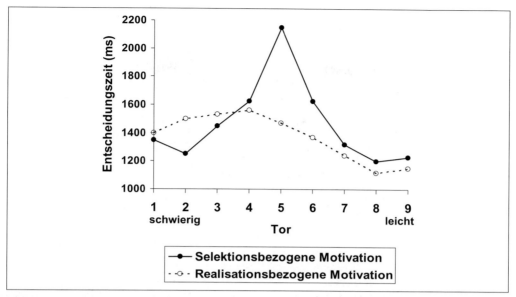

Abb. 3.15: Entscheidungszeiten bei unterschiedlichen Torweiten in einem selektions- und in einem realisationsbezogenen Motivationszustand (nach Puca, 2001, S. 318)

in den beiden verschiedenen Motivationszuständen unterschiedlich gewichtet und transformiert. Eine Studie von Puca (2001) macht dies sehr schön deutlich. Sie hat ihre Vpn in selektions- und realisationsbezogene Motivationszustände versetzt. Dabei sollten sie eine motorische Geschicklichkeitsaufgabe lösen, bei der – ähnlich wie beim Tischfußball – eine Kugel in ein der Breite nach veränderbares Tor geschossen werden musste. Die Autorin hat die Vpn gebeten, bei jeder Torweite (vor jedem »Schuss«) anzugeben, ob sie glaubten einen Treffer zu erzielen oder nicht, und hat dabei unbemerkt die Entscheidungszeiten gemessen. Entscheidungszeiten gelten als ein valides und unverfälschtes Maß für die subjektive Erfolgserwartung. Die Ergebnisse dieser Studie sind in **Abbildung 3.15** dargestellt. Die Unterschiede bei der Einschätzung der subjektiven Erfolgserwartung sind deutlich. Im selektionsbezogenen Motivationszustand liegen die längsten Entscheidungszeiten bei mittelgroßer Torweite vor – hier werden also die Wahrscheinlichkeiten von Erfolg und Misserfolg etwa gleich beurteilt. Dies ist eine durchaus realistische Einschätzung und entspricht somit der Aussage der Theorie einer realitätsangemessenen und funktionalen Informationsverarbeitung in der Selektionsphase. Wenn eine Wahl getroffen werden muss, ist es offensichtlich funktional, dann, wenn Erfolg und Misserfolg gleich wahrscheinlich sind, besonders sorgfältig zu sein. In der Realisierungsphase sind die Entscheidungszeiten bei schwierigen Aufgaben erhöht. Auch dieses entspricht dem Prinzip einer funktionalen, weil motivationsdienlichen Informationsverarbeitung: Muss man eine Aufgabe tatsächlich bearbeiten, so ist es durchaus angemessen, bei schwierigen Aufgaben besonders sorgfältig bei der Risikoabwägung zu sein. Insgesamt bestätigt diese Untersuchung die Vermutung, dass Schwierigkeits- und Erwartungsinformationen auch in der Realisierungsphase bedeutungsvoll sind, aber anders als in der Selektionsphase bearbeitet und transformiert werden.

3.7.3 Hierarchische Modelle

Hierarchische Modelle betonen die Ausrichtung an übergeordneten Zielen und damit die hierarchische Gliederung von Handlungssequenzen, die sich über lange Zeiträume erstrecken und die die verschiedensten Teilhandlungen umfassen können. Neben dem hierarchischen Aufbau von Tätigkeiten ist die Kontroll- oder Rückmeldeannahme ein wichtiger Bestandteil hierarchischer Modelle. Jedes untergeordnete Element wird solange ausgeführt, bis das vom übergeordneten Ziel bestimmte Teilziel erreicht ist. Miller, Galanter und Pribram (1960) beschreiben diesen Sachverhalt mit dem *Test-Operate-Test-Exit(TOTE)-Schema*. Es besagt, dass sich eine Handlung aus einzelnen Ausführungs- und Prüfphasen zusammensetzt. Der Effekt einer Teilhandlung wird überprüft (Test), indem er mit dem angestrebten Ziel verglichen wird; je nachdem ob das Ziel als erreicht gelten kann oder nicht, wird die Teilhandlung wiederholt (Operate) oder die Person geht zum nächsten Schritt, zur nächsten Teilhandlung, über (Exit). Der erzielte Wert (Ist-Wert) wird mit dem angezielten Wert (Soll-Wert) verglichen, bei einer Abweichung kommt es zu entsprechender Veränderung im Regler, wodurch die Abweichung nach oben oder unten durch die Veranlassung ganz bestimmter Verhaltensweisen korrigiert wird. Der Gedanke, dass solche Regelkreissysteme hierarchisch organisiert sind, ist bereits von Miller et al. (1960) angesprochen und später elaboriert worden. In solchen Modellen soll dargestellt werden, wie sich abstrakte Motivziele (z. B. angenehme Beziehungen zu anderen Personen aufbauen) in konkrete Handlungen umsetzen können. Der Grundgedanke solch hierarchisch aufgebauter Regelkreissysteme besteht darin, dass zunächst eigenständige Regelungsprozesse auf den einzelnen Stufen vorgesehen sind, gleichzeitig aber ein untergeordnetes System durch das jeweils höhere System überwacht wird, indem das Ergebnis als Eingangssignal für das System der nächsthöheren Stufe gilt und mit dessen Sollwert verglichen wird.

Wir hatten bereits in Kapitel 1 festgestellt, dass bei der Definition von Motiven und den jeweils zugeordneten Anreizen ein recht hohes Abstraktionsniveau gewählt wird. Dieses Vorgehen bringt einen beträchtlichen theoretischen Vorteil mit sich, da es erlaubt, in vielen verschiedenen Situationen, sofern sie nur dasselbe Motivthema ansprechen, mit einer einzigen Theorie Vorhersagen tätigen zu können. Aus der Perspektive der Ziele wird dadurch die große Zahl möglicher konkreter Handlungsziele in einer überschaubaren Zahl äquivalenter Ziele zusammengeführt. Dieses Vorgehen hat dennoch einen Nachteil, auf den in den letzten Jahren insbesondere die sogenannten Zieltheorien der Motivation hingewiesen haben. Die »theoretische Distanz« zwischen einem hoch generalisierten Motiv und dem situationsspezifischen Verhalten ist oftmals sehr groß, so dass es nicht verwunderlich ist, wenn man häufig nur mäßige Zusammenhänge zwischen einem Motiv und situationsspezifischem Verhalten findet. Aus diesem Grund werden in Zieltheorien die situationsspezifischen Konkretisierungen stärker in den Vordergrund gerückt, in denen der selbstständige theoretische Status von momentanen Anliegen, persönlichen Strebungen, Intentionen und Zielen betont wird. Unter dieser Perspektive kann Motivation verstanden werden als ein hierarchisch strukturiertes System, das von den Motiven und den daraus ableitbaren Motivzielen, also den am höchsten generalisierten Konstrukten, dominiert wird. Wenn es gelingt, Motive und die verfolgten Ziele thematisch zu koordinieren, so dass man solche Ziele verfolgen und realisieren kann, die im Einklang mit den überdauernden Motiven stehen, so sollte sich dieses auch in einer ganzen Reihe von positiven Erlebens- und Verhaltenskonsequenzen niederschla-

3.7 Handlungstheoretische Ansätze

Box 3.4: Beispiel einer hierarchischen Zielstruktur

Menschen verfolgen komplexe und weit in die Zukunft reichende Ziele, indem sie solche *Oberziele* hierarchisch in Zwischen- und Unterziele unterteilen. Das Ziel etwa, ein kompetenter Psychotherapeut zu werden, kann nicht »auf einen Schlag« verwirklicht werden, so wie das Ziel, seinen Durst mit einem Glas Wasser zu stillen. Die Verfolgung von Oberzielen lässt sich jedoch in das sukzessive Verwirklichen von aufeinander aufbauenden *Zwischenzielen* aufteilen: Um ein kompetenter Psychotherapeut zu werden, muss man zunächst ein Studium der Psychologie absolvieren, dem eine therapeutische Ausbildung und dann eine langjährige therapeutische Praxis folgt (siehe die folgende **Abbildung**). Jedes dieser Zwischenziele kann wiederum in *Unterziele* aufgeteilt werden, die ebenfalls in mehr oder weniger linearer Abfolge verwirklicht werden müssen; um ein Studium erfolgreich durchzuführen muss ein Student Leistungspunkte in unterschiedlichen Veranstaltungen sammeln und Abschlussarbeiten anfertigen. Unterziele werden wiederum durch das Aufstellen von konkreten *Handlungszielen* – das Ausleihen eines Buches in der Bibliothek, die Vorbereitung auf eine Statistikklausur – verfolgt. Viele der Handlungen, denen Menschen in ihrem täglichen Leben nachgehen, blieben völlig unverständlich, wenn wir sie nicht als Schritte auf dem langen Weg zu einem Oberziel verstehen könnten. Diese theoretische Rekonstruktion sollte jedoch nicht so verstanden werden, dass Menschen auf dem Weg zu ihren Oberzielen von Beginn der Zielverfolgung an die ganze oder einen großen Teil der Zielstruktur mental repräsentiert haben; oft ist es funktionaler, »von der Hand in den Mund« zu leben, also immer diejenigen Teile der Zielstruktur zu repräsentieren, die die nächsten sinnvollen Schritte auf dem Weg zu dem Oberziel markieren.

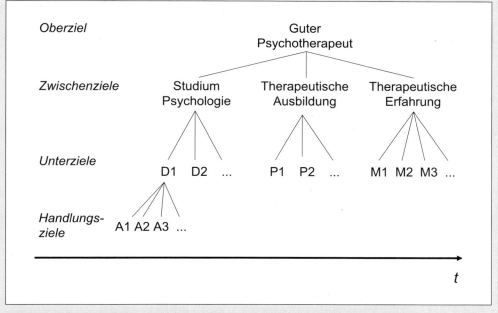

Abb.: Schematische Darstellung einer hierarchischen Zielstruktur

gen. Eine Vermutung, die wir im nächsten Kapitel überprüfen werden.

3.8 Auf ein Wort ...

In Kapitel 3 haben wir eine Übersicht über die Geschichte und den aktuellen Erkenntnisstand in einigen der wichtigsten Forschungsfelder der Motivationspsychologie gegeben. Alle Ansätze wollen intra- und interindividuelle Verhaltensunterschiede im tierlichen und/oder menschlichen Verhalten erklären und gelangen dabei zur Annahme von Determinanten im Organismus bzw. in der Person (Instinkte, Triebe, Motive, Bedürfnisse, Intentionen, Ziele, Anliegen, Strebungen, Wille) und in der Situation (Reize, Auslöser, Anreize, Aufforderungscharakter). Psychologische Theorien sind allerdings noch dadurch gekennzeichnet, dass sie darüber hinaus auch eine Reihe von vermittelnden Prozessen annehmen (Aktivierung, Emotion, Kognition, Attribuierung, Erwartung, Volition). Letztlich werden in die psychologische Theorienbildung noch Annahmen über Mechanismen, Prinzipien und Funktionsweisen des psychischen Geschehens eingebaut (z. B. Triebreduktion, Anreizaufschaukelung, determinierende Tendenzen, Kongruenz), wieder andere Theorien drücken solche Prinzipien eher bildhaft aus (z. B. das Rubikon-Modell). Da die verschiedenen Stränge der Motivationsforschung auf ganz unterschiedlichem Beobachtungsmaterial aufbauen, kann es nicht verwundern, dass bei der gegebenen Mannigfaltigkeit der Ursachen von Verhaltensunterschieden auch recht unterschiedliche Erklärungsansätze zustande kamen. Allerdings dienen diese Konzepte alle dem gleichen Zweck – nämlich die Energetisierung und Zielausrichtung des Verhaltens zu erklären. Prinzipielle Unterschiede zwischen den Theorien ergeben sich insbesondere durch den jeweils besonderen Erklärungsanspruch. Während instinkttheoretisch wie auch behavioristisch orientierte Theorien und auch einige willenspsychologische Ansätze primär auf ganz konkrete Verhaltenseinheiten abzielen, betonen Erwartung-Wert-Theorien und ihre handlungstheoretischen Abkömmlinge primär die Zweck- und Zielgerichtetheit des Verhaltens, wobei in der Analyse die konkrete Form des Verhaltens häufig von untergeordneter Bedeutung ist. Dementsprechend unterschiedlich sind auch die theoretischen Umsetzungen. Ist der Erklärungsanspruch primär auf spezifische Verhaltensweisen gerichtet, geschieht die theoretische Rekonstruktion mittels Reiz-Reaktions-Einheiten – etwa in Form von Gewohnheiten. Zielt der Erklärungsanspruch hingegen eher auf die Ziel- und Zweckgerichtetheit, geschieht die theoretische Rekonstruktion eher mit Erwartungsvariablen sowie den damit verbundenen kognitiven und affektiven Bestimmungsstücken. Eine besondere Stellung nehmen in diesem Zusammenhang evolutionsbiologisch ausgerichtete Motivationstheorien ein. Sie analysieren die Ziel- und Zweckgebundenheit des Verhaltens unter dem funktionalen Aspekt ihres Anpassungswerts.

Seitdem es der Psychologie – insbesondere auch im angloamerikanischen Bereich – gelungen ist, sich aus den einseitigen Restriktionen der behavioristischen Denktradition zu lösen, hat sich die Analyse von kognitiven und affektiven Zwischenprozessen in motivierten Handlungsvollzügen als sehr befruchtend auf die Theorienentwicklung und die experimentellen Analysen von Motivationsprozessen ausgewirkt. Sie können das Problem der konkreten Zielausrichtung des Verhaltens sowie auch der ausdauernden Zielverfolgung befriedigender erklären als Theorien, die nur mit Motiv-(Trieb-) und Anreizvariablen arbeiten. Die neuen handlungspsychologischen Konzeptionen lösen die isolierte Betrachtung einzelner

Verhaltensepisoden auf und betrachten einzelne ausgezeichnete Phasen im Handlungsverlauf und die Ausrichtung des Verhaltens unter dem Aspekt hierarchisch geordneter Zielsysteme. Insgesamt gesehen stellt sich eine bunte Theorienvielfalt dar, die in dem einen oder anderen Leser möglicherweise den Wunsch nach einer »großen vereinheitlichten Theorie« aufkommen lässt, in der sämtliche motivationalen Kräfte mithilfe einer einzigen Verhaltensformel beschrieben werden können. Eine solche Theorie ist in der Psychologie nicht in Sicht. Dieses Schicksal, für bestimmte Gegenstandsbereiche jeweils spezifische Theorien anzubieten und auf eine vereinheitlichende Theorie verzichten zu müssen, teilt sich die Psychologie allerdings mit anderen Wissenschaften. So wartet auch die moderne Physik gegenwärtig auf die »große vereinheitlichende Theorie«, in der die vier Elementarkräfte der Natur – die schwache und die starke Kernkraft sowie die elektromagnetische und die Gravitationskraft – auf einem einheitlichen theoretischen Hintergrund dargestellt werden können.

4 Bewusste und unbewusste Motivation

4.1	Implizite und explizite Motive
4.2	Verhaltenssteuerung durch implizite Motive: die Hypothese der somatischen Marker
4.3	Interaktion von impliziten und expliziten Motiven
4.4	Bewusste und unbewusste Ziele
4.5	(In)Kongruenz zwischen bewussten und unbewussten motivationalen Prozessen
4.6	Auf ein Wort ...

Fragt man Menschen nach ihren Zielen (»den Bachelor in Psychologie abschließen«, »den Kontakt zu alten Schulfreunden nicht verlieren«, »Vorsitzender des Kakteenzüchtervereins werden«), wie sie dazu gekommen sind, diese Ziele zu verfolgen, und auf welche Weise sie in ihrem Alltag versuchen, mit diesen Zielen voranzukommen, dann erhält man in der Regel Antworten, die den Eindruck entstehen lassen, dass sich Motivationsprozesse *vollständig* im Bewusstsein abspielen. Nehmen wir etwa das Ziel, einen akademischen Abschluss in Psychologie anzustreben: Das Ziel selbst ist offensichtlich bewusst (es kann benannt werden); häufig schildern Studenten auch die bewussten Prozesse des Abwägens, die dazu geführt haben, dass sie sich für Psychologie und gegen einen anderen Studiengang oder eine alternative Berufsausbildung entschieden haben. Die Verfolgung des Ziels wird ebenfalls als ein bewusster Prozess erlebt, bei dem die jeweils nächsten Handlungsschritte identifiziert, geplant und ausgeführt werden. Schließlich werden alle Erfolge und vielleicht auch Misserfolge auf dem Weg zu dem Ziel bewusst erlebt (erfolgreiche Referate, nicht bestandene Statistikklausuren) und von entsprechenden, ebenfalls bewussten Emotionen begleitet. Im Folgenden werden wir argumentieren, dass der Eindruck, Motivation spiele sich ausschließlich im Bewusstsein ab, trügt und dass unbewusste Prozesse an vielen Stellen stützend und steuernd in den Prozess motivierten Verhaltens eingreifen. Eben weil diese Prozesse nicht bewusst zugänglich sind, erliegen wir oft der Illusion, einen Zug zu lenken, der in Wirklichkeit auf festen Schienen fährt.

Wenn wir im Folgenden von bewussten Prozessen sprechen, dann meinen wir damit solche inneren Vorgänge – Sinnesempfindungen, Wahrnehmungen, innere Monologe und bildhafte Vorstellungen –, auf die Aufmerksamkeit gerichtet, die reflektiert und sprachlich mitgeteilt werden können (vgl. Baars, 1997). Unbewusste Prozesse zeichnen sich dagegen dadurch aus, dass sie kein Objekt von Aufmerksamkeit sind und daher weder reflektiert noch sprachlich beschrieben werden können. Der Leser kann sich z. B. den Namen der Hauptstadt Italiens im Bewusstsein vergegenwärtigen und darüber auf Befragen Auskunft geben. *Unbewusst* bleiben dagegen die Prozesse, die dazu geführt haben, dass das Wort »Rom« überhaupt erst im Bewusstsein erschienen ist.

Eine offensichtliche Notwendigkeit für die Beteiligung unbewusster Prozesse an motivationalen Vorgängen liegt in der begrenzten Kapazität des Bewusstseins begründet. Schätzungen zeigen, dass das menschliche Bewusstsein zu jedem gegebenen Zeitpunkt nur etwa 40 bis 60 Bits pro Sekunde verarbeiten kann (vgl. Nørretranders, 1998), was etwa dem Lesen eines kurzen Satzes (»Rom ist die Hauptstadt Italiens«) in einer Sekunde entspricht. Unbewusste Prozesse sind dagegen in der Lage, eine Informationsmenge von mehr als zehn Millionen Bits pro Sekunde zu verarbeiten. Auch wenn diese Zahlen nur recht grobe Schätzungen sind, zeigen sie doch, dass die Informationsverarbeitungskapazität unbewusster Prozesse die des Bewusstseins bei weitem übersteigt. Es wäre unsinnig anzunehmen, dass diese enorme Kapazität unbewusster Prozesse bei der Lösung adaptiver Probleme und dem Verfolgen langfristiger Ziele ungenutzt bliebe (Bargh & Chartrand, 1999; Wilson, 2002). Das wäre so, als würde man, um von A nach B zu kommen, ein Auto schieben, statt seinen Motor zu starten.

4.1 Implizite und explizite Motive

Abb. 4.1: David C. McClelland führte die Unterscheidung zwischen impliziten und expliziten Motiven in die Motivationsforschung ein

Wie wir bereits ausgeführt haben, liegt ein großer Teil der Erklärungslast für die Zielausrichtung menschlichen Verhaltens auf dem Motivkonzept – definiert als überdauernde affektive Präferenzen für abgrenzbare Klassen von Anreizen und Zielzuständen. Wenn wir beurteilen wollen, ob sich motivationale Prozesse im Bewusstsein oder außerhalb der bewussten Wahrnehmung abspielen, sollten wir daher mit der Frage beginnen, ob Motive bewusst repräsentiert sind oder nicht. Können Menschen zutreffend über ihre Motive Auskunft geben? Oder sollten wir uns eher der Position Freuds anschließen, der der Überzeugung war, dass motivationale Kräfte außerhalb des Bewusstseins ihren Einfluss auf Verhalten ausüben?

David McClelland (siehe **Abb. 4.1**), ein Pionier der modernen Motivationsforschung, schloss sich eindeutig der Position Freuds an. Als Sohn eines Pfarrers musste er oft genug mit ansehen, dass den frommen Absichten, die Gemeindemitglieder sonntags in der Kirche äußerten, in der Woche keine Taten folgten. Wenn nicht einmal das gelang, wie sollte man dann Menschen Aussagen zu ihren überdauernden affektiven Bedürfnissen abnehmen? Der von ihm zur Motivmessung eingesetzte Thematische Auffassungstest (TAT, vgl. Kap. 2) erhob Motive daher *indirekt* über die spontanen Fantasien, die Menschen als Reaktion auf mehrdeutige Bilder entwickeln. Eine Person gilt z. B. als stark leistungsmotiviert, wenn sich die Akteure in ihren Fantasien häufig mit Gütemaßstäben auseinandersetzen und bestrebt sind, ihre eigenen Leistungen immer wieder zu übertreffen. Die initiale Forschung zum Leistungsmotiv (McClelland et al., 1953) verlief vielversprechend, und so wurde das TAT-Verfahren in der Folge eingesetzt, um auch andere Motive, wie etwa das Anschlussmotiv (definiert als Bedürfnis nach Aufbau, Aufrechterhaltung und Wiederherstellung positiver Beziehungen zu anderen Menschen, vgl. Kap. 11) und das Machtmotiv (definiert als das Bedürfnis nach Kontrolle über andere Menschen, vgl. Kap. 10) zu erheben.

Obwohl sich auch diese Verfahren bewährten, dauerte es nicht lange, bis einige Forscher dazu übergingen, Menschen *direkt* nach ihren affektiven Präferenzen für Klassen von Handlungszielen zu fragen. Diese Verfahren attestieren einer Person ein starkes Leistungsmotiv, wenn sie Fragebogenitems wie etwa »Wie sehr sind Sie bestrebt, in Leistungssituationen Ihr Bestes zu geben?« mit starker Zustimmung beantworten. Die Gründe für diesen Umschwung waren vielfältiger Natur: Einige Forscher bezweifelten, dass der TAT zuverlässige und gültige Kennwerte liefert (z. B. Entwisle, 1972); andere scheuten den Aufwand, der mit der Auswertung von TAT-Protokollen verbunden ist; wieder andere misstrauten Freud'schen Positionen und waren der Meinung, dass sich Motive sehr wohl auch in bewussten Präferenzen niederschlagen sollten und daher ohne Zweifel auch im Selbstreport gemessen werden können.

Eine Zeit lang koexistierten direkte und indirekte Verfahren friedlich nebeneinander; beide wurden in empirischen Untersuchungen eingesetzt, und ihre Anwender gingen stillschweigend davon aus, dass sie dasselbe erheben würden. Dabei gab es schon früh Anzeichen, dass dieser Friede nicht von Dauer sein konnte. In einer Untersuchung von DeCharms, Morrison, Reitman und McClelland (1955) wurde das Leistungsmotiv sowohl mittels TAT als auch mit einem Fragebogen gemessen. Es zeigte sich, dass die Kennwerte statistisch unabhängig voneinander waren und dass nur das TAT-Maß leistungsmotiviertes Verhalten vorhersagen konnte.

In den folgenden 50 Jahren konnte immer wieder bestätigt werden, dass die empirischen Zusammenhänge zwischen indirekt und direkt erfassten Motiven schwach und praktisch unbedeutend sind. Ganz offensichtlich erheben die beiden Verfahren also Unterschiedliches, und diese Schlussfolgerung warf die Frage auf, welcher der beiden Verfahrenstypen zur Erhebung von Motiven besser geeignet ist. Diese Diskussion wurde erst durch McClelland und seine Mitarbeiter (McClelland, 1980; McClelland et al., 1989; Weinberger & McClelland, 1990) mit einer eleganten Hypothese beigelegt: Sie nehmen an, dass menschliches Verhalten durch *zwei voneinander unabhängige Motivationssysteme* reguliert wird. *Implizite Motive* stehen im Zentrum eines Motivationssystems, das auf der Grundlage von antizipierten Affektwechseln Verhalten ohne notwendige Beteiligung des Bewusstseins reguliert. Indikatoren für implizite Motive können daher nur durch indirekte Verfahren wie den TAT oder das Multi-Motiv-Gitter (MMG) erhoben werden. Dagegen stehen *explizite Motive* im Zentrum eines davon unabhängigen Motivationssystems, das auf der Grundlage des bewussten Selbstkonzepts Verhalten steuert. Das Selbstkonzept umfasst die Gesamtheit der Annahmen über die eigenen Merkmale, und eine Teilmenge beschreibt die eigenen Bedürfnisse, Wünsche und Ziele (z. B. »Ich bin ein fleißiger und strebsamer Schüler« oder »Meine Freunde sind mir wichtig«). Da Selbstkonzepte bewusst sind, können explizite Motive direkt durch entsprechende Fragebögen erhoben werden. Im Folgenden wollen wir die Unterschiede zwischen der Wirkungsweise impliziter und expliziter Motive am Beispiel des Leistungsmotivs deutlich machen (für eine systematische Gegenüberstellung der Merkmale der beiden Motivsysteme vgl. **Tab. 4.1**).

4.1 Implizite und explizite Motive

Tab. 4.1: Eigenschaften impliziter und expliziter Motive (zusammengestellt aus Weinberger & McClelland, 1990, und Brunstein & Maier, 2005)

Implizite Motive	Explizite Motive
Messung durch indirekte Verfahren (TAT, MMG)	Messung durch direkte Verfahren (Fragebogen)
regulieren Verhalten durch die Antizipation von Affektwechseln	regulieren Verhalten durch das Streben nach Selbstkonsistenz und positivem Selbstwertgefühl
unbewusst	bewusst zugänglich
energetisieren Verhalten, richten Aufmerksamkeit aus, fördern Lernprozesse	bedingen Wahlen zwischen kognitiv bewertbaren Handlungsalternativen
sprechen vorwiegend auf Tätigkeitsanreize an	sprechen vorwiegend auf Ergebnisanreize an
äußern sich als Wünsche	äußern sich in gesetzten Zielen und als Pflichten
Frustration kann explizite Bedürfnisse hervorrufen	können implizite Motive kanalisieren
entwickeln sich in der frühen Kindheit durch affektive Lernerfahrungen	entwickeln sich mit der Formation des Selbstkonzepts

Personen mit einem starken *impliziten* Leistungsmotiv erleben es als *emotional* befriedigend, wenn sie im Ringen mit optimalen Herausforderungen ihre Fähigkeiten einsetzen und weiter ausformen können. Und gerade weil es Spaß macht, werden sie immer wieder zu solchen Herausforderungen hingezogen. Sie müssen sich nicht dazu überwinden, und es geht ihnen auch nicht darum, von anderen Menschen Beifall oder Lob für ihre Leistungen zu bekommen. Angeregt wird das implizite Leistungsmotiv gleichermaßen durch *Tätigkeitsanreize* wie durch *Ergebnisanreize*: Zum einen werden solche Tätigkeiten gesucht und ausgeführt, die optimal herausfordernd sind, bei denen Erfolg und Misserfolg vom eigenen Können abhängen und bei denen Fortschritte kontinuierlich zurückgemeldet werden. Zum anderen sind Ergebnisse ebenfalls wichtig, weil sie signalisieren, dass man sein Leistungsniveau tatsächlich steigern konnte. Das implizite Leistungsmotiv unterstützt leistungsthematische Tätigkeiten, indem es Verhalten *ausrichtet* (Gelegenheiten zur Befriedigung des Leistungsmotivs werden automatisch wahrgenommen), *energetisiert* (man fühlt sich wach und voller Tatendrang) und *selektiert* (Verhaltensweisen, die zur Entwicklung eigener Fertigkeiten beitragen, werden rasch gelernt) (vgl. McClelland, 1985). Implizite Motive sind daher sehr *verhaltensnah*: Sie haben kaum einen Einfluss auf bewusste Einstellungen, darauf, was uns bewusst gefällt oder missfällt, was wir anstreben oder vermeiden, sondern leiten uns indirekt – ohne dass wir bewusst nachdenken oder uns bewusst entscheiden oder überwinden müssten – zu anreizbesetzten Tätigkeiten hin. Prototypen für die implizite Form der Leistungsmotivation sind der Sportler, der seine eigene Bestzeit vom Vortag unterbieten will; der Musiker, der ganze Nachmittage mit dem Einüben eines schwierigen Stücks verbringt; oder auch der Programmierer, der nächtelang daran arbeitet, sein Programm zur Verwaltung von Sammeltaxen zu verbessern.

Personen mit einem starken *expliziten* Leistungsmotiv wollen dagegen ein Selbstkonzept guter eigener Fähigkeiten aufrechterhalten und – weil Selbstkonzepte sozial validiert werden – vor anderen Menschen demonstrieren. Die konkrete Auseinandersetzung mit einer Herausforderung ist nur Mittel zum Zweck, das Ergebnis (eine gute Leistung) wichtiger als der Weg dahin (das Ringen mit einer Aufgabe). Explizite Motive werden generell stärker durch Ergebnis- als durch Tätigkeitsanreize angeregt: Explizit leistungsmotivierten Schülern ist es nicht unbedingt wichtig, den Stoff zu verstehen oder neue Fertigkeiten zu erwerben; sie wollen jedoch gute Noten bekommen, weil nur gute Noten mit ihrem Selbstkonzept hoher Fähigkeiten im Einklang stehen und es festigen. Diese Zentrierung auf das Ergebnis bedingt, dass leistungsmotivierte Tätigkeiten durch explizite Motive nicht automatisch energetisiert werden. Explizite Motive sind weniger verhaltensnah als implizite Motive; sie beeinflussen zwar, welche Ziele Menschen für erstrebenswert halten und welche nicht, haben jedoch nur einen geringen Einfluss darauf, wie viel Anstrengung und Ausdauer in die Verfolgung dieses Ziels investiert werden. Explizit leistungsmotivierte Schüler zeigen etwa ein Interesse daran, beim Wettbewerb »Jugend forscht« teilzunehmen; wie viel Zeit und Mühe sie in den Wettbewerb investieren, hängt vermutlich stärker von ihrem impliziten Leistungsmotiv ab.

Eine Untersuchung von McClelland und Pilon (1983) versuchte, Licht auf die Entwicklungsbedingungen von impliziten und expliziten Motiven zu werfen. Die Forscher erhoben implizite und explizite Motive bei erwachsenen Personen, deren Eltern an einer Studie zur Erhebung von Erziehungspraktiken teilgenommen hatten. Auf diese Weise konnte untersucht werden, ob elterliche Erziehungspraktiken die Motivstruktur von Menschen bis ins Erwachsenenalter prägen können. Ein übergreifendes Ergebnis war, dass implizite Motive offensichtlich *früher* geformt werden als explizite Motive. Erziehungspraktiken, die *vor* dem Spracherwerb relevant waren, sagten die Stärke impliziter Motive im Erwachsenenalter vorher, während Sozialisationspraktiken, die erst nach dem Spracherwerb einsetzen, eher mit der Stärke expliziter Motive korrelierten. Zum Beispiel war das implizite Leistungsmotiv bei den erwachsenen Probanden umso stärker ausgeprägt, je strenger die Eltern bei einem Säugling auf feste Essenszeiten geachtet hatten und je früher und nachdrücklicher sie die Reinlichkeitserziehung durchgeführt hatten. Beide Erziehungspraktiken fallen in einen Zeitraum, in dem der Spracherwerb gerade erst begonnen hat. Das explizite Leistungsmotiv war dagegen mit der Häufigkeit und Intensität von sprachlich vermittelten Leistungsanforderungen an das Kind korreliert, die erst in einem höheren Alter relevant werden. Diese Befunde schließen nicht aus, dass implizite Motive auch noch im späten Kindes-, Jugend- und Erwachsenenalter modifiziert werden (vgl. z.B. Winterbottom, 1958). Sie legen aber nahe, dass implizite Motive durch affektive Lernerfahrungen geformt werden, die keiner sprachlichen Repräsentation bedürfen, während explizite Motive nicht in Abwesenheit sprachlicher Repräsentationsstrukturen – die für die Entwicklung eines bewussten Selbstkonzepts unabdingbar sind – entstehen können.

Durch explizite Motive reguliertes Verhalten lässt sich recht geradlinig rekonstruieren: Ein starkes explizites Leistungsmotiv führt zu der Formulierung bewusster Leistungsziele, die dann handlungsleitend werden können. Schwieriger ist es zu erklären, wie implizite Motive in die Verhaltenssteuerung eingreifen. Implizite Motive »sprechen« nicht mit dem Bewusstsein, sie teilen uns ihre Vorlieben und Wünsche nicht in Form bewusster Ziele mit. Wie schaffen sie es, uns unter Ausschluss des Bewusstseins in Situationen zu locken und Tätigkeiten aufnehmen zu lassen, die sie in Kontakt mit den passenden Anreizen bringen? Eine Antwort auf diese Frage kann die von Antonio Damasio (1994) entwickelte Theorie der somatischen Marker geben, der wir uns im Folgenden zuwenden.

4.2 Verhaltenssteuerung durch implizite Motive: die Hypothese der somatischen Marker

Ein Ausgangspunkt für die Hypothese der somatischen Marker waren Beobachtungen an Patienten mit Schädigungen des Stirnhirns, die hinsichtlich ihres Intellekts kaum beeinträchtigt waren – ihr Intelligenzquotient lag auf gleicher Höhe wie vor der Erkrankung –, die sich jedoch in vielerlei Hinsicht als »lebensunfähig« erwiesen: Entweder trafen sie hochriskante und langfristig schädliche Entscheidungen sowohl finanzieller als auch sozialer Natur, oder sie konnten sich selbst bei trivialen Anlässen («Ziehe ich heute den blauen oder den grünen Pullover an?«) nicht zu einer Entscheidung durchringen. Im Umgang mit diesen Patienten gewann Damasio den Eindruck, dass sie nicht mehr in der Lage waren, bei der Steuerung des täglichen Verhaltens emotionale Informationen zu nutzen, die allein aufgrund der Antizipation von Handlungsergebnissen entstehen und sich in der Veränderung peripher-physiologischer Reaktionen, oder umgangssprachlich in einem »Bauchgefühl«, niederschlagen. Damasio nimmt an, dass gesunde Menschen dieses Bauchgefühl bei allen komplexen Entscheidungen nutzen, um sich durch ihren Alltag zu manövrieren. Seiner Meinung nach wäre das Bewusstsein völlig überfordert mit der Aufgabe, in kürzester Zeit die möglichen positiven wie negativen Konsequenzen einer Handlung abzuschätzen und auf diese Weise Handlungsalternativen auszuwählen. Stellen Sie sich einen Unternehmer vor, der ein aussichtsreiches Geschäft mit dem Erzfeind seines besten Freundes abschließen könnte und gezwungen ist, die Entscheidung darüber in wenigen Sekunden zu fällen. Eine Entscheidung für oder gegen dieses Geschäft hat eine Vielzahl von kurz- und langfristigen Konsequenzen, die kaum überschaubar sind und in kurzer Zeit kaum durchdacht werden können. Da bewusste Prozesse bei dieser Aufgabe an ihre Grenzen stoßen würden, werden nach Damasio in diesen Fällen Entscheidungen auf der Grundlage eines peripher-physiologischen Feedbacks getroffen: Die Vorstellung, das Geschäft abzuschließen, wird vielleicht zu einem unspezifischen, aber unangenehmen Körpergefühl führen, das es dem Unternehmer schließlich unmöglich macht, auf das Angebot einzugehen.

Bei diesem Prozess spielen Strukturen im Stirnhirn eine zentrale Rolle (vgl. **Abb. 4.2**). Damasio nimmt an, dass der ventromediale präfrontale Kortex (vmPFC) Vorstellungsbilder von möglichen Handlungen und Handlungskonsequenzen generiert, die ähnliche peripher-physiologische Reaktionen hervorrufen wie reale Erlebnisse, jedoch von weit geringerer Intensität. Die Vorstellung, das Geschäft abzuschließen und damit eine Freundschaft aufs Spiel zu setzen, wird demnach körperliche Veränderungen hervorrufen, die denen der Furcht und Traurigkeit gleichen. Die Rückmeldung körperlicher Reaktionen – die somatische Markierung – beeinflusst nach Damasio die Entscheidungsfindung entweder, indem sie zu einer bewussten, wenn auch sehr unspezifischen Wahrnehmung des Körpergefühls Anlass gibt (»Ich habe kein gutes Gefühl bei der Sache«) oder zentralnervöse Strukturen bahnt, die nicht zu bewussten Repräsentationen führen (wie dem der Anreizmotivation zugrunde liegenden dopaminergen System).

4 Bewusste und unbewusste Motivation

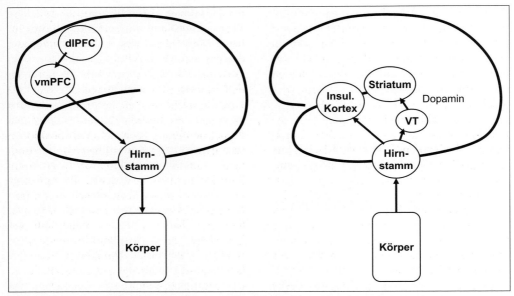

Abb. 4.2: Schematische Darstellung der Hypothese der somatischen Marker. Die in präfrontalen Kortexstrukturen (dlPFC: dorsolateraler präfrontaler Kortex; vmPFC: ventromedialer präfrontaler Kortex) generierte Vorstellung eines Handlungseffekts regt über Effektoren im Hirnstamm eine peripher-physiologische Reaktion an, die über sensorische Kerne im Hirnstamm zurückgemeldet und dann über ein bewusstes Körpergefühl (repräsentiert im insularen Kortex) oder unter Umgehung des Bewusstseins (durch Effekte auf das dopaminerge System) Verhalten steuert (nach Bechara & Damasio, 2005, S. 342)

Die zentralen Befunde zur Hypothese der somatischen Marker gewannen Damasio und Kollegen bei der Untersuchung von physiologischen Reaktionen und Entscheidungen bei einem Glücksspiel, das sie sowohl gesunde Kontrollpersonen als auch Patienten mit Stirnhirnschädigungen spielen ließen. Bei diesem Spiel konnten die Probanden Geld gewinnen, indem sie Karten von vier Stapeln zogen. Zwei Stapel (A und B) enthielten Karten, die dem Spieler hohe Gewinne ermöglichten, hin und wieder aber auch zu extremen Verlusten führten. Langfristig verloren Probanden Geld, wenn sie Karten von diesen »riskanten« Stapeln zogen. Die anderen beiden Stapel (C und D) enthielten Karten, mit denen die Spieler geringere Gewinne erzielten, die aber auch nur mäßige Verluste brachten, was langfristig zu einer positiven Gewinnbilanz führte (daher die Bezeichnung »sichere« Stapel). Ohne dies vorher zu wissen, konnten die Probanden insgesamt 100 Karten ziehen, während ihr Wahlverhalten registriert und Veränderungen der elektrodermalen Aktivität (EDA) als Maß für emotionale (peripher-physiologische) Reaktionen erhoben wurden.
Die Befunde zeigten deutliche Unterschiede zwischen den beiden Gruppen. Das Verhalten *gesunder Kontrollpersonen* ließ sich in mehrere Phasen einteilen. Zu Beginn des Spiels – vor dem ersten großen Verlust – zeigten sie eine Bevorzugung der »riskanten« Stapel A und B. Nach den ersten Verlusten wählten sie etwa gleich häufig von den riskanten wie den sicheren Stapeln. Interessanterweise traten bereits in dieser Phase – in der die Probanden die dem Spiel zugrunde liegenden Regeln noch nicht verbalisieren konnten – vor einer Entscheidung

für die riskanten Stapel stärkere antizipatorische Reaktionen der Hautleitfähigkeit auf als vor der Wahl eines der beiden sicheren Stapel. Diese Reaktionen schienen ebenfalls einen Einfluss auf das Spielverhalten zu haben, da die Probanden im Laufe des Spiels immer mehr Karten von den sicheren Stapeln nahmen – immer noch ohne die Regeln durchschaut zu haben. Das Verhalten der Probanden wurde demnach ohne bewusste Beteiligung allein durch antizipatorische emotionale Reaktionen gesteuert. Eine Bewusstheit der Verstärkungskontingenzen stellte sich am Ende des Spiels bei immerhin 70 % der Probanden ein. Diese Einsicht hinkte den peripher-physiologischen Reaktionen wie auch dem Verhalten jedoch deutlich hinterher.

Patienten mit Schädigungen des Stirnhirns zeigten nach großen Verlusten ebenfalls emotionale Reaktionen; im Gegensatz zu den Kontrollpersonen entwickelte sich bei ihnen im weiteren Spielverlauf jedoch keine antizipatorische emotionale Reaktion vor der Wahl einer Karte von einem riskanten Stapel. Diese fehlende körperliche Rückmeldung vor einer Entscheidung veranlasste sie, etwa gleich häufig Karten von den riskanten wie den sicheren Stapeln zu nehmen, was dazu führte, dass sie oft schon vor Ende des Spiels pleite waren. Am Ende des Spiels konnte die Hälfte der Patienten sogar die Regel angeben, nach denen Gewinne und Verluste verteilt wurden; sie wussten, dass ihnen die riskanten Stapel langfristig große Verluste einbringen, aber trotz dieses Wissens entwickelten sie keine Präferenz für den sicheren Stapel. Ohne antizipatorische emotionale Reaktionen bleibt Wissen für die Verhaltenssteuerung offensichtlich ohne Konsequenzen.

Die Hypothese der somatischen Marker liefert eine elegante Erklärung dafür, wie implizite Motive auch ohne unser Wissen jederzeit in die Verhaltenssteuerung eingreifen und uns dazu bewegen können, »in ihrem Sinne« zu handeln. Wir können annehmen, dass implizite Motive Erlebnisse und Vorstellungen emotional markieren und auf diese Weise das »Bauchgefühl« erzeugen, das entweder mit Beteiligung des Bewusstseins oder – was vermutlich häufiger der Fall ist – unter seiner Umgehung jede der vielen Entscheidungen beeinflusst, die wir tagtäglich in unserem Leben treffen. Die Berücksichtigung von Motivdispositionen ist notwendig, um Unterschiede im menschlichen Entscheidungsverhalten zu erklären. So werden Menschen, denen die Aufrechterhaltung positiver Beziehungen zu anderen Menschen überaus wichtig ist (vgl. Kap. 11), bei der Vorstellung, eine Freundschaft wegen eines guten Geschäfts zu gefährden, stärkere peripher-physiologische Reaktionen erfahren und aufgrund dieser Reaktionen deutlicher davor zurückschrecken, das Geschäft abzuschließen, als Menschen mit einem schwachen Anschlussmotiv. Umgekehrt ist plausibel, dass hoch erfolgsmotivierte Personen (vgl. Kap. 12) dazu neigen, sich mittelschweren Herausforderungen zu stellen, weil sie bei diesen Aufgaben gerade noch ein »gutes Gefühl« haben.

Wenn die Vermutung stimmt, dass implizite Motive reale Erfahrungen und antizipierte Handlungsergebnisse durch ein peripher-physiologisches Feedback emotional markieren und auf diese Weise in die Verhaltenssteuerung eingreifen, dann sollten Menschen, die habituell ihre Aufmerksamkeit auf Veränderungen von Körperempfindungen richten, einen besseren Zugang zu ihren impliziten Motiven haben. Diese Hypothese konnten Thrash, Elliot und Schultheiss (2007) bestätigen. Sie fanden, dass bei Personen, die ein hoch ausgeprägtes Bewusstsein für körperliche Prozesse aufwiesen, das implizite Leistungsmotiv signifikant mit dem expliziten Leistungsmotiv korreliert war. Bei Personen mit einem niedrigen Körperbewusstsein waren die beiden Maße dagegen unkorreliert (vgl. **Abb. 4.3**). Dieser Befund steht in Übereinstimmung mit der Annahme, dass sich implizite Motive

4 Bewusste und unbewusste Motivation

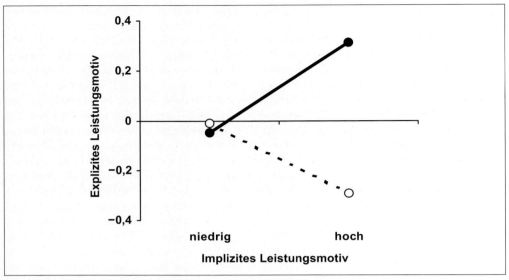

Abb. 4.3: Der Zusammenhang zwischen implizitem und explizitem Leistungsmotiv als Funktion der Aufmerksamkeit für körperliche Vorgänge (gestrichelt: niedrig; durchgezogen: hoch) (nach Thrash, Elliot & Schultheiss, 2007, S. 968)

in einer Veränderung körperlicher Prozesse (»Bauchgefühle«) niederschlagen, die aber nicht von allen Menschen gleichermaßen ausgelesen und bewusst registriert werden. Menschen, denen das gelingt, scheinen ihre bewussten Bedürfnisse und Ziele jedoch besser an ihre unbewussten affektiven Präferenzen angleichen zu können.

Das durch explizite Motive repräsentierte bewusste Motivationssystem haben wir bisher etwas stiefmütterlich behandelt. Im folgenden Abschnitt werden wir seinen Beitrag für motivationale Prozesse näher beleuchten.

4.3 Interaktion von impliziten und expliziten Motiven

Obwohl implizite und explizite Motive im Zentrum voneinander unabhängiger Motivationssysteme stehen, können sie gleichwohl miteinander interagieren, das bedeutet, Hand in Hand zielgerichtetes Verhalten steuern. Eine inzwischen gut belegte Hypothese geht davon aus, dass explizite Motive den Ausdruck impliziter Motive *kanalisieren*, also festlegen, in welchen Lebensbereichen ein implizites Motiv vorwiegend angeregt wird und in die Verhaltenssteuerung eingreift. Wie wir bereits ausgeführt haben, richten sich implizite Motive auf sehr breite Klassen von Anreizen, die etwa beim Leistungsmotiv alle Tätigkeiten umfassen, die an einem Gütemaßstab gemessen werden können (die man gut oder schlecht machen kann). Allein aufgrund zeitlicher Beschränkungen wäre es einem hoch implizit leistungsmotivierten Menschen nicht möglich, sich auf alle leistungsthematischen Anreize, die sich im tagtäglichen Leben anbieten, einzulassen. An dieser Stelle treten explizite Motive auf den Plan: Sie legen fest, welche Tätigkeiten aus der Vielzahl aller möglichen zu Anreizen für das implizite Leistungsmotiv werden. Eine ältere Untersuchung von French und Lesser (1964) kann diesen Gedanken gut il-

> **Box 4.1: Die Steigerung unternehmerischer Aktivität**
>
> Das Zusammenwirken von impliziten und expliziten Motiven konnte auch außerhalb des Labors nachgewiesen werden. Langens (2001) führte eine Reanalyse von Daten durch, die McClelland und Winter (1969) im Rahmen ihres Trainings zur Steigerung leistungsmotivierten Verhaltens an indischen Unternehmern durchgeführt hatten. Zu Beginn des Programms wurden sowohl das implizite Leistungsmotiv als auch das explizite Bedürfnis, die eigene Arbeitssituation zu verbessern, erhoben. Nach Abschluss des Trainings wurde überprüft, wie viele der Teilnehmer in den folgenden zwei Jahren unternehmerisch aktiv wurden, also etwa eine Firma gründeten, ihren Betrieb weiter ausbauten oder dessen Gewinn deutlich steigern konnten. Die Ergebnisse zeigen, dass die Wahrscheinlichkeit, unternehmerisch aktiv zu werden, bei Teilnehmern am größten war, die sowohl über ein starkes implizites Leistungsmotiv als auch über ein starkes explizites Leistungsbedürfnis verfügten.
>
>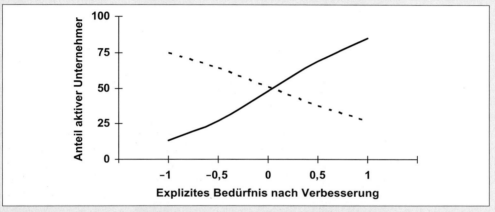
>
> **Abb.:** Nach einem Motivationstraining wurden vor allem Unternehmer aktiv, bei denen ein starkes implizites Leistungsmotiv (durchgezogene Linie) von einem starken expliziten Bedürfnis, Kompetenzen im Arbeitsbereich zu erweitern, ergänzt wurde (nach Langens, 2001, S. 347)

lustrieren. An dieser Studie nahmen Frauen teil, die entweder ein traditionelles Rollenbild hatten (also das explizite Bedürfnis, für die Familie sorgen zu können) oder ein karriereorientiertes Rollenbild vertraten (also das explizite Bedürfnis nach Leistung hatten). Alle Frauen bearbeiteten Tests, die soziale und intellektuelle Fähigkeiten erfassten. Es zeigte sich, dass das implizite Leistungsmotiv bei Frauen mit einem traditionellen Rollenbild mit besseren Leistungen bei dem Test auf soziale Fähigkeiten korrelierte. Bei karriereorientierten Frauen sagte das implizite Leistungsmotiv dagegen Leistungen bei den intellektuellen Fähigkeiten vorher. In beiden Gruppen ging ein starkes implizites Leistungsmotiv mit besseren Leistungen einher. In welchem Bereich sich hoch implizit leistungsmotivierte Frauen jedoch besonders stark anstrengen, hing von ihrem Rollenbild ab. Nur wenn die Aufgaben für das Rollenbild (ein Konglomerat expliziter Motive) relevant waren, setzte sich ein starkes implizites Leistungsmotiv auch in höhere Leistungen um.

Einen ähnlichen Effekt demonstrierte eine Studie von Biernat (1989). Die Probanden (sowohl Männer als auch Frauen) bearbeiteten zunächst einen TAT zur Erhebung des impliziten Leistungsmotivs. Dann wurden sie nach ihren expliziten Motiven befragt und in zwei Gruppen unterteilt: eine Gruppe mit einem dominanten expliziten Leistungsmotiv und eine weitere Gruppe mit einem dominanten expliziten Anschlussmotiv. Anschließend bearbeiteten alle Probanden schwierige Rechenaufgaben. Die besten Leistungen erzielten dabei Probanden mit einem starken impliziten Leistungsmotiv, die ebenfalls über ein dominantes explizites Leistungsmotiv verfügten. Wiederum setzte sich ein implizites Leistungsmotiv nur dann in hohe Leistungen um, wenn die Aufgaben relevant für das explizite Motivsystem waren.

Ein vergleichbarer Kongruenzeffekt konnte auch im Bereich anschlussmotivierten Verhaltens beobachtet werden. Constantian (1981) erhob bei Studenten mittels zufälliger Verhaltensstichproben die im Tagesverlauf gezeigten anschlussthematischen Verhaltensweisen, wie z. B. mit Freunden sprechen, telefonieren und Briefe schreiben. Es zeigte sich, dass die Wahrscheinlichkeit, in jedem gegebenen Moment eine anschlussthematische Tätigkeit auszuführen, am größten unter Probanden war, die sowohl ein starkes implizites als auch explizites Anschlussmotiv aufwiesen.

Diese Untersuchungen zeichnen ein aufschlussreiches Bild des Zusammenwirkens bewusster und unbewusster motivationaler Prozesse. Sie zeigen, dass explizite Motive – wie etwa das bewusste, vor sich selbst und anderen geäußerte Bedürfnis, gute Leistungen zu erbringen, immer sein Bestes zu geben oder andere übertreffen zu wollen – *wirkungslos* bleiben, wenn nicht zusätzlich unbewusste Motivationsprozesse – die von impliziten Motiven reguliert werden – den anvisierten Zielzustand affektiv aufladen und Verhalten energetisieren. Die empirische Unabhängigkeit impliziter und expliziter Motive legt nahe, dass im Mittel etwa die Hälfte aller bewussten Bedürfnisse und Strebungen *nicht* durch implizite Motive gestützt wird und damit schlechte Chancen hat, umgesetzt zu werden. Auf die Konsequenzen solcher Inkongruenzen für das emotionale Wohlbefinden werden wir weiter unten eingehen.

4.4 Bewusste und unbewusste Ziele

Die Phänomenologie menschlicher Motivationsprozesse wird nicht so sehr durch explizite Motive als vielmehr durch *Ziele* beherrscht. Die meisten Menschen verfolgen zu jedem gegebenen Zeitpunkt Ziele ganz unterschiedlicher Komplexität. Einige Ziele lassen sich mit wenigen Handgriffen im Hier und Jetzt verwirklichen (»ein Statistikbuch ausleihen«, »einen Freund zum Abendessen einladen«), während andere Ziele Jahre in die Zukunft reichen und nur durch eine Vielzahl hochgradig koordinierter Handlungen verwirklicht werden können (»einen Bachelor in Psychologie abschließen«). Ziele haben einige wichtige Merkmale mit expliziten Motiven gemeinsam: Sie sind bewusst repräsentiert, und insbesondere komplexe Ziele aus den Lebensbereichen Ausbildung, Beruf und Familie sind eng mit dem Selbstkonzept einer Person verknüpft: Personen definieren sich selbst als Person über ihre langfristigen, weit in die Zukunft reichenden Ziele (»Ich möchte ein guter Psychotherapeut/Wissenschaftler/Vater/Golfspieler/Hobbykoch werden«), die dann auch als *selbstdefinierende Ziele* bezeichnet werden (Brunstein, 1995; vgl. Box 3.4). Im Folgenden werden wir Belege dafür zusammenstellen, dass unbewusste Prozesse sowohl bei der *Auswahl* als auch beim *Verfolgen* von einfachen und komplexen Zielen eine zentrale Rolle spielen. Ohne unbewusste Regulationsprozesse, so wird sich zeigen, wäre die Verfolgung von Zielen praktisch unmöglich.

4.4 Bewusste und unbewusste Ziele

Betrachten wir zunächst die Auswahl und die Bindung an ein Ziel. Wie genau trifft man eine so weitreichende Entscheidung wie die für eine bestimmte Berufsausbildung, einen Berufswunsch, einen Ehepartner oder einen Ort, an dem man leben will? Wie in Kapitel 1 ausgeführt wurde, raten Philosophen wie Psychologen dazu, bei solchen Entscheidungen den subjektiv erwarteten Nutzen zu maximieren, indem man alle kurz- wie auch langfristigen Vor- und Nachteile aller Alternativen samt der Wahrscheinlichkeit ihres Eintretens und ihrer individuellen Bedeutung miteinander verrechnet. Wir haben ebenfalls angedeutet, dass solche Prozesse des Abwägens nicht notwendig bewusst durchgeführt werden müssen: Zum einen gibt es Hinweise darauf, dass auch Tiere Entscheidungen durch Anwendung eines ähnlichen Kalküls treffen, zum anderen lässt sich vermuten, dass das menschliche Bewusstsein aufgrund seiner geringen Kapazität mit dieser Aufgabe überfordert wäre. Im Weiteren werden wir argumentieren, dass unbewusste Prozesse die Bindung an komplexe Ziele nicht nur unterstützen, sondern dass »gute« Entscheidungen sogar eher durch unbewusstes als durch bewusstes Abwägen getroffen werden.

Illustrieren wollen wir diesen Gedanken zunächst anhand einer Anekdote: Zajonc (1980) berichtet von einer Kollegin, die sich für eines von zwei Arbeitsangeboten entscheiden musste und diese schwierige Entscheidung – die beiden Angebote waren etwa gleich attraktiv – mithilfe einer detaillierten Pro- und Kontraliste fällen wollte. Beim Erstellen der Liste stellte sie nun plötzlich fest, dass zu viele Proargumente auf der »falschen« Seite auftauchten. Zajonc deutete dies als Zeichen dafür, dass die Kollegin, ohne es zu wissen, bereits eine Entscheidung für eines der Angebote gefällt hatte. Die bewusst generierten Argumente stimmten mit dieser Entscheidung nicht überein und wurden daher als unpassend empfunden.

Empirische Untersuchungen von Wilson und Mitarbeitern (z. B. Wilson et al., 1993) konnten belegen, dass bewusstes Abwägen die langfristige Zufriedenheit mit Entscheidungen beeinträchtigen kann. In einem dieser Experimente durften Probanden sich eines von fünf Kunstpostern aussuchen. In einer Bedingung sollten sie diese Entscheidung unmittelbar nach dem Betrachten der Poster treffen (Bedingung: unmittelbare Entscheidung), in einer weiteren wurden sie aufgefordert, sich einige Minuten über die Vorzüge und Nachteile der einzelnen Poster Gedanken zu machen und erst dann eines der Poster auszuwählen (Bedingung: bewusstes Abwägen). Einige Wochen später wurden sie erneut kontaktiert und befragt, wie zufrieden sie mit ihrer Wahl waren. Es stellte sich heraus, dass Probanden, die sich unmittelbar für eines der Poster entscheiden mussten, deutlich zufriedener mit ihrer Wahl waren als solche, die lange über ihre Entscheidung nachgedacht hatten. Wilson erklärt diesen Befund damit, dass bewusstes Abwägen eine Fokussierung auf einige wenige entscheidungsrelevante Faktoren erzwingt. Ein Proband mag sich etwa für ein impressionistisches Poster entscheiden, weil ihm diese Stilrichtung zusagt, darüber aber übersehen, dass ihm weder die Farbwahl noch die formale Gestaltung des Bildes sonderlich gefallen. Diesen Fehler, zu viel Gewicht auf ein einzelnes Merkmal zu legen, hätte er vermieden, wenn er sich auf der Stelle für eines der Poster hätte entscheiden müssen.

Neuere Untersuchungen zeigen, dass *unbewusstes Abwägen (deliberation without intention)* – im Vergleich zu spontanen Entscheidungen oder dem bewussten Aufzählen von Vor- und Nachteilen – die Qualität von Entscheidungen noch weiter verbessern kann. Dijksterhuis (2004; Dijksterhuis & van Olden, 2006) führte ganz ähnliche Untersuchungen wie die von Wilson durch, fügte in seinen Experimenten jedoch eine weitere Bedingung hinzu: In dieser sahen die Probanden die fünf Poster und erhielten die Information, dass sie sich *später* eines würden aussuchen dürfen. Dann wurden sie mit einer anspruchsvollen Rechenaufgabe, die keinen Raum für ein bewusstes Abwägen ließ, für etwa fünf Minuten abgelenkt. Direkt im Anschluss mussten sie sich für eines der fünf Poster entscheiden. Dijksterhuis nahm an, dass trotz der Ablenkung die Entscheidung für eines der Poster durch unbewusste Denkprozesse vorbereitet wurde (daher der Name für die Bedingung: unbewusstes Abwägen). Tatsächlich ergab sich, dass Probanden in dieser Bedingung vier Wochen später zufriedener mit ihrer Wahl waren und ihr Poster nur für deutlich mehr Geld wieder hergeben wollten als Probanden in den Bedingungen »unmittelbare Entscheidung« und »bewusstes Abwägen«. Ganz offensichtlich sind unbewusste Prozesse wesentlich besser in der Lage, die vielfältigen Aspekte einer Entscheidung zu einem gültigen affektiven Gesamturteil zu kondensieren als das bewusste Abwägen von Vor- und Nachteilen.

Diese Untersuchungen zeigen, dass Prozesse, die außerhalb der bewussten Wahrnehmung ablaufen, zu der Entwicklung affektiver Präferenzen für eine von vielen Handlungsalternativen führen können und damit die Bindung an Ziele vorbereiten. So, wie die Antwort auf die Frage nach der Hauptstadt Italiens aufgrund prinzipiell unbewusster Prozesse schließlich ins Bewusstsein schießt, entwickelten die Probanden in der Bedingung »unbewusstes Abwägen« ohne Beteiligung des Bewusstseins eine affektive Präferenz für eine Handlungsalternative, die schließlich verpflichtend wurde und sich auch langfristig als die für sie richtige Wahl herausstellte. Wir können annehmen, dass auch die Bindung an langfristige Ziele (etwa in den Bereichen Ausbildung, Beruf und Partnerschaft) durch unbewusste Prozesse des Abwägens vorbereitet wird.

In den Untersuchungen von Dijksterhuis führte das unbewusste Abwägen zu einer bewussten Präferenz, die dann wiederum eine bewusste Entscheidung nach sich zog. Experimente von Custers und Aarts (2005) konnten belegen, dass man Personen auch ohne jede Beteiligung des Bewusstseins dazu bewegen kann, sich an Ziele zu binden, die sie zuvor nicht verfolgt hatten. Die Autoren fragten potenzielle Teilnehmer zunächst nach Zielen, die im Mittel weder besonders erstrebenswert oder ablehnenswert erschienen, also emotional weitgehend neutral waren (z. B. ein Puzzle machen, sich umkleiden, eine neue Wohnung suchen, einen Spaziergang machen). Durch eine einfache Prozedur versuchten sie dann, andere Probanden ohne deren Wissen zu der Übernahme dieser wenig interessanten Ziele zu bewegen. Den theoretischen Ausgangspunkt für diese Experimente haben wir bereits im ersten Kapitel kennengelernt: Ziele werden wegen der positiven Affekte verfolgt, die aufgrund der Zielerreichung antizipiert werden. Um Personen dazu zu bewegen, ein zunächst nicht erstrebenswertes Ziel zu verfolgen, muss der Zielzustand also mit positiven Affekten gekoppelt werden. Custers und Aarts erreichen dies wie folgt: Zunächst präsentierten sie unterschwellig ein Wort, das ein zu implantierendes Ziel repräsentierte (z. B. puzzeln); direkt darauf wurde entweder ein Wort präsentiert, das mit positiven Emotionen assoziiert ist (z. B. schön) oder ein neutrales Wort (z. B. fast). Es zeigte sich, dass Probanden Aktivitäten, die mit positiven Worten gepaart wurden, mit größerer Wahrscheinlichkeit verfolgen wollten und dann tatsächlich auch mehr Anstrengung in die Verfolgung dieser Ziele investierten als Aktivitäten, die mit neutralen Worten gepaart wurden. Da die mit den Aktivitäten assoziierten Worte unterschwellig präsentiert wurden, konnten die Probanden nicht angeben, auf welche Weise sie eine Präferenz für diese Tätigkeiten entwickelt hatten.

Der Prozess, der dazu führt, dass sich Menschen an Ziele binden, kann also außerhalb

4.4 Bewusste und unbewusste Ziele

> **Box 4.2: Moderation von Primingeffekten durch implizite Motive**
>
> In der Untersuchung von Bargh et al. (2001) blieben individuelle Unterschiede in der Leistungsmotivation unberücksichtigt. Dabei liegt die Vermutung auf der Hand, dass leistungsbezogene Wörter nicht bei allen Menschen gleichermaßen Leistungsziele aktivieren, sondern vorwiegend bei jenen, die das Ringen mit Herausforderungen als emotional befriedigend erleben, sich also durch das Motiv »Hoffnung auf Erfolg« auszeichnen. Schmalt (2002) ging dieser Vermutung nach, indem er eines der Experimente von Bargh et al. (2001) replizierte, in dieser Untersuchung aber ebenfalls die Motivstruktur seiner Probanden erhob. Die folgende **Abbildung** zeigt den zentralen Befund: Gute Leistungen zeigten vor allem Probanden, bei denen Leistungsziele durch leistungsbezogene Wörter aktiviert wurden und die *zusätzlich* über eine starke Erfolgsmotivation verfügten. Bei niedrig Erfolgsmotivierten hatte das Leistungspriming dagegen eher einen leistungsmindernden Effekt. Dieser Befund steht in Übereinstimmung mit der Annahme, dass ein Zustand der Motivation aus einer Interaktion von Motiv und Anreiz resultiert.
>
>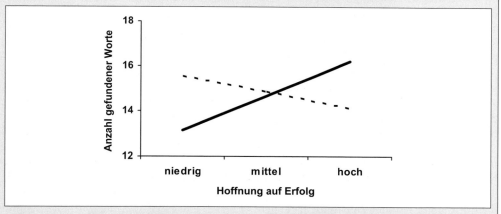
>
> **Abb.:** Leistung bei einem Buchstabengitter als Funktion des Primings (gestrichelte Linie: neutrale Primes; durchgezogene Linie: Leistungsprimes) und »Hoffnung auf Erfolg« (nach Schmalt, 2002)

des Bewusstseins ablaufen. Der Einfluss unbewusster Vorgänge endet aber nicht an dieser Stelle. Im Folgenden wollen wir zeigen, dass Ziele, an die man bereits gebunden ist, aktiviert und verfolgt werden können, ohne dass sich eine Person dieser Tatsache bewusst ist. Aber wie kann man überhaupt den Nachweis führen, dass eine Person ein Ziel verfolgt, wenn diese selbst das nicht weiß? Ein Paradigma, das von Bargh und Mitarbeitern (z. B. Bargh, Gollwitzer, Lee-Chai, Barndollar & Trötschel, 2001) eingeführt wurde, führt den Nachweis wie folgt: In einer Experimentalbedingung werden Probanden mit Worten konfrontiert, die ein Ziel repräsentieren. Die Begriffe »gewinnen«, »meistern« oder »konkurrieren« stehen z. B. für das Bestreben, in einer Leistungssituation sein Bestes zu geben. Wichtig ist, dass diese Worte – die, da sie ein bestimmtes Verhalten hervorrufen bzw. bahnen, auch »Primes« genannt werden – so in das Experiment eingeflochten werden, dass sie keine bewussten Ziele hervorrufen. Man kann dies erreichen, indem man die Primes in komplexes Stimulusmaterial einstreut oder unterschwellig (für so kurze Zeit, dass die Worte nicht bewusst identifiziert werden können) darbietet. In einer Kontrollbedingung werden dagegen neutrale Worte präsentiert, die in keiner Weise mit Leistung in Verbindung stehen. Nachfolgend lässt man alle Probanden an einer Leistungsaufgabe arbeiten. Findet man nun, dass Probanden in der Experimentalbedingung bei dieser Aufgabe bessere Leistungen erbringen, ohne dass diese Probanden angeben, in dieser Situation ein Leistungsziel verfolgt zu haben, dann kann man daraus schließen, dass die leistungsthematischen Worte ein Leistungsziel aktiviert haben, ohne dass dieser Vorgang im Bewusstsein repräsentiert wurde.

Tatsächlich konnte in diesen Experimenten gezeigt werden, dass Probanden in der Experimentalbedingung bessere Leistungen bei einer nachfolgenden Aufgabe erzielten (ein Indikator für Anstrengung), länger an Aufgaben arbeiteten (ein Indikator für Persistenz) und sie mit größerer Wahrscheinlichkeit nach einer Unterbrechung wieder aufnahmen (ein Indikator für motivationale Beharrung) als Probanden in der Kontrollbedingung. Im Anschluss an die Untersuchungen durchgeführte Interviews bestätigten, dass die Probanden sich der Effekte der vorab präsentierten Worte nicht bewusst waren. Weitere Untersuchungen haben gezeigt, dass man vergleichbare Effekte erzielen kann, wenn die zielaktivierenden Worte subliminal (unterschwellig) präsentiert werden, also für so kurze Zeit, dass Probanden die Worte nicht bewusst erkennen können (Dijksterhuis, Aarts & Smith, 2005)

Wir haben gesehen, dass unbewusste Prozesse in vielfältiger Weise in den Prozess der Zielverfolgung eingreifen können. Sie tragen dazu bei, dass wir für Ziele eine affektive Präferenz entwickeln, uns an Ziele binden und dass Ziele aktiviert werden. In diesen Fällen scheinen bewusste und unbewusste Prozesse an einem Strang zu ziehen. Im nächsten Abschnitt wird es dagegen eher um den Fall gehen, dass bewusste und unbewusste Motivationsprozesse in Konflikt geraten.

4.5 (In)Kongruenz zwischen bewussten und unbewussten motivationalen Prozessen

Die statistische Unabhängigkeit von direkten und indirekten Motivmaßen ist ein Hinweis darauf, dass bewusste und unbewusste motivationale Prozesse nicht immer Hand in Hand gehen. Im Folgenden wird es darum gehen, welche Konsequenzen eine mangelnde Synchronisation bewusster und unbewusster Prozesse für das emotionale Wohlbefinden einer Person hat. Bereits McClelland und Mitarbeiter (1989) haben vermutet, dass ein Auseinanderklaffen impliziter und expliziter Motive zu Schwierigkeiten unterschiedlichster Art einschließlich motivationaler Defizite und emotionaler Beeinträchtigungen führen könne. Inzwischen gibt es vielfältige empirische Befunde, die diese Vermutung stützen.

Ein Beispiel für einen unsystematischen Zusammenhang zwischen dem impliziten Leistungsmotiv und expliziter Leistungsmotivation verdeutlicht das Koordinatensystem in **Abbildung 4.4**, in dem anhand hypothetischer Daten die Stärke des impliziten Leistungsmotivs gegen das explizite Leistungsmotiv abgetragen wird. Die Aufteilung in Quadranten zeigt, dass man das Verhältnis impliziter und expliziter Motive grob in vier Klassen aufteilen kann. Im Folgenden werden wir für jede der vier Klassen mögliche Konsequenzen für das emotionale Wohlbefinden diskutieren.

In Quadrant 1 finden wir Personen, bei denen sowohl das implizite als auch das

4.5 (In)Kongruenz zwischen bewussten und unbewussten motivationalen Prozessen

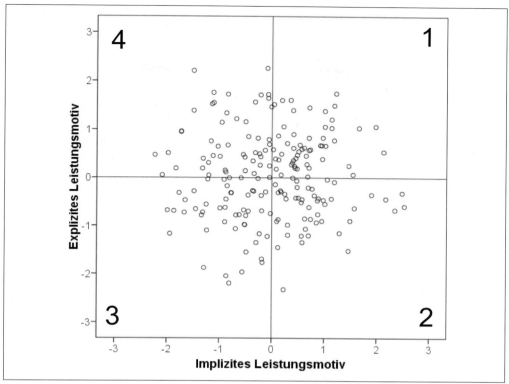

Abb. 4.4: Die Unabhängigkeit impliziter und expliziter Motive führt nach grober Unterteilung zu vier Klassen von Motivprofilen, dargestellt hier durch die vier Quadranten des Koordinatensystems. Jeder Punkt repräsentiert eine einzelne Person

explizite Leistungsmotiv stark ausgeprägt ist. Diese Personen haben Freude am Ringen mit Herausforderungen und ein starkes bewusstes Bedürfnis, gute Leistungen zu erbringen. Diese Konstellation fördert die Zuwendung zu und das Aufgehen in leistungsbezogenen Aktivitäten und sollte damit zu motivkonsistentem Verhalten führen, das zudem noch als emotional befriedigend erlebt wird. Daher ist zu erwarten, dass Personen, die sich durch dieses Motivprofil auszeichnen, ein positives emotionales Wohlbefinden aufweisen (vgl. Brunstein, Schultheiss & Grässmann, 1998).

Die nächste Klasse bilden Personen, bei denen das implizite Leistungsmotiv stark, das explizite Leistungsmotiv jedoch schwach ausgeprägt ist (Quadrant 2). Vor die Wahl gestellt, werden sich solche Personen eher von leistungsthematischen Tätigkeiten abwenden, weil diese nicht zu ihrem Selbstkonzept passen. Bei einer solchen Konstellation könnten sich Beeinträchtigungen des emotionalen Wohlbefindens einstellen, weil eine potenzielle Quelle positiver affektiver Erfahrungen – hier die Freude, die aus dem erfolgreichen Meistern einer Herausforderung resultiert – nicht ausgeschöpft wird.

Im dritten Quadranten finden wir Personen, bei denen sowohl das implizite als auch das explizite Leistungsmotiv nur schwach ausgeprägt ist. Diese Konstellation sollte dazu führen, dass die Auseinandersetzung mit Gütemaßstäben diesen Personen keine Freude macht, ihnen aber auch nicht wichtig ist. Wenn sie keine anderen Quellen für

4 Bewusste und unbewusste Motivation

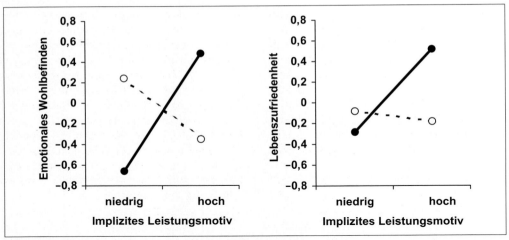

Abb. 4.5: Inkongruenzen im Leistungsbereich und emotionales Wohlbefinden. Links: Inkongruenzen zwischen implizitem und explizitem Leistungsmotiv (durchgezogene Linie: hoch; gestrichelte Linie: niedrig; nach Baumann et al., 2005. S. 787). Rechts: Inkongruenzen zwischen implizitem Leistungsmotiv und Leistungszielen (durchgezogene Linie: hoch; gestrichelte Linie: niedrig; nach Hofer & Chasiotis, 2003, S. 263)

positive affektive Erfahrungen erschließen können, sollten aus diesem Profil ebenfalls emotionale Beeinträchtigungen resultieren. Personen, die im vierten Quadranten liegen, haben zwar ein starkes explizites Bedürfnis nach Leistung und einem Selbstkonzept guter eigener Fähigkeiten, ihnen fehlt jedoch – da das implizite Leistungsmotiv nur schwach ausgeprägt ist – die Freude an herausfordernden Tätigkeiten. Sie sollten sich daher ständig verpflichtet fühlen, gute Leistungen zu erbringen (da sie nur so vor sich und anderen ein Selbstkonzept guter eigener Fähigkeiten aufrechterhalten können), werden jedoch bei leistungsthematischen Tätigkeiten nicht von den energetisierenden und verhaltenssteuernden Effekten impliziter Motive unterstützt. Die Folge ist, dass jede Form leistungsbezogenen Verhaltens nur mit Hilfe willentlicher Kontrollprozesse (vgl. Kap. 1) aufgenommen und aufrechterhalten werden kann. Diese Motivkonstellation wurde zu Recht als »verborgener Stressor« charakterisiert (Baumann, Kaschel & Kuhl, 2005): Zu einem Stressor wird ein solches Profil, weil leistungsthematische Tätigkeiten als mühsam und wenig befriedigend, gleichsam aber als hoch verpflichtend erlebt werden. Verborgen ist dieser Stressor, weil sich eine wesentliche Komponente – das unzureichende implizite Leistungsmotiv – außerhalb der bewussten Wahrnehmung befindet. Diese Konstellation sollte daher zu deutlichen Einbußen im emotionalen Wohlbefinden führen.

Kongruenzen und Inkongruenzen zwischen impliziten und expliziten Motiven sollten also in vorhersagbarer Weise das emotionale Wohlbefinden beeinflussen. Diese Argumentation lässt sich auf gleiche Weise für bewusste Ziele führen, die inhaltlich mit impliziten Motiven kongruent sein können (das Ziel, eigene sportliche Leistungen zu verbessern, ist z. B. kongruent mit dem impliziten Leistungsmotiv) oder auch nicht (sportliche Ziele sind im Allgemeinen inkongruent mit einem dominanten Anschlussmotiv).

Empirische Befunde bestätigen die Annahme, dass Inkongruenzen zwischen impliziten Motiven und bewussten motivationalen Prozessen das emotionale Wohlbefinden

4.5 (In)Kongruenz zwischen bewussten und unbewussten motivationalen Prozessen

beeinträchtigen. In **Abbildung 4.5** sind zwei Befunde für den Leistungsbereich zusammengestellt. Sie zeigen, dass sowohl Kongruenzen zwischen (a) implizitem und explizitem Leistungsmotiv als auch (b) zwischen impliziten Motiven und der Stärke von Leistungszielen mit erhöhtem emotionalem Wohlbefinden einhergehen, während Inkongruenzen mit emotionalen Beeinträchtigungen verbunden sind. Dieses Muster lässt sich ebenfalls für andere Motive, etwa Macht und Anschluss, bestätigen.

Besonders aussagekräftig ist eine Studie von Brunstein und Mitarbeitern (1998), die die gesamte Motivstruktur der Teilnehmer berücksichtigte (und nicht nur ein einzelnes Motiv). Für jeden Teilnehmer wurde zunächst ermittelt, ob seine implizite Motivstruktur stärker agentisch (vorwiegend geprägt durch Leistung und Macht) oder stärker kommunal (vorwiegend geprägt durch Anschluss und Intimität) ausgerichtet war. Dann wurden die wichtigsten Ziele der Teilnehmer in analoger Weise danach kategorisiert, ob sie überwiegend wirksamkeitsorientiert waren (und damit kongruent zu einer agentischen Motivstruktur) oder überwiegend gemeinschaftsorientiert (und damit kongruent zu einer kommunalen Motivstruktur). In den folgenden Wochen sollten die Teilnehmer Fortschritte bei der Verfolgung ihrer Ziele registrieren und ihr emotionales Wohlbefinden einschätzen. Die Befunde zeigten, dass die erfolgreiche Verwirklichung von Zielen nicht generell zu Steigerungen des emotionalen Wohlbefindens führt, sondern nur dann, wenn die eigenen Ziele mit der impliziten Motivstruktur kongruent waren. Diese Befunde können erklären, warum sich Menschen manchmal nach der Verwirklichung eines Zieles, das sie über Monate oder gar Jahre verfolgt haben, nicht recht freuen können: Vermutlich handelte es sich um ein Ziel, das nicht mit den unbewussten affektiven Präferenzen übereinstimmte.

In einer Untersuchung, die ebenfalls mehrere Thematiken integrierte (Leistung, Macht und Anschluss), fand Kehr (2004) Hinweise darauf, dass Inkongruenzen zwischen impliziten und expliziten Motiven das Wohlbefinden beeinträchtigen, weil Inkongru-

---

Box 4.3: Motiv-Inkongruenzen in der Klinischen Psychologie

Die Untersuchung von Inkongruenzen zwischen impliziten Motiven und bewussten Zielen bzw. expliziten Motiven wird zunehmend für die Klinische Psychologie relevant (vgl. Michalak, Püschel, Joormann & Schulte, 2006). Diskutiert wird z. B., dass chronische Inkongruenzen die Anfälligkeit für klinische Störungen – wie etwa einer Majoren Depression oder auch psychosomatischen Erkrankungen – erhöhen können (vgl. Sachse, 2003, 2005, 2006). In der klinischen Praxis kann oft beobachtet werden, dass Klienten unfähig sind, sich von Berufs- oder Partnerschaftszielen abzulösen, die unerreichbar geworden sind, freudlos verfolgt werden oder mit hohen psychischen und sozialen Kosten verbunden sind. In solchen Fällen sollte eine Therapie auch darauf abzielen, Klienten einen Zugang zu ihren impliziten Motiven zu verschaffen und explizite Motive und langfristige Ziele durch einen Klärungsprozess wieder mit impliziten Motiven in Einklang zu bringen (Sachse, 2005). Mögliche Inkongruenzen spielen ebenfalls bei der Planung von Therapiezielen eine Rolle. Hier besteht die Gefahr, dass Klienten zu Beginn der Therapie – wenn der Zugang zu impliziten Motiven möglicherweise noch blockiert ist – Ziele setzen, die mit ihrer impliziten Motivstruktur inkompatibel sind und damit langfristig den Therapieerfolg beeinträchtigen können (Püschel, 2006). Daher ist es sinnvoll, im Laufe der Therapie immer wieder zu prüfen, ob sich die zuvor gesetzten Ziele noch »richtig« anfühlen.

enzen den ständigen Einsatz willentlicher Kontrolle erzwingen und damit langfristig zu »volitionaler Erschöpfung« führen. Dieser Befund steht im Einklang mit der Hypothese, dass Inkongruenzen Personen chronisch in eine volitionale Steuerungslage versetzen (vgl. Kap. 3), die sich u. a. durch ein hohes Anstrengungserleben und eine mühsame, kontrollierte Verhaltensregulation auszeichnet und daher als »verborgener Stressor« wirken kann.

Woran liegt es nun, dass einige Menschen bei der Auswahl ihrer Ziele ein gutes Händchen beweisen und sich überwiegend an motivkongruente Ziele binden, während andere sich wiederholt an motivinkongruenten Zielen die Zähne ausbeißen? Rheinberg und Engeser (2009) nehmen an, dass motivkongruentes Handeln nicht zufällig zustande kommt, sondern aus einer spezifischen Fähigkeit resultiert, die sie *motivationale Kompetenz* nennen. Die wichtigste Komponente motivationaler Kompetenz ist ein sicheres Gespür dafür, welche Tätigkeiten einem selbst Spaß machen. Dieses Gespür scheinen Menschen verlieren zu können, wenn sie sich zu stark daran orientieren, was ihnen – aus der Sicht anderer Menschen oder aufgrund sozialer Normen – Spaß machen *sollte* (»Lernen sollte mir Spaß machen!«, »Nett zu Verwandten sein sollte mir Spaß machen« etc.) oder wenn sie den Spaß an einer Tätigkeit fälschlicherweise aus der Bewertung der Folgen der Zielerreichung ableiten (»Als Anwalt verdient man viel Geld; also wird das Jurastudium Spaß machen«). Um motivational kompetent zu handeln, sollte man zudem in der Lage sein, die zentralen Anreize zukünftiger Situationen möglichst genau vorhersagen zu können. Wer sich etwa vorstellt, dass das Leben eines Anwalts vorwiegend darin besteht, Sportwagen zu fahren und flammende Plädoyers vor Gericht zu halten – und sich aus diesem Grund für ein Jurastudium entscheidet –, handelt motivational inkompetent. Drittens gelingt es motivational kompetenten Menschen, langweilige – aber nicht zu vermeidende – Tätigkeiten mit Anreizen auszustatten, die ihren impliziten Motiven entsprechen. Z. B. könnte eine hoch implizit leistungsmotivierte Person das Abspülen von Geschirr motivational aufwerten, indem sie es mit leistungsthematischen Anreizen versieht (»Schaffe ich den Abwasch heute schneller als gestern bei gleicher Gründlichkeit?«, »Kann ich Teller auch einhändig abwaschen?«).

Rheinberg und Engeser (2009) nehmen an, dass motivationale Kompetenz trainiert werden kann, indem man sorgfältig und vorurteilsfrei die affektiven Konsequenzen von Tätigkeiten prüft. Versuchen Sie z. B., die folgenden Fragen zu beantworten (nach Rheinberg & Engeser, 2009):

- Welche Tätigkeiten machen Sie auch ohne Belohnung immer wieder? Woran haben Sie besonders gerne gearbeitet, ohne ein Ende finden zu können? Für welche Tätigkeiten vernachlässigen Sie schon mal alltägliche Pflichten? (Es ist zu vermuten, dass diese Tätigkeiten kongruent zu Ihren impliziten Motiven sind. Um eine Vorstellung von der Ausprägung ihrer impliziten Motiven zu bekommen, können Sie im nächsten Schritt analysieren, welche Anreize diese Tätigkeiten für Sie so ansprechend machen.)
- Woran denken Sie, und was geht Ihnen durch den Kopf, wenn Sie im Bus sitzen, in einer Warteschlange stehen oder wenn Sie einen langweiligen Vortrag hören? (Mit hoher Wahrscheinlichkeit erscheinen in solchen Situationen vorwiegend Vorstellungen und Gedanken an motivkongruente Tätigkeiten in Ihrem Bewusstsein.)
- Ist es schon einmal vorgekommen, dass Sie ein Ziel über einen sehr langen Zeitraum verfolgt und viel Zeit und Energie investiert haben, nur um festzustellen, dass Sie sich über die Verwirklichung des Ziels nicht recht freuen konnten? (Dieses

Ziel haben Sie vermutlich nur deshalb verfolgt, weil Sie sich verpflichtet fühlten oder weil es mit Ihrem bewussten Selbstkonzept – Ihren expliziten Motiven – übereinstimmte. Ganz offenbar passt es nicht zu Ihren impliziten Motiven.)

Untersuchungen von Schultheiss (2001) weisen darauf hin, dass motivational kompetente Entscheidungen durch die bildhafte Vorstellung der Verfolgung und Verwirklichung eines Ziels getroffen werden können. Die Imagination der Verwirklichung eines Zieles übersetzt die Anreize der Zielverfolgung in die »Sprache« von Motiven und kann auf diese Weise dafür sorgen, dass die Auswahl und die Verfolgung von Zielen mit der Motivstruktur einer Person abgestimmt werden. In einem Experiment (Schultheiss & Brunstein, 1999, Studie 2) sollten sich die Teilnehmer z. B. vorstellen, einen Konkurrenten (»Andreas Fischer«) bei einem Computerspiel aus einer Rangliste zu werfen. Dieses Ziel ist im Wesentlichen mit machtthematischen Anreizen ausgestattet und sollte deshalb vor allem für Personen mit einem starken Machtmotiv attraktiv sein. Hoch machtmotivierte Teilnehmer machten sich dieses Ziel jedoch nur dann zu eigen, wenn sie sich in einer geleiteten Imagination vor Augen führten, wie sie konzentriert spielen, nach und nach die Rangliste nach oben steigen und schließlich den Erstplatzierten entthronen. Wurden diese Informationen allein verbal gegeben, unterschieden sich hoch machtmotivierte Teilnehmer dagegen nicht von niedrig motivierten. Imaginationen können also dazu führen, dass motivkongruente Ziele verpflichtend und handlungsleitend werden: Wenn sich die Vorstellung der Verfolgung eines Ziels »gut anfühlt«, Spaß macht und anspornt, dann scheint das Ziel mit Anreizen ausgestattet zu sein, die mit den eigenen impliziten Motiven kongruent sind.

4.6 Auf ein Wort ...

Am Anfang des Kapitels haben wir beschrieben, wie sich der Eindruck einstellen kann, dass sich motivationale Prozesse vollständig im Bewusstsein abspielen. Dieser Eindruck trügt jedoch: Für jeden einzelnen Schritt zielgerichteten Verhaltens – angefangen vom Abwägen, über die Bindung an ein Ziel, die Zielaktivierung und die konkrete Steuerung von Verhalten – haben wir zeigen können, dass sie ohne Beteiligung des Bewusstseins ablaufen und sich bewusste Steuerungsprozesse sogar störend einmischen können. Eine wichtige Rolle bei der unbewussten Regulation von Verhalten spielen implizite Motive, die früh in der Ontogenese ausgebildet werden und als Resultat frühkindlicher emotionaler Erfahrungen beschreiben, welche Klassen von Anreizen von einer Person als affektiv belohnend erlebt werden. Implizite Motive sind – im Gegensatz zum bewussten Selbstkonzept und langfristigen Zielen – dem Bewusstsein nicht zugänglich und können daher nur durch indirekte Verfahren erhoben werden. Durch die emotionale Markierung von Handlungsalternativen können sie alltägliches Verhalten steuern, ohne dass dieser Einfluss notwendig bewusst würde. Implizite Motive unterstützen die Verfolgung bewusster Ziele, indem sie automatisch und ohne bewusste Beteiligung Verhalten energetisieren und ausrichten. Wenn eine Person bewusste Ziele verfolgt, die nicht mit impliziten Motiven übereinstimmen, dann kann das zu Beeinträchtigungen des emotionalen Wohlbefindens führen.

5 Hunger

5.1	Phänomene und Funktion
5.2	Organismische Bedingungsfaktoren
5.2.1	Periphere Mechanismen
5.2.2	Zentrale Mechanismen
5.3	Kognitive Bedingungsfaktoren
5.4	Lernfaktoren
5.5	Auf ein Wort ...

5.1 Phänomene und Funktion

Nur selten werden Menschen in unserer Region mit dem Phänomen des Hungers konfrontiert. In der Regel nehmen wir aus Gewohnheit und regionalen Sitten folgend unsere Mahlzeiten ein, bevor sich Hunger deutlich spürbar machen kann. So gesehen scheint Hunger für die menschliche Motivation keine bedeutsame Rolle zu spielen. Allerdings zeigen Berichte über extreme menschliche Lebenssituationen, z. B. ethnologische Berichte über das Verhalten von Gruppen in Gebieten mit Nahrungsmangel oder Berichte über die Erlebnisse und Verhaltensweisen von hungernden Menschen in Gefangenen- und Konzentrationslagern, dass bei lang andauerndem Nahrungsmangel Hunger und fehlende Nahrung alles Denken und Streben der Menschen beherrschen können.

Daher nimmt der Hunger in allen Aufstellungen menschlicher und tierischer Motive eine hervorragende Stellung ein. Der Anpassungswert, die Funktionalität dieses Motivsystems ist ganz offensichtlich. Alle Lebewesen sind schließlich gezwungen, zur Aufrechterhaltung ihres Stoffwechsels und zum Aufbau körpereigener Substanzen Energie in der Form von Nahrung und weitere lebensnotwendige Stoffe zu sich zu nehmen. Offensichtlich haben die verschiedenen Arten im Laufe ihrer stammesgeschichtlichen Entwicklung dieses Problem durch die Ausbildung eines genetisch fundierten Motivsystems »Hunger« mit den zugehörigen Verhaltensweisen der Nahrungssuche und -aufnahme gelöst. Den Kern dieses Verhaltenssystems vermuten wir in einem emotionalen Bewertungsmechanismus nahrungsbezogener Anreize, der an organismische Zustände angekoppelt ist. In einer an deutschen Verbrauchern durchgeführten Untersuchung zeigte sich, dass das Wort »essen« spontan mit »Lust« assoziiert wurde (Westenhoefer & Pudel, 1993).

Die Beschäftigung mit diesem Motivsystem ist nicht nur von grundlagenwissenschaftlicher Bedeutung, sondern auch von eminent praktischem Wert. Nach dem Jahresbericht der Deutschen Gesellschaft für Ernährung (DGE) 1996 hatte jeder dritte Bundesbürger Übergewicht und setzte damit seine Gesundheit aufs Spiel. 20 % der erwachsenen

Bundesbürger weisen ein gesundheitsgefährdendes Übergewicht auf. Eine fortschreitende Entwicklung, denn der Bericht der DGE von 2006 weist für das Jahr 2004 aus, dass mehr als 65 % der Männer und ca. 55 % der Frauen in Deutschland übergewichtig sind; das ist bereits mehr als die Hälfte der Bevölkerung. Die Deutschen werden immer dicker. Seit Kriegsende ist die Aufnahme von Nahrungsfetten auf bis zu 40–45 % an der Gesamtmenge zugeführter Energie angestiegen. Nach medizinischer Auskunft ist die Ursache der »Fettsucht« auch ein Energiebilanzproblem: Fettsüchtige nehmen in der akuten Phase der Gewichtszunahme mehr Energie auf, als sie durch den Stoffwechsel verbrauchen. Was Menschen essen, wie sie es zubereiten, wann und wie oft sie essen, ist durch individuelle Voreingenommenheiten, aber auch durch den kulturellen Rahmen, in dem sie leben, bestimmt (Rozin, 1996). Man kann sich das so vorstellen, dass im Organismus ein bestimmter Mangelzustand entsteht (z. B. durch Energieverbrauch), der sich, je nach individuellen Voreingenommenheiten und sozialen Bewertungsnormen, in ein aktuelles Nahrungsbedürfnis (»Hunger«) umsetzt.

Entsprechend unserem allgemeinen Erklärungsschema wollen wir auch das Nahrungsaufnahmeverhalten aus dem Zusammenwirken von emotional bewerteten äußeren Anreizen und weiteren Bewertungen der Situation, z. B. der antizipierten gesundheitlichen Folgen (»Risiken«) des Verhaltens, dem Motiv und weiteren organismischen Bedingungsfaktoren, erklären. Die primären Anreize der Nahrungsaufnahme sind Qualitäts- und Quantitätsmerkmale der Nahrung, deren Bewertung angeboren oder erworben sein kann. Zu den weiterreichenden Folgen lassen sich neben den Auswirkungen der Ernährung für das Wohlbefinden und die Gesundheit auch negative Beurteilungen der sozialen Umwelt bei Abweichungen vom jeweiligen Idealgewicht zählen.

Das Zusammenwirken innerer und äußerer Bedingungsfaktoren soll anhand der Ergebnisse einer Laborstudie illustriert werden: Hill und McCutcheon (1975) beobachteten 14 Vpn bei vier Testmahlzeiten, von denen zwei hoch präferierte und zwei niedrig präferierte Nahrungsmittel enthielten. Die Vpn kamen entweder hungrig (18-stündige Nahrungsdeprivation) oder gesättigt (einstündige Nahrungsdeprivation) zu den Testmahlzeiten. In Abhängigkeit sowohl vom Hunger als auch vom Ausmaß der Bevorzugung der Nahrung essen die Vpn unterschiedliche Mengen und benötigen unterschiedliche Zeit für das Kauen und Schlucken eines jeden Bissens. Bei größerem Hunger und hoch präferierten Nahrungsmitteln steigen sowohl die Menge der aufgenommenen Nahrung als auch die Anzahl der Bisse, und gleichzeitig nimmt die Zeit für die Nahrungsaufnahme ab. Die Nahrung wird also eher »heruntergeschlungen«. Eine höhere Nahrungsmotivation entsteht also durch den größeren Hunger und durch den größeren Anreiz der Nahrung; beides bewirkt eine stärkere Nahrungsaufnahme und eine größere Geschwindigkeit beim Kauen.

Der erlebte Anreiz der Nahrung ist nicht unabhängig vom Bedürfnis. Der Anreiz einer Sukroselösung wird normalerweise positiv eingeschätzt (vgl. **Abb. 2.1**), aber mit zunehmender Sättigung wird der positive Anreiz geringer beurteilt, d. h., eine normalerweise bestehende Anreizwirkung verliert sich bei fortschreitender Sättigung (Cabanac, 1979). Der Volksmund weiß: »Wenn die Mäuse satt sind, schmeckt das Mehl bitter«. Die Einnahme einer spezifischen Nahrung führt in der Regel dazu, dass sie an positivem Anreiz verliert und dass ihr Geschmack, ihr bloßer Anblick und ihre stoffliche Beschaffenheit als weniger angenehm eingestuft werden, ein Phänomen, das man als »spezifische Sättigung« (Hetherington & Rolls, 1996) bezeichnet. Der Anreiz einer Nahrung hängt aber nicht nur von dem aktuellen Sättigungszustand des Organismus ab, sondern auch von stabilen Merkmalen des Organismus, von denen man vermutet, dass sie eine genetische Basis haben. Menschen unterscheiden sich deutlich in ihrer Fähigkeit, bittere Stoffe in Nahrungsmitteln zu entdecken. Substanzen, die dem Organismus schaden, haben häufig einen bitteren Geschmack. Es könnte also einen Anpassungsvorteil bedeuten, wenn man einen bitteren Geschmack schon bei ganz geringen Konzentrationen entdeckt (Drewnowski & Rock, 1995; Tepper, 1998; vgl. Kap. 5.2.1). Es handelt sich hierbei um stabile Geschmackspräferenzen – oder allgemeiner gesagt Bewertungsvoreingenommenheiten –, die den funktionalen Status von Motiven haben.

Ein weiteres Problem stellt sich, wenn man die Beendigung der Mahlzeit theoretisch erklären will – ist das Ende einer Mahlzeit an die Stillung des Bedürfnisses geknüpft? Das Bedürfnis ist definiert durch den Verlust (Mangel) von Nährstoffen an den Orten des Stoffwechsels. Alle Lebewesen beenden aber ihre Mahlzeiten in der Regel, bevor das Energiereservoir wieder aufgefüllt und das Bedürfnis damit gestillt ist. Von der Aufnahme der Nahrung bis zur vollständigen Verdauung vergehen Stunden; unsere Mahlzeiten beenden wir dagegen in der Regel in weniger als einer Stunde. Selbst wenn also der Anstoß zur Nahrungsaufnahme durch das organismisch fundierte Bedürfnis im Zusammenwirken mit äußeren Anreizen zustande kommt, müssen für die Beendigung der Nahrungsaufnahme, die Sättigung, schneller wirkende Mechanismen als die Stillung dieses Bedürfnisses angenommen werden.

Das Steuerungssystem der Nahrungsaufnahme arbeitet beeindruckend präzise. Trotz wechselnden Energiebedarfs und von Tag zu Tag schwankender Nahrungsaufnahme halten Lebewesen ihr Körpergewicht stabil. Das gilt ungeachtet der Häufigkeit von Übergewicht in unserer Gesellschaft auch für den Menschen: Zwischen dem 20. und 50. Lebensjahr steigt bei Männern im Mittel das Körpergewicht von 65 bis 72 kg (je nach Stichprobe) auf nur 72 bis 77 kg. Dabei muss in diesem Zeitraum von 30 Jahren mehr als 99 % der aufgenommenen Energie wieder verbraucht werden, wenn das Gewicht derart stabil gehalten werden soll. Diese hochgradige Konstanz beruht auf der Tatsache, dass die jeweilige Energiebilanz in einem Rückkoppelungssystem im Wesentlichen unter Einbezug des Hypothalamus und peripherer Mechanismen kontrolliert wird. Der Hypothalamus misst den jeweils aktuellen nahrungsmäßigen Zustand und moduliert dann die Nahrungsaufnahme und die Energieabgabe (Friedman & Halaas, 1998).

Eine Hypothese, die jüngst viel Forschungsaktivität angeregt hat, ist die, dass in dem bereits beschriebenen Rückkoppelungssystem, in dem der Hypothalamus Nahrungsaufnahme und Energieabgabe moduliert, das Hormon Leptin eine besondere Rolle spielen könnte. Leptin wird vom Fettgewebe abgesondert und koordiniert die Nahrungsaufnahme im Verhältnis zur abgegebenen Energie. Es gibt positive Belege für die Leptinwirkung bei Nagetieren und auch beim Menschen.

Die Steuerung der Nahrungsaufnahme und die Anpassung an die organismischen Bedürfnisse können innerhalb einer Mahlzeit oder am selben Tag von einer Mahlzeit zur anderen (ultra-kurzzeitige Steuerung), von Tag zu Tag (kurzzeitige Steuerung) und in längeren Zeitperioden (langzeitige Steuerung) erfolgen. Beim Menschen findet eine kurzzeitige Anpassung der Energieaufnahme an den Energieverlust des gleichen Tages oder vorangegangener Tage in der Regel nicht statt; erst über den Verlauf mehrerer Tage stehen Aufnahme und Abgabe im Gleichgewicht. Ratten und viele andere Lebewesen steuern dagegen ihre Nahrungsaufnahme auch von Tag zu Tag, ja von Mahlzeit zu Mahlzeit. Die Zeit, die nach einer Mahlzeit vergeht, bis eine Ratte wieder frisst, ist abhängig von der Nahrungsmenge bei der vorangegangenen Mahlzeit. Der metabolische Status des Organismus muss also in diesem Zwischenraum festgestellt und für die Verhaltenssteuerung genutzt werden. Neben der Nahrungsmenge und den zugeführten Kalorien hat auch das Volumen einer Mahlzeit Einfluss auf die Nahrungsaufnahme.

5.2 Organismische Bedingungsfaktoren

Die wichtigste Funktionseinheit, die für die Regulation der Nahrungsaufnahme zuständig ist, wird von einem System gebildet, an dem das Gehirn (zuvorderst der Hypothalamus) und der gesamte Verdauungsapparat beteiligt sind; dieses System wird gerne als die Gehirn-Darm-Achse bezeichnet (vgl. **Abb. 5.1**). Das Gehirn empfängt hormonale, neuronale und metabolische Informationen über den Energiestatus im Körper und beantwortet diese Informationen durch adaptive Veränderungen der Energieaufnahme und -abgabe (Cummings & Overduin, 2007). Wie arbeitet nun dieses System?

1. Wo entstehen Hunger- und Sättigungssignale im Organismus? Welche Substanzen stellen die physikalische Basis (Reize) für diese Signale dar, und was sind die zugehörigen Rezeptoren?

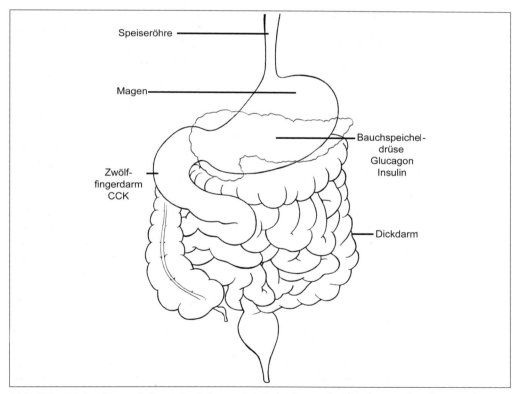

Abb. 5.1: Gehirn-Darm-Achse mit einigen wichtigen Systemkomponenten für die Regulation der Nahrungsaufnahme sowie Orte der Synthese für einige wichtige Peptide (erweitert nach Cummings & Overduin, 2007, S. 14)

2. Auf welchem Wege wird die Information von den Rezeptoren zu den zentralen integrierenden Mechanismen im Gehirn geleitet?
3. Wo im Gehirn sind diese integrierenden Mechanismen lokalisiert, und wie funktionieren sie?
4. Auf welchem Wege werden Verhaltensanweisungen an die effektorischen Organe (Muskeln) übermittelt?
5. Was sind die ausführenden Organe, und wie arbeiten sie?

Bei ihrer Suche nach den Entstehungsorten der Signale für Hunger und Sättigung lassen sich die Motivationsforscher vom Weg der Nahrung leiten. Die Nahrung gelangt zunächst, nachdem sie mit den Fernsinnen wahrgenommen wurde, in den Mund, von dort in die weiterführenden Abschnitte des Verdauungskanals (gastrointestinale Faktoren), dann in die Leber und den Blutkreislauf und schließlich zu allen Körperzellen – und zum Gehirn (postresorptive Faktoren). Die meisten der nachfolgend behandelten Forschungsbeiträge versuchen, Erklärungsansätze auf einem bestimmten Niveau zu formulieren; eine erschöpfende und vollständige Erklärung des Nahrungsverhaltens gelingt jedoch nur, wenn man von einem hierarchisch organisierten Kontrollsystem ausgeht und interagierende Wirkvariablen auf mehreren Niveaus und an mehreren Orten ansiedelt (Cummings & Overduin, 2007; Rowland, Hi & Morien, 1996).

5.2.1 Periphere Mechanismen

Orale Faktoren. Der erste Ort, den die Nahrung passieren muss, ist die Mundhöhle. Dort wird sie geschmeckt, gerochen, getastet und ihre Temperatur festgestellt. Bereits unmittelbar nach der Geburt bevorzugen Jungtiere fast aller untersuchten Arten, auch der Mensch, süß schmeckende Stoffe und stoßen bittere wieder aus (Berridge, 2003).

Eine Reihe von Beobachtungen spricht dafür, dass es sich hierbei um angeborene Präferenzen und Aversionen handelt: (1) Die Präferenz süßer und die Vermeidung bitterer Stoffe tritt zu einem Zeitpunkt auf, in dem Jungtiere und auch Säuglinge bislang nur mit dem Fruchtwasser und der Muttermilch Bekanntschaft gemacht haben. (2) Zuchtexperimente mit Ratten zeigen, dass sich Stämme mit einer besonderen Bevorzugung süßer Stoffe züchten lassen (Badia-Elder, Kiefer & Dess, 1996).

Zumindest für Pflanzen- und Allesfresser lässt sich der Anpassungswert dieser Verhaltensweisen unschwer nachweisen: Süß schmeckende Pflanzenteile, wie Früchte, sind reich an Kohlenhydraten; viele pflanzliche Giftstoffe (Alkaloide) schmecken bitter. Experimentelle Studien zeigen, dass die Bevorzugung von Stoffen mit zunehmender Süße nicht monoton ansteigt, sondern eine maximale Bevorzugung bei mittlerer Konzentration erreicht und dann wieder abfällt. Höhere Konzentrationen schmecken dann für uns Menschen widerlich süß.

Die Geschmackswerte der Nahrung dienen sowohl der Identifikation der Nahrung als auch, durch ihre affektiven oder hedonischen Wirkungen, der unmittelbaren und langfristigen Kontrolle der Nahrungsaufnahme. Geschmackswerte tragen dazu bei, Energieaufnahme und -abgabe in einem Gleichgewicht zu halten, weil sie mit zu- oder abnehmendem Nahrungsbedürfnis eine Veränderung ihrer Wertigkeit erfahren. Schließlich sind diese Mechanismen zu einer Zeit in der Entwicklung der Säuger entstanden, in der die natürliche Umwelt weder süße Stoffe noch fette Nahrung im Überfluss anzubieten hatte. Das galt in der Vergangenheit auch für den Menschen und gilt auch heute noch in vielen Regionen der Erde.

Bereits Cabanac (1990) konnte demonstrieren, dass Ratten in ihrem mimischen Verhalten auf einen süßen Testreiz (0,05 ml Sukroselösung direkt in den Mund) unter-

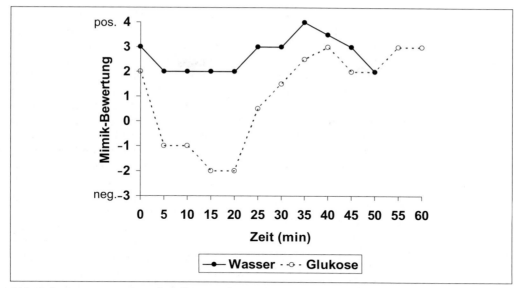

Abb. 5.2: Bewertung der mimischen Reaktion einer Ratte auf Sukroselösungen, die wiederholt auf die Mundschleimhaut gebracht wurden. In einer Bedingung wurden dem Tier zum Beginn der Testreihe (Zeit 0) 5 ml einer 20 %igen Glukoselösung, in einer anderen 5 ml Wasser direkt in den Magen eingeführt (modifiziert nach Cabanac, 1990, S. 30)

schiedlich reagierten, je nachdem ob ihnen zuvor Wasser oder aber eine Glukoselösung in den Magen eingegeben worden war. **Abbildung 5.2** zeigt die durch mimisches Verhalten einer Ratte angezeigte hedonische Bewertung von Sukrosetestreizen in Abhängigkeit von dieser Vorbehandlung und der Zeit, die seit der Behandlung vergangen ist. Es wird hier deutlich, dass Wasser die positive Beurteilung der Sukroselösung nicht verändert. Erhalten die Tiere vorab jedoch Glukose, wird die Sukroselösung sogar negativ (maximal nach ca. 20 Min.) beurteilt, erst nach ca. einer Stunde erreicht die hedonische Bewertung wieder das (positive) Ausgangsniveau.

Zumindest dann, wenn Tiere und Menschen freien Zugang zu Nahrungsmitteln mit hohem hedonischen Wert haben, lässt sich, wie bereits dargestellt, der Vorteil der Steuerung der Nahrungsaufnahme durch Geschmacksfaktoren auch ins Gegenteil kehren. Ratten überfressen sich an fettangereicherter Nahrung, die sie sehr schätzen: Tiere, die normal 300 bis 400 g wiegen, werden dabei bis zu 1 kg schwer. Die besten Mastergebnisse bei Ratten erzielte man im Übrigen mit Diäten, die sowohl fett als auch süß sind. Wenn Nahrung im Überfluss vorhanden ist, nehmen auch Menschen mehr fettreiche und mehr süße Nahrung zu sich, als es zur Sicherstellung des Bedarfs und zur Vermeidung von Übergewicht angebracht wäre.

Für diese hedonischen Geschmackspräferenzen gibt es offensichtlich auch stabile interindividuelle Unterschiede, die funktional Motivunterschieden vergleichbar sind und sehr wahrscheinlich auf angeborenen Bewertungsvoreingenommenheiten beruhen. Die genaue Lokalisation der Steuerungsmechanismen, beispielsweise für Saccharinpräferenzen, wird in dem emotionsverarbeitenden System »oberhalb des Hirnstamms« vermutet (Badia-Elder, Kiefer & Dess, 1996). Auch beim Menschen

5 Hunger

gibt es stabile Persönlichkeitsunterschiede in Bezug auf die hedonische Bewertung der Süßigkeit von Nahrungsmitteln. Looy und Weingarten (1992) haben hierzu ein Experiment durchgeführt, in dem sie ihre Vpn baten, die Intensität und Schmackhaftigkeit verschiedener Sukrosekonzentrationen zu beurteilen. Bei der Beurteilung der höchsten Konzentration wurden Videoaufzeichnungen des Gesichtsausdrucks der Vpn gemacht. Eine Gruppe von unabhängigen Beobachtern beurteilte nun den Gesichtsausdruck daraufhin, ob die Person, die sie sahen, den Geschmack eher liebte oder nicht. Aufgrund dieser Beurteilung wurden die Vpn in solche mit einer positiven Vorliebe für Süßes (süß+) und solche mit einer Abneigung gegenüber Süßem (süß–) eingeteilt. **Abbildung 5.3** zeigt die Einschätzung der Intensität und der Schmackhaftigkeit (hedonische Bewertung) der verschiedenen Sukrosekonzentrationen. Sie verdeutlicht, dass es stabile interindividuelle Unterschiede in der Geschmackspräferenz für Süßes gibt.

Im Bereich der Geschmacksaversionen ist die Einschätzung des bitteren Geschmacks (von 6-n-Prophylthiouracil, PROP) eine wichtige Markiervariable für unterschiedliche Geschmacksaversionen, für die ebenfalls genetische Unterschiede angenommen werden (Whissell-Buechy, 1990). Beide Systeme, das Detektionssystem von bitteren Geschmacksstoffen und die Vorliebe für

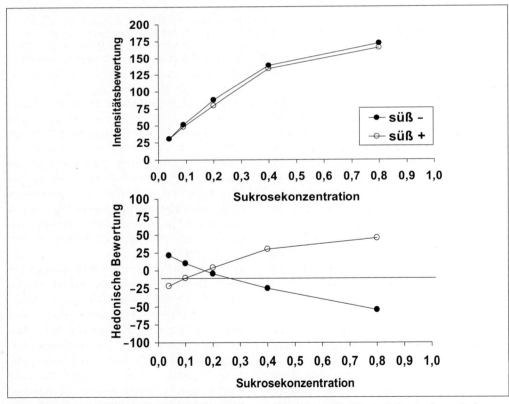

Abb. 5.3: Einschätzung der Intensität (oben) und der Schmackhaftigkeit (unten) von Sukroselösungen für Personen mit einer Vorliebe für Süßes (süß+) bzw. einer Abneigung gegenüber Süßem (süß–) (nach Looy & Weingarten, 1992, S. 77)

Süßes, hängen ganz offensichtlich zusammen, wie die Untersuchung von Looy und Weingarten (1992) deutlich macht. Personen mit einer Abneigung gegenüber Süßem sind auch sensibler gegenüber dem bitteren Geschmack von PROP. Aber auch die Entdeckung von unterschiedlichen Fettgehalten in der Nahrung wird von der PROP-Sensibilität beeinflusst. Tepper und Nurse (1998) haben ihre Vpn gebeten, den Fettgehalt eines hoch fetthaltigen (40 %) und niedrig fetthaltigen (10 %) Salatdressings anzugeben. Nur die hoch PROP-Sensiblen bemerkten den Unterschied, die anderen Gruppen fanden keinen Unterschied. Eine Vermutung, die die Autoren auch untersuchten, dass nämlich die PROP-Sensiblen auch ein geringeres Körpergewicht aufweisen müssten, fand allerdings nur eine tendenzielle Bestätigung und auch nur bei Männern.

Gastrointestinale Faktoren. Die Nahrung verbleibt einige Zeit im Magen, wird in kleineren Portionen in den Darm abgegeben, wird verdaut und resorbiert. Der gesamte Prozess dauert einige Stunden. Verschiedene Stimuli treten im zeitlichen Verlauf dieses Prozesses auf, angefangen von der Dehnung des Magens durch die Speise, die als Sättigungs- und Hungersignale fungieren können. Nachweislich tritt Hunger umso schneller wieder auf bzw. wird Nahrung umso schneller wieder aufgenommen, je kürzer der Gesamtprozess ist. Eine Verzögerung der Magenentleerung, z.B. durch eine Verringerung der kalorischen Dichte der Nahrung (z.B. durch zusätzliches Trinken), verringert die Nahrungsaufnahme. Im Einzelnen muss man Dehnungsreize im Magen und spezifische Reize im Darm, für die spezielle Rezeptoren zu existieren scheinen, als bedeutungsvoll vermuten. Rolls et al. (1998) konnten zeigen, dass das Volumen eines Milchdrinks, den Vpn zu sich genommen hatten, Einfluss auf die nachfolgende Nahrungsaufnahme (ca. vier Stunden später) hatte und auch das subjektive Sättigungsgefühl beeinflusste. Das Volumen von verzehrten Nahrungsmitteln ist, unabhängig von der Kalorienmenge, ein wichtiger Einflussfaktor für die Nahrungsaufnahme. Diese Information aus dem Magen gelangt über parasympathische und sympathische Nerven zum ZNS. Eine Verarbeitung erfolgt u. a. auch im ventromedialen Hypothalamus (vgl. **Abb. 5.4**).

Neben nervösen Sättigungssignalen aus dem oberen Magen-Darm-Trakt muss auch die Existenz von unmittelbar wirksam werdenden hormonalen Signalen in Rechnung gestellt werden (Cummings & Overduin, 2007). So zeigt sich beispielsweise, dass das Gastrointestinalhormon Cholezystokinin (CCK) bei externer Zufuhr Sättigung bewirkt. Dieses Hormon wird unter natürlichen Bedingungen zusammen mit anderen Hormonen beim Eintritt der Nahrung in den Zwölffingerdarm abgegeben. Andere gastrale Hormone wie Bombesin und Somatostatin zeigen ebenfalls Sättigungseffekte. Bei diesen Hormonen handelt es sich um Peptide, so auch bei dem von der Bauchspeicheldrüse produzierten Glukagon, das ebenfalls einen Sättigungseffekt hat (vgl. **Abb. 5.1**).

Neuere Untersuchungen haben zur Differenzierung von CCK_A- (A = alimentary, neu: CCK1R) und CCK_B (B = brain, neu CCK2R)-Rezeptoren geführt. CCK_A-Rezeptoren sind hauptsächlich in der Peripherie angeordnet und für die Hemmung der Nahrungsaufnahme verantwortlich, während die Aktivierung der CCK_B-Rezeptoren auch Angst auslöst. CCK-Infusionen in den Darm oder Mikroinjektionen in verschiedene hypothalamische Bereiche unterbinden kurzfristig die Nahrungsaufnahme. Die Analyse der Wirkung von CCK auf die langfristige Regulation der Nahrungsaufnahme zeigt jedoch insgesamt wenig konsistente Befunde. Die Ergebnisse hängen von den eingesetzten Methoden, dem Geschlecht und dem Alter der Tiere ab. Insgesamt ist die Literatur hierzu »überreich an Inkonsistenzen und

Widersprüchen« (Fink et al., 1998, S. 77). Von außen zugeführtes CCK und körpereigen produziertes CCK haben oftmals ganz unterschiedliche Wirkungen. Das als Neurotransmitter bekannte Serotonin (vgl. Kap. 2) hat im Übrigen einen dem CCK vergleichbaren Effekt. Verabreichung von Serotonin unterdrückt die Nahrungsaufnahme. In vielen Fällen interagieren CCK und Serotonin in der Herstellung eines Sättigungszustandes (Rowland et al., 1996).

Postresorptive Faktoren. Lange Zeit galt der Blutglukosegehalt als entscheidend unter den Faktoren, die nach der Resorption der Nahrung wirksam werden. Glukose ist unter normalen Umständen die einzige Nahrung für die Hirnzellen; der Blutzuckergehalt wird außerdem in relativ engen Grenzen konstant gehalten. Eine erste einflussreiche Hypothese, die darauf Rücksicht nimmt, hat Mayer (1955) vorgeschlagen. Danach ist das Ausmaß, in dem Glukose von den Hirnzellen genutzt wird, die entscheidende Variable. Ist die Glukosenutzung in den Hirnzellen groß, was sich in einer großen Differenz zwischen dem Glukosegehalt in den Arterien und den Venen ausdrückt, resultiert Sättigung. Ist das Ausmaß der Glukosenutzung gering, resultiert Hunger. Neuere Studien demonstrieren auch die Existenz von Glukoserezeptoren sowohl im ventromedialen Hypothalamus (VMH) als auch im Hirnstamm (Berthoud, 2002). Glukose ist unter physiologischen Gesichtspunkten der wichtigste Energielieferant des Gehirns und das einzige metabolische Substrat, das in hinreichendem Ausmaß zur Aufrechterhaltung der Energieversorgung ins Gehirn gelangen kann. Das Gehirn vermag auch beträchtliche Mengen an Glukose in Form von Glukogen zu speichern. Viele Beobachtungen im Labor und auch unter normalen Lebensbedingungen zeigen, dass Glukosedeprivation, unabhängig davon wie sie herbeigeführt wurde, zur Nahrungsaufnahme veranlasst; allerdings ist noch umstritten, ob umgekehrt auch eine erhöhte Glukoseverfügbarkeit zur verlässlichen Beendigung der Nahrungsaufnahme führt. Möglicherweise arbeitet dieser Steuerungsmechanismus asymmetrisch: Während er eine drohende Unterversorgung mit Glukose verlässlich meldet und mit der Motivation zur Nahrungsaufnahme beantwortet, verhält er sich gegenüber einem Überschuss eher tolerant. Man kann das damit erklären, dass zu jener Zeit, als sich dieser Mechanismus entwickelte, keine Notwendigkeit bestand, auf ein gefülltes Glukosereservoir mit dem Abbruch der Nahrungsaufnahme zu reagieren. Glukose im Überfluss war von der Evolution nicht »eingeplant«.

5.2.2 Zentrale Mechanismen

Die Integration der verschiedenen organismischen und äußeren Signale und die direkte Steuerung des Verhaltens müssen an einem zentralen Ort im Gehirn geschehen. Hier haben sich an erster Stelle die verschiedenen Areale des Hypothalamus für die Nahrungsaufnahme als wichtig herausgestellt. Erste experimentelle Befunde schienen zu belegen, dass in dem zur Mittellinie, in unmittelbarer Nachbarschaft zum 3. Ventrikel gelegenen ventromedialen Kern (VMH) des Hypothalamus ein »Sättigungszentrum« lokalisiert ist und dass in den seitlichen Arealen des Hypothalamus, im lateralen Hypothalamus (LH), das »Hunger- und Fresszentrum« liegt. Eine beidseitige Zerstörung des VMH bewirkt nämlich bei Ratten und vielen anderen untersuchten Arten gesteigertes Fressen – eine Zerstörung des LH bewirkt das genaue Gegenteil. Die Tiere fressen zunächst überhaupt nicht (Aphagie), müssen künstlich ernährt werden, um am Leben erhalten zu werden, und zeigen auch später noch ein reduziertes Fressverhalten (Hypophagie; vgl. **Abb. 5.4**) sowie permanente Defizite in der Steuerung der Nahrungsaufnahme.

Solche und ähnliche Ergebnisse haben zur Annahme eines dualen hypothalamischen Mechanismus für die Steuerung der Nahrungsaufnahme geführt. Danach wird das Nahrungsaufnahmeverhalten durch ein aktives Fresszentrum im LH in Gang gesetzt; im Zustand der Sättigung hemmt dann das aktivierte Sättigungszentrum im VMH dieses Fresszentrum im LH, so dass das Lebewesen aufhört, Nahrung zu suchen und aufzunehmen. Obwohl dieses Modell auch durch Ableitungs- und Stimulationsstudien gestützt wurde, machen eine Reihe von experimentellen Befunden der letzten Jahre

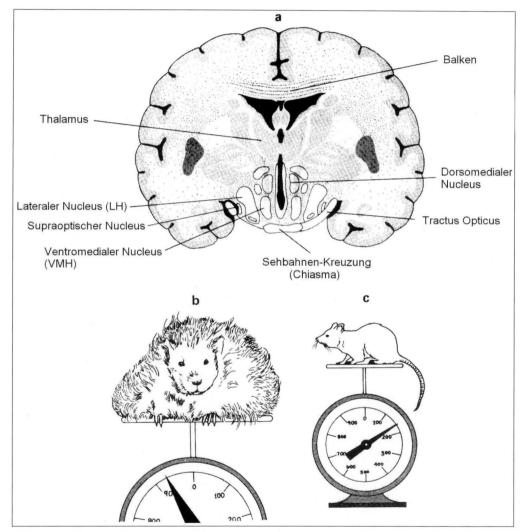

Abb. 5.4: Kerne des Hypothalamus im Gehirn der Ratte, die für die Steuerung der Nahrungsaufnahme von Bedeutung sind (a), 1. ventromedialer Kern (VMH): Seine Zerstörung führt zu gesteigertem Fressverhalten (b), 2. lateraler Hypothalamus (LH): Läsionen in diesem Gebiet führen zu Aphagie und später zu Hypophagie (c) (modifiziert nach Schneider & Tarshis, 1975, S. 278)

deutlich, dass diese Vorstellung eine Vereinfachung darstellt und deshalb relativiert werden muss. Für die Steuerung der Nahrungsaufnahme scheinen nicht ausschließlich Zellen in diesen hypothalamischen Arealen verantwortlich zu sein, sondern in stärkerem Maße die sie durchziehenden Nervenbahnen (Le Magnen, 1992). Man spricht deshalb heute von einem neuronalen Netzwerk, das aus mehreren Gehirnregionen besteht. Dazu zählen neben den bereits beschriebenen hypothalamischen Gebieten auch Strukturen des Hirnstamms, des limbischen Systems, insbesondere der Amygdala, sowie auch kortikale Regionen (Berthoud, 2002). Der Hypothalamus spielt aber dennoch auch in zeitgenössischen Theorien eine wichtige Rolle: Ihm werden Aufgaben vor allem bei der Integration der aus dem Netzwerk einlaufenden Informationen zugedacht.

Genauere Einblicke in das Gesamtsystem liefert eine Studie, in der bei hungrigen und gesättigten Personen die jeweils aktiven Areale im Gehirn sichtbar gemacht wurden (Tataranni et al., 1999). Die regionale zerebrale Durchblutung (rCBF) wurde als Marker für die neuronale Aktivität in verschiedenen Regionen des Gehirns verwendet. Hunger war mit einer erhöhten Aktivität im ganzen Umfeld des Hypothalamus sowie weiterer Areale des limbischen Systems verbunden. Sättigung war assoziiert mit einer erhöhten Aktivität im Bereich des ventromedialen präfrontalen Kortex sowie weiterer kortikaler und extrakortikaler Bereiche. Insgesamt berichten die Autoren über ein weit verzweigtes neuronales System für die Verarbeitung von Hunger- und Sättigungsinformationen, in dem allerdings, insbesondere was den Hunger betrifft, der Hypothalamus eine entscheidende Größe darstellt. Dies stellt zumindest eine Gemeinsamkeit mit den alten aus der tierexperimentellen Forschung gewonnenen Erkenntnissen dar (Tataranni et al., 1999, S. 4572). Bedeutungsvoll ist die Beteiligung des präfrontalen Kortex an der Verarbeitung von Sättigungsinformationen, das sind solche Informationen, die zu einer willentlichen Beendigung der Nahrungsaufnahme führen. Die Autoren vermuten, dass diese Region, die für eine willentliche Unterdrückung unangemessener Verhaltensweisen bekannt ist (vgl. Kap. 2.3.2), eine inhibitorische Wirkung auf jene hypothalamischen Regionen ausübt, die auf Hungersignale ansprechen.

5.3 Kognitive Bedingungsfaktoren

Menschliches Nahrungsaufnahmeverhalten wird auch kognitiv und durch Erlerntes gesteuert. Die Forschung in diesem Bereich wurde durch eine Untersuchung von Schachter et al. (1968) angeregt: Danach sollen Übergewichtige im Unterschied zu Normalgewichtigen interne Hunger- und Sättigungssignale nicht wahrnehmen, sie lassen sich vielmehr von äußeren Signalen leiten und verkennen sogar allgemeine Erregungszustände, Ängste und Ärger als Hungergefühle und essen sich dadurch den viel beschworenen Kummerspeck an. Die Autoren baten normal- und übergewichtige Studenten, nüchtern ins Labor zu kommen, um dort an einer Studie zur Beurteilung der geschmacklichen Qualität von Gebäck teilzunehmen. Im Labor angekommen, wurden die Vpn zunächst entweder mit Roastbeef-Sandwiches versorgt oder nicht, so dass eine Gruppe das Gebäck mit vollem, eine andere mit leerem Magen beurteilen musste. Bei dieser Beurteilung war den Vpn freigestellt, so viel Gebäck zu nehmen, wie sie wollten. Die Ergebnisse zeigten, dass übergewichtige Personen in beiden Bedingungen etwa gleich viel Gebäck nahmen: Ob sie einen vollen oder leeren Magen hatten, war ohne Einfluss auf ihr Verhalten, während

5.3 Kognitive Bedingungsfaktoren

Normalgewichtige deutliche Unterschiede machten. Die Autoren schlussfolgerten, dass Übergewichtige sich in ihrer Nahrungsaufnahme eher von äußeren Anreizen verleiten lassen. So essen übergewichtige Personen auch eher und mehr, wenn man sie glauben lässt, dass es an der Zeit wäre zu essen. Personen essen auch insgesamt mehr, wenn die Nahrung gut zu erreichen oder gut sichtbar ist. Auch hier zeigen Übergewichtige eine

---

Box 5.1: Motivdiskrepanzen und problematisches Essverhalten

Eine Arbeit von Job, Oertig und Brandstätter (2008) hat jüngst Hinweise darauf erbracht, dass problematisches Essverhalten aus einer mangelnden Abstimmung unbewusster und bewusster motivationaler Tendenzen entstehen kann. Der Ausgangspunkt dieser Arbeit lag in der Beobachtung, dass chronische Inkongruenzen zwischen impliziten und expliziten Motiven (»Motivdiskrepanzen«) das subjektive Wohlbefinden beeinträchtigen können (vgl. Kap. 4). Solche emotionalen Beeinträchtigungen lassen sich jedoch – wenigstens für kurze Zeit – durch den Konsum von süßen und/oder stark fetthaltigen Nahrungsmitteln ausgleichen: In negativer Stimmung haben Menschen ein größeres Verlangen nach und konsumieren mehr Fast Food (wie Schokolade, Kartoffelchips und Hamburger) als in ausgeglichener oder positiver Stimmung (Lyman, 1989; Macht & Simons, 2000; Willner et al., 1998). Aus diesen Beobachtungen leiteten Job et al. (2008) die Hypothese ab, dass Motivdiskrepanzen nicht nur das subjektive Wohlbefinden beeinträchtigen, sondern möglicherweise ebenfalls mit einer Neigung zum Konsum von Fast Food einhergehen. In ihrer Untersuchung bearbeiteten über 100 Frauen Verfahren zur Erhebung impliziter Motive (das MMG, vgl. Kap. 2), einen Fragebogen zur Erfassung expliziter Motive und machten Angaben zu ihrem emotionalen Wohlbefinden und zum Essverhalten. Es zeigte sich, dass problematisches Essverhalten – z.B. die Neigung zu unkontrollierten Essanfällen (»Binge Eating«) und einer Präferenz für Fast Food – durch Motivdiskrepanzen vorhergesagt wurde und dass Beeinträchtigungen des subjektiven Wohlbefindens diesen Zusammenhang zumindest teilweise vermittelten (siehe die folgende **Abbildung**). Aus diesen Befunden schlossen Job et al. (2008), dass problematisches Essverhalten der (erfolglose) Versuch sein kann, aus Motivdiskrepanzen resultierende Beeinträchtigungen des emotionalen Wohlbefindens auszugleichen.

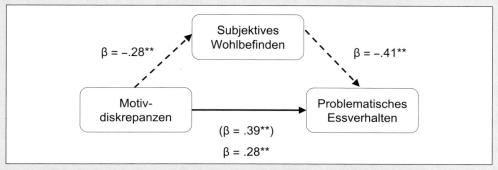

Abb.: Das Mediationsmodell von Job et al. (2008): Der Zusammenhang zwischen Motivinkongruenzen (Summe der Diskrepanzen für die Motive Leistung, Macht und Anschluss) und problematischem Essverhalten wird partiell durch Beeinträchtigungen des subjektiven Wohlbefindens vermittelt

stärkere Beeinflussung durch diese Faktoren als Normalgewichtige.

Wie kann man diese Unterschiede zwischen Normal- und Übergewichtigen erklären? Man kann vermuten, dass Übergewichtige, denen in unserer Zeit und Gesellschaft Schlankheit als positiver Wert nahegelegt wird, zu einer bewussten Steuerung ihres Nahrungsaufnahmeverhaltens gelangen und sich dazu an äußeren Faktoren orientieren (z. B. »Es ist noch nicht Zeit zum Essen!«). Übergewichtige werden vermutlich häufig zu »gezügelten« Essern (Herman & Polivy, 1984; Polivy & Herman, 2002), wenn sie sich die herrschenden Schönheitsideale zu eigen machen. In der Regel befinden sie sich infolge ihrer ständigen Kontrolle der Nahrungszufuhr in einem Zustand der Depriviertheit. Hungrige Lebewesen richten aber ihre Aufmerksamkeit eher auf nahrungsbezogene Reize als satte und sind daher auch durch solche äußeren Anreize und Hinweise eher zu beeinflussen, was sich am einfachsten als Folge der physiologischen und sozialen Situation der Übergewichtigen verstehen lässt.

Diese Ansicht wird gestützt durch Befunde von Heatherton, Herman und Polivy (1991, 1992), die zeigen, dass Sorge und Bekümmernis, die sich aus Bedrohungen des Selbstwertgefühls ergeben, bei übergewichtigen Personen, die versuchen, ihr Gewicht zu reduzieren, zu ungezügeltem Essverhalten führen. Die Autoren erklären dies mit einem Wechsel des Aufmerksamkeitsfokus. Die Beschäftigung mit diesen unangenehmen Aspekten des Selbst führt zu einer Art kognitiver Flucht aus dem Selbstbezug und einer Zentrierung der Aufmerksamkeit auf die Umgebung, in der dann Hinweise auf Essen und Nahrungsmittel besonders hervorstechen. Dies hat den Effekt, dass Hemmungen und Zurückhaltungen, die normalerweise durch entsprechende rationale Vorstellungen aufrechterhalten werden, zusammenbrechen. Die schon mehrfach angesprochene Unterscheidung von automatischen (unbewussten) und kognitiv kontrollierten Prozessen der Handlungsregulation liefert auch hier eine brauchbare Erklärung: Normale Esser steuern ihre Nahrungsaufnahme automatisch, während gezügelte Esser ihre Nahrungsaufnahme durch kognitiv kontrollierte Prozesse steuern. Die kognitiv kontrollierten Prozesse erfordern aber

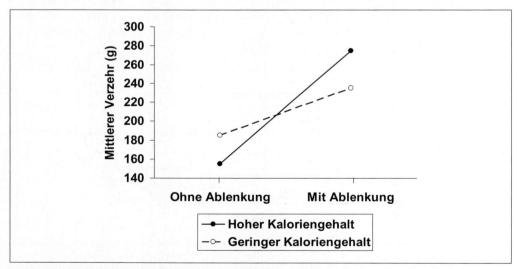

Abb. 5.5: Mittlerer Verzehr von Eiscreme bei gezügelten Essern mit unterschiedlichem Kaloriengehalt unter zwei Ablenkungsbedingungen (nach Stroebe, 2002, S. 20)

5.3 Kognitive Bedingungsfaktoren

Box 5.2: Essstörungen

Wir haben bislang im Wesentlichen die Regulationsmechanismen der Nahrungsaufnahme und ihren Beitrag für die Sicherstellung einer ausgeglichenen Ernährung behandelt. Aber es gibt auch viele Fälle, bei denen diese Mechanismen unzulänglich arbeiten oder ganz versagen: bei übergewichtigen Personen und den »gezügelten Essern«, die von unkontrollierbaren Essanfällen heimgesucht werden (sog. »Binge Eating«, BE). Diese Personen nehmen bei Essanfällen in kurzer Zeit extrem viele Kalorien bei völligem Verlust des Sättigungsgefühls zu sich. Daneben werden von Klinikern noch zwei andere Zustandsbilder von Essstörungen beschrieben, die beide durch extreme Gewichtsreduktion gekennzeichnet sind: Anorexia nervosa (AN) und Bulimia nervosa (BN). AN ist gekennzeichnet durch extremen Gewichtsverlust, die Furcht vor Gewichtszunahme und Körperbildstörungen (bei Frauen auch Ausfall der Menstruation). Es werden hierbei die restriktiven Esser (AN-R; im Volksmund die sogenannten »Hungerhaken«) und die Heißhunger-Esser (»Binge Eater«) mit anschließendem Abführen oder Erbrechen (AN-BE) unterschieden. Bulimiker sind gekennzeichnet durch unkontrollierte Essanfälle (»Binge Eating«) und nachfolgende Maßnahmen zur Vermeidung einer Gewichtszunahme durch Erbrechen (BN-E) oder ohne dieses Symptom (BN-NE) (Wonderlich et al., 2007).

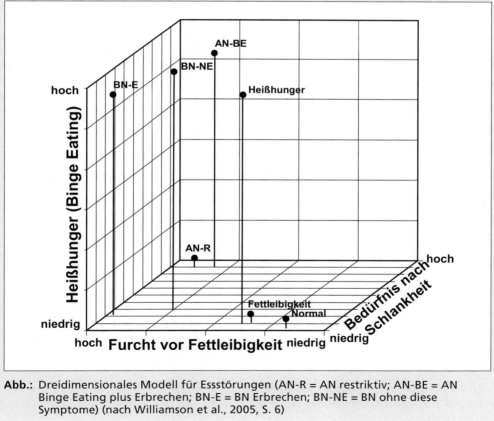

Abb.: Dreidimensionales Modell für Essstörungen (AN-R = AN restriktiv; AN-BE = AN Binge Eating plus Erbrechen; BN-E = BN Erbrechen; BN-NE = BN ohne diese Symptome) (nach Williamson et al., 2005, S. 6)

> Unter motivationspsychologischer Perspektive liefert das taxometrische Modell der Essstörungen von Williamson, Gleaves und Stewart (2005) eine hilfreiche Vorstellung von den Entstehungsbedingungen, impliziten Bedürfnissen und Motiven, sowie den sozial und kulturell bedingten Werthaltungen. Das Modell ordnet die Essstörungen mit Hilfe von drei Dimensionen ein. 1. Bedürfnis nach Schlankheit, 2. Furcht vor Fettleibigkeit, 3. Heißhunger (»Binge Eating«).
> Die ersten beiden Dimensionen sind unschwer als die grundlegenden Motivationstendenzen vom Typ des Aufsuchens und Meidens zu identifizieren. Normal- und übergewichtige Personen sind hinsichtlich der Ausprägung von Aufsuchen- und Meiden-Tendenzen eher unauffällig. Anorektiker treibt eine hohe Furcht (vor Fettleibigkeit) bei gleichzeitig hoher Verpflichtung an ein Schlankheitsideal, während Bulimiker vor allem durch ihre extreme Furcht vor Fettleibigkeit angetrieben werden.

mehr mentale Ressourcen und sind deshalb leichter störbar. Werden diese Ressourcen beispielsweise für die Kontrolle negativer Emotionen benötigt oder anderweitig abgelenkt, so stehen sie für die Kontrolle der Nahrungsaufnahme nicht mehr zur Verfügung und der ursprünglich zu kontrollierende Impuls zur Nahrungsaufnahme kann ungehindert durchbrechen. Es geschieht also das, was man eigentlich tunlichst verhindern wollte: unkontrollierte Nahrungsaufnahme. Wegner (1994) hat dieses als »ironischen Prozess« beschrieben.

Stroebe (2002) berichtet von einem Experiment, in dem die Motivation zur Kontrolle der Nahrungsaufnahme und das Funktionieren dieser Kontrolle gleichzeitig analysiert wurden. Gezügelte Esser wurden ins Labor gebeten, um angeblich die Geschmacksqualitäten einer Eiscreme zu testen, gemessen wurde allerdings, wie viel die Vpn verzehrten. **Abbildung 5.5** zeigt die Ergebnisse dieser Studie. Verkosten die Vpn eine Eiscreme mit hohem Kaloriengehalt, besteht also eine hohe Motivation zur Einschränkung, gelingt es den gezügelten Essern, ihre Intention auch zu verwirklichen – allerdings nur, wenn sie nicht abgelenkt werden. Werden sie hingegen abgelenkt, gerät das kognitive Kontrollsystem unter Druck und versagt. Die Vpn tun genau das Gegenteil von dem, was sie sich vorgenommen hatten. Ein ironischer Effekt.

In fast allen menschlichen Gesellschaften wird Nahrung in der sozialen Gemeinschaft zubereitet und auch verzehrt, so dass es nicht verwundert, wenn soziale Faktoren, etwa die Anwesenheit anderer Personen, auch Einfluss auf die Nahrungsaufnahme nehmen (Rozin, 1996). In diesem Fall wird das Nahrungsaufnahmeverhalten begünstigt. Beim Menschen sind zu den sozialen Faktoren im Nahrungsaufnahmeverhalten auch eine Vielzahl von kulturellen, historisch gewachsenen und sozial vermittelten Verhaltensnormen hinzuzuzählen. So zeigen z.B. medizin-soziologische Studien, dass in westlichen Ländern, in denen Nahrung in aller Regel im Überfluss vorhanden ist, der Anteil der Übergewichtigen mit abnehmendem sozioökonomischen Status zunimmt (Sobal & Stunkard, 1989), während Anfang der 50er-Jahre bei den Männern noch die Zahl der Übergewichtigen mit ansteigender Schicht zunahm. Zur Erklärung wird auf die stärkere Betonung eines verbindlichen Schlankheitsideals, besonders bei Frauen in den höheren sozioökonomischen Schichten, verwiesen (Polivy & Herman, 2002). Auch die Beobachtung, dass Schulkinder aus sozialen Problemgruppen heutzutage häufig übergewichtig sind, fügt sich in dieses Raster. Offensichtlich gibt es in den Elternhäusern dieser Schulkinder niemanden mehr, der eine bekömmliche und zuträgliche Mahlzeit zubereitet.

5.4 Lernfaktoren

Nicht alles, was essbar aussieht und von den Lebewesen in ihrer Umwelt angetroffen wird, ist bekömmlich und verträglich. Über die angeborenen Vorlieben und Abneigungen hinaus müssen Lebewesen daher lernen, was genießbar ist. Generell kann man davon ausgehen, dass die auf den Geschmack der Nahrung beruhenden Präferenzen und Aversionen weitgehend genetisch determiniert sind (s.o.), während die anderen Qualitäten von Nahrung (Geruch, Temperatur, Festigkeit und optische Erscheinungsform) über Lernvorgänge ihre Anregungseigenschaften erwerben (Capaldi, 1996). Man nimmt an, dass es speziell bei »Allesfressern« wie etwa auch beim Menschen hierfür speziell bereitstehende Lerndispositionen gibt (Rozin, 1996).

Dramatische Lerneffekte konnten im Bereich gelernter Vermeidungen von Nahrungsstoffen nachgewiesen werden. In Freilandbeobachtungen von Ratten im Zusammenhang mit dem Versuch, Ratten in ländlichen Gebieten zu dezimieren, war aufgefallen, dass diese Tiere eine außerordentlich geschickte Strategie im Umgang mit neuem Futter haben, die es so schwer macht, Ratten zu vergiften. Die Tiere ignorieren zunächst einmal neues Futter, sie verhalten sich neophob. Sie nehmen dann nach einiger Zeit eine kleine Probe und warten mehrere Tage ab, bis sie mehr davon nehmen, wenn es ihnen bekommen ist. Sind sie im Anschluss an den Genuss krank geworden, ignorieren sie dieses Futter. Dieses Phänomen wird als »erlernte Geschmacksaversion« bezeichnet (Garcia et al., 1984).

Da dieses Phänomen anfangs nicht in die tradierten Schemata der Lernpsychologie zu passen schien – konditionierter (hier der Geschmack und der Geruch der Nahrung) und unkonditionierter Reiz (die Krankheit) müssen, wenn Assoziationen geknüpft werden sollen, unmittelbar aufeinander folgen –, wurde es zunächst nicht zur Kenntnis genommen. Andere ungewöhnliche Merkmale dieses Lernvorgangs sind seine – verglichen mit normalen Lernvorgängen – rasche Erlernbarkeit (im Extremfall ein einziger Versuch) und seine langandauernde Löschungsresistenz. Inzwischen haben viele Untersucher dieses Phänomen in gut kontrollierten experimentellen Untersuchungen überprüft und bestätigt (Schafe & Bernstein, 1996). Bei einer großen Zahl verschiedener Arten ist gezeigt worden, dass Lebewesen die zeitlich weit auseinander liegenden Ereignisse »Kontakt mit bestimmten Nahrungsmerkmalen« und »Krankwerden« dennoch miteinander verknüpfen können. Die Merkmale der Nahrung, die hierzu genutzt werden, sind bei Nagetieren der Geschmack, aber auch der Geruch, und bei Vögeln, die ihre Nahrung mit den Augen suchen, das optische Bild der Nahrung. Durch die Konditionierung kommt es zu einer Veränderung der hedonischen Eigenschaften von Geruch und Geschmack, wie Pinnow und Schneider (1994) anhand des mimischen Ausdrucks bei Ratten (Aufsperren der Schnauze, einer Ekelreaktion vergleichbar) fanden.

Einen in diesem Zusammenhang höchst bemerkenswerten Befund berichten Bernstein et al. (1985): Ratten, bei denen experimentell ein Tumor erzeugt worden war, entwickelten eine starke Abneigung gegen eine neue Nahrung, die sie zu sich genommen hatten, während sich der Tumor entwickelte. Sie waren offensichtlich in der Lage, eine Assoziation zwischen dem Geschmack der neuen Nahrung und ihrer entstehenden Krankheit aufzubauen, um daraus die Aversion zu entwickeln. Auch beim Menschen sind solche individuell gelernten Speiseabneigungen bekannt, ihre Entstehung muss man sich nach dem gleichen Schema denken. Ob bei Krebspatienten diese erlernte Geschmacksaversion deren Appetitlosigkeit und deren Gewichtsverlust miterklären kann, ist eine noch offene Frage. Man nimmt an, dass es für dieses Lernen eine angeborene Bereitschaft gibt, die verlässlich auch bei nur einmaligem Auftreten Lernen garantiert, weil ein langwieriger und unzuverlässig arbeitender Mechanismus zu hohe Kosten – im Extremfall den Tod – verursachen würde.

Auch positive Effekte, wie die Aufhebung von Krankheitssymptomen, können über eine längere Zeit mit den Merkmalen der zuvor genossenen Nahrung verknüpft werden. Werden Versuchstiere während einer längeren Fütterungsperiode mit einem Mangelfutter, einem Futter, dem z. B. ein Vitamin fehlt, krank gemacht, so nehmen sie nur unwillig von diesem Futter, stürzen sich aber auf jedes neue Futter, das ihnen angeboten wird. Wenn dieses neue Futter ihre Symptome behebt, bleiben sie dabei und rühren das alte nicht mehr an. Auch hier handelt es sich um ein Lernen aufgrund langfristiger, in diesem Fall positiver Konsequenzen (Aufhebung der Krankheitssymptome!). Schmecken können die Tiere die geringe Menge an Vitaminen, die dem Futter fehlt oder beigemischt ist, nicht.

Auch in den menschlichen Sitten und Gebräuchen der Nahrungszubereitung sind die kumulierten Ergebnisse solcher Lernerfahrungen aufbewahrt. Was wir Menschen essen bzw. vermeiden, ist nämlich häufig weniger durch die eigene Geschichte als durch unsere Zugehörigkeit zu einer bestimmten Kulturregion bedingt, also durch eine von Generation zu Generation tradierte Lernerfahrung. Bei unterschiedlicher geographischer und klimatischer Ausgangslage sichern die verschiedenen regionalen Küchen doch in aller Regel eine ausreichende Ernährung. Zum Teil sind in überlieferten Bräuchen der Nahrungszubereitung ernährungswissenschaftliche Erkenntnisse aufbewahrt, deren rational-wissenschaftliche Begründung erst der modernen Ernährungswissenschaft gelingt (Rozin, 1996).

5.5 Auf ein Wort ...

Die Hungermotivation ist der angenommene Bedingungsfaktor für die Richtung, Intensität und Ausdauer sowohl spezieller Verhaltensweisen der Nahrungsaufnahme als auch unterschiedlicher instrumenteller Verhaltensweisen, die der Sicherstellung von Nahrung dienen. Wie bei anderen Motivationen, so erklärt sich auch hier die Richtung und die Intensität der dem Verhalten zugrunde liegenden motivationalen Tendenz aus dem Zusammenwirken von äußeren Faktoren (Anreize in der Umwelt), organismischen Faktoren (Hunger- und Sättigungssignale) und entsprechenden Verhaltensdispositionen, denen eine genetische Basis auch beim Menschen nicht abgesprochen werden kann. Als unmittelbare Anreize kommen vor allem die Geschmacksqualitäten der Nahrung und ihre hedonische Bewertung infrage. Es gibt eine generelle Bevorzugung von süßen und Vermeidung von bitteren Stoffen. Präferenzen und Abneigungen hängen aber auch vom jeweiligen Sättigungszustand des Organismus und von stabilen interindividuellen Unterschieden ab, die den Status von Motiven, im Sinne von Bewertungsvoreingenommenheiten, haben.

Hunger- und Sättigungssignale entstehen an verschiedenen Orten im Organismus; nach Beginn des Essens treten Sättigungssignale auf dem gesamten Wege der Nahrung auf, von der Wahrnehmung der Nahrung im Mund und den zugehörigen Kau- und Schluckbewegungen bis zur Nutzung der Nährstoffe in den verschiedenen Zellen des Körpers, insbesondere im Gehirn. Gastrointestinal produzierte Hormone sowie der Glukosegehalt im Blut sind hier besonders intensiv erforscht. Eine Integration dieser Signale findet in einem neuronalen System statt, das im Zwischenhirn, Mittelhirn und in älteren Teilen des Endhirns lokalisiert ist. Hypothalamische Areale spielen hierbei eine herausgehobene Rolle.

5.5 Auf ein Wort ...

Die nachweisliche Wirksamkeit von Lernfaktoren in der Nahrungsaufnahme bei Tier und Mensch und die große Bedeutung kognitiver Faktoren beim Menschen belegen, dass das Nahrungsaufnahmeverhalten beim Menschen in hohem Maße auch durch kognitive Faktoren, kortikale Funktionen also, gesteuert wird. Damit gewinnen auch soziale und kulturelle Bewertungen einen Zugang zum Steuersystem der Nahrungsaufnahme. Diese Auffassung wird gestützt durch die Analyse der beteiligten zentralen Faktoren mittels fMRT, bei der sich ein – im Vergleich zum Infrahumanbereich – erstaunlich weit verzweigtes System unter Einschluss des präfrontalen Kortex als einflussreich herausgestellt hat. Kognitive, willentlich gesteuerte Maßnahmen zur Gewichtsreduktion (»gezügeltes Essen«) beruhen im Wesentlichen auf einer Verschiebung der Aufmerksamkeitsausrichtung im Dienste der Handlungsregulation. Bei Belastungen und Stress können diese Regulationsprozesse jedoch versagen, und die Vornahme zu kontrolliertem Essen schlägt in das Gegenteil um.

6 Sexualität

6.1	Phänomene und Funktion
6.2	Natürliche und sexuelle Selektion
6.2.1	Fluktuierende Asymmetrie (FA)
6.2.2	Sexuelle Attraktivität
6.3	Paarbildung und Partnerschaft
6.4	Sexuelle Erregung
6.5	Organismische Faktoren im Sexualverhalten
6.6	Soziale Faktoren
6.7	Auf ein Wort …

6.1 Phänomene und Funktion

Sexuelle Fortpflanzung und die zugehörigen Verhaltensweisen finden sich im gesamten Tierreich. Selbst solche Arten wie Einzeller, die sich vorwiegend asexuell fortpflanzen, gehen in regelmäßigen Abständen zu sexueller Fortpflanzung über. Die primäre biologische Funktion des Sexualverhaltens ist die Weitergabe der eigenen Gene bei gleichzeitiger Erhöhung der genetischen Variation. Der Vorteil der sexuellen Fortpflanzung liegt in der Neukombination von Erbfaktoren. Nur wenn das Genom einer Art eine hohe Variation aufweist, ist es wahrscheinlich, dass bei Veränderung der Umweltbedingungen Varianten darunter sind, die sich unter diesen veränderten Bedingungen als relativ gut angepasst herausstellen und dann das Überleben der Art sicherstellen.
Immerhin ist der evolutionsbiologische Nutzen oder Anpassungsvorteil dieser Art von Fortpflanzung so groß, dass die nicht zu übersehenden Kosten sexueller Fortpflanzung, wie Mühen und Zeit und mögliche Gefährdungen durch Feinde, aufgehoben werden. Der evolutionsbiologische Nutzen allein erzwingt jedoch noch kein Verhalten. Hierzu sind die Ausbildung entsprechender Steuerungs- und Regulationsmechanismen auf genetischer Basis notwendig, die beim Menschen und anderen Säugern einen Emotionsmechanismus (Libido und sexuelle Befriedigung) einschließen; die antizipierte sexuelle Befriedigung gleicht gewissermaßen die angesprochenen Kosten des sexuellen Fortpflanzungsverhaltens aus und sichert dadurch dessen Auftreten. Wie oben (vgl. Kap. 3.5) ausgeführt, ermöglichen emotionale Reaktionssysteme, die nur die ungefähre Richtung des Verhaltens bestimmen, eine erhebliche Plastizität des Verhaltens bei Aufrechterhaltung seiner Zieldienlichkeit: Emotionale Erlebnisse stellen die unmittelbaren Ziele dar, der Fitnessgewinn ist das ultimate Ziel des Sexualverhaltens. Eine Analyse der motivationalen Bedingungen des Sexualverhaltens muss also zunächst von dessen Funktionalität in Bezug auf die Sicherung des Fortpflanzungserfolgs

ausgehen. Hierzu hat die Evolutions- und Soziobiologie eine Reihe von interessanten Modellvorstellungen entwickelt.

Die Art und Weise, in der Menschen die Befriedigung der Sexualmotivation anstreben, ist allerdings auch durch die individuelle Lerngeschichte und damit durch den soziokulturellen Rahmen, in dem Menschen leben und aufwachsen, bestimmt. Die kulturanthropologische Forschung dokumentiert die Vielfalt menschlichen Sexualverhaltens in den verschiedenen Kulturen; die soziologische Forschung weist zwar geringere, aber immer noch erstaunliche Unterschiede in den verschiedenen Schichten und Subkulturen ein und derselben Population nach. Schließlich unterliegen die äußeren Formen menschlichen Sexualverhaltens auch einem historischen Wandel: Mit der Entwicklung neuer Techniken der Empfängnisverhütung und der Liberalisierung soziokultureller Normvorschriften kam es gerade in den letzten Jahrzehnten in den westlichen Ländern zu tiefgreifenden Veränderungen der sexuellen Verhaltensweisen hinsichtlich Häufigkeit, Variation und durchschnittlichen Beginns.

Neben der durch Emotionen vermittelten Verhaltenssteuerung muss daher beim Menschen auch von einer intentionalen, an sozialen Normen orientierten Verhaltenssteuerung des Sexualverhaltens ausgegangen werden. Nach Auskunft der Völkerkundler und Historiker gibt es keine menschliche Gesellschaft, in der Sexualverhalten nicht irgendeiner Form von Normierung unterworfen wäre. Die Tatsache der gesellschaftlichen, ethisch-religiösen wie auch rechtlichen Normierung des Sexuallebens hat offensichtlich beim Menschen in jeder Kultur und jeder Epoche Anlass zur Ausbildung einer mehr oder weniger stark ausgeprägten Hemmung gegeben. In westlichen Kulturkreisen sind es seit jeher religiöse Institutionen, wie etwa die Kirche, die restriktive Verhaltensvorschriften, insbesondere für Frauen, formulieren. Eine Studie, die in 15 Staaten der USA durchgeführt wurde, zeigt, dass Frauen, die häufig (z. B. wöchentlich) die Kirche besuchen, zu einem vergleichsweise späteren Zeitpunkt erste sexuelle Erfahrungen machen. Andererseits berichten Frauen ohne kirchliche Bindungen über ungewöhnliche sexuelle Praktiken und eine größere Anzahl von Sexualpartnern (Davidson, Darling & Norton, 1995).

6.2 Natürliche und sexuelle Selektion

Wie in vielen Bereichen des menschlichen Sozialverhaltens, so haben auch in Bezug auf das Sexualverhalten evolutions- und soziobiologische Erklärungsansätze an Einfluss gewonnen. Darwin selbst hatte neben der natürlichen Selektion, über die wir schon berichtet haben (vgl. Kap. 3.1 und Kap. 3.2), einen Mechanismus der sexuellen Selektion angenommen. Dieser Mechanismus betrifft die jeweils geschlechtsspezifische Herausbildung bestimmter morphologischer oder verhaltensmäßiger Merkmale, wie etwa das aufwändig und farbenfroh gestaltete Gefieder mancher männlicher Vögel oder das großartige Geweih der Hirsche. Diese Merkmale sind so auffallend und oftmals geradezu hinderlich, dass deren Herausbildung nach Darwins Ansicht nicht der natürlichen Auslese unterliegen kann, da sie die Überlebenschancen des Individuums eher beeinträchtigen als fördern. Die Herausbildung dieser Merkmale muss also einen anderen Nutzen haben, etwa den, dass solche auffälligen Merkmale eine gesunde körperliche Konstitution und einen gut funktionierenden Immunapparat signalisieren, was wiederum einen besonders überlebensfähigen Nachwuchs verspricht. Die Träger dieser Merkmale werden deswegen bei der Wahl eines Fortpflanzungspartners bevorzugt beachtet und weisen deshalb einen erhöhten Fortpflanzungserfolg auf. Darwin selbst war davon überzeugt, dass beide Mechanismen, die natürliche Selektion und die sexuelle Selektion, unabhängig voneinander arbeiten; eine Ansicht, die erst in den letzten Jahren revidiert wurde.

Moderne Theorien behaupten nun, dass diese aufwändigen Merkmalsausprägungen nicht durch sexuelle Selektion hätten entstehen können, wenn ihnen nicht ein noch größerer Nutzen gegenüberstehen würde. Das ist eine evolutionäre Kosten-Nutzen-Rechnung. Der Grundgedanke ist, dass es sich phänotypisch und genotypisch gesunde und gut ausgestattete Individuen »leisten« können, diese Merkmale zu entwickeln. Außergewöhnliche Merkmale sind also im Sinne eines Handicaps zu verstehen, das signalisiert, dass sein Träger, der trotz dieses Handicaps überlebt und z. B. seinen Fressfeinden trotz auffallend gestalteten Gefieders entgangen ist, über eine außergewöhnlich gute Genausstattung, die das Überleben sichert, verfügen muss (vgl. Gangestad & Thornhill, 1997). Aufwändig gestaltete Handicap-Merkmale indizieren also genetische Qualität. Im Humanbereich ist diese Handicap-Hypothese im Zusammenhang mit bestimmten Körperbaumerkmalen des Mannes untersucht worden. Ausgangspunkt ist hier die Beobachtung, dass bei Männern eine gut ausgeprägte untere Gesichtshälfte (Nasen- und insbesondere die Kinnpartie) als besonders attraktiv gilt (Barber, 1995). Die Ausprägung dieser Gesichtspartien wird durch das männliche Sexualhormon Testosteron kontrolliert, von dem man allerdings auch weiß, dass es die Immunabwehr des Organismus beeinträchtigt. Nur sehr gesunde Männer können sich also das hohe Testosteron-Handicap leisten, das notwendig ist, um die entsprechenden Körperbaumerkmale zu entwickeln. Besonders »männlich« aussehende Männer – also Männer mit einem hohen Testosteron-Handicap – werden besonders von Frauen während ihrer fertilen Phase als Partner in einer kurzfristigen Paarbeziehung gesucht (Gangestad, Garver-Apgar, Simpson & Cousins, 2007), was einen Beitrag zur Fitnessmaximierung dieser Männer darstellt.

Die durch sexuelle Selektion herausgebildeten Merkmale werden in zwei Verhaltenskontexten eingesetzt: zum einen im innergeschlechtlichen Wettbewerb um Fortpflanzungspartner. Männliches Dominanzverhalten und das demonstrative Zur-Schau-Stellen solch auffallender Merkmale soll andere männliche Individuen einschüchtern, vertreiben und schließlich veranlassen, ganz auf eigene Fortpflanzung zu verzichten. Die Merkmale spielen aber zum anderen auch eine wichtige Rolle beim zwischengeschlechtlichen Wettbewerb. Männliche Individuen, die Dominanzverhalten mit der entsprechenden Zur-Schau-Stellung solcher Merkmale zeigen, werden von weiblichen Individuen als Fortpflanzungspartner bevorzugt. Motivationspsychologisch betrachtet handelt es sich bei dem hier beschriebenen Mechanismus um die genetisch fixierte Herausbildung eines Anreizmechanismus für die Initiierung des Sexualverhaltens mit dem Ziel der Fitnessoptimierung.

6.2.1 Fluktuierende Asymmetrie (FA)

Für einen empirischen Nachweis dieser Zusammenhänge bedarf es zunächst eines verlässlichen Markierers für die genetische Qualität eines Individuums und damit für seine Überlebensfähigkeit. Ein sehr verlässlicher Indikator scheint die »Fluktuierende Asymmetrie« (FA) zu sein (Watson & Thornhill, 1994). Fluktuierende Asymmetrie bezieht sich auf Körperbaumerkmale, beim Menschen vornehmlich das Gesicht, und beschreibt Abweichungen von der Gleichförmigkeit (Asymmetrien). Der Grundgedanke für die Wahl dieses Indikators ist, dass die untersuchten Merkmale in aller Regel auf beiden Körperhälften symmetrisch ausgebildet sind und deren Aufbau von den gleichen Genen kontrolliert wird. Symmetrischer Körperaufbau ist deshalb ein Indikator für eine ungestörte und gesunde Entwicklung. Asymmetrische Ausprägung (hohe FA, vgl. **Abb. 6.1**) wird als Ausdruck von Störungen im Entwicklungsverlauf angesehen, wie sie etwa durch starke Homozygotisierung (Verringerung der genetischen Variationsbreite), mangelnde Resistenz gegen Parasiten, Toxine oder genetisch bedingte Störungen auftreten können. Die zentrale Hypothese dieser FA-Theorie besagt, dass männliche Individuen, die ihre genetische Stabilität durch niedrige FA zeigen, größeren Fortpflanzungserfolg und stark ausgeprägte Handicap-Merkmale aufweisen. In der Tat ist bei einigen Arten FA negativ mit der Fruchtbarkeit, Wachstumsrate und dem Überleben korreliert. In einer Reihe von Untersuchungen konnte gezeigt werden, dass männliche Personen mit symmetrisch gestaltetem Körper (niedrige FA) mit einer größeren Anzahl von Partnerinnen sexuell verkehrten und häufiger weitere sexuelle Beziehungen außerhalb der jeweils aktuellen Paarbeziehung unterhielten. Diese Personen weisen also einen erhöhten *potenziellen* Reproduktionserfolg auf. Körperliche Attraktivität ist ebenfalls negativ mit FA verbunden und vermittelt wahrscheinlich den (negativen) Zusammenhang zwischen FA und dem potenziellen Reproduktionserfolg. FA bei Männern war in einer weiteren Studie negativ verbunden mit bedeutenden Körperbau- und Verhaltensmerkmalen: mit dem Körpergewicht, der körperlichen Robustheit und der Dominanz. Bei Frauen ergaben sich keine vergleichbaren Beziehungen (Gangestad & Thornhill, 1997). Thornhill, Gangestad and Comer (1995) berichten signifikante negative Beziehungen zwischen der FA bei Männern und der Orgasmusfrequenz ihrer Partnerin während des Geschlechtsverkehrs. Der Befund erklärt von den unmittelbaren Affektkonsequenzen her, warum

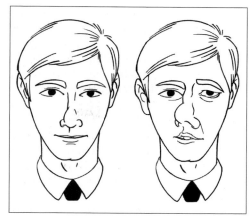

Abb. 6.1: Links ein Durchschnittsgesicht, das Ebenmäßigkeit signalisiert und üblicherweise als hoch attraktiv eingeschätzt wird; rechts ein Gesicht, das sich durch starke fluktuierende Asymmetrie auszeichnet

männliche Personen mit niedriger FA eine erhöhte Chance haben, als Sexualpartner gewählt zu werden, und dadurch natürlich ihre Fortpflanzungschancen erhöhen. In die gleiche Richtung weist der Befund, dass männliche Personen mit niedriger FA bevorzugt als außerpaarmäßige Sexualpartner gewählt werden.

Eines der ersten auf diesem theoretischen Hintergrund entworfenen Experimente im Humanbereich haben Simpson, Gangestad, Christensen und Leck (1999) durchgeführt. Dieses Experiment ist insbesondere deswegen aufschlussreich, weil es eine motivationspsychologische Fragestellung verfolgt und den Strategien und Taktiken von Personen mit niedriger FA nachgeht, die diese Personen einsetzen, um ihren Reproduktionserfolg zu maximieren. In dieser Untersuchung wurden männliche und weibliche Vpn von einer attraktiven gegengeschlechtlichen Person interviewt, um ein gemeinsames Treffen zu vereinbaren. Jeder Vp wurde gesagt, dass die interviewende Person entweder den Teilnehmer oder eine andere Person (einen Konkurrenten) für ein romantisches Treffen auswählen werde. Die Vp sollte nun in einem zweiten Versuchsabschnitt klarmachen, warum die interviewende Person den Teilnehmer selbst und nicht den Konkurrenten auswählen sollte. Die Antworten wurden aufgezeichnet und von mehreren Auswertern kodiert. Männer mit eher symmetrischem Körperbau verwendeten häufiger direkte Einflussnahmen, um die Interviewerin auf sich aufmerksam zu machen und die Verabredung für sich zu entscheiden (vgl. **Tab. 6.1**). Insbesondere behaupteten sie ihre Überlegenheit gegenüber dem Konkurrenten (den sie gar nicht kannten), indem sie direkte Vergleiche anstellten. Darüber hinaus neigten sie weniger zum Einsatz von Humor, behaupteten weniger, besonders liebenswürdig oder sozial orientiert zu sein, schließlich tendierten sie auch dazu, sich eher zu verstellen. Insgesamt beschreibt dies auf dem Hintergrund der sexuellen Selektion eine Verhaltensstrategie, die darauf abzielt, männliche Konkurrenten einzuschüchtern und zu diffamieren, um deren potenziellen Fortpflanzungserfolg zugunsten der Erhöhung eigener Chancen einzuschränken.

In dieser Untersuchung wurde noch ein zweites Merkmal analysiert, das Einfluss auf den inner- und zwischengeschlechtlichen Wettbewerb nimmt: die Soziosexualität. Das Merkmal beschreibt das Bedürfnis nach emotionaler Nähe und Hingabe als Voraussetzung für Sex mit einem romantischen Partner. Männer und Frauen mit unrestringierter Soziosexualität verlangen in dieser Hinsicht weniger Nähe und Hingabe. Unrestringierte Personen haben früher in ihrer Lebensgeschichte Sex, haben häufiger mehrere Partner in gleichen Zeiträumen und bevorzugen eher unverbindliche Partnerschaften. In der Untersuchung von Simpson et al. (1999) neigten sie auch zum Einsatz konfrontativer Taktiken im innergeschlechtlichen Wettbewerb, sie neigten weniger dazu, sich als »netter Kerl« darzustellen und setzten auch weniger Humor im zwischengeschlechtlichen Wettbewerb ein.

Beide Befundkomplexe – zur FA und zur Soziosexualität – beziehen sich ausschließlich

Tab. 6.1: Korrelationen zwischen Fluktuierender Asymmetrie (FA), Soziosexualität (SoSex) und verschiedenen Verhaltensdimensionen (nach Simpson et al., 1999, S. 166)

	Männer		Frauen	
Verhaltensdimensionen	FA	SoSex	FA	SoSex
Männer				
direkte konfrontative Taktiken	–.49***	.34**		
»netter Kerl«	.03	–.31**		
Frauen				
direkte konfrontative Taktiken			–.08	.06
Spaß haben			.01	.07
Einzelne Dimensionen				
Überlegenheit behaupten	–.32**	.20	–.07	–.01
Nettigkeit behaupten	.03	–.31**	–.01	–.03
direktes »Anmachen«	–.33**	.20	–.17	–.06
Unterhaltung	.09	–.09	–.24*	.13
Humor einsetzen	.30**	–.31**	–.15	–.08

* p<.05; ** p<.01; *** p<.001

auf Männer. In einer weiteren Studie konnte allerdings ein bedeutsamer Effekt für Soziosexualität auch bei Frauen nachgewiesen werden. Personen mit unrestringierter Soziosexualität richten ihre Aufmerksamkeit verstärkt auf bildliche Darstellungen gegengeschlechtlicher Personen und sind nur schwer davon ablenkbar – allerdings nur dann, wenn ihr sexuelles Interesse zuvor angeregt worden war (Maner, Gaillot, Rouby & Miller, 2007).

6.2.2 Sexuelle Attraktivität

Körperliche Schönheit ist ohne Zweifel der wichtigste unmittelbare Anreiz zum Sexualverhalten, sie ist nicht nur ein bedeutungsvoller Anreiz für die Sexualmotivation, sondern begünstigt ihren Träger in vielerlei Hinsichten. Obwohl Schönheitsideale ganz offensichtlich auch einem historischen Wandel unterliegen und oftmals kulturelle Besonderheiten aufweisen, so ist doch bemerkenswert, dass sich durchgängig in allen Gesellschaften die sexuell orientierte Partnerwahl an einem jeweils verbindlichen Schönheitsideal orientiert. Schönheit selbst und die sich darauf beziehenden Präferenzen erhöhen den reproduktiven Erfolg und dürften durch einen Prozess der sexuellen Selektion entstanden sein (Rhodes, 2006). Körperliche Attraktivität wird zuvorderst anhand von Gesichtsmerkmalen beurteilt. Männer beurteilen Gesichter von Frauen als besonders attraktiv bei relativ kleiner Nase, großen Augen und Pupillen, hohen Augenbrauen, hervorspringenden Wangenknochen und kleinem Kinn (Cunningham, 1986). Das scheint weitgehend dem »Kindchenschema« der vergleichenden Verhaltensforschung zu entsprechen (vgl. Kap. 3). Tatsächlich konnte Jones (1995) zeigen, dass kultur- und populationsunabhängig weibliche Gesichter als umso attraktiver eingeschätzt wurden, je mehr die Gesichtszüge an Neugeborene (»babyface«) erinnerten. Bei Männern sind es eher die ausgeprägte Kinnpartie und die ausgeprägten Wangenknochen, die als attraktiv gelten. Männliche und weibliche Gesichtszüge beginnen in der Pubertät sich deutlich auseinanderzuentwickeln. Bei Männern regt Testosteron das Wachstum von Kinn und Wangenknochen sowie den Bartwuchs und das Wachstum der Augenbrauen an. Bei Frauen bewirkt Östrogen eher eine Unterdrückung dieser Merkmale und die Ausprägung der Lippenwülste. Die Herausbildung typisch männlicher bzw. typisch weiblicher Gesichtszüge (sexueller Dimorphismus) signalisiert also sexuelle Reife und hohes Fortpflanzungspotenzial bei gleichzeitig hoher Immunkompetenz, was die Träger dieser Merkmale zu gesuchten Partnern macht.

Ein anderer Faktor, der die Attraktivität beeinflusst, ist die wahrgenommene Ebenmäßigkeit (»Durchschnittlichkeit«) in diesen Gesichtspartien. Mittlerweile gibt es eine ganze Reihe von Studien, die zeigen, dass Ebenmäßigkeit, insbesondere die in den hormonabhängigen Körperbaumerkmalen, mit Attraktivität und der Partnerwahl auch bei nichtmenschlichen Primaten in Zusammenhang steht (Møller & Thornhill, 1998). Ein Aufbau des Gesichts, der am Durchschnitt der Bevölkerung orientiert ist, signalisiert entwicklungsmäßige Stabilität und eine geringe Störanfälligkeit der genetischen Ausstattung des Organismus gegenüber Parasiten, schlechter Ernährung oder anderen ungünstigen Umwelteinflüssen. **Abbildung 6.1** (linke Hälfte) zeigt ein solches Durchschnittsgesicht. Es ist ein Kunstgesicht, bei dem einzelne Gesichter übereinanderkopiert und an den Messpunkten verrechnet wurden. Der Befund, dass Durchschnittsgesichter attraktiv sein sollen, ist intuitiv nicht sehr überzeugend, aber stabil: Durchschnittsgesichter sind attraktiv, aber nicht alle attraktiven Gesichter sind Durchschnittsgesichter (Rhodes, 2006). Über das Verhältnis von Taille zu Hüfte (WHR) als Markiergröße für weibliche Attraktivität und Fruchtbarkeit haben

6 *Sexualität*

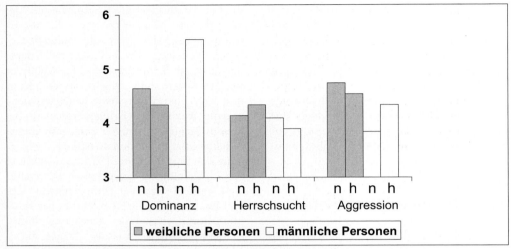

Abb. 6.2: Mittlere Einschätzungen der sexuellen Attraktivität in Abhängigkeit von verschiedenen Personmerkmalen (n = niedrige, h = hohe Ausprägung) für männliche und weibliche Zielpersonen (modifiziert nach Sadalla et al., 1987, S. 735)

wir bereits unter anreiztheoretischen Gesichtspunkten (vgl. Kap. 3.2) gesprochen.
Die Einschätzung der (sexuellen) Attraktivität von Männern durch Frauen ist komplexer und hängt nur zum Teil von den erwähnten körperlichen Merkmalen ab. Ebenso einflussreich sind hier Verhaltensmerkmale. In mehreren Studien sind Sadalla et al. (1987) diesen Fragen nachgegangen. Sie haben in verschiedenen Personenbeschreibungen die Dimensionen Dominanz (machtvoll, aufstrebend vs. antiautoritär, submissiv), Aggression (feindselig, gewalttätig vs. beschwichtigend, freundlich) und Herrschsucht (diktatorisch, arrogant vs. ängstlich, unterwürfig) auf jeweils zwei Stufen variiert und haben die dargestellte Person von jeweils gegengeschlechtlichen Personen auf der Dimension »Sexuelle Attraktivität« einstufen lassen. Die Ergebnisse sind in **Abbildung 6.2** dargestellt.
Zusammenfassend zeigen die Befunde, dass ausschließlich hohe Dominanz die sexuelle und körperliche Attraktivität von männlichen Personen steigert. Dominanz ist die einzige Variable, die auch einen bedeutsamen geschlechtsgebundenen Effekt auf die Attraktivitätsschätzungen bewirkt, sie zeigt sich nämlich nur bei der Attraktivitätsbewertung von Männern durch Frauen. Dieser Befund ist auch sehr gut mit soziobiologischen Modellvorstellungen vereinbar, wonach ja Männer in hoher Statusposition als Sexualpartner besonders attraktiv eingeschätzt werden. Frauen sind insbesondere bei Statusfragen möglicher Sexualpartner außerordentlich selektiv. Dominanz und hohe Statusposition sind häufig mit dem Besitz materieller Ressourcen verbunden. Es ist deshalb verständlich, wenn Frauen zur Sicherung ihres Fortpflanzungserfolgs diese Attribute (Dominanz und hoher Status) besonders schätzen und (manche) Männer sie besonders gerne zur Schau stellen.

6.3 Paarbildung und Partnerschaft

Eine soziobiologische Betrachtungsweise des menschlichen Sexualverhaltens unter der Perspektive der Maximierung des Fort-

6.3 Paarbildung und Partnerschaft

pflanzungserfolgs macht auch eine Reihe von Unterschieden im Paarungsverhalten von Männern und Frauen erklärlich. Ausgangspunkt dieser Überlegungen ist der Umstand, dass beim Menschen das elterliche Investment in die Nachkommenschaft recht unterschiedlich bemessen ist. Während es beim Manne im einfachsten Fall auf wenige Augenblicke beschränkt ist, liegt das zeitliche Investment der Frau zunächst einmal bei der Austragungszeit von neun Monaten und geht häufig darüber hinaus. Im Sinne der Optimierung des Fortpflanzungserfolgs müssten Männer motiviert sein, eine möglichst große Anzahl von Frauen sexuell zu kontrollieren, da sie dadurch ihren Fortpflanzungserfolg erhöhen können. Eine vergleichbare biologisch begründete Motivation wird sich bei Frauen nicht finden lassen, da ihr Fortpflanzungserfolg durch eine Vermehrung der Sexualpartner nicht zu steigern ist. Weibliche Personen sollten im Interesse der Sicherung ihres Fortpflanzungserfolgs bei der Auswahl ihrer Partner allerdings sehr genau hinsehen und sorgfältig auswählen. Trivers (1972) hat zwei solcher Verbindungen zwischen dem elterlichen Investment und der sexuellen Selektion beschrieben: Der Teil, der mehr in Nachkommen investiert, sollte wählerischer sein in Bezug auf Partnerqualitäten (zwischengeschlechtliche Attraktion), und der Teil, der weniger investiert, sollte sich entschiedener einsetzen und kämpfen, um sexuellen Zugang zu dem höher investierenden Sexualpartner zu erreichen (innergeschlechtlicher Wettbewerb). Diese Partnerpräferenzen fanden Trivers (1985) bei der Analyse mehrerer hundert Säugetierarten und Buss und Schmitt (1993) in vielen Kulturen auch beim Menschen bestätigt.

Langfristig ist es zur Sicherung des Fortpflanzungserfolgs wichtig, nach der Geburt gemeinsam für die Nachkommen zu sorgen. Um dieses zu sichern, sind Paarbildungen vorgesehen; eine Form des sozialen Zusammenlebens, die sowohl von biologischen als auch von sozialen Einflussgrößen getragen wird. Sämtliche Gesellschaften, die zurzeit bekannt sind, kennen formale Heiratsverbindungen zwischen Mann und Frau. Mehr als 90 % der Menschen heiraten zumindest einmal in ihrem Leben (Buss, 2004; Buss & Schmitt, 1993). Bei so großer Kulturunabhängigkeit und Universalität kann man davon ausgehen, dass Paarbildung kein Ziel in sich selbst ist, sondern lediglich der Erreichung des ultimaten Ziels der Sicherung des Fortpflanzungserfolgs dient. Allerdings gibt es proximate emotionale Anreize, die zur Aufrechterhaltung der Paarbildung beitragen. So berichten Miller und Fishkin (1997) aus einer Längsschnittstudie, dass bei frisch vermählten Paaren die Enge der emotionalen Bindung das später erlebte sexuelle Vergnügen vorhersagt – nicht umgekehrt; das gilt für Männer und Frauen gleichermaßen.

Die Rolle des unterschiedlichen geschlechtsspezifischen Interesses an der Aufrechterhaltung der Paarbeziehung wird deutlich durch die emotionale Reaktion der Eifersucht, wenn diese Paarbeziehung bedroht ist. Buss, Larsen, Westen und Semmelroth (1992) konfrontierten ihre Vpn mit dem folgenden Szenario: »Stellen Sie sich vor, Sie entdecken, dass ihr engster Partner an jemand anderem Interesse gefunden hat. Was würde Sie mehr betrüben und aufregen: (A) Wenn Sie sich vorstellen müssten, dass Ihr Partner eine tiefe emotionale Beziehung zu dieser anderen Person aufgebaut hat, oder (B) Wenn Sie sich vorstellen müssten, dass Ihr Partner leidenschaftlichen Sex mit dieser anderen Person hat«. Die Ergebnisse zeigen, dass 60 % der Männer die sexuelle Untreue als beunruhigender schilderten, während 80 % der Frauen die emotionale Untreue als beunruhigender empfanden, ein Ergebnis, das durch entsprechende Maße für physiologische Erregung (z. B. Beschleunigung des Herzschlags) unterstützt wird. Die emotionale Untreue des Partners ist deswegen so bedrohlich für Frauen, weil

6 Sexualität

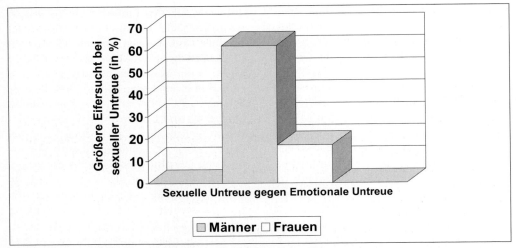

Abb. 6.3: Eifersucht bei vorgestellten Szenarien von sexueller und emotionaler Untreue bei Männern und Frauen (nach Buss et al., 1992, S. 252)

die Beendigung der Unterstützung und der Abzug der Ressourcen des Mannes befürchtet werden müssen; da Kinder viele Jahre der elterlichen Fürsorge bedürfen, könnte der Entzug von Ressourcen eine ernsthafte Bedrohung für die Sicherung des Reproduktionserfolgs sein. Andererseits ist die sexuelle Untreue des Partners deswegen so bedrohlich für Männer, weil sie Unsicherheit bezüglich der Vaterschaft der betreuten Nachkommenschaft aufkommen lässt. Im Sinne des genzentrierten Fortpflanzungsinteresses wäre es für den Mann natürlich fatal, Ressourcen und Zeit in die Aufzucht eines Nachkommens, zu dem kein genetisches Verwandtschaftsverhältnis besteht, zu investieren (das sogenannte »Kuckucksei«-Trauma).

Der Eifersuchtseffekt ist bislang mehrfach repliziert worden – vor allem in den USA. Die meisten Frauen (üblicherweise mehr als 70 %) gaben an, dass sie emotionale Untreue beunruhigender finden, wohingegen viele Männer (40 % bis 60 %) mitteilen, dass sie sich über sexuelle Untreue aufregen würden (Harris, 2004). Allerdings zeigen auch ältere Personen und Homosexuelle diesen Effekt, was allerdings bei Personen verwundert, die biologisch oder aus anderen Gründen nicht (mehr) mit der Zeugung von Nachkommen befasst sind. Trotz aller Robustheit dieses Effekts sind auch Zweifel an dem evolutionspsychologischen Interpretationshintergrund aufgetreten, weil sich der Effekt nur mit Hilfe der »forced-choice«-Methode sichern ließ, bei der die beiden Szenarien – eine emotionale Untreue und eine sexuelle Untreue – direkt miteinander verglichen werden. Bereits geringfügige Änderungen der Untersuchungsmethode verändern auch die Ergebnisse. Das ist ein noch unaufgeklärtes Ärgernis (DeSteno, Bartlett, Salovey & Braverman, 2002).

Neben diesen langfristigen Strategien, den Fortpflanzungserfolg durch Fürsorge für den gemeinsamen Nachwuchs sicherzustellen, muss immer auch die Möglichkeit zum Aufbau kurzfristiger Strategien gesehen werden, so dass neben den langfristigen Partnerschaften kurzfristige Partnerschaften entstehen, deren Funktion für die Maximierung des Fortpflanzungserfolgs gesondert in Rechnung zu stellen ist (Buss & Schmitt, 1993). Bei männlichen Individuen liegt der Versuch, nicht nur in langfristigen Paarbeziehungen, sondern auch in kurzfristigen

Beziehungen Nachkommen zu zeugen, ganz im genzentrierten Fortpflanzungsinteresse. Frauen, wie wir bereits geschildert haben, sind eher »qualitätsbewusst« und sollten durch eine außereheliche Verbindung versuchen, die Qualität der Genausstattung des Nachwuchses zu verbessern (»looking for better genes«). Nachgeborene Kinder in

> **Box 6.1: Eifersucht**
>
> Eifersucht ist eine überaus problematische Emotion, gleichgültig, ob sie auf objektiven Tatsachen beruht oder aufgrund unzutreffender Verdächtigungen entsteht. Rechtsstatistiken zeigen, dass sexuelle Eifersucht eine der Hauptursachen für Gewalt gegen Frauen ist, die sich unter anderem in seelischen Grausamkeiten und körperlichen Übergriffen äußern kann. Gefährlich wird Eifersucht vor allem, weil sie »blind« machen kann: In einem Zustand akuter Eifersucht werden vorwiegend Informationen aufgenommen, die mit der Eifersucht im Einklang stehen und sie noch verstärken. Diese Aufschaukelung kann dazu führen, dass Menschen ihr Handeln nicht mehr an moralischen Grundsätzen und langfristigen Verhaltenskonsequenzen ausrichten, sondern sich allein von dem von der Emotion ausgehenden Handlungsimpuls leiten lassen. Bei solchen »Affekttaten« billigt das deutsche Strafrecht mildernde Umstände zu, da davon ausgegangen wird, dass intensive emotionale Zustände eine »tiefgreifende Bewusstseinsstörung« hervorrufen können, die es einer Person unmöglich machen kann, das Schuldhafte ihres Handelns zu erkennen oder ihre Handlungen zu steuern. Beispiele für die destruktive Kraft der Eifersucht finden wir nicht nur regelmäßig in der Tagespresse, sie sind auch ein wiederkehrendes Thema der Weltliteratur. Nehmen wir als ein Beispiel Shakespeares Othello, der – aufgrund der Intrigen des Jago – seine Ehefrau Desdemona verdächtigt, seinen Freund Cassio zu lieben. Konfrontiert mit diesem Vorwurf bittet Desdemona Othello, er möge Cassio rufen, um den Irrtum aufzuklären. Doch Othello sagt ihr, dass Cassio ermordet wurde, und Desdemona dämmert, dass ihr Schicksal – da sie ihre Unschuld nun nicht mehr beweisen kann – ebenfalls besiegelt ist:
>
> Desdemona:
>   Dann ist er tot?
> Othello:
>   Hätt er pro Haar ein Leben – allesamt
>   Hätt meine Rache sie verschlungen.
> Desdemona:
>   O mein Gott,
>   Er ist geopfert, und ich bin verloren!
> Othello:
>   Still, Hure! weinst um ihn vor meinen Augen?
> Desdemona:
>   Verstoß mich, mein Gemahl, nur töt mich nicht!
> Othello:
>   Runter, Hure!
>
> In seinem Zustand kann Othello nicht erkennen, dass Desdemona nicht um einen Liebhaber trauert, sondern um ihr Leben fürchtet. Seine Eifersucht lässt nur eine emotionskongruente Interpretation der Situation zu, die damit weiter angefacht wird und ihn verleitet, Desdemona ohne jeden Aufschub zu erwürgen.

Tab. 6.2: Probleme der Auswahl von Geschlechtspartnern in kurz- und langfristigen Paarbeziehungen für Männer und für Frauen (nach Buss und Schmitt, 1993, S. 207)

Beziehung	Männer	Frauen
Kurzfristig	• Welche Frauen sind sexuell zugänglich? • Welche Frau ist fertil? • Wie sind die Risiken, Kosten und Verpflichtungen zu minimieren?	• Wie sind kurzfristig Ressourcen des Mannes zugänglich zu machen? • Wie ist die Qualität der Gene?
Langfristig	• Vertrauen in die Vaterschaft? • Kann die Partnerin gesunden Nachwuchs zur Welt bringen? • Wie sind ihre Eigenschaften als Mutter? • Wie ist die Qualität der Gene?	• Welche Männer sind willens und in der Lage, in die Beziehung zu investieren? • Wie sind die Eigenschaften als Vater? • Wie ist die Qualität der Gene?

langfristig zusammenlebenden Paarbeziehungen weisen deshalb häufiger eine fremde Abstammung auf. Baker (1997) bezeichnet diese weibliche Strategie anschaulich als den »genetischen Einkaufsbummel« der Mutter.
Verschiedene Beobachtungen und konkrete Vaterschaftsanalysen zeigen in verschiedenen Tiersozietäten und auch beim Menschen einen bislang nicht erwarteten Anteil von Nachkommen, die von langfristig zusammenlebenden Paaren aufgezogen werden, aber biologisch nicht von dem Mann in der Paarbeziehung abstammen. Ganz offensichtlich, so folgert Baker (1997), ist das von der Evolutionsbiologie bislang entworfene Bild der Frau als einer ausschließlich wählerischen, aber eher passiven Partnerin unangemessen. Diese »Eigenschaften« sind vielleicht gar nicht evoluiert, sondern erst in der jüngeren Vergangenheit als Anpassung an die Erwartungen einer durch Männerinteressen dominierten Gesellschaft entstanden. Ein zu dem ursprünglichen Bild passender Befund ist allerdings, dass in einer repräsentativen Umfrage in den USA etwa doppelt so viel Männer wie Frauen (22,7 % bzw. 11,6 %) angaben, außerpaarmäßige Sexualpartner gehabt zu haben (Wiedeman, 1997).

In der von Buss und Schmitt (1993) entwickelten »Theorie sexueller Strategien« sind viele dieser Gelegenheitsbeobachtungen systematisch zusammengeführt. Die Theorie beschreibt das Paarungsverhalten des Menschen in kurzfristigen und langfristigen Beziehungen als jeweils angemessene Antwort auf ein Anpassungsproblem, das sich für unsere Vorfahren stellte. Frauen und Männer haben sich aufgrund ihres unterschiedlichen Investments in ihre Nachkommenschaft mit unterschiedlichen Anpassungsproblemen konfrontiert gesehen, deren Lösung sie in kurzfristigen und langfristigen Beziehungen unter Kosten-Nutzen-Gesichtspunkten zu optimieren versuchen. **Tabelle 6.2** gibt einen Überblick über diese Anpassungsprobleme.
Einen besonderen Aspekt des Lebens in Partnerschaften haben Schmitt und Buss (2001) und Schmitt et al. (2004) untersucht: das unerlaubte »Wildern« (poaching) in fremden Territorien. Gemeint ist der Versuch, eine Person aus einer bereits existierenden langfristigen Paarbeziehung herauszulösen, sie oder ihn einer anderen Person »auszu-

6.3 Paarbildung und Partnerschaft

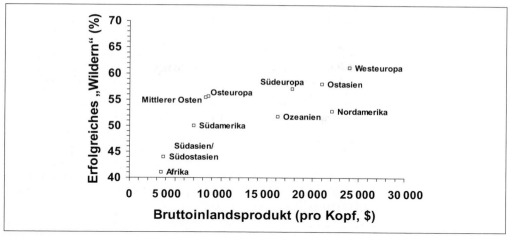

Abb. 6.4: Zusammenhang zwischen der Häufigkeit des »Wilderns« und dem regionalen Ressourcenpotenzial (gemessen am Bruttoinlandsprodukt) (nach Schmitt et al., 2004, S. 576)

spannen« und in eine neue, zumeist kurzfristige Paarbeziehung neu einzubinden. Bereits der oben beschriebene Umstand, dass die von langfristig zusammenlebenden Paaren aufgezogenen Nachkommen auch bei nichtmenschlichen Primaten nicht selten von genetisch fremden Vätern abstammen, nährte den Verdacht, dass eine solche Konstellation relativ häufig ist und eine evolutionäre Geschichte haben könnte. Schmitt und Buss (2001) berichten, dass bei College-Studenten 64 % der Männer und 40 % der Frauen angaben, schon einmal gewildert zu haben, dass ca. 80 % der Männer und Frauen mitteilten, schon einmal selbst Objekt eines Ausspann-Versuchs gewesen zu sein, und dass 50 % der Befragten einräumten, dabei erfolgreich gewesen zu sein. Eine evolutionäre Betrachtungsweise offenbart, dass eine solche multiple Paarbildung (multiple mating) für beide Partner einen Fitnessgewinn mit sich bringt, der bei Männern eher quantitäts-, bei Frauen eher qualitätsorientierte Aspekte aufweist.

Wenn es für die Herausbildung einer solchen Strategie einen evolutionären Hintergrund gibt, dann sollte sie weitgehend kulturunabhängig sein und sich in verschiedenen Kulturen und Gesellschaften auffinden lassen – allerdings nicht immer in der gleichen Art und im gleichen Ausmaß. Erfolgreiche evolutionäre Strategien sind eher flexibel und können sich den jeweiligen lokalen Gegebenheiten und Verhältnissen anpassen (Gangestad & Simpson, 2000). Aus der Sicht der Fitnessmaximierung durch Zeugung einer möglichst großen und genetisch gut ausgestatteten Nachkommenschaft ist das Wildern durch Kurzzeitpaarbildung nur dann (biologisch) sinnvoll, wenn die Umwelt reich an Ressourcen ist. Wenn die lokalen Verhältnisse hingegen dürftig und karg sind, sind die Schwierigkeiten bei der Versorgung des Nachwuchses enorm hoch und erfordern den Beitrag beider Eltern. Ist dieser nicht gewährleistet, sinken die Überlebenschancen des Nachwuchses rasch, und damit verschwindet auch der mögliche Fitnessgewinn durch das Wildern. Schmitt et al. (2004) erwarten deshalb, dass es einen Zusammenhang zwischen der Häufigkeit von Wildern und den in einer Kultur vorhandenen Ressourcen geben müsste. Die Autoren untersuchten in insgesamt 53 Nationen (zusammengefasst in zehn Regionen, vgl. **Abb. 6.4**) verschiedene Indikatoren für das erfolgreiche Wildern und setzten dieses Maß in Beziehung zum Bruttoinlandsprodukt (pro Kopf) als Maß für Ressourcen und Wohlstand einer Region. Wie man sieht, gibt es den erwarteten positiven Zusammenhang zwischen beiden Variablen. In Regionen äußerster Ressourcenknappheit und bitterer Armut (Afrika) spielt erfolgreiches Kurzzeit-Wildern nur eine untergeordnete Rolle, während es in Wohlstandsregionen wie etwa Westeuropa deutlich weiter verbreitet ist. Diese Befunde, obwohl nur korrelational, werfen ein erstes Licht auf äußerst komplexe Zusammenhänge zwischen dem Anpassungswert einer Verhaltensstrategie und den gesellschaftlichen und kulturellen Randbedingungen. Sie unterstützen die Ansicht, dass es auch beim Menschen umweltsensitive Adaptationen gibt, die den Einsatz unterschiedlicher Verhaltensstrategien beeinflussen. Evolutionäre Anpassungen hätten in der Menschheitsgeschichte nicht diese entscheidende Rolle spielen können, wenn sie »blind« für entscheidende Veränderungen in der Umwelt gewesen wären. Anpassungen sollten kulturneutral, aber im Hinblick auf solche Parameter, die direkt in den hypostasierten Wirkmechanismus eingreifen – wie hier das Ressourcenpotenzial –, durchaus offen für regionale Spezifitäten sein.

Die Überprüfung von Hypothesen aus einer evolutionär ausgerichteten Theorie der Partnerwahl sieht sich mit einem methodischen Problem konfrontiert, das wir am Ende dieses Abschnitts aufgreifen wollen. Die Mechanismen der Partnerwahl, die wir hier dargestellt haben, dürften in den älteren Eiszeiten, dem Pleistozän, also beginnend etwa vor 1,8 Millionen Jahren, entstanden sein. Konsequenterweise müssten diese Mechanismen auch im Hinblick auf solche Sachverhalte, wie sie in der damaligen Umwelt gegeben waren, beschrieben (und überprüft) werden. In Bezug auf die Überprüfung von Hypothesen speziell zur menschlichen Sexualmotivation ist das natürlich nicht möglich.

Die kulturelle Entwicklung, insbesondere der Einsatz von Empfängnisverhütungsmitteln oder gentechnischen Analysen zum Vaterschaftsnachweis, haben den damals vorherrschenden Selektionsdruck letztlich vollständig verändert. Viele der untersuchten Personen sind in Lernumwelten groß geworden, in denen die Ideologie vorherrschte, dass sich die Unterschiede zwischen den Geschlechtern auf einen »kleinen« unbedeutenden Unterschied reduzieren lassen. Insgesamt sind dies Bedingungsfaktoren, die keine geschlechtsgebundenen Unterschiede in der Sexualmotivation erwarten lassen. Umso bedeutsamer sind Unterschiede, die dennoch – vor allem kulturübergreifend – auftreten und sich mit einem evolutionären Erklärungsansatz in Verbindung bringen lassen.

6.4 Sexuelle Erregung

Bei Säugetieren und insbesondere bei den nichtmenschlichen Primaten kommen neben den optischen Stimuli besonders den Geruchsstimuli, den sogenannten Pheromonen, eine große Bedeutung im Sexualverhalten zu (Fink & Sövegjarto, 2006). Männliche Primaten reagieren appetitiv auf Geruchsstimuli, die von der Vaginalschleimhaut der Weibchen ausgehen. Männliche Rhesusaffen inspizieren während der Brunst häufiger die Genitalregion von Weibchen. Ovarektomierte weibliche Tiere rufen kein Interesse mehr hervor; nach künstlicher Zufuhr von weiblichen Sexualhormonen wird das Interesse der Männchen wieder hervorgerufen. Chemische Analysen zeigen, dass es sich bei den verhaltenswirksamen Reizen um Fettsäuren mit kurzen Ketten von C-Atomen handelt (z. B. Essigsäure, Buttersäure, Capronsäure), die sich auch beim Menschen in den Sekreten der Vagina und der Drüsen in der Achselhöhle finden.

6.4 Sexuelle Erregung

Die Suche nach Geschlechtspartnern und die Identifikation des eigenen Geschlechtspartners orientieren sich im Tierreich weitgehend über den Geruchssinn und damit über Hirnstrukturen, die zur »älteren« Ausstattung gehören. Informationen über weibliche Tiere, vor allem Geruchsinformationen, gelangen über das olfaktorische System des Vorderhirns über die Amygdala zur medialen präoptischen Region (MPOA) (vgl. Abb. 2.6), einem Areal im Zwischenhirn, das für die Steuerung des Sexualverhaltens von größter Bedeutung ist. Da die Informationsverarbeitung in diesem System teilweise nicht bewusstseinsfähig ist und das, was wir bewusst wahrnehmen, schlecht verbalisierbar ist, scheint der Eindruck vorzuherrschen, dieses System sei beim Menschen wenig leistungsfähig. Diese Ansicht ist sicher nicht gerechtfertigt, wie das folgende Experiment deutlich macht: Wedekind und Füri (1997) konnten zeigen, dass die Attraktivitätsurteile, die Frauen über Männer abgeben, mit der genetischen Ausstattung beider Partner in Zusammenhang stehen. Sie haben hierzu zwei Frauen und vier Männer gebeten, an fünf Wochenenden jeweils ein T-Shirt für zwei Tage zu tragen. Eine andere Gruppe von Vpn wurde nun gebeten, an diesen T-Shirts zu schnüffeln und anzugeben, wie angenehm der Geruch ist. Das Hauptinteresse dieser Untersuchung bestand in der Aufdeckung möglicher Zusammenhänge zwischen den »Angenehm«-Urteilen und der Ähnlichkeit in den MHC-Ausstattungen (Major Histocompatibility Complex; Haupthistokompatibilitäts-Komplex) der beurteilenden und beurteilten Personen. MHC ist eine immunologisch wichtige Gengruppe für die Abwehr pathogener Einflussfaktoren, und es besteht die Hypothese, dass MHC seine Aufgabe in der Abwehr von Pathogenen umso besser erfüllen kann, wenn er ganz unterschiedliche Anlagen in sich vereint (heterozygot ist). In genau diese Richtung gehen die Befunde von Wedekind und Füri: Männer und Frauen präferieren den Körpergeruch von T-Shirt-Trägern, deren MHC-Ausstattung sehr unähnlich zur eigenen MHC-Ausstattung ist. Der Geruchssinn leistet also eine vortreffliche Hilfe bei der Auffindung möglicher und geeigneter Geschlechtspartner und hilft, die genetische Ausstattung der Nachkommen zu verbessern. Diese Interpretation der Befunde wird dadurch gestützt, dass sich bei Frauen, die ein hormonelles Verhütungsmittel eingenommen hatten, überhaupt keine systematischen Zusammenhänge aufzeigen ließen. Der beschriebene Mechanismus zur Auffindung geeigneter Sexualpartner ist also offensichtlich an die Voraussetzung gekoppelt, dass die Frauen physiologisch empfängnisbereit sind.

Tab. 6.3: Unterschiede spontan auftretender Sexualfantasien bei männlichen und weiblichen Personen

Männliche Personen	Weibliche Personen
• eher häufig • ruft eine körperliche Erregung hervor	• eher weniger häufig • ruft eine emotionale Erregung hervor
• eher aktiver Sex • bezieht sich auf fremde oder anonyme Partner	• eher passiver Sex • bezieht sich auf bekannte Partner
• bezieht eher visuelle Vorstellungen ein • enthält eher explizite sexuelle Inhalte • enthält eher sexuelle Details	• bezieht eher Vorstellungen körperlicher Berührungen ein • enthält eher implizite sexuelle Inhalte • enthält eher Umgebungsfaktoren

6 Sexualität

Neben solchen olfaktorischen Anreizen kommt im menschlichen Sexualverhalten auch spontanen und reizgebundenen Fantasieinhalten (Vorstellungen) eine nicht zu unterschätzende anregende Wirkung zu. Eine Reihe vorliegender Studien zeigt, dass das Ausmaß sexueller Erregung, die durch erotische Stimuli hervorgerufen wird, sowohl auf der Erlebnisebene als auch auf der körperlichen Ebene bei Männern und Frauen sehr unterschiedlich ist (Schweiger & Pirke, 1999). Hinsichtlich der affektiven

---

Box 6.2: Hemmung und Enthemmung sexueller Fantasien

Kaum ein anderes Motivationssystem unterliegt einer stärkeren sozialen und individuellen Kontrolle als Sexualität. Im Laufe der Sozialisation lernen Menschen in allen Kulturen, sexuelle Handlungen in unpassenden Kontexten (etwa in der Öffentlichkeit) zu unterdrücken und nur in geeigneten Situationen auszuführen. Wie bereits Untersuchungen von Clark und Sensibar (1955) zeigen, können sich solche Hemmungsprozesse auch in der Fantasietätigkeit bemerkbar machen, indem die Sexualthematik nur in symbolverhüllter Form zugelassen wird. In diesen Untersuchungen wurde bei männlichen Vpn das Sexualmotiv durch die Darbietung von Aktbildern attraktiver Frauen angeregt; in einer Kontrollbedingung wurden neutrale Bilder (Landschaften und Haushaltsgegenstände) präsentiert. Spontane Fantasien wurden mittels des TAT (vgl. Kap. 2) erhoben. Die Untersuchung wurde entweder in der Universität (trockene Bedingung) oder im Rahmen einer Party durchgeführt, bei der die Teilnehmer auch Bier konsumierten (alkoholische Bedingung). Ausgewertet wurde zum einen, wie häufig in den Fantasiegeschichten *explizite sexuelle Handlungen* (Geschlechtsverkehr, Petting, Küssen) beschrieben wurden. Zum anderen verrechneten die Autoren auch das Ausmaß *symbolischer sexueller Handlungen*, wie etwa »der Dieb brach durch das Fenster in die Wohnung ein und stahl die Juwelen« oder »nach einem langen, anstrengenden Aufstieg erreichte John die Spitze des Turms«. Das Befundmuster legte nahe, dass explizite sexuelle Fantasien vermehrt unter enthemmenden Bedingungen geäußert werden: In der trockenen Bedingung führte die Anregung des Sexualmotivs (verglichen mit der Kontrollgruppe) zu einer Abnahme der Beschreibung expliziter sexueller Handlungen und zu einer Zunahme symbolischer Sexualität. Unter dem Einfluss von Alkohol und der freizügigen Partyatmosphäre änderte sich dieses Befundmuster: Hier führten die Aktbilder zu einer Zunahme expliziter sexueller Fantasien; interessanterweise fanden sich in dieser Bedingung auch vermehrt symbolische Beschreibungen von Sexualität.

Die Autoren sehen in diesen Befunden eine direkte Bestätigung der Freud'schen Annahme, dass explizite sexuelle Fantasien durch Furcht und Schuldgefühle gehemmt, nicht aber neutralisiert werden; sie äußern sich dann jedoch lediglich in symbolisch verschlüsselter Form. Wird Furcht hingegen reduziert (wie in den Studien durch Alkohol oder eine freizügige Partyatmosphäre), dann ist eine symbolische Übersetzung sexueller Fantasien nicht mehr notwendig, und sie können sich unverhohlen im Bewusstsein niederschlagen. Dieses allgemeine Gesetz mag auch heute noch gelten, obwohl Furcht und Schuldgefühle im Zusammenhang mit sexuellen Impulsen heute – verglichen mit dem eher prüden Amerika der 50er-Jahre des letzten Jahrhunderts – weniger weit verbreitet sein dürften. Am ehesten können wir heute eine symbolische Verschlüsselung von sexuellen Fantasien bei Personen erwarten, die aufgrund ihrer Sozialisation zu Furcht und Schuldgefühlen im Zusammenhang mit der Wahrnehmung sexueller Erregung neigen.

Bewertung erotischer Reize unterscheiden sich Frauen und Männer deutlich und konsistent: Während der Darbietung erotischer Stimuli berichten Frauen häufiger über negative Emotionen wie Ekel, Ärger und Widerwillen, während Männer häufiger positive Bewertungen und Emotionen wie Neugier, Erregung etc. nennen (zusammenfassend: Griffitt, 1987). Erotische Stimuli (Sexfilme) haben bei Männern einen deutlichen Einfluss auf den Sexualhormonspiegel. Bereits 15 bis 60 Minuten nach Filmbeginn ist ein Anstieg von LH (Luteinisierendes Hormon) zu beobachten, dem mit Verzögerung ein Testosteronanstieg folgt (Christiansen, 1999).

Deutliche Unterschiede findet man auch, wenn man nicht unterschiedliche Reaktionen auf erotische Reize untersucht, sondern selbstgenerierte Fantasievorstellungen, wie sie beispielsweise in Tagträumen erscheinen. Hier findet man eine ganze Reihe von geschlechtsgebundenen Unterschieden in der Art solcher sexueller Fantasien. **Tabelle 6.3** fasst eine Reihe von empirisch nachgewiesenen Unterschieden in spontan auftretenden Sexualfantasien zusammen.

6.5 Organismische Faktoren im Sexualverhalten

Im Unterschied zu Hunger und Durst stellt die Sexualmotivation keine Antwort auf ein vitales Bedürfnis dar. Auch ohne Befriedigung der Sexualmotivation können Lebewesen bei bester Gesundheit alt werden. Wir können zunächst einmal davon ausgehen, dass die Sexualmotivation grundsätzlich durch äußere und innere Reize angeregt wird. Selbstverständlich müssen für die Verarbeitung und Integration solcher Informationen Mechanismen im ZNS bereitstehen, die genetisch determiniert und durch die individuelle Lerngeschichte in ihrer spezifischen Ausrichtung festgelegt werden. So konnten bereits Harlow und Mitarbeiter (vgl. Harlow & Harlow, 1965) zeigen, dass Rhesusäffchen, denen in ihrer Entwicklung die Möglichkeit vorenthalten wurde, Erfahrungen im Umgang mit Artgenossen zu machen, im späteren Sexual- wie im mütterlichen Verhalten größte Störungen aufwiesen. Offensichtlich müssen Rhesusaffen im ersten Jahr üben, emotionale Bindungen zu Artgenossen herzustellen und körperliche Berührungen zu tolerieren. Wird das versäumt, so verhalten sich erwachsene Tiere gegenüber möglichen Sexualpartnern feindselig und abweisend.

Experimentell konnte die Beeinflussung zentralnervöser Mechanismen im Sexualverhalten durch Stoffe, die in den Hoden (Testes) entstehen (Testosteron), schon vor etwa 100 Jahren nachgewiesen werden. Man unterscheidet hier zwischen organisierenden Effekten der Sexualhormone im perinatalen Zeitraum (unmittelbar vor und nach der Geburt) und den später auftretenden aktivierenden Effekten. Bei verschiedenen Säugern konnte gezeigt werden, dass während einer von Art zu Art etwas unterschiedlichen sensiblen Phase, die an die Ausbildung der primären Sexualorgane gebunden ist, männliche Sexualhormone eine Maskulinisierung des Gehirns bewirken. Ein genetisches Weibchen, das bei Geburt mit Testosteron behandelt wurde, zeigte im weiteren Verlauf des Lebens ein durchgängig männliches Verhaltensmuster. Bei den untersuchten Tieren führt die organisierende Wirkung perinataler Sexualhormone im Übrigen in den gleichen ZNS-Strukturen des Hypothalamus und des limbischen Systems zu morphologischen Veränderungen, die später als Zielorgane für die aktivierende Wirkung von Sexualhormonen gelten: an erster Stelle die präoptische Region des Hypothalamus und der ventromediale Hypothalamus.

Auch im Humanbereich wird seit einiger Zeit die Hypothese diskutiert, dass sich das pränatale Testosteronklima im Mutterleib auch auf die Ausprägung und Ausgestaltung einer »typisch männlichen« Form von Motivation in den Bereichen Sexualität und Aggression auswirken könnte. Als Markiervariable diente hier ein Maß für die Fingerlänge, und zwar das Verhältnis des Zeigefingers (2 Digit) zum Ringfinger (4 Digit). Es war aufgefallen, dass dieses Verhältnis (2D:4D) bei Männern kleiner ist als bei Frauen, was durch neuere Untersuchungen belegt wird: Die Testosteron-Konzentration im Fruchtwasser steht mit geringen 2D:4D-Quotienten in Verbindung, und die Ausbildung der Gonaden und der Fingerlänge stehen unter Kontrolle des gleichen Genkomplexes (Lutchmaya et al., 2004). Befunde zeigen, dass Männer mit einem kleinen 2D:4D-Quotienten (also »maskulinisierte« Männer) große Vorlieben für Kurzzeit-Paarbeziehungen aufweisen, das liegt ganz in einem maskulinen, genzentrierten Reproduktionsinteresse. Das Machtmotiv weist ebenfalls eine positive Beziehung zur Kurzzeitpräferenz in Paarbeziehungen auf (Mustafic, 2007). Ein geringer 2D:4D-Quotient ist auch mit einer stärkeren Neigung zur Anwendung von körperlicher Gewalt verbunden, und umgekehrt ist die häufig beobachtete aggressionsfördernde Wirkung aggressiver Anreize bei Personen mit einem hohen 2D:4D-Quotienten (niedrige Maskulinisierung) deutlich reduziert (Millet & Dewitte, 2007, vgl. Kap. 9.2.3).

Auch die Erregbarkeit der dem Sexualverhalten zugrunde liegenden Mechanismen wird durch die männlichen und weiblichen Sexualhormone direkt beeinflusst. Die Steuerung der Produktion der Sexualhormone durch glandotrope (auf Drüsen einwirkende) Hormone des Hypophysenvorderlappens und die Steuerung der Produktion dieser Hypophysenhormone ihrerseits durch Freisetzungs- oder Releasingfaktoren (RF) des Hypothalamus ist gut dokumentiert (Christiansen, 1999; Schweiger & Pirke, 1999). Bei der Frau werden in der Phase nach dem Eisprung auch Östrogene gebildet. Mit dem Auf- und Abbau des Follikels und der nach dem Eisprung erfolgenden Umwandlung des Follikels in den Gelbkörper steigen und fallen daher die Konzentrationen der entsprechenden Hormone im Blut der Frau. Die Regulation der Konzentration der Sexualhormone bei der Frau ist zyklisch und damit komplexer als die tonische (gleichförmige) Regulation beim Mann. Die enge zeitliche Koppelung von Brunst und Ovulationszyklus bei weiblichen Individuen legt die Vermutung nahe, dass auch die sexuelle Erregbarkeit durch die Art und die Konzentration der Sexualhormone im Blut bestimmt sein könnte.

Weibliche Säugetiere unter der Stufe der Primaten zeigen eine eindeutige Anbindung der sexuellen Erregbarkeit an das Vorhandensein von Sexualhormonen. Nach der Entfernung der Ovarien verschwindet bei diesen Tieren die sexuelle Ansprechbarkeit vollständig. Sie kann durch die experimentelle Zufuhr von Sexualhormonen wiederhergestellt werden, an erster Stelle durch die Gabe von Östrogenen, bei einigen Arten im Anschluss daran von Progesteron. Diese Folge entspricht der natürlichen Zu- und Abnahme der Konzentrationen von Östrogen und Progesteron im Zyklus. Im Humanbereich sind vor allem der Fertilitätsstatus der Frau im Menstruationszyklus und Partnerpräferenzen sowie Strategien der Partnerwahl untersucht worden (Pillsworth, Haselton & Buss, 2004). Anders als bei vielen nichtmenschlichen Primaten bleibt beim Menschen der Fertilitätsstatus der Frau von außen unbemerkt, was ihr – evolutionsbiologisch betrachtet – den Vorteil bringt, unbemerkt und unkontrolliert zwischen Langzeit- und Kurzzeitpartnerbindungen wechseln oder beides gleichzeitig betreiben zu können. Wie bereits beschrieben, bietet sich der Frau durch kurzzeitige außerpaarmäßige Verbindungen vor allem die Chance der Verbesserung der genetischen Ausstattung ihres Nachwuchses. Der von außen unbemerkte Eintritt in die fertile Phase gestattet es der Frau, gleichzeitig nach überragender Genqualität in einer Kurzzeitpartnerschaft Ausschau zu halten und sich ebenso der Fürsorge ihres Langzeitpartners gewiss zu sein. Unter dieser Perspektive wäre die Verbesserung der genetischen Qualität des Nachwuchses das Ergebnis aus der Entwicklung verborgener Ovulation (Grammer, 1996).

In Übereinstimmung mit einer solchen evolutionsbiologischen Erklärung berichten Baker und Bellis (1995), dass Verpaarungen in Kurzzeitbeziehungen (»Fremdgehen«) kurz vor der Ovulation der Frau besonders häufig auftreten, während Verpaarungen mit dem Langzeitpartner zeitlich eher gleich verteilt sind. Ferner berichten Frauen, die in ihrer fertilen Phase eine kurzzeitige Verbindung hatten, über einen häufigeren und intensiveren Orgasmus als mit ihrem Langzeitpartner. Dies stellt biologisch eine gute Voraussetzung für eine erfolgreiche Insemination durch den Kurzzeitpartner dar.

Frauen sind in ihrer fertilen Phase ausgesprochen wählerisch, was einen potenziellen Kurzzeitpartner betrifft (Gangestad & Cousins, 2001); sie bevorzugen den Geruch von Männern mit niedriger FA und schätzen die Attraktivität dieser Männer besonders hoch ein. Sie bevorzugen darüber hinaus Männer mit einem besonders »maskulinen« Aussehen – das sind Männer, die bei hohem Testosteronrisiko offensichtlich über eine hervorragende genetische Ausstattung verfügen (Gangestad et al., 2007). Mit diesen Beobachtungen stimmt weitgehend überein, dass Frauen in ihrer fertilen Phase auch große Anstrengungen unternehmen, um auf sich aufmerksam zu machen, um den möglichen Reproduktionsgewinn auch tatsächlich zu realisieren: Sie tun dies durch auffallende Kleidung und die Anwendung von Kosmetika. Bei einer Untersuchung in Wiener Diskotheken erwiesen sich in dieser Hinsicht Frauen am auffallendsten, die einen Langzeitpartner hatten, alleine eine Diskothek besuchten und keine empfängnisverhütenden Mittel nahmen (Grammer & Renninger, 2004).

Bei männlichen Individuen sind die Zusammenhänge zwischen Sexualmotivation und Testosteron weit lockerer. Nach Kastration verschwindet zwar bei den meisten bisher untersuchten Arten die Sexualmotivation nach einiger Zeit; häufig aber erst nach Monaten und Jahren und darüber hinaus bei einzelnen Tieren überhaupt nicht. Durch künstliche Testosterongabe kann auch hier die Motivation und die ursprüngliche Potenz (Ejakulationsfähigkeit) wiederhergestellt werden. Bei einer zusammenfassenden Betrachtung gibt es eine Reihe von konsistenten Zusammenhängen zwischen der Testosteronkonzentration und der Häufigkeit, mit der folgende Verhaltensweisen auftreten: sexuelle Fantasien, sexuelle Erektionen und Ejakulation sowie sexuelle Aktivitäten mit oder ohne Partnerin (Christiansen, 1999).

Neben den Sexualhormonen haben sich weitere Hormone als bedeutungsvoll für die Aktivierung des Sexualverhaltens im ZNS erwiesen. So ist z. B. schon seit langem die periphere Wirkung des im Hypophysenhinterlappen gespeicherten und an den Blutkreislauf abgegebenen Oxytozins bekannt. Auch die periphere und zentrale Konzentration von Oxytozin steigt bei sexuellen Aktivitäten an. Schließlich befinden sich die hormonproduzierenden Zellen im Hypothalamus, wo das Oxytozin mit den Sexualhormonen in der Beeinflussung zentraler Mechanismen interagiert. Es wird vermutet, dass durch die zentrale Freisetzung von Oxytozin die Erregbarkeit von Zellen in der präoptischen Region erhöht wird, was sich verhaltensmäßig in einer größeren Ansprechbarkeit auf sexuelle Stimuli ausdrückt.

6.6 Soziale Faktoren

Wir sind in unseren bisherigen Darstellungen davon ausgegangen, dass die mit dem Fortpflanzungsverhalten verbundenen Unterschiede der Geschlechter im Erleben und Verhalten letztlich auf genetischen Einflüssen beruhen, die sich aus den unterschiedlichen biologischen »Aufgaben« herleiten lassen. Biologisch orientierte Theorien führen die vorfindbaren Erlebens- und Verhaltensunterschiede im Rahmen des Fortpflanzungsverhaltens darauf zurück, dass diese geschlechtsspezifischen Verhaltensweisen für die optimale genetische Ausstattung der Nachkommenschaft und (bei Säugern) deren erfolgreiche Aufzucht funktional waren und einen Anpassungsvorteil in den damaligen Umwelten zu Anfang des Pleistozäns (also vor etwa 1,8 Millionen Jahren) besaßen. Wir hatten bereits oben (vgl. Kap. 6.2.2) darauf hingewiesen, dass es recht schwierig ist, heute unter radikal geänderten Umgebungsbedingungen einen zweifelsfreien empirischen Beleg für diesen Ansatz beizubringen. Allerdings gelten (relative) Invarianz über Kulturen und der Nachweis einer stammesgeschichtlichen Entwicklung als gute Belege für eine biologische Determination des infrage stehenden Sachverhalts (Kenrick & Keefe, 1992, S. 76).

Es gibt allerdings auch Theorien, die diesem biologisch orientierten Ansatz grundsätzlich misstrauen und bestimmte Merkmale des jeweiligen Sozialsystems, so wie sie heute vorfindbar sind, für die Erlebens- und Verhaltensunterschiede verantwortlich machen. Eine solche von Eagly und Wood (1999) formulierte Theorie betrachtet denn auch die vorherrschenden sozialen Einflussgrößen, insbesondere die an Männer und Frauen herangetragenen Rollenerwartungen und Stereotype, als die entscheidenden Wirkgrößen. Ausgangspunkt dieser Theorie sind zunächst auch biologische Faktoren – nämlich Körperbaumerkmale. Männer besitzen den robusteren Körperbau, Frauen sind eher von fragiler Natur, können aber Kinder gebären. Diese Umstände sollen zu einer typischen Form der Arbeitsteilung zwischen Männern und Frauen geführt haben; und die spezielle Form der Arbeit, die Männer und Frauen verrichten, bestimmt dann auch deren Stellenwert in der Sozialstruktur. Die Aktivitäten der Männer sind assertiv, auf Dominanz und Unabhängigkeit gerichtet; ihnen wird in der Gesellschaft ein hoher Statuswert zugeschrieben. Die Aktivitäten von Frauen sind eher freundlich, sozial unterstützend und unterordnend; ihnen wird ein eher geringer Statuswert zugeschrieben. Die soziale Rollentheorie nimmt weiterhin an, dass in der sozialen Interaktion aus der Perspektive des Beobachters eine Tendenz festzustellen ist, nämlich dass Personen, die bestimmte Tätigkeiten ausführen, auch die dafür notwendigen Eigenschaften besitzen. Eine Person, die beispielsweise dominantes Verhalten zeigt, »ist« dominant, besitzt die Eigenschaft »Dominanz«. Diese Ansichten über die Eigenschaftsausstattungen von Männern und Frauen werden dann zu Kernen von Stereotypen von Männern und Frauen und werden in das jeweilige Rollenkonzept integriert.

Die Erwartungen der Gesellschaft richten sich nun auf rollenkonformes Verhalten, was dazu führt, dass dieses Verhalten tatsächlich häufiger auftritt, damit das Stereotyp bestätigt und schließlich das soziale Erwartungssystem stabilisiert. Bringt man das Rollenkonzept mit den oben beschriebenen Präferenzen von Frauen und Männern bei der Partnerwahl in Zusammenhang, so ist auf dem Hintergrund des Rollenkonzepts einer schwachen und sich unterordnenden Frau verständlich, warum sie einen älteren, dominanten Mann mit hohem Ressourcenpotenzial für eine möglichst langfristige Paarbeziehung sucht und warum ein starker, dominanter Mann möglichst mehrere, jüngere, attraktive Frauen in mehreren kurzfristigen Paarbeziehungen sucht. Im Endeffekt wird in dieser Theorie eine Kausalkette aufgebaut, die von dem eher zufälligen Unterschied im Körperbau von Männern und Frauen über unterschiedliche Arbeitsteilungen, entsprechende Eigenschaftszuschreibungen und Rollenerwartungen bis hin zum geschlechtstypischen, rollenkonformen Verhalten verläuft.

Da nun in dieser Theorie Wesentliches an den unterschiedlichen Arbeiten, die Männer und Frauen verrichten, hängt, müssten sich, wenn man die Arbeiten, die von Männern und Frauen geleistet werden, angleicht, auch die Präferenzen bei der Partnerwahl angleichen. Dies ist die zentrale Hypothese von Eagly und Wood (1999). Tatsächlich fanden sie in einer Reanalyse der Daten von Buss und Schmitt (1993), dass in dem Maße, wie Gleichheit in den Arbeitsbedingungen entsteht, auch die geschlechtstypischen Präferenzen bei der Partnerwahl (hier: die Altersunterschiede) geringer werden. Die Autorinnen schließen daraus, »... dass die Geschlechtsunterschiede bei der Alterspräferenz die geschlechtstypische Arbeitsteilung widerspiegeln« (Eagly & Wood, 1999, S. 419).

6.7 Auf ein Wort ...

Die biologische Funktion des Sexualverhaltens und der diesem Verhalten zugrunde liegenden Verhaltens- und Erlebensdisposition ist die Weitergabe der eigenen Gene und die Erhöhung der Variabilität im Genom einer Art. Über diese biologische Funktion hinaus dient das Sexualverhalten vielfältigen sozialen Zwecken, besonders der langfristigen Paarbildung zum Zweck der Fürsorge für den Nachwuchs. Im menschlichen Bereich schließlich ist Sexualverhalten in allen untersuchten Kulturen auch Gegenstand sozialer Normierung und damit durch eine Vielzahl von sozialen Normen und kulturellen Faktoren beeinflusst, die alle einem historischen Wandel unterliegen.

Bei individueller Betrachtungsweise liegen die unmittelbaren Ziele sexuellen Verhaltens in der Herstellung sexueller Befriedigung. Das ultimate Ziel dieser Verhaltensweisen besteht hingegen in der Fitnessmaximierung durch Weitergabe des eigenen Genmaterials in die nächste Generation. Die Anreize für sexuelles Verhalten liegen in der Umwelt und sind in der Regel an bestimmte Körperbau- und Verhaltensmerkmale potenzieller Sexualpartner gebunden. Die soziobiologische Forschung der letzten Jahrzehnte hat viele überzeugende Belege dafür beigebracht, dass diejenigen Merkmale von potenziellen Sexualpartnern, die besonders präferiert werden, nicht beliebig entstehen oder sich in der Gesellschaft durch bestimmte Vereinbarungen in Form von Rollenerwartungen und Stereotypen bilden, sondern dass gezielt solche Merkmale von der Evolution »ausgewählt« wurden, die einen gesunden Nachwuchs verheißen und eine möglichst effiziente Fürsorge für den Nachwuchs sicherstellen. Diese Merkmale sind niemandem auf die Stirn geschrieben, aber es gibt eine Reihe von Markern für dieses Potenzial, wie etwa WHR, Fluktuierende Asymmetrie, Schönheit, Ressourcenbesitz, Dominanz etc. Träger dieser Eigenschaften werden besonders geschätzt und gerne in Partnerschaften eingebunden. Integraler Bezugspunkt vieler Theorien und Befunde in diesem Bereich ist der Sachverhalt des unterschiedlichen elterlichen Investments in die Nachkommenschaft. Hieraus erklären sich die bei Männern und Frauen sehr unterschiedlichen Strategien, in kurz- und langfristigen Partnerschaften ihren Reproduktionserfolg zu maximieren.

Wie kaum eine andere Motivationsform hängt die Sexualmotivation von neurophysiologischen Strukturen und neuroendokrinologischen Prozessen ab. Als wichtige Areale zur Verarbeitung solcher innerorganismischen Reize haben sich der Hypothalamus, speziell der vordere Hypothalamus und die vorgelagerte präoptische Region, herausgestellt. Die zentralen verarbeitenden Mechanismen, die das Sexualverhalten steuern, unterliegen einer Beeinflussung durch die Konzentration männlicher und weiblicher Sexualhormone. Testosteron beeinflusst die Herausbildung eines typisch männlichen Erscheinungsbildes, während die zyklische (und verdeckte) Beeinflussung des weiblichen Sexualverhaltens es Frauen ermöglicht, durch einen Wechsel von kurz- und langfristigen Paarbeziehungen ihren qualitätsorientierten Fitnessgewinn zu maximieren.

7 Neugier und Exploration

7.1	Phänomene und Funktion
7.2	Klassifikation des Neugierverhaltens
7.2.1	Spezifisches Neugierverhalten
7.2.2	Diversives Neugierverhalten
7.3	Interindividuelle Unterschiede im Explorationsverhalten
7.4	Organismische Bedingungsfaktoren
7.5	Auf ein Wort …

7.1 Phänomene und Funktion

Bei der Beobachtung von Kindern und jungen Tieren fällt auf, mit welcher Zielstrebigkeit, Intensität und Ausdauer sie ihre Umwelt erkunden. Zwei- bis Dreijährige haben das größte Vergnügen daran, in fremden Wohnungen Kisten und Schubladen zu untersuchen und unbekannte Räume zu betreten. Alles Neue reizt das Kleinkind zu Erkundung (Exploration) und nicht endenden Frageserien. Schon Säuglinge manipulieren Objekte und freuen sich an den erzeugten Effekten. Piaget berichtet, wie der zwei Monate alte Laurent eine Klapper, die über seinem Bett angebracht und mit seinem Arm durch eine Schnur verbunden war, zufällig zum Ertönen bringt. Er wiederholt diese Bewegungen mehrfach und immer schneller und »beginnt sich zu krümmen vor Lust und mit Armen und Beinen zu strampeln« (Piaget, 1975, S. 166). Säuglinge schauen auch länger auf eine unbekannte Reizvorlage als auf eine bekannte, wenn ihnen zwei Vorlagen, in der Krippe liegend, vorgehalten werden.

Tiere zeigen Explorationsverhalten zwar auch im Zusammenhang anderer Verhaltenssysteme, etwa der Nahrungs- oder Partnersuche, sie zeigen es aber auch gerade dann, wenn andere Motivationen, wie Hunger und Durst, befriedigt sind. Außerdem lernen Affen und Ratten neue Verhaltensweisen, wenn ihnen als Belohnung nur die Möglichkeit zur Exploration eines Labyrinths oder zur visuellen Inspektion eines Raums geboten wird. Eine solche Belohnung kann aber nur wirksam werden, wenn auf Seiten des Lebewesens eine entsprechende Bewertungsdisposition vorhanden ist, die eine positive Bewertung der Exploration eines neuen Sachverhaltes ermöglicht.

Neuere evolutionsbiologisch orientierte Ansätze gehen davon aus, dass die Tendenz, die soziale und sachliche Umwelt zu explorieren, zur angeborenen Ausstattung des Menschen und auch vieler anderer Arten gehört und dass die spezielle Qualität des Explorationsverhaltens allerdings von Art zu Art unterschiedlich ist, vom Entwicklungsstand eines Individuums abhängig ist und schließlich auch durch Situationsfaktoren beeinflusst wird (Buss, 2001; Keller, Schneider & Henderson, 1994). In einem ersten Schritt können Argumente für die Annahme einer angeborenen Bewertungsdisposition wahrscheinlich gemacht werden, wenn es gelingt, einen entsprechenden Selektionsvorteil aufzuweisen.

Lorenz (1943, 1950), der den Selektionsvorteil des Neugierverhaltens als Erster umfassend begründet hat, betont besonders den Vorteil für solche Arten, die nicht auf bestimmte Biotope und Formen des Nahrungserwerbs festgelegt sind. Solche »Spezialisten auf Nichtspezialisiertsein« wie Ratten, Rabenvögel und auch der Mensch zeigen nach Lorenz Neugierverhalten in besonders hohem Maße, da sie ihre Umwelt mit ihren potenziellen Nahrungs- und Gefahrenquellen durch individuelles Lernen erst erfahren und sich auch an wandelnde Angebote anpassen müssen. So haben Ratten, die dem Menschen in alle Regionen der Welt folgten, sich an diese wechselnden Umstände erfolgreich anpassen können.

Daneben steht das Ausmaß des Neugierverhaltens in positivem Zusammenhang mit der Entwicklungshöhe kortikaler Funktionen einer Art. Glickman und Sroges (1966) haben über hundert Arten von Zootieren daraufhin beobachtet, wie und in welchem Ausmaß sich die Tiere verschiedenen neuen Objekten zuwenden, die ihnen in Käfige und Zwinger gelegt werden. Die Autoren finden einen Anstieg des Neugierverhaltens von den Reptilien über die primitiven Säuger, Nagetiere und Raubtiere bis zu den Primaten.

Folgt man den Thesen der Evolutionstheoretiker, so muss man annehmen, dass ein evolutiver Trend in der Entwicklung der Säugetiere bis hin zum Menschen die Lebewesen zunehmend frei von geschlossenen (fest verdrahteten) Verhaltensprogrammen machte und sie mit einem hoch entwickelten informationsverarbeitenden System ausrüstete, das eine ontogenetische (jeweils individuelle) Anpassung an wechselnde Umwelten durch Lernen ermöglicht und erfordert (Mayr, 1974). Dazu ist Neugierverhalten notwendig. Es dient damit dem Erwerb von mentalen Strukturen (Wissen), die für erfolgreiches Handeln vonnöten sind. Evolutionsbiologen betonen in diesem Zusammenhang, dass ein Individuum, das sich durch erfolgreiches Explorieren seiner Umwelt ein solches Wissen angeeignet hat, letztlich auch seinen Reproduktionserfolg erhöht.

Neben dem Erwerb von Wissen über die dingliche und soziale Umwelt tragen Neugier und das verwandte Spielverhalten in der Ontogenese auch zur Entwicklung des zentralen Nervensystems bei. Rosenzweig

---

Box 7.1: Der Dachs

Lebewesen explorieren nicht ungehemmt. Neue Objekte rufen nicht nur Neugier, sondern auch Furcht und Vermeidungsverhalten hervor. Viele Lebewesen sind neophob. Eibl-Eibesfeldt berichtet, wie ein von ihm aufgezogener Dachs mit großer Ausdauer Schubkästen, Papierkörbe und Töpfe in seinem Arbeitszimmer explorierte, auf ungewöhnliche Ereignisse jedoch mit Furcht reagierte – so, als der Autor mit einem quietschenden Schubkarren Kohle durch die Beobachtungsstation transportierte. »Der Dachs floh sofort, geschreckt durch das quietschende Geräusch des Karrens, in wilder Flucht davon. Er verkroch sich in seinem Bau, kam aber gleich wieder hervor, sicherte zu mir, verschwand beim nächsten verdächtigen Geräusch wieder, kam dann wieder hervor usf. Er wagte sich schließlich immer näher an den Schubkarren, floh auch nicht mehr bis in seinen Bau, und als ich einige Male mit dem Karren durch das Gelände gefahren war, sank auch die Fluchtdistanz auf wenige Schritte. Endlich untersuchte er sogar den ruhenden Karren, und als er seine Duftmarke daraufgesetzt hatte, war er mit ihm vertraut« (Eibl-Eibesfeldt, 1950, S. 352).

(1984) konnte zeigen, dass Ratten, die in einer angereicherten Umgebung aufgewachsen sind, in einer Reihe von morphologischen und biochemischen Merkmalen eine bessere Gehirnentwicklung aufwiesen als Tiere, die allein und in kahlen Käfigen aufgewachsen sind. Es gibt demnach eine Reihe von Anpassungsvorteilen des Neugierverhaltens, die in der Stammesgeschichte als Selektionsdruck in Richtung auf die Ausbildung eines Motivations- und Verhaltenssystems »Neugier« wirksam gewesen sein müssen. Wir nehmen das Neugiermotiv als ein originäres, biogenes Motivsystem, das in der Ontogenese, wie andere Motivsysteme auch, einer erfahrungsbedingten Modifikation unterliegt.

Wir finden beim Explorationsverhalten die basalen Tendenzen von Aufsuchen und Meiden als Neugier und als Furcht vor Neuem. Es muss in der stammesgeschichtlichen Entwicklung der verschiedenen Arten zusätzlich zum Motivationssystem Neugier als Widerpart ein Motivationssystem Furcht vor Neuem entstanden sein, denn Lebewesen bringen sich durch die Exploration neuer Räume und Objekte auch in Gefahr, der sie frühzeitig durch ein Alarm- und Furchtsystem Rechnung tragen müssen.

Dieser Furcht vor Neuem liegt demnach ebenfalls eine angeborene Verhaltensdisposition zugrunde. Ausgelöst wird die Angstreaktion oder Verhaltenshemmung im hier interessierenden Kontext durch neue Objekte, Räume und Personen. Lugt-Tappeser und Schneider (1987) beobachteten Vorschulkinder im Alter zwischen drei und sechs Jahren, die mit einem neuen Objekt, einer Kiste auf Rädern, konfrontiert wurden. Bei dieser Kiste war in den Deckel ein Hebel eingelassen, der, wenn er bewegt wurde, Töne aus der Kiste hervorbrachte oder Lämpchen zum Aufleuchten brachte, die auf dem Deckel eingelassen waren. Die Kinder waren zuvor als Ängstliche und Nicht-Ängstliche eingestuft worden. Von den 63 beobachteten Kindern berührten 17 Kinder das neue Objekt überhaupt nicht: 13 dieser Nicht-Berührer (76 %) waren zuvor als ängstlich eingestuft worden. Die Zeit, die verging, bis die restlichen Kinder das Objekt berührten, war bei den ängstlichen Kindern im Mittel zweimal (Mädchen) bis viermal (Jungen) so lang wie bei den nichtängstlichen. Die ängstlichen Kinder, die das Objekt berührten, manipulierten außerdem den Hebel weniger und stellten auch weniger Fragen zum neuen Objekt.

7.2 Klassifikation des Neugierverhaltens

Lässt sich nun eine Ordnung in die Vielfalt der Verhaltensphänomene bringen, die wir bislang nur lose unter der Kategorie des Explorationsverhaltens vorgestellt haben? Wir wollen hierbei neben der perzeptiven Zuwendung die Lokomotion (Zugehen), die Manipulation und das Fragen als spezifisch menschliche Form des Explorationsverhaltens behandeln.

Die einfachste Form ist die perzeptive Zuwendung, die »Orientierungsreaktion« (Sokolov, 1963): Lebewesen richten ihre Sinnesorgane auf neue Reize. Diese Orientierungsreaktion umfasst neben der Ausrichtung der Sinnesorgane auf den neuen Reiz auch zentrale und vegetative physiologische Veränderungen, eine Anhebung des Muskeltonus und eine Empfindlichkeitsverstellung der Sinnesorgane. Diese Veränderungen haben offensichtlich den Zweck, die Informationsaufnahme zu verbessern und das Lebewesen auf eine mögliche Aktion vorzubereiten. Im Unterschied zu allen anderen Formen des Neugierverhaltens bleibt das Lebewesen hier aber äußerlich inaktiv. Für einige Schläge wird die Herzrate langsamer, um dann erst anzusteigen, wenn das Lebewesen aktiv wird.

Vielen Neugierverhaltensweisen sieht man allerdings zunächst gar nicht an, ob sie

7 Neugier und Exploration

durch Neugier motiviert sind. Neugiermotivierte Verhaltensweisen treten häufig auch im Kontext anderer Motivationen, etwa der Nahrungs- oder Partnersuche oder der Errichtung und Kontrolle von Reviergrenzen, auf. Da sich für die Neugiermotivation auch keine peripheren organismischen Bedingungsfaktoren nachweisen lassen, boten sich zur Abgrenzung neugiermotivierter Verhaltensweisen zunächst die Anreize des Neugiermotivs, die verhaltensauslösenden Situationsfaktoren sowie der gesamte Verhaltenskontext an. Eine basale Unterscheidung des Neugierverhaltens in zwei Klassen hat sich dabei als hilfreich erwiesen (Berlyne, 1960):

1. Das *spezifische* oder gerichtete Neugierverhalten; es wird ausgelöst von konkreten Sachverhalten in der Umwelt. Menschen suchen in solchen Situationen weitere Informationen.
2. Das *diversive* Neugierverhalten, das als Suchverhalten in reizarmen Situationen auftritt, in denen Lebewesen sich langweilen. Menschen suchen in solchen Situationen Anregung und Zerstreuung.

Diese Unterscheidung lässt sich aus Berlynes Aktivationstheorie herleiten. Danach steht das Aktivationsniveau in einer u-förmigen Beziehung zum Reizeinstrom: Sehr niedriger Reizeinstrom und sehr hoher Reizeinstrom sind mit höheren Aktivationsniveaus verbunden. Ein hohes Aktivationsniveau ist aber – der allgemeinen triebtheoretischen Doktrin folgend – unangenehm. Folglich ist die Erhöhung eines niedrigen Reizeinstroms und die Verringerung eines hohen Reizeinstroms, jeweils in Richtung auf ein mittleres Niveau also, angenehm und positiv bekräftigend, da in beiden Fällen das Aktivationsniveau gesenkt wird. Im ersten Fall ist diversives Neugierverhalten (bei niedrigem Reizeinstrom), im zweiten Fall ist spezifisches Neugierverhalten (bei hohem Reizeinstrom) zu beobachten (vgl. Abb. 7.1).

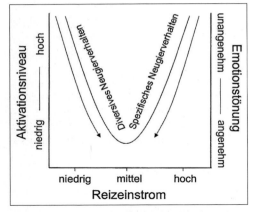

Abb. 7.1: Hypothetische Zusammenhänge zwischen dem Reizeinstrom und dem Aktivierungsniveau, der Emotionstönung und verschiedenen Formen des Neugierverhaltens

Die Vorstellungen haben über viele Jahre das Forschungsgeschehen maßgeblich beeinflusst und auch heute noch gültige Einsichten in die situativen Auslöser neugiermotivierten Verhaltens geliefert. Allerdings dürften die theoretischen Erklärungen für die Bevorzugung eines mittelhohen Reizeinstroms nur eingeschränkt zutreffen. Insbesondere die Vorstellung einer allgemeinen zentralnervösen Aktivation ist überholt und zur Erklärung dieser Befunde deswegen unangemessen (Keller et al., 1994). Es scheint angemessener, unsere allgemeinen Modellvorstellungen zweier antagonistisch wirkender Systeme – eines Annäherungssystems und eines Meidensystems – auch auf das Explorationsverhalten zu beziehen. Die Stärke des Annäherungssystems (Neugier) steigt monoton mit dem Reizeinstrom; die Stärke des Meidensystems (Furcht) steigt ebenfalls monoton, setzt aber erst bei mittlerem Reizeinstrom ein und steigt mit größer werdendem Reizeinstrom steiler an. Dies begründet sich dadurch, dass bei großem Reizeinstrom die Anzahl der furchtauslösenden Momente schneller wächst als die Anzahl der neugierauslösenden Momente. Furcht dämpft, wie wir bereits beschrieben haben, das Annäherungssystem. Berücksichtigt man dies und subtrahiert die beiden Tendenzen, so ergibt sich die Stärke für das tatsächlich zu beobachtende Explorationsverhalten, wie in den Berlyne'schen Untersuchungen beschrieben, mit einem Maximum bei mittelhoher Stimulation bzw. mittelhohem Reizeinstrom (Keller et al., 1994; Schneider, 1996). Wir haben diese Sichtweise in unserer allgemeines »Aufsuchen-Meiden-Modell« integriert und dort (vgl. **Abb. 1.3**) beschrieben.

7.2.1 Spezifisches Neugierverhalten

Spezifisches Neugierverhalten wird von Sachverhalten in der Umwelt ausgelöst, die »kollative« (vergleichende) Qualitäten aufweisen (Berlyne, 1960). Sie können durch Vergleich verschiedener Sachverhalte, also relativ, und auch nur im Hinblick auf ein einzelnes Individuum bestimmt werden. Es sind dies die Qualitäten der Neuheit, der Komplexität, der Mehrdeutigkeit, der objektiven Unsicherheit oder Unvorhersagbarkeit einer räumlichen oder zeitlichen Folge von Ereignissen, die perzeptive Zuwendung, Lokomotion, Manipulation und Fragen auslösen. In die Sprache unseres allgemeinen Motivationsmodells übersetzt, können diese Qualitäten als Anreize bezeichnet werden.

Neuheit. In Experimenten wird in der Regel eine relativ größere Neuheit bei einem von mehreren vorgelegten Sachverhalten hergestellt. Eine Studie Berlynes (1958) soll diese Vorgehensweise verdeutlichen. Die Versuchspersonen (Kinder) erhielten jeweils ein Paar von Tierabbildungen zehn Sekunden lang vorgeführt. Eine Abbildung dieses Paares kehrte immer wieder, während die andere Abbildung wechselte. Die Versuchspersonen blickten zunehmend länger auf die relativ neue Abbildung und ignorierten die bereits bekannten.

Zur Illustration der speziesübergreifenden Bedeutung der Neuheit als Anreiz für das Neugierverhalten soll eine weitere Beobachtung bei einer Art mitgeteilt werden, an die man im Zusammenhang der Neugiermotivation nicht an erster Stelle denken wird – dem Hausschwein. Wood-Gush und Vestergaard (1991) gaben jungen Schweinen die Möglichkeit, für fünf Minuten zwei seitliche Laufställe, die vom Haltungsstall erreichbar waren, zu betreten. In den seitlichen Abteilen befanden sich zwei Objekte, die exploriert werden konnten (Fahrradreifen, Fußball etc.). Jewoils ein Objekt blieb gleich, das andere wechselte von Durchgang zu Durchgang. Die Tiere verbrachten vom ersten Durchgang an mehr Zeit mit dem jeweils neuen Objekt (70 %) und wählten vom dritten Durchgang an auch häufiger als Erstes den Laufstall, in dem die Objekte wechselten. Zusätzlich zeigte sich, dass das Explorieren des neuen Objektes in der fünfminütigen Testphase linear abnahm und gleichzeitig das Spielen der Tiere zunahm. Offenbar verliert ein neues Objekt mit zunehmender Beschäftigung seinen Anreizwert für das Explorationsverhalten: Es findet eine Sättigung statt.

Komplexität und Mehrdeutigkeit. Nach Berlyne (1960) ist die Komplexität eine Funktion der Vielfältigkeit und Verschiedenartigkeit der Teile eines Ganzen. Sachverhalte, die viele unabhängige und unähnliche Elemente enthalten, sind komplexe Sachverhalte. Mehrdeutige Umweltgegebenheiten sind Sachverhalte mit nichtstimmigen Teilen oder widersprüchlichen Anordnungen. **Abbildung 7.2** zeigt eine Serie von Figuren, in der eine ordinale Staffelung der Komplexität durch eine Variation verschiedener Merkmale angestrebt wurde (Teile a–d). Die Teile e und f zeigen mehrdeutige (inkongruente) Reizvorlagen. Diese Figuren wurden von Berlyne (1960) in einer ganzen Serie von Studien verwandt, in denen die unterschiedlichsten Maße der perzeptiven Zuwendung und der Bevorzugung

7 *Neugier und Exploration*

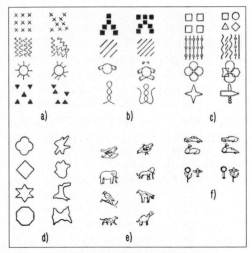

Abb. 7.2: Von Berlyne und Mitarbeitern verwandte Figuren, in denen jeweils in den Figuren der rechten Seite durch Veränderung verschiedener Merkmale eine größere Komplexität (a bis d) bzw. Mehrdeutigkeit (e, f) hergestellt wurde (aus Berlyne, 1960, S. 100)

erhoben wurden. Erwachsene und auch Kinder blickten länger auf die komplexere und die mehrdeutige Figur, wenn jeweils ein Paar aus diesen Gruppen für eine kurze Zeit (zehn Sekunden oder weniger) vorgeführt wurde.

Während die Mehrdeutigkeit von Reizvorlagen ein generell wirksames Merkmal ist, kann die Komplexität nur für das jeweilige wahrnehmende Lebewesen bestimmt werden. Lebewesen sind in den verschiedensten Erfahrungsbereichen an ein bestimmtes Komplexitätsniveau gewöhnt, sie weisen ein bestimmtes habituelles Informationsverarbeitungsniveau auf. Wenn sie selbst wählen können, bevorzugen sie Umweltgegebenheiten, die etwas komplexer sind als diejenigen, an die sie gewöhnt sind. Das konnte für Ratten und Katzen sowie für Kinder im Kindergartenalter gezeigt werden. Unter Berücksichtigung des individuellen Verarbeitungsniveaus von komplexen Umweltgegebenheiten kam man zu dem Schluss, dass

der Anreizwert von Umweltgegebenheiten nicht monoton mit zunehmender Komplexität anwächst, sondern nur bis zu einem Punkt, der etwas über dem jeweiligen individuellen Verarbeitungsniveau liegt. Danach fällt die Anreizwirkung wieder ab.

Nunnally (1971) berichtet über einen monotonen Anstieg der perzeptiven Zuwendung mit zunehmender Komplexität und Inkongruenz der dargebotenen Figuren sowohl bei Kindern als auch bei Erwachsenen. Die Komplexität war in diesen Studien bei figürlichen Darstellungen durch die Anzahl der unabhängigen Richtungsänderungen der Kontur der Figuren variiert worden. Nach dem gleichen Prinzip variierten Switzky und Mitarbeiter (Switzky et al., 1974) die Komplexität räumlicher Körper (ausgestopfte Kunststoffkörper). Während bei siebenjährigen Kindern das Ausmaß des Explorationsverhaltens (manipulatorische Exploration) monoton mit zunehmender Komplexität anstieg, fand sich bei den Zweijährigen nur ein Anstieg bis zu einer mittleren Komplexität, um bei weiterwachsender Komplexität wieder abzusinken. Anscheinend werden also Kleinkinder durch ein hohes (zu hohes!) Maß an Komplexität räumlicher Gebilde derart überfordert, dass keine oder nur eine geringe Exploration angeregt wird.

Vermutlich manifestieren sich in diesen zeitabhängigen Präferenzen unterschiedliche kognitiv-emotionale Zustände, deren Entstehung unterschiedlich viel Zeit benötigt: Durch komplexe Umweltgegebenheiten wird zunächst einmal subjektive Unsicherheit und dadurch bedingt eine perzeptive Zuwendung ausgelöst, und zwar um so stärker, je komplexer die Gegebenheit ist; aufrechterhalten wird diese Zuwendung dann aber eher durch andere (ästhetische) Qualitäten, wie Ausgewogenheit und Wohlgefallen, die, wenn auch von Person zu Person verschieden, eher bei mittleren Komplexitätsgraden anzutreffen sind (vgl. Berlyne, 1971). Werden Tonsequenzen unterschiedlich großen Repertoires, festgelegt durch die Variation der Tonhöhe, Lautstärke und Dauer, vorgespielt, so stufen studentische Vpn die Sequenzen als umso »komplexer« und »interessanter« ein, je größer das Repertoire ist, aus dem die Töne stammen, d. h., je größer die mittlere Unsicherheit der Sequenz ist. Diese erlebten Qualitäten steigen also monoton mit der Unsicherheit an. Dagegen werden die Qualitäten des »Angenehmen« und »Schönen« in einem mittleren Bereich der Unsicherheit am höchsten bewertet (Crozier, 1974).

Objektive Unsicherheit. Wird ein Ereignis sicher erwartet oder mit Sicherheit ausgeschlossen, ist die Unsicherheit auf Seiten des Lebewesens gering. Ist hingegen völlig ungewiss, ob ein solches Ereignis eintritt oder nicht, ist die Unsicherheit am größten. Beim Münzwurf ist man sich maximal unsicher, da beide Ereignisse – Kopf oder Zahl – mit gleicher Wahrscheinlichkeit auftreten. Verwendet der Spieler eine gezinkte Münze, von der er weiß, dass Kopf in 80 % aller Versuche auftreten wird, ist seine Unsicherheit geringer. Die Unsicherheit wächst ebenfalls mit der Anzahl der möglichen Ausgänge an: Bei einem Würfel mit sechs möglichen und gleich wahrscheinlichen Ausgängen (Zahlen) ist die Unsicherheit größer als bei einer Münze, die nur zwei mögliche und gleich wahrscheinliche Ausgänge produzieren kann.

Bei der Lösung intellektueller Probleme fragen Personen umso mehr nach zusätzlicher Information, je größer die Unsicherheit der Problemstellung ist. In einem typischen Experiment wurde zunächst die objektive Unsicherheit einer Problemstellung bestimmt, und zwar aus den relativen Häufigkeiten, mit denen alters- und bildungsgleiche Vpn verschiedene Lösungsmöglichkeiten gewählt hatten. Danach wurden diese Problemstellungen einer anderen Gruppe von Vpn vorgelegt, die zusätzliche Informationsitems erfragen konnten, bevor sie zu einer Entscheidung kommen mussten.

Die Befunde zeigen, dass mit zunehmender objektiver Unsicherheit die Anzahl der zusätzlich erfragten Informationseinheiten monoton anstieg (Lanzetta, 1971).

Auch dann, wenn eine Person zunächst keine Unsicherheit erlebt, kann durch ein nicht erwartetes Ereignis Unsicherheit ausgelöst werden. Treten nämlich Ereignisse ein, die von einer Person zu dieser Zeit oder an diesem Ort nicht erwartet wurden, erleben Menschen eine Überraschung. Wie die subjektive Unsicherheit ist auch der Überraschungswert eines Ereignisses bestimmt durch die Erwartung des Lebewesens: Ein Ereignis ist umso überraschender, je unerwarteter es war. Ist es dann eingetreten, erzeugt es einen Zustand subjektiver Unsicherheit, den das Individuum durch Explorationsverhalten zu reduzieren versucht. Dies wird eingeleitet durch eine wahrnehmungsmäßige Zuwendung (ähnlich der bereits beschriebenen Orientierungsreaktion), in der die Gründe für das überraschende Ereignis erkundet werden, um abschätzen zu können, ob das Ereignis noch einmal eintreten wird. Um dieses zu gewährleisten, muss natürlich die gerade ablaufende Handlung unterbrochen werden (Schützwohl & Horstmann, 1999). Dieses Geschehen ist auch aus der tierexperimentellen Lernforschung bekannt. Die Präsentation eines neuen Reizes lenkt das Tier ab und unterbricht den Ablauf eines zuvor konditionierten Verhaltens (Rosen & Shulkin, 1998).

Kognitive Theorien spezifizieren diesen informationstheoretischen Aspekt neugiermotivierten Verhaltens. Neugiermotivation soll danach bei einer Informationslücke angeregt werden, die entsteht, wenn es einen subjektiv verbindlichen informationalen Referenzpunkt gibt, der oberhalb des momentanen Informationsstands liegt oder, einfacher gesagt, wenn ein Organismus mehr wissen möchte als er augenblicklich weiß (Loewenstein, 1994). Einige Befunde unterstützen diese Position; so werden insbesondere solche Informationen gesucht, die helfen, eine erkannte Lücke zu schließen (Unsicherheit zu reduzieren). Außerdem werden solche Informationen bevorzugt, die schlagartig (etwa durch »Einsicht«) eine Informationslücke schließen können. Eine andere interessante weil kontraintuitive Ableitung aus der Theorie fand ebenfalls Unterstützung: Das Ausmaß der Neugier und Informationssuche wächst mit dem bereits erreichten Informationsstand an. Eine Person, die bereits über ein Problem eine Menge Informationen hat, ist besonders bestrebt, die fehlende Information zu erlangen (diese ist dann besonders wertvoll), während es einer Person, der ohnehin die meiste Information fehlt, auch gleichgültig ist, weitere Informationen zu erlangen oder nicht. Wer großflächig uninfomiert ist, kann keine Lücke bemerken und ist auch nicht neugierig.

Wirkungsweise der Anreize. Haben die verschiedenen bislang vorgestellten Qualitäten von Umweltgegebenheiten – Neuheit, Mehrdeutigkeit, Komplexität und Unsicherheit – etwas gemeinsam, das ihre Wirksamkeit ausmacht? Neue, komplexe und inkongruente sowie objektiv unsichere Sachverhalte erzeugen bei dem Lebewesen, das sich diesen Sachverhalten zuwendet, einen Zustand der subjektiven Unsicherheit. Durch Explorationsverhalten in seinen unterschiedlichsten Erscheinungsformen reduzieren Lebewesen ihre Unsicherheit. Sie erfahren dabei etwas über sich selbst und über die Welt, in der sie leben. Reduktion von Unsicherheit bedeutet Informationsgewinn. Diese Effekte sind für Lebewesen von großem Wert: Verhaltensweisen, die zu einer Reduktion von Unsicherheit führen, dürften daher (im lerntheoretischen Sinne) verstärkt und subjektiv als angenehm erlebt werden.

Dem positiven Anreiz neuer, komplexer, mehrdeutiger und unsicherer Sachverhalte wirkt ihre furchtauslösende Eigenschaft entgegen. Neue Räume und Objekte sind nämlich auch potenzielle Gefahrenbringer. Stärker noch als durch völlig neue Objekte scheint Furcht auch durch ungewohnte Zusammenstellungen von neuen und gewohnten Elementen hervorgerufen zu werden. Mehr als auf völlig neue Reize, wie eine Tiermaske oder eine fremde Fistel- oder Brummstimme, reagierten Säuglinge auf die Verfremdung einer ihnen bereits bekannten Person, so z. B., wenn die bekannte Kinderschwester ans Bett trat und mit hoher Fistel- oder Baßstimme sprach oder sich dort eine Maske aufsetzte (Bühler et al., 1928).

Eine ähnliche Beobachtung berichtet auch Hebb (1955) von Schimpansen. Eine Kombination von bekannten und unbekannten Elementen löste bei diesen Tieren die stärkste Furcht aus – so das Modell eines rumpflosen Kopfes, ein Tierpfleger ohne Laborkittel oder ein anästhesierter Artgenosse. Die Abweichung einer Wahrnehmung von der Erwartung und die dadurch ausgelöste Überraschung gehören, wie wir gesehen haben, ebenfalls zu den Erfahrungen, die Explorationsverhalten auslösen. Bei allzu großer Abweichung zwischen Erwartetem und Wahrgenommenem wird aber zunehmend Angst ausgelöst, und das Explorationsverhalten wird unterdrückt.

7.2.2 Diversives Neugierverhalten

In monotonen Situationen zeigen Mensch und Tier ein Verlangen nach Abwechslung, Stimulation und Information. Bexton et al. (1954) bezahlten Collegestudenten mit 20 Dollar pro Tag dafür, dass sie einige Tage – nur unterbrochen durch die Mahlzeiten und die Verrichtung der Notdurft – auf einem bequemen Bett in einem geräuschabgeschirmten Raum zubrachten. Der Raum war erleuchtet, jedoch trugen die Vpn eine Schutzbrille, die nur diffuses Licht durchließ. Manschetten an Händen und Unterarmen verhinderten Tasten und Greifen und die damit einhergehende Stimulation. Die Vpn fanden diese Situation zunehmend unerträglich, und nur wenige waren in der Lage, das Experiment drei Tage lang durchzuhalten. Neben einer Reihe von Störungen kognitiver Funktionen entwickelten die Vpn Unruhe, Unrast und ein gesteigertes Verlangen nach sensorischer Stimulation und Information. So spielten sich die Vpn immer wieder einen längst veralteten Börsenbericht und einen Vortrag für Kinder über die Gefahren des Alkoholismus vor. Die Abschirmung von Menschen von Information (sensorische Deprivation) erzeugt also offensichtlich einen aversiv erlebten Zustand, eine zunehmend quälende Langeweile. Dieser Zustand motiviert Personen, sich einer stärkeren Stimulation oder einem stärkeren Informationsstrom auszusetzen.

Die Analogie dieses offensichtlichen Bedürfnisses nach Stimulation und Information zum homöostatischen Hunger- und Flüssigkeitsbedürfnis hat eine Reihe von Autoren veranlasst, ein homöostatisch funktionierendes Informations- oder Stimulationsbedürfnis zu postulieren (Hebb, 1955). Das ZNS funktioniert anscheinend optimal nur bei einem mittleren Informationseinstrom, einem Einstrom, der die informationsverarbeitende Kapazität weder unter- noch überfordert. Der Informationseinstrom aktiviert über das aufsteigende aktivierende System (ARAS) in der Formatio reticularis (vgl. **Abb. 2.3**) gleichzeitig kortikale Funktionen. Man kann annehmen, dass das Lebewesen diese zentralnervöse Aktivierung u. a. durch Verhalten reguliert und dass daher diversives Neugierverhalten auch einer zentralnervösen Aktivierungssteigerung dient.

Die motivational-emotionale Ausgangssituation diversiven Neugierverhaltens ist offensichtlich eine andere als die der spezifischen Exploration. Wir haben hier als Ausgangssituation einen aversiv erlebten Zustand, der bedingt ist durch einen zu geringen Reizeinstrom, während spezifisches Neugierverhalten in jedem motivational-emotionalen Zustand ausgelöst werden kann, wenn nur ein Sachverhalt in der Umwelt auftaucht, der für die handelnde Person die beschriebenen Qualitäten der Neuheit, Komplexität etc. besitzt. Durch derartige relationale Merkmale einer Person-Umwelt-Situation wird ein Zustand der Unsicherheit erzeugt, der durch Explorationsverhalten reduziert werden kann. Im diversiven Neugierverhalten wird diese Unsicherheit nicht von außen erzeugt, sondern der Organismus bringt sich aus einem Zustand der Langeweile durch unterschiedliches Reizsucheverhalten sozusagen selbst in einen Zustand erhöhter Unsicherheit, in dem er anschließend Informationen aufnehmen und verarbeiten und damit die Unsicherheit auch wieder reduzieren kann.

7.3 Interindividuelle Unterschiede im Explorationsverhalten

Wir haben bislang nur äußere Bedingungsfaktoren (Anreize) des Explorationsverhaltens diskutiert. Die Forschung hat sich lange Zeit ausschließlich mit diesen äußeren Faktoren beschäftigt, so dass das Wissen um deren Bedeutung am größten ist. Menschliches Verhalten kann aber erschöpfend nur aus dem Zusammenwirken dieser Anreize mit Motivvariablen und den darin abgebildeten interindividuellen Unterschieden erklärt werden. Bereits in den Studien zur sensorischen Deprivation waren die großen interindividuellen Unterschiede in der Bereitschaft und der Fähigkeit aufgefallen, diese Situation aufzusuchen beziehungsweise zu ertragen. In diesem Forschungszusammenhang fanden auch die ersten Untersuchungen zum »Sensation-Seeking«-Motiv (Neuigkeitssuche; Zuckerman, 1994) statt, wobei die auf den ersten Blick paradoxe Be-

7 Neugier und Exploration

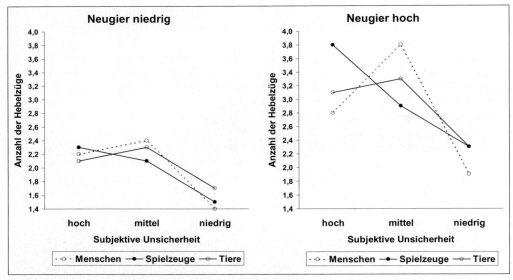

Abb. 7.3: Explorationsverhalten (Hebelzüge) in Abhängigkeit von der subjektiven Unsicherheit und dem Neugiermotiv (nach Trudewind, Mackowiak & Schneider, 1999, S. 111)

obachtung gemacht wurde, dass Personen mit höherer Motivausprägung sich gerne als »Freiwillige« für diese Prozedur zur Verfügung stellten. Die Aufklärung lieferten Befragungen, die zeigten, dass es gerade die im Experiment auftretenden ungewöhnlichen Erfahrungen bis hin zu Halluzinationen waren, von denen sich Personen mit hohem Sensation-Seeking-Motiv angezogen fühlten.

In einer von Schneider konzipierten Untersuchung (Trudewind, Mackowiak & Schneider, 1999) konnten deutliche Motivunterschiede im Explorationsverhalten aufgezeigt werden. In dieser Untersuchung konnten Kinder, deren Neugiermotiv zuvor gemessen worden war, sich durch Hebelzug Bilder von Menschen, Spielzeugen und Tieren auf einem Bildschirm vorführen. Zusätzlich wurde die subjektive Unsicherheit manipuliert, indem die Erkennbarkeit (durch Vorbeiziehen eines Schlitzes) der Objekte variiert wurde. Sie lag etwa bei 10 % (hohe Unsicherheit), 50 % oder 90 % (niedrige Unsicherheit). Die Befunde für Kinder mit niedrigem und hohem Neugiermotiv sind in **Abbildung 7.3** dargestellt. Kinder mit stark ausgeprägtem Neugiermotiv zeigen ein intensiveres Explorationsverhalten und eine deutlichere Bevorzugung mittlerer Unsicherheitsgrade; nur Spielzeuge, mit denen sie wohl am vertrautesten sein dürften, rufen bei hoher Unsicherheit die größte Zuwendung hervor.

Das weithin bekannteste und am häufigsten untersuchte Motiv in diesem Bereich ist das bereits erwähnte Sensation-Seeking-Motiv. Es wird definiert als die Suche nach »... unterschiedlichen, neuen, komplexen und intensiven Empfindungen (sensations) und Erfahrungen ebenso wie die Bereitschaft, körperliche, soziale, gesetzliche und finanzielle Risiken einzugehen, um diese Erfahrungen machen zu können« (Zuckerman, 1994, S. 27). Risikobereitschaft ist also nicht das vorrangige Anliegen des Sensation Seekers, allerdings wird gerne ein hohes Risiko akzeptiert, wenn die entsprechende Handlung nur die gesuchten Erfahrungen ermöglicht. Ein typisches Beispiel ist die von hoch motivierten Sensation Seekern beschriebene Vorliebe für ungewöhnliche

7.3 Interindividuelle Unterschiede im Explorationsverhalten

Abb. 7.4: Thomas Bubendorfer seilfrei in Finale Ligure (Foto: Dietmar Sochor)

und risikoreiche Sportarten und für extrem intensive Erfahrungen (vgl. auch **Abb. 7.4**). Die Skala zur Messung dieses Motivs war zunächst konstruiert worden, um interindividuelle Unterschiede im Ertragen von Isolation und sensorischer Deprivation vorherzusagen. Sie erfragt typische Verhaltenskorrelate des Strebens nach intensiven, neuen und abwechslungsreichen Erlebnissen und Eindrücken, der Bewertung dieser Aktivitäten sowie der Vermeidung von Monotonie und Langeweile. Der Fragebogen wurde über mehrere Stufen bis zur derzeit letzten Form entwickelt und besteht aus vier miteinander korrelierenden Skalen.

1. *Thrill and Adventure Seeking* (TAS): Tendenz zu risikoreichen Aktivitäten in Sport und Freizeit mit hohem Erlebniswert (Free-Climbing, Fallschirmspringen etc.).
2. *Experience Seeking* (ES): Tendenz zu neuen Erfahrungen durch Reisen, Kunstgenuss, neue Speisen, interessante Personen, Anwendung von Drogen, soziale Initiative, Nicht-Konformität, niedrige Selbstdisziplin etc.
3. *Disinhibition* (Dis): Tendenz zur Enthemmung in sozialen Situationen, z. B. auf Partys, in sexuellen Beziehungen und besonders unter Verwendung von Alkohol, Impulsivität.
4. *Boredom Susceptibility* (BS): Tendenz, monotonen, sich wiederholenden Situationen und Tätigkeiten sowie langweiligen Personen aus dem Wege zu gehen.

Für interindividuelle Unterschiede in der Motivausprägung werden vor allem genetische Ursachen verantwortlich gemacht. Eine Studie mit 422 Paaren von ein- und zweieiigen Zwillingen kam zu einer Schätzung des Erblichkeitsanteils von 58 % (Fulkner, Eysenck & Zuckerman; 1980) – für eine Motivdisposition ein hoher Wert. Eine zusammenfassende Betrachtung von Zwillingsstudien bestätigt diesen Befund eines starken Erblichkeitsanteils, wenngleich auch eine systematische Berücksichtigung von Umweltfaktoren, beispielsweise ob die untersuchten Zwillinge in Familien mit religiösem oder ohne religiösen Bildungshintergrund aufgewachsen sind, deutliche Schwankungen bei der Schätzung des Erblichkeitsanteils erkennen lässt (Zuckerman, 2008).

Das Sensation-Seeking-Motiv zeigt Zusammenhänge mit einer Reihe mehr oder weniger »abenteuerlicher« Verhaltensweisen und Vorlieben (Zuckerman, 2008): So berichten hoch motivierte Personen über Vorlieben für Risikosportarten (z. B. Tiefseetauchen, Drachenfliegen, Fallschirmspringen), über mehr und unterschiedliche sexuelle Erfahrungen mit verschiedenen Partnern und über mehr Erfahrungen mit Drogen und Alkohol. Liebesbeziehungen von hoch motivierten Personen sind eher zwanglos und lustbetont, ohne starkes Engagement. Eine Neigung der hoch motivierten Sensation Seeker zu risikoreichem Sexualverhalten war in allen Gesellschaftsschichten zu beobachten und bei heterosexuellen ebenso wie bei homosexuellen Personen. Was die Dauerhaftigkeit von Liebesbeziehungen anbelangt, so erwiesen sich insbesondere Verbindungen mit beidseitig niedrigem Sensation Seeking als langlebig und emotional befriedigend. Das Sozialverhalten ist häufig abweichend mit einer Tendenz zu kriminellen Verhaltensweisen, wie z. B. Autofahren im angetrunkenen Zustand oder das rücksichtslose Fahren mit stark überhöhter Geschwindigkeit und zu dichtes Auffahren. Beziehungen finden sich auch zum Ausmaß des Zigarettenkonsums, des Tagträumens und der Bevorzugung stark gewürzter Speisen. Laborexperimentelle Untersuchungen zeigen ein hohes Interesse der hoch motivierten Sensation Seeker an sozialen Interaktionen durch Herstellung des Blickkontakts, Lächeln, Lachen und einer offenen und ungezwungenen Selbstdarstellung.

Das Sensation-Seeking-Motiv zeigt aber auch Beziehungen zu spezifischeren Neugierindikatoren. Neary und Zuckerman (1976) erfassten als Ausdruck der Orientierungsreaktion die Veränderung der Hautleitfähigkeit. Sie fanden, dass hoch motivierte Personen auf einen jeweils neuen optischen

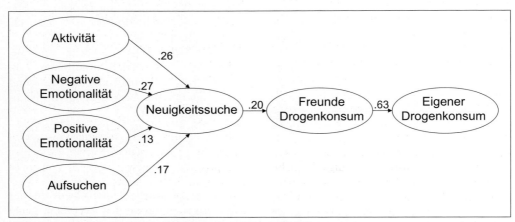

Abb. 7.5: Ausschnitt aus einem Strukturmodell der Persönlichkeit zur Erklärung für Drogenkonsum bei Jugendlichen (sämtliche Pfadkoeffizienten sind signifikant) (stark vereinfacht nach Wills et al., 1998, S. 398)

oder akustischen Reiz stärker reagierten als niedrig motivierte Personen. Nach einigen Wiederholungen der Reize adaptierte die Orientierungsreaktion auch bei den Personen mit hohem Sensation-Seeking-Motiv sehr schnell auf das niedrige Ausgangsniveau.

Die Aufklärung der Bedeutung von Motivunterschieden im Explorationsverhalten wird durch den Umstand erschwert, dass menschliches Neugierverhalten nicht einheitlich ist. Die verschiedenen Formen des Neugierverhaltens, wie etwa die Untersuchung von neuen Objekten oder die Inspektion komplexer Vorlagen, zeigen nur geringe intraindividuelle Konsistenz (Coie, 1974). In drei faktoranalytischen Studien zum Neugierverhalten bei Kindern fanden sich jeweils mehrere zusammengehörende Gruppen (Faktoren) des Neugierverhaltens, die nur mäßig oder überhaupt nicht miteinander korrelierten. Wie die Sensation-Seeking-Skala zeigt, ist auch das Konstrukt selbst sehr heterogen, ebenso wie das Verhalten, das vorhergesagt wird. Weiterhin ist davon auszugehen, dass das relativ globale Dispositionsmaß nicht direkt Einfluss auf das Zielverhalten nimmt, sondern dass dieser Einfluss durch situative Faktoren vermittelt wird, die selbst nicht unmittelbar als Neugier anregende Reize in Betracht kommen. Das folgende Forschungsbeispiel veranschaulicht diesen Sachverhalt sehr schön:

Wills und seine Mitarbeiter (Wills, Windle & Cleary, 1998) sind den Bedingungen des Drogenkonsums (Nikotin, Alkohol, Marihuana) bei Jugendlichen nachgegangen, wobei insbesondere das Konstrukt »Neuigkeitssuche« eine wichtige Rolle spielt. Neben diesem Konstrukt wurden eine Reihe von Temperamentsdimensionen erfasst, die mit dem Konstrukt Neuigkeitssuche in thematischer Verbindung stehen sollen. **Abbildung 7.5** zeigt einen Ausschnitt aus diesem Strukturmodell, in dem die mit der Neuigkeitssuche in Verbindung stehenden Variablen dargestellt sind. Wie zu sehen ist, stehen einige basale Temperamentsdimensionen (positive und negative Emotionalität, Aktivität und Aufsuchen) im Zusammenhang mit der Neuigkeitssuche. Diese steht aber nicht in direktem Zusammenhang mit dem Drogenkonsum der eigenen Person, sondern mit der Auswahl des Freundeskreises, in dem Drogen konsumiert werden. Diese soziale Variable bestimmt dann den eigenen Drogenkonsum. Die Auswahl des Freundeskreises stellt also eine wichtige vermittelnde Größe dar, über die Neuigkeitssuche Einfluss auf den Drogenkonsum einer Person nimmt.

7.4 Organismische Bedingungsfaktoren

Die einfachste Form des Neugierverhaltens ist die Orientierungsreaktion, deren begleitende vegetative und zentralnervöse Veränderungen gut bekannt sind. Neben der zentralnervösen Aktivierung, der Desynchronisation im EEG, kommt es zu einer ergotropen, auf Handlung eingestellten Reaktionslage im autonomen Bereich, die sich im Einzelnen in einer Abnahme der Atmungsfrequenz bei gleichzeitiger Zunahme der Atmungstiefe, einer Abnahme der Herzfrequenz und einer Gefäßverengung in der Peripherie manifestiert. Die zentralnervöse Aktivierung, die sich in einer Zunahme hochfrequenter und kleinamplitudiger Wellen im EEG anzeigt, scheint zunächst an die Aktivität der Formatio reticularis gebunden zu sein, wird dann aber von modalitätsspezifischeren Aktivierungsgeneratoren in thalamischen Kernen abgelöst. Die positive Anreizwirkung des Neuen ist an intakte limbische Strukturen gebunden. Die Orientierungsreaktion, ebenso wie die exploratorische Aktivität insgesamt, geht mit einer Synchronisation hippocampaler elektromagnetischer Wellen einher. Bei bekannten Reizen hat der Hippocampus eine tonische inhibitorische Wirkung auf andere Areale des ZNS, insbesondere den Kortex. Die sich in der Zunahme von Theta-Wellen anzeigende Deaktivierung des Hippocampus entspricht damit funktionell einer Aufhebung der Inhibition, wodurch es zu einer Zunahme der kortikalen Aktivierung und der Aufmerksamkeit kommt. Läsionen im Bereich des Hippocampus führen auch in der Regel zu gesteigerter Lokomotion im Feld. Es gibt viele Belege dafür, dass der Hippocampus maßgeblich die Entdeckung und Registrierung neuer Sachverhalte beeinflusst. Es wird angenommen, dass er an der Feststellung von Diskrepanzen zwischen dem erwarteten oder gewohnten und einem überraschenden, nicht erwarteten Sachverhalt beteiligt ist. Auch diese Leistung stellt eine grundlegende Voraussetzung für Neugierverhalten dar (Jellestad, Follesø & Ursin, 1994).

Auch die Transmittersysteme, insbesondere die für Dopamin und Serotonin, sind an der Regulation des Neugier- und Sensation-Seeking-Verhaltens beteiligt. Dopamin ist generell für aufsuchende Motivation verantwortlich und sollte deshalb auch die Suche nach Neuem und Erregendem positiv beeinflussen. Netter und Rammsayer (1991) verabreichten ihren Vpn Substanzen, die das dopaminerge System kurzfristig blockieren (Antagonisten) oder stimulieren (Agonisten) und erhoben Leistungsmaße und die erlebte Erregung. Personen mit schwach ausgeprägtem Sensation-Seeking-Motiv reagierten auf die beiden Substanzen sehr unterschiedlich. Wird das dopaminerge System blockiert, zeigen sie eine deutlich verschlechterte Leistung und fühlen sich weniger entspannt als dann, wenn das dopaminerge System angeregt wird. Personen mit stark ausgeprägtem Sensation-Seeking-Motiv fühlen sich hingegen eher entspannt, wenn das dopaminerge System blockiert wird. Es sieht so aus, als wenn schwache und starke Ausprägung des Sensation-Seeking-Motivs mit einem unter- bzw. überaktiven dopaminergen System verbunden ist, so dass dessen Anregung bei Niedrigmotivierten und dessen Dämpfung bei Hochmotivierten mit einer angenehmen Entspannungslage verbunden ist. Die Annahme eines überaktiven dopaminergen Systems der Sensation Seeker wird auch gestützt durch eine experimentelle Beobachtung von Netter (2006). In dieser Untersuchung bekamen Vpn einen Dopamin-Agonisten, wobei die Reaktion auf diese Verabreichung gemessen wurde. Die schnell reagierenden Vpn waren fast ausnahmslos Sensation Seeker.

Das serotonerge System, das eher für die Unterdrückung von Verhalten verantwortlich ist, greift ebenfalls in die Regulation des Neugierverhaltens ein. Wir hatten in Kapitel 2.3 das serotonerge System näher dargestellt und mit seiner Aktivität zwei wichtige motivationspsychologische Sachverhalte in Zusammenhang gebracht: das Abwägen von Alternativen (das schließt eine angemessene Bewertung der Alternativen ein) und die Unterdrückung ungeeigneter Handlungsalternativen. Ein unteraktives serotonerges System führt zu unangemessenen Bewertungen der Gefährlichkeit von bestimmten Verhaltensweisen und kann deswegen auch unangemessene, antisoziale und gesundheitsgefährdende Verhaltensformen des Sensation Seekers nicht unterdrücken. Es steht damit in guter Übereinstimmung, dass Sensation Seeking in negativer Verbindung zur Reagibilität auf Serotonin-Stimulation steht. Das heißt, dass sich Sensation Seeking und ein aktives serotonerges System eher ausschließen (Netter, Henning & Roed, 1996).

7.5 Auf ein Wort ...

Das Neugierverhalten dient der Orientierung von Lebewesen in der Umwelt. Eine entsprechende Verhaltensdisposition ist daher angepasst, vor allem für solche Arten, die nicht in hohem Maße auf ganz bestimmte Formen der Lebenserhaltung spezialisiert sind oder generell weniger fest verdrahtete Verhaltensprogramme besitzen. Das Neugiermotiv muss daher, wie z. B. das Hunger- und das Sexualmotiv, als ein vornehmlich durch biogene Faktoren determiniertes Motiv angesehen werden. Lebewesen explorieren nicht ungehemmt. Neue Objekte rufen nicht nur Neugier, sondern auch Furcht und Vermeidungsverhalten hervor und dies umso stärker, je deutlicher ein Sachverhalt vom Gewohnten und Erwarteten abweicht. Nach Berlyne unterscheiden wir das spezifische vom diversiven Neugierverhalten. Wird das spezifische Neugierverhalten durch bestimmte neuartige Reize in der Umwelt ausgelöst, so ist das diversive Neugierverhalten eine Reaktion auf reizarme, monotone Situationen, in denen Menschen Langeweile erleben. Reizcharakteristika, die spezifisches Neugierverhalten auslösen, sind Neuigkeit, Komplexität und Mehrdeutigkeit sowie die objektive Unsicherheit von möglichen Ereignissen. Man kann annehmen, dass diese verschiedenen Reizqualitäten alle einen Zustand der Unsicherheit im Individuum hervorrufen, der seinerseits das spezifische Neugierverhalten anregt. Durch Neugierverhalten und durch die dadurch ermöglichte Informationsaufnahme wird diese Unsicherheit nachfolgend reduziert.

Gesucht werden insbesondere solche Informationen, die für den Organismus bedeutungsvoll und bedürfnisrelevant sind.

Ein anderer theoretischer Ansatz war notwendig für die Erklärung diversiven Neugierverhaltens. Hier hat man die Vorstellung zu Hilfe genommen, dass Lebewesen einen mittleren Informationseinstrom präferieren und sowohl eine Informationsüberlastung als auch eine Informationsunterlastung zu vermeiden suchen. Eine Informationsunterlastung kann Folge des Aufenthaltes in reizarmen, monotonen Situationen sein, die als unangenehm erlebt werden. Diversives Neugierverhalten ist daher darauf gerichtet, diesen unangenehmen Zustand aufzuheben. Umweltgegebenheiten mit hohem potenziellem Informationswert sind am besten geeignet, diesen Zustand zu beseitigen und werden daher aufgesucht.

Wie in allen anderen biogenen Motivationssystemen finden wir auch beim Neugierverhalten große interindividuelle Unterschiede. Das Interesse der Forschung war hier besonders auf das Sensation-Seeking-Motiv gerichtet, eine Verhaltensdisposition, die Vorlieben für besonders risiko- und abwechslungsreiche, aber auch gefährliche, impulsive und antisoziale Verhaltensweisen beschreibt. Das Sensation-Seeking-Motiv ist sehr stark genetisch determiniert und an ein überaktives dopaminerges System gebunden.

8 Angst und Furcht

8.1	Phänomene und Funktion
8.2	Situative Auslöser der Angst
8.3	Die Triebkonzeption der Angst
8.4	Kognitive Modelle der Angst
8.4.1	Aufmerksamkeitshypothesen der Ängstlichkeit
8.4.2	Besorgtheit und Emotionalität als Komponenten der Ängstlichkeit
8.5	Angst in Konfliktsituationen und ihre Bewältigung
8.6	Angstkontrolle
8.7	Ängstlichkeit als Zustand (State) und als Disposition (Trait)
8.8	Neurobiologie der Angst
8.9	Auf ein Wort ...

8.1 Phänomene und Funktion

Die Motivation der Angst oder Furcht und das zugehörige Vermeidungsverhalten finden wir in allen Funktionskreisen: z. B. bei der Nahrungsaufnahme als Furcht vor neuer oder zuvor als unbekömmlich erfahrener Nahrung, im Neugierverhalten als Furcht vor dem Neuen und Unbekannten, im Dominanzverhalten als Furcht vor Kontrollverlust und Unterdrückung, bei aggressivem Verhalten als Furcht vor Bestrafung und Vergeltung und im Leistungsverhalten als Furcht vor Misserfolg. Es ist deshalb angemessen, einen kompletten Motivationsprozess unter Einbezug einer meidenden, im Wesentlichen durch Furcht motivierten Tendenz zu beschreiben. Soweit man dieses Scheitern vorwegnimmt, entsteht Angst oder Furcht, wobei der furchtauslösende Sachverhalt häufig von der handelnden Person wahrgenommen, aber nicht unbedingt bewusst erlebt wird. Angst und Furcht entstehen oftmals als relativ diffuser Zustand, wenn eine Person ganz allgemein ihr Selbstwertgefühl, ihr Leben oder ihre körperliche Unversehrtheit bedroht sieht. Einige Autoren sprechen von Furcht, wenn der Auslöser erkennbar ist, und von Angst nur dann, wenn der Auslöser für die handelnde Person nicht erkennbar oder gänzlich allgemeiner Natur ist. Hinsichtlich ihrer Erscheinungsweisen – emotionales Erleben, Ausdruck, vegetative Veränderungen – sind Angst und Furcht jedoch nicht zu unterscheiden; wir werden daher im Folgenden beide Begriffe gleichbedeutend verwenden, dies auch deswegen, weil sich in der Literatur kein einheitlicher Begriffsgebrauch durchgesetzt hat.

Da die Hinwendung zu positiven Umweltgegebenheiten und die Abwendung von negativen eines der grundlegendsten Prinzipien motivierten Verhaltens ist, muss man vermuten, dass das Furchtsystem schon sehr früh in der Entwicklung der Arten als Flucht- und Vermeidungssystem entstand. Die vermittelnden hirnphysiologischen Mechanismen, die Furcht entstehen lassen und Reize als gefährlich und furchteinflößend bewerten, arbeiten unbewusst und automatisch (LeDoux, 1996). Auf welcher Stufe der Stammesgeschichte die uns Menschen aus dem Erleben bekannten emotionalen Zustände Furcht und Angst zum ersten Mal auftraten, werden wir nie in Erfahrung bringen, man darf jedoch annehmen, dass zumindest die höher entwickelten Säuger analoge Zustände aufweisen, zumindest sprechen Ausdruck und vegetative Begleiterscheinungen dafür.

Während im Verhalten der Tiere die typischen Verhaltensweisen der Flucht, der aktiven und passiven Vermeidung und bei einigen Arten auch der Verhaltensstarre (Totstellreflex) relativ eindeutige Manifestationen der Angst sind, wird man beim Menschen je nach Kontext und übergeordneter Zielsetzung die unterschiedlichsten Verhaltensweisen vorfinden. Im menschlichen Erleben stellt sich Angst und Furcht als ein charakteristischer negativ erfahrener emotionaler Zustand dar, der hohe Intensitätsgrade erreichen kann und als ein spannungsreiches, beklemmendes, bedrückendes und quälendes Gefühl der Betroffenheit und Beengtheit erlebt wird. Mit diesem Erleben gehen Ausdrucksphänomene in der Mimik, in der Körperhaltung sowie im Stimmausdruck einher, gleichzeitig manifestiert sich die Angst in somatischen Veränderungen, die Ausdruck einer erhöhten vegetativen, primär sympathischen Aktivierung sind.

Ausgelöst wird Angst beim Menschen durch alle bedrohlichen Momente in der Handlungssituation, von denen eine potenzielle Gefahr ausgehen könnte. Bei Kleinkindern sind es z. B. fremde Personen, aber auch neue und komplexe Objekte. Eine solche Neophobie, für die es auch im Verhalten vieler Säugetiere zahllose Beispiele gibt, hat zweifelsohne einen hohen Anpassungsvorteil, da sie Lebewesen motiviert, nicht wahllos und ungehemmt neue Sachverhalte zu explorieren und sich damit Gefahren auszusetzen. Hierbei finden entwicklungspsychologische Forscher schon im frühen Kindesalter stabile interindividuelle Unterschiede, die als Ausdruck einer unterschiedlichen Reagibilität des sympathischen Systems oder auch eines hormonellen Stressbeantwortungssystems interpretiert werden. Lang andauernde Trennung von der Mutter ist z. B. ein Faktor, der die Entstehung einer hohen Ängstlichkeit bei Kindern begünstigt (Rosen & Shulkin, 1998).

Sehr häufig wird Angst beim Menschen und bei Tieren jedoch durch an sich harmlose Situationsmomente ausgelöst, die in vorangegangenen Lernsituationen durch eine enge räumliche und zeitliche Koppelung mit wirklichen Gefahren oder erfahrenen Schmerzen und Bedrohungen die Wirkung eines konditionierten Angstauslösers erworben haben. Diesen Lernvorgang darf man sich nach dem Schema des klassischen Konditionierens vorstellen. Die genauen Umstände eines solchen Lernvorgangs sind in der Regel dem bewussten Erleben nicht zugänglich.

Gleichgültig, ob es sich um erlernte oder um natürliche (angeborene) Auslöser der Angst handelt, immer wird der Angstzustand als Gefahrensignal wirksam, wobei die Angstemotion als subjektive Bewertung der bedrohlichen Situation unmittelbar Zugang zur Verhaltenssteuerung findet. Unter funktionaler Betrachtungsperspektive kann man Furcht geradezu als ein Bewertungssystem beschreiben, dessen primäre Aufgabe in der raschen Entdeckung von Bedrohungen besteht (Eysenck, 1992).

In einer Untersuchung von Öhmann, Lundquist und Esteves (2001) wurde diese Hypothese anhand der Wahrnehmung eines drohenden Gesichtsausdrucks geprüft. Bei vielen sozial lebenden Primaten stellt der drohende Gesichtsausdruck eines Artgenossen ein solches furchtauslösendes Ereignis dar – der Gesichtsausdruck kündigt nahendes Ungemach an, und es stellt einen Anpassungsvorteil dar, wenn man sich frühzeitig

8 Angst und Furcht

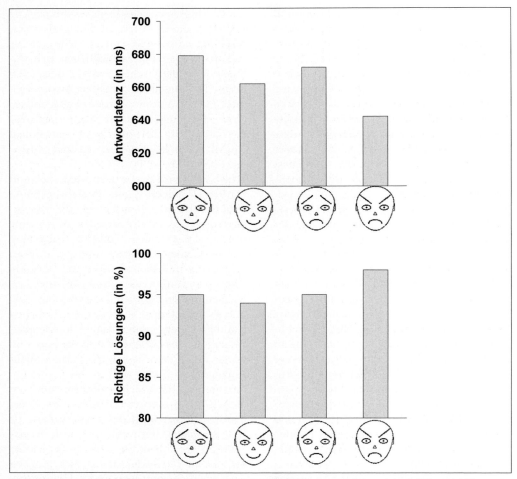

Abb. 8.1: Antwortlatenz (oben) und Anzahl richtiger Lösungen (unten) bei der Detektion von gemischten, fröhlichen, traurigen und drohenden Gesichtern (nach Öhmann et al., 2001, S. 391)

darauf einstellen kann. Die Autoren haben jeweils ein schematisches Gesicht, das einen drohenden, fröhlichen, traurigen oder gemischten Ausdruck zeigte, unter neutralen Gesichtern angeordnet, wobei die Aufgabe der Vpn darin bestand, in einer solchen Anordnung das eine abweichende Gesicht zu entdecken. **Abbildung 8.1** zeigt die Schnelligkeit (Latenzen) und die Genauigkeit, mit der das geschieht. Die Befunde zeigen, dass das drohende Gesicht unter den neutralen Gesichtern am schnellsten und genauesten erkannt wird. Dieser Prozess spielt sich außerhalb des Bewusstseins ab, er ist hochgradig adaptiv und an ein neuronales Substrat gebunden, das ein eigenes, in der Evolution entstandenes Verhaltensmodul enthält, was auf die Interpretation von Gesichtsausdrücken spezialisiert ist (Mineka & Zinbarg, 2006).

Da Angst in den verschiedensten Verhaltenssystemen auftreten kann – überall dort nämlich, wo wertgeschätzte Handlungsziele in Gefahr sind – mag es verwundern, dass die Angst eine eigenständige Motivation sein soll und nicht ausschließlich als Teilfunktion der verschiedenen positiv gerichteten Motivationen aufgefasst wird. Die Angst stellt sich allerdings, und das spricht für die erste Auffassung, in den verschiedensten Verhaltenskontexten als vergleichbarer Zustand mit nicht unterscheidbaren Ausdruckserscheinungen und vegetativen Veränderungen dar, so dass das Angstsystem mit einigem Recht als ein basales Reaktionssystem aufgefasst werden kann, das in den verschiedensten Verhaltenssystemen bei Bedarf aktiviert wird. Für diese Auffassung spricht auch die Tatsache, dass für Angstreaktionen in unterschiedlichen Kontexten ein einheitliches neuronales Substrat identifiziert wurde (Cunningham et al., 2003).

8.2 Situative Auslöser der Angst

Wir haben oben bereits einige Beispiele für natürliche Angstauslöser bei Mensch und Tier erwähnt. Wie Kaspar-Hauser-Versuche belegen, haben viele untersuchte Tierarten ein angeborenes Bild potenzieller Feinde. So konnte Hinde (1954) zeigen, dass handaufgezogene Buchfinken mit Vermeiden und Abwehrverhalten auf Eulenattrappen reagierten. Noch bei den uns am nächsten verwandten Primaten, den Schimpansen, gehören angeborene Bilder natürlicher Feinde zur Erbausstattung. Hebb (1946) beobachtete, wie im Labor aufgezogene Schimpansen mit Angst und Schrecken auf Schlangen reagierten, aber auch auf das Gipsmodell eines Schimpansenkopfes oder auf einen narkotisierten Artgenossen. Neben dem Bild des natürlichen Feindes ist es hier das Verfremdete oder Ungewöhnliche, das Unbekannte im Bekannten, dasjenige, das Angst auslöst. Das gilt auch für den Menschen: So beobachteten schon Bühler et al. (1928), dass Kleinkinder zwischen 2½ und 8½ Monaten in ganz ähnlicher Weise mit Angst und Unmutreaktionen auf bekannte, aber verfremdete Personen (Maske vor dem Gesicht, verstellte Stimme) reagierten. In ähnlicher Weise reagieren Kleinkinder auch auf fremde Personen, wie es das sprichwörtliche Fremdeln des Kindes im ersten und zweiten Lebensjahr belegt. Diese Fremdenangst von Kleinkindern gehört sehr wahrscheinlich auch zur angeborenen Ausstattung des Menschen. Sie ist hochgradig funktional, besitzt also einen hohen Anpassungswert; Fremdenangst ist in vielen Kulturen und bei anderen Primaten zu beobachten (Güntürkün, 2000a). Bereits Darwin (1877) vermutete, dass typische Ängste von Kindern und Erwachsenen, z. B. vor großen Tieren oder Schlangen, ein stammesgeschichtliches Erbe darstellen. Wie schon Studien aus dem 19. Jahrhundert und epidemiologische Studien zeigen, geben Erwachsene häufig ein Vorliegen von Furcht vor Schlangen an – ganz sicherlich ein Tier, mit dem die allerwenigsten eine direkte gefährliche Begegnung (Lernerfahrung) gehabt haben dürften.

Neben angeborenen Bildern der natürlichen Feinde, wie es im Verhalten von vielen Säugern nachgewiesen worden ist, nimmt man zur Erklärung dieser Phänomene beim Menschen auch phylogenetisch entstandene und genetisch fixierte Lernbereitschaften an (Seligman, 1971). Darunter versteht man Prädispositionen, in unterschiedlichen Verhaltenskontexten bevorzugt bestimmte Arten von Lernerfahrungen zu machen. Öhman (1992) glaubt, dass auch beim Menschen der Neuzeit noch eine angeborene Bereitschaft besteht, auf solche Objekte und Situationen mit Furcht zu reagieren, die für unsere Vorfahren im Pleistozän eine Lebensbedrohung dargestellt haben. Wenn diese Bereitschaft vorhanden ist und tatsächlich durch die Evolution entstanden sein sollte, muss sie eine hohe genetische Variabilität aufweisen, die sich in großen interindividuellen Unterschieden in der Konditionierbarkeit zeigen müsste. Es sollte sich also demonstrieren lassen, dass einige Personen Phobien vor Schlangen und Insekten etwa sehr leicht entwickeln, andere Personen solche Phobien hingegen nur sehr selten bekommen. In einer Reihe von Studien fand Öhmann positive Belege für seine Annahme großer interindividueller Unterschiede in der Konditionierbarkeit. Lernen mit diesen furchtrelevanten Objekten war auch sehr viel löschungsresistenter als Lernen mit neutralen Objekten (z. B. Blumen). Für Objekte, die heutzutage durchaus lebensbedrohend sind (z. B. Auto, Gewehr), scheint es hingegen keine Lernbereitschaften zu geben, was so interpretiert werden kann, dass die Evolution noch nicht genügend Zeit hatte, diese Gefahrenquellen in die Lernprogramme einzubauen (LeDoux, 1996, S. 238). Im Gegensatz hierzu haben Kendler et al. (1992) an einer großen Stichprobe von weiblichen Zwillingen keinen überzeugenden Beleg für die Annahme einer genetisch vorbereiteten Lernbereitschaft gefunden. Kulturelle Faktoren und individuelle Lernerfahrungen erwiesen sich in dieser Studie als weitaus einflussreicher. Grundsätzlich ist auch zu fragen, warum die Evolution gerade Spinnen und Schlangen als genetisch bevorzugte Objekte von Konditionierungsvorgängen »ausgesucht« hat, wo es doch viel funktionaler gewesen wäre, z. B. Furcht vor großen pelzigen Tieren genetisch vorzubereiten.

Aufschlussreich für Fragen dieser Art sind vergleichende Betrachtungen verschiedener Primatenarten. Güntürkün (2000a) hat eine solche Analyse vorgenommen und berichtet, dass verschiedene Affenarten recht spezifische Schlangenfurcht zeigen. Während z. B. Makaken deutliche Schlangenfurcht zeigen, entwickeln Lemuren, die auf Madagaskar leben, keine Schlangenfurcht. Diese Beobachtung ist eine deutliche Unterstützung für eine evolutionsbiologische Erklärung, denn die Makaken stammen aus einem Lebensraum, in dem giftige Schlangen vorkommen, während auf Madagaskar keine großen Giftschlangen leben. Durch die genetische Determination oder zumindest Vorbereitung ergibt sich also für Makaken ein Selektionsvorteil, für Lemuren hingegen nicht. Zusammenfassend kommt Güntürkün (2000a) zu dem Schluss, dass es bei den höheren Primaten, den Menschen eingeschlossen, eine genetische Vorbereitung der Schlangenfurcht gibt, die jedoch noch einer Lerngenese bedarf. Wir können also von einer genetisch bedingten Lernbereitschaft sprechen. Meist reicht eine einmalige Lernerfahrung oder auch die Beobachtung eines Artgenossen, der eine entsprechende Furcht zeigt, aus, um die Furcht entstehen zu lassen. Eine solche Schlangenfurcht ist dann kaum wieder löschbar.

Die oben angesprochene hohe interindividuelle Variabilität in der Ausprägung dieser Lernbereitschaft im Humanbereich ist auch durch die Häufigkeit von Angststörungen gut belegt. Pathologische Formen extremer Ängstlichkeit kann man sich als eine Art von Sensibilisierung vorstellen, indem der Schwellenwert für die Aktivierung des Angstsystems abgesenkt ist. Die wiederholte Anregung einer starken Furcht führt zur Übererregbarkeit, und Furcht wird zunehmend leichter ausgelöst. Auch die Vigilanz erhöht sich, die gerichtet nach bedrohlichen und furchtauslösenden Reizen sucht. Letztendlich wird das Furchtsystem unabhängig von der Anregung durch äußere Reize, wodurch das System völlig außer Kontrolle und der Organismus in einen Zustand chronischer Furchtaktivierung gerät (Eysenck, 1992; Rosen & Shulkin, 1998).

8.3 Die Triebkonzeption der Angst

Wir haben bereits mehrfach das Paradigma des klassischen Konditionierens angeführt, das ein Modell für den Erwerb von Angstreaktionen auf zunächst neutrale Sachverhalte darstellt. Aufbauend auf diesem Vorgang haben Miller (1951) und Mowrer (1939) ein Modell zur Erklärung der angstmotivierten Vermeidung entwickelt und in Tierversuchen überprüft. Sie fassten Furcht als eine auf Schmerz konditionierte Reaktion auf, wobei der Schmerz den unkonditionierten Reiz (US) und die Furcht die konditionierte Reaktion (CR) darstellt. Ein Hinweisreiz (CS), der mit einer Schmerzerfahrung verbunden ist, ruft Furcht und dadurch bedingt Flucht und Vermeidungstendenzen wach. Furchtreaktionen haben daher einen Anpassungswert, weil sie den Organismus vor schädigenden Reizen bewahren helfen: Sie erhöhen den Trieb, der seinerseits Flucht und Vermeidung energetisiert. Dadurch kommt es zu einer Trieb-(Furcht)-reduktion, die die vorangegangenen Verhaltensweisen verstärkt. Dieses Modell, das als Zweifaktorenmodell des Vermeidungslernens bezeichnet wird, vereinigt die klassisch konditionierte Angstreaktion mit einer instrumentellen Lernsituation, in der durch den Abbau von Furcht die Vermeidungsreaktion negativ verstärkt wird. Das Paradigma des klassischen Konditionierens spezifiziert zunächst einmal nur die für den Erwerb einer Angstreaktion hinlänglichen Raum-Zeit-Beziehungen zwischen dem Schmerz (US) und den Signalen, die dieses aversive Ereignis ankündigen (CS). Die Mechanismen dieser Verknüpfung kann man sich als assoziative Verknüpfung von CS und US ohne Beteiligung höherer kognitiver Mechanismen oder als Folge einer bewussten Erkenntnis von Zusammenhängen in der Umwelt vorstellen.

Taylor und Spence haben diese Vorstellungen auf dem Hintergrund der Hull'schen Lerntheorie weiter ausformuliert und sich hierbei insbesondere auf den Trieb bezogen (Spence & Spence, 1966). Sie haben ihn als einen motivationalen Zustand aufgefasst, dessen Intensität durch interindividuelle Unterschiede in der emotionalen Ansprechbarkeit bestimmt wird. In einer gegebenen Lernsituation soll das Triebniveau (D) eben von dieser unterschiedlichen emotionalen Ansprechbarkeit abhängen. Das Triebniveau kombiniert sich multiplikativ mit der Gewohnheitsstärke (H), um das Reaktionspotenzial (E) zu ergeben, von dem dann schließlich die Verhaltensstärke (R) abhängig ist, ganz so, wie es in dem ersten Verhaltensmodell von Hull konzipiert war (vgl. Kap. 3.4).

Folgende Vorhersagen ergeben sich aus der Hull'schen Theorie in Bezug auf Variationen der Triebstärke (D) und der davon abhängigen Leistung: 1. Ist in einer Situation nur eine einzige Gewohnheit (H) verhaltenswirksam, sollte mit höherer Triebstärke (D) auch das Reaktionspotenzial (E) und damit auch die Verhaltensstärke (R) und die Leistung zunehmen. 2. Werden in komplexeren Situationen jedoch mehrere miteinander wetteifernde Gewohnheiten (H) aktiviert, von denen nur eine einzige situationsangemessen ist, werden die Vorhersagen schwieriger. Je nach Anzahl und relativer Stärke verschiedener Gewohnheiten (H) ergeben sich unterschiedliche Vorhersagen. Generell ist bei komplexen Aufgaben jedoch die Wahrscheinlichkeit groß, dass eine relativ starke, aber situationsunangemessene (»falsche«) Gewohnheit (H) verhaltenswirksam wird – besonders dann, wenn die Person die Aufgabe noch nicht beherrscht. Multipliziert sich eine solche falsche Gewohnheit mit einem starken Trieb (D), dürfte das die Leistungseffektivität herabsetzen. Bei relativ schwach ausgeprägtem Trieb (D) dürfte eine solche falsche Gewohnheit die Leistungseffektivität nicht so sehr beeinträchtigen; Hochängstliche sollten dementsprechend in einfach strukturierten Situationen bessere (Lern-)Leistungen erbringen als Niedrigängstliche. In komplexen Situationen gilt das entsprechend Umgekehrte.

Überprüft man diese Vorhersagen in einfachen Lernsituationen, wie etwa bei der Konditionierung des Lidschlagreflexes durch einen auf das Auge gerichteten Luftstoß, findet man die Vorhersagen recht gut bestätigt. Auch gilt als gesicherter Befund, dass Hochängstliche eine umso schlechtere Leistung aufweisen, je komplexer und schwieriger die Aufgabe und je größer der Zeitdruck bei der Aufgabenbearbeitung ist (vgl. Laux & Glanzmann, 1996).

8.4 Kognitive Modelle der Angst

8.4.1 Aufmerksamkeitshypothesen der Ängstlichkeit

In einer auf Mandler und Sarason (1952) zurückreichenden Tradition wurden triebtheoretische Modellvorstellungen besonders auf eine prototypische angstauslösende Situation bezogen: die Prüfungssituation. Man spricht deswegen auch von einer speziellen Angstform, der Prüfungsängstlichkeit. Eine Vielzahl von Untersuchungen ist zu dieser Angstform entstanden, die mit experimentellen Anordnungen, aber häufig auch nur rein korrelationsstatistisch, gearbeitet haben. In der Mehrzahl der Untersuchungen zeigte sich eine deutliche Leistungsunterlegenheit der Hochängstlichen in Test-, Prüfungs- und Schulsituationen (Schwarzer, 2000).

Eine klassische Studie von Sarason (1972) soll zur Illustration einer bedingungsanalytischen Vorgehensweise in diesem Forschungsbereich etwas detaillierter dargestellt werden. Sarason ließ seine Vpn unter fünf verschiedenen Bedingungen an einer Lernaufgabe arbeiten:

1. Kontrollbedingung (kein besonderer Kommentar).
2. Leistungsorientierung (Aufgabe wird als Intelligenztest vorgestellt).
3. Beruhigung (die Vp soll sich keine Gedanken machen).
4. Motivierende Aufgabenorientierung (es interessiert angeblich nur der allgemeine Verlauf der sich ergebenden Lernkurve; der Vl versucht, die Vp zur Mitarbeit zu motivieren).
5. Aufgabenorientierung (wie Bedingung 4, jedoch ohne dass der Vl ein besonderes Interesse bekundet).

Die Ergebnisse dieser Untersuchung sind in **Tabelle 8.1** wiedergegeben. Hochängstliche bringen unter leistungsorientierter Instruktion (2) ihr schlechtestes, Niedrigängstliche ihr bestes Leistungsresultat. Hochängstliche sind umgekehrt den Niedrigängstlichen in der Beruhigungsbedingung (3) und der sachlich gehaltenen Aufgabenorientierung (5) leistungsüberlegen. Unter der Bedingung der motivierenden Aufgabenorientierung (4) arbeiten beide Vpn-Gruppen auf einem hohen Leistungsniveau. Diese Befunde zeigen, dass sich hohe bzw. niedrige Ängstlichkeit nicht durchgängig in gleichartigen Verhaltensunterschieden niederschlägt. Je nachdem, auf welche Sachverhalte die Aufmerksamkeit gelenkt wird – ob auf die eigene Person oder auf die Anforderungen der Situation – verändert sich das Leistungsverhalten der Hoch- und Niedrigängstlichen dramatisch. Man hat diese Befunde so interpretiert, dass Hochängstliche dadurch gekennzeichnet sind, dass sie dazu neigen, in herausfordernden Situationen mit selbstbezogenen Kognitionen zu reagieren, die die Bearbeitung einer schwierigen Aufgabe eher stören. Wird die Aufmerksamkeit von der eigenen Person abgezogen und auf die Aufgabe gelenkt, kommt es bei den Hochängstlichen zu keinerlei Leistungsbeeinträchtigungen.

Die Aufmerksamkeitsausrichtung Hoch- und Niedrigängstlicher spielt aber noch in einer weiteren Weise eine wichtige Rolle. Wir hatten oben bereits die Vermutung erwähnt, dass sich die Aufmerksamkeit der

8.4 Kognitive Modelle der Angst

Tab. 8.1: Anzahl richtiger Antworten bei einer Lernaufgabe relativ sinnfreien Materials (aus Sarason, 1972, S. 389)

Bedingung	Hochängstliche	Niedrigängstliche
1. Neutral	47.83	46.67
2. Leistungsorientierung	34.08	65.08
3. Beruhigung	58.75	42.25
4. Motivierende Aufgabenorientierung	65.33	59.67
5. Aufgabenorientierung	50.00	38.25

Hochängstlichen gezielt auf bedrohliche Momente in der Situation richtet und dort länger verharrt. Dies kann dazu führen, dass die Bedrohlichkeit der Situation überschätzt wird und dass sich Ängstlichkeit auf hohem Niveau stabilisiert. Hierzu haben Byrne und Eysenck (1995) ein aufschlussreiches Experiment durchgeführt. Sie haben ihren Vpn Diaserien von Personen vorgeführt, die einen fröhlichen, ärgerlichen oder neutralen Gesichtsausdruck zeigten. Die Aufgabe bestand darin, möglichst schnell in einer Serie von neutralen Gesichtern »nicht passende« Gesichter zu entdecken. Eingestreut unter den neutralen Gesichtern wurde einmal ein fröhliches und einmal ein ärgerliches Gesicht. Personen, die in sozialen Situationen einen Ärgerausdruck zeigen, stellen für Hochängstliche ein solches bedrohliches Moment dar, sie sollten es dementsprechend schneller entdecken. **Abbildung 8.2** stellt die Befunde dieser Untersuchung dar. Wie man sieht, entdecken die Hochängstlichen das Ärgergesicht sehr viel

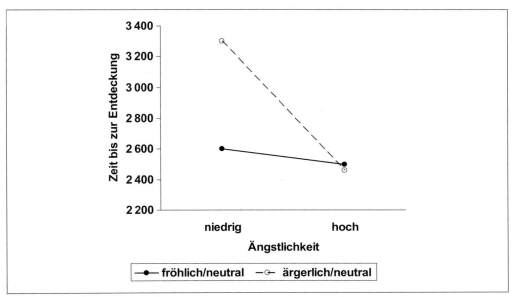

Abb. 8.2: Erkennungszeiten in Millisekunden für fröhliche und ärgerliche Gesichtsausdrücke bei neutralen Distraktoren (nach Byrne & Eysenck, 1995, S. 555)

schneller als die Niedrigängstlichen; ist das Zielobjekt ein Freudegesicht, ergeben sich keine Unterschiede zwischen Hoch- und Niedrigängstlichen. Man kann diese Befunde als die differenziell-psychologische Ergänzung zu den bereits oben (vgl. **Abb. 8.1**) dargestellten generellen Aufmerksamkeitseffekten betrachten.

Hochängstliche haben auch Schwierigkeiten, die gerichtete Aufmerksamkeit aufrechtzuerhalten und ablenkende Informationen zu unterdrücken; das gilt umso mehr, wenn die ablenkende Information von bedrohlichem Inhalt ist (Fox, 1994). Diese Beobachtung ließ die Hypothese entstehen, dass hohe Ängstlichkeit durch ein defektes Inhibitionssystem für angstrelevante Information gekennzeichnet ist.

Lazarus-Mainka und Siebeneick (2000) haben eine interessante Weiterentwicklung der Aufmerksamkeitshypothese vorgenommen, indem sie annehmen, dass sich diese unterschiedlichen Aufmerksamkeitsausrichtungen auch in den Selbstkonzepten hoch ängstlicher Personen niederschlagen. Hochängstliche reagieren nicht nur sensibler auf bedrohliche Situationen und rufen bevorzugt angstrelevante Situationen aus dem Gedächtnis ab, sie benutzen bei der Selbstbeschreibung auch eine Sprache, die mit angstbezogenen Kategorien angereichert ist. Diese unterschiedlichen Arten der Information werden nun in ein Selbstkonzept oder Selbstschema integriert, das dann die Organisation weiterer Erfahrungen im Sinne dieses angstbezogenen Schemas übernimmt und für die langzeitige Stabilisierung der Angstdisposition sorgen soll. Der Gewinn einer solchen Schematheorie der Ängstlichkeit liegt sicherlich in der Integrationsmöglichkeit vieler Befunde zur bevorzugten Verarbeitung der – zumeist schemakongruenten – Information. Vor dem Hintergrund der Darstellungen zu den impliziten und expliziten Motivationssystemen stellt diese Konzeption einen interessanten Brückenschlag zwischen beiden Systemen dar.

Leider fehlen bislang vergleichende experimentelle Untersuchungen.

8.4.2 Besorgtheit und Emotionalität als Komponenten der Ängstlichkeit

Die Forschung ist hier von einem Angstkonzept ausgegangen, in dem Angst als eine Tendenz verstanden wird, in Bewertungssituationen mit selbstbezogenen, interferierenden (störenden) Kognitionen zu reagieren, und hat hierbei zwei Komponenten differenziert. Die erste Komponente bezieht sich auf autonome physiologische Reaktionen, die sich in einem allgemeinen Gefühl erhöhter emotionaler Angespanntheit (emotionality) niederschlagen. Die andere Komponente bezieht sich auf Besorgtheit in Bezug auf die Einschätzung der eigenen Fähigkeiten, Selbstzweifel, Versagensängste, Misserfolgsbefürchtungen etc. (worry). Bedeutsam ist, dass beide Komponenten der Angst einen unterschiedlichen Verlauf aufweisen und mit unterschiedlichen Verhaltensweisen verbunden sind. Anzeichen körperlicher Angespanntheit verändern sich im Verlaufe einer Prüfungssituation. Sie erreichen zu Beginn der Prüfungssituation ihren Höhepunkt, um dann abzusinken, während Anzeichen von Selbstzweifel relativ konstant bleiben (Morris & Liebert, 1970). Deutliche und konsistente negative Korrelationen mit Leistung weist in der Regel aber nur die Besorgtheitskomponente, nicht die Emotionalitätskomponente auf.

Wine (1971) hat das Angstkonzept im Sinne unterschiedlicher Aufmerksamkeitszentrierungen interpretiert. Wird Selbstwertthematik – wie etwa in einer Prüfungssituation – situativ angeregt, so soll sich die Aufmerksamkeit des Hochängstlichen nach innen, auf aufgabenirrelevante Sachverhalte, eben auf die Selbstwertthematik, richten, was zu Selbstabwertung, Selbstzweifel und zu vermehrter Beschäftigung mit den eigenen autonomen Reaktionen führt. Die Aufmerksamkeit des Niedrigängstlichen soll dagegen nach außen auf die Aufgabenanforderungen und auf Strategien zur Aufgabenbewältigung gerichtet sein. Dies ist gewissermaßen die Eigenschaftsvariante der gerade diskutierten Aufmerksamkeitshypothese der Ängstlichkeit.

Der direkte Nachweis für das *akute* Auftreten aufgabenirrelevanter Kognitionen bei hoch ängstlichen Personen konnte allerdings bislang nicht in eindeutiger Weise geführt werden. Werden Vpn allerdings *im Anschluss* an die Durchführung einer Aufgabe aufgefordert, alle Gedanken, die ihnen während der Durchführung durch den Kopf gingen, niederzuschreiben, so äußern Hochängstliche mehr negative Gedanken, die sich auf die eigene Person beziehen, und Personen mit mittlerer und niedriger Angstausprägung mehr positive Gedanken mit Bezug auf die Meisterung der Aufgabe (Blankstein et al., 1989). Sarason, Sarason, Keefe, Hayes und Shearin (1986) haben eine situativ bedingte und eine habituelle Neigung zu solchen sich aufdrängenden, interferierenden Kognitionen unterschieden und mittels Fragebogen erfasst. Vpn, die habituell zu interferierenden Kognitionen neigten, arbeiteten mit geringerer Effizienz, wenn situative Stressoren vorlagen, und berichteten auch über vermehrtes Auftreten interferierender Kognitionen. Eine Instruktion, die die Aufmerksamkeit auf die Aufgabenanforderungen und brauchbare Lösungsstrategien lenkt, verbesserte ihre Leistung. Schmalt (1994) konnte einen vergleichbaren Effekt für misserfolgsängstliche Personen nachweisen. Nach einer bedrohlichen Misserfolgsrückmeldung können die ängstlichen Personen ihre Leistung bei einer nachfolgenden Aufgabe steigern – aber ausschließlich dann, wenn ihre Gedanken zwischenzeitlich auf ganz andere, neutrale Sachverhalte gelenkt wurden, sie also »abgelenkt« waren. Mikulincer (1989) berichtet, dass Personen mit einer dispositionellen Neigung zu interferierenden Kognitionen besonders anfällig für leistungsbeeinträchtigende Effekte nach gehäuftem Misserfolg sind. Dieser Effekt ist durch eine entsprechende Aufmerksamkeitsausrichtung vermittelt. Eine Reihe von Befunden, die in die gleiche Richtung weisen, berichten auch Carver und Scheier (1986). Sie haben Hoch- und Niedrigängstliche unter einer Normalbedingung und unter der Bedingung hoher Selbstaufmerksamkeit beobachtet. Sie fanden die bekannten Verhaltensunterschiede zwischen Hoch- und Niedrigängstlichen lediglich unter der Bedingung hoher Selbstaufmerksamkeit. Diese Tendenz der Hochängstlichen, in Belastungssituationen die Aufmerksamkeit nach innen, auf die Verarbeitung bedrohungsrelevanter Stimuli zu lenken, wird auch für die Entstehung und Aufrechterhaltung von Angststörungen verantwortlich gemacht (Calvo & Cano-Vindel, 1997; Rosen & Schulkin, 1998).

8.5 Angst in Konfliktsituationen und ihre Bewältigung

Die interessantesten und originellsten experimentellen Arbeiten zum Konfliktmodell der Angst haben Epstein und seine Mitarbeiter bereits vor einigen Jahren durchgeführt. Sie gehören zu den Klassikern der Angstliteratur und sollen deswegen hier etwas ausführlicher dargestellt werden. Theoretischer Bezugspunkt dieser Arbeit war das in **Abbildung 1.3** dargestellte Gradienten-Modell des Aufsuchen-Meiden Konflikts. In einem ersten Experiment, das dieses Modell überprüfen sollte, wurden Fallschirmspringernovizen zu verschiedenen Zeitpunkten mit einem speziell entwickelten Wortassoziationstest untersucht, in

8 Angst und Furcht

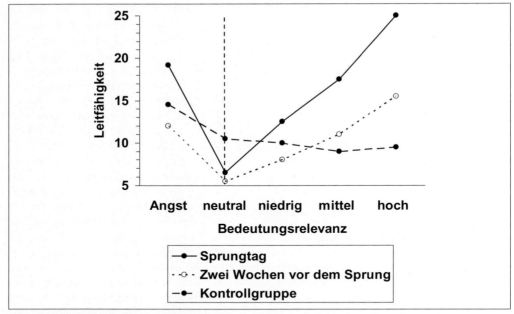

Abb. 8.3: Mittlere Hautleitfähigkeit (MikroSiemens = μS) der elektrodermalen Reaktion auf Wörter unterschiedlicher Relevanz für den Fallschirmspringersport sowie auf angstbezogene Wörter (Angst) bei einer Gruppe von Springernovizen in unterschiedlichem Abstand vom Sprungtag und bei einer Kontrollgruppe, die nicht sprang (modifiziert nach Epstein, 1977, S. 212)

dem vier unterschiedliche Relevanzniveaus in Bezug auf den Sprung selbst realisiert waren (z. B. direkt vor dem Absprung). Die Daten der erhobenen Aktivierungsmaße (hier die Hautleitfähigkeit) entsprechen völlig den Modellableitungen: Fallschirmspringer, die zwei Wochen vor dem kritischen Ereignis des ersten Absprungs stehen oder sich sogar unmittelbar davor befinden (Sprungtag), produzieren steilere Aktivierungsgradienten in Abhängigkeit von der Zielrelevanz der Wörter als eine Kontrollgruppe (vgl. **Abb. 8.3**).

Wenn man das Aufsuchen-Verhalten durch eine inhaltliche Analyse der geäußerten Assoziationen erfasst, findet man keine Bestätigung für die Annahme einer Abschwächung der Netto-Aufsuchen-Tendenz bei Zielannäherung. Es zeigte sich vielmehr, dass sowohl im Wortassoziationstest als auch in einem speziell konstruierten Thematischen-Auffassungs-Test (TAT) die Häufigkeit von aufsuchenbezogenen Äußerungen bei zunehmender Zielannäherung generell ansteigt, und dies insbesondere bei hoch zielrelevanten Reizen. Die Autoren schließen daraus, dass es notwendig ist, zwischen der verhaltensmäßigen und der gedanklich-verbalen Lösung des Aufsuchen-Meiden-Konflikts zu trennen. Man muss annehmen, dass es bei zunehmender Zielannäherung zu einer vermehrten Beschäftigung mit aufsuchenbezogenen Inhalten und geradezu zu einer gedanklich-verbalen Vermeidung von angstauslösenden Reizen kommt, um dadurch Angst in aktiver Weise zu hemmen.

Die bisherigen Erörterungen beziehen sich sämtlich auf Fallschirmspringernovizen. Betrachtet man Fallschirmspringer mit unterschiedlicher Sprungerfahrung, so verändert sich dieses Bild deutlich insofern, als sich der Gipfel der Aktivierungskurve

8.5 Angst in Konfliktsituationen und ihre Bewältigung

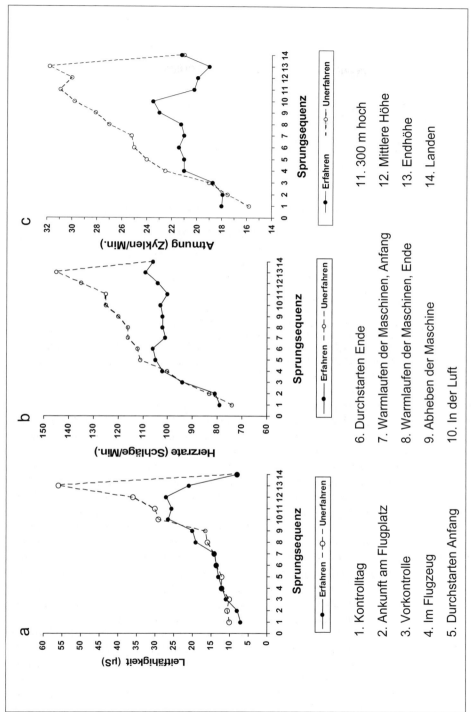

Abb. 8.4: Mittlere Aktivierungsmaße bei einer Gruppe von erfahrenen und unerfahrenen Fallschirmspringern an einem Kontrolltag und am Sprungtag in unterschiedlichem Abstand vom kritischen Zeitpunkt, dem Erreichen der Endhöhe: 1. Leitfähigkeit der Haut (Abb. 8.4a), 2. Herzrate (Abb. 8.4b) und 3. Atemfrequenz (Abb. 8.4c) (modifiziert nach Epstein, 1977, S. 227–229)

(größte Hautleitfähigkeit) zu dem Anregungsmaterial mit niedriger Zielrelevanz hin verschiebt. Erfahrene Springer zeigen im Vergleich zu den Novizen maximale Aktiviertheit bei wenig zielrelevantem Material und eine relativ niedrige Aktivierung im Zielbereich (hohe Relevanz). Ähnliches zeigt sich bei der Selbsteinschätzung erlebter Ängstlichkeit. Dieses Phänomen wird durch zwei Prozesse erklärt. So soll sich zum einen durch zunehmende erfolgreiche Erfahrung mit einer angstauslösenden Situation der Angst-Gradient ausbreiten, zugleich soll jedoch auch der Hemmungsgradient zunehmend anwachsen und steiler verlaufen, bis er schließlich den Angst-Gradienten in immer weiterer raum-zeitlicher Zielentfernung zu hemmen in der Lage ist. Dieses Modell der zunehmend effizienten Angsthemmung aufgrund von Erfahrung mit der angstauslösenden Situation wird durch die Ergebnisse psychophysiologischer Messungen am Sprungtag bestätigt, beginnend mit der Ankunft auf dem Flugplatz (2) bis zum Erreichen der Endhöhe des Flugzeuges (13), d.h. also kurz vor dem Absprung. **Abbildung 8.4** zeigt Veränderungen verschiedener sympathischer Aktivierungsindikatoren, der Hautleitfähigkeit sowie der Herz- und Atemfrequenz bei erfahrenen und unerfahrenen Springern in Abhängigkeit von der Annäherung an den Sprung. Sowohl die Hautleitfähigkeit als auch die Herz- und Atemfrequenz steigen bei unerfahrenen Springern steil bis zum Zeitpunkt unmittelbar vor dem Sprung an, während die gleichen Maße bei den erfahrenen Springern zu einem früheren Zeitpunkt ein Maximum erreichen und kurz vor dem Sprung bereits wieder abfallen. Von Interesse ist, dass die Atemfrequenz, die sich willentlich am ehesten kontrollieren lässt, bei den erfahrenen Springern als erste Variable ihr Maximum erreicht, der nichtkontrollierbare Hautwiderstand dagegen zuletzt. Wesentlich an diesen Beobachtungen ist der Vorgang der Hemmung des Angstgradienten, der sich sowohl im Bereich des Angsterlebens als auch der begleitenden physiologischen Reaktionen manifestiert. Diese Hemmung der erlebten Angst wie auch ihrer vegetativen Begleiterscheinungen bei zunehmender Annäherung an das bedrohliche Ereignis ist adaptiv, weil sie den erfahrenen Sportlern erlaubt, in dieser Stresssituation effizient zu reagieren. Springer, die das nicht schaffen, geben diesen Sport vermutlich wieder auf.

Aufgrund der Auswertungen der TAT-Geschichten, die von den Novizen und erfahrenen Springern zu Bildern unterschiedlichen Anregungsgrades erzählt wurden, gewannen die Autoren auch einige Hinweise auf die Mechanismen, die in dieser Situation zur Angsthemmung und Angstkontrolle eingesetzt werden. Ein häufig beobachteter Mechanismus war derjenige der Verneinung der Gefährlichkeit dieses Sportes, eine Reaktionsweise, die sich insbesondere bei den Novizen fand. Verneiner hatten, wie die psychophysiologischen Messungen zeigten, geringere Änderungen der Hautleitfähigkeit auf sportbezogene Wortreize. Bei erfahrenen Springern zeigte sich diese Verneinung nicht in gleicher Häufigkeit, sie sprachen allerdings den handelnden Personen in diesen Geschichten auch generell weniger Emotionen zu. In weiterführenden Studien konnte darüber hinaus demonstriert werden, dass der effektive Einsatz solcher Kontrolltechniken nur gelingt, wenn die Sportler Selbstvertrauen und damit ein positives Bild ihrer eigenen Kompetenz für diese Sportart haben. Selbst bei erfahrenen Springern findet man nach einem Unfall wieder den monotonen Anstieg der vegetativen Angstreaktionen auf zunehmend angstauslösende Reize.

Diese Beobachtung wird auch durch die Ergebnisse einer weniger dramatischen Studie mit Prüfungskandidaten der Psychologie belegt (Becker, 1980). In dieser Untersuchung wurden Prüfungskandidaten vier, drei, zwei und eine Woche sowie zwei Tage vor der

Prüfung nach der Intensität der erlebten Furcht vor diesem Ereignis befragt. Diejenigen Kandidaten, die sich zuvor als wenig zuversichtlich im Hinblick auf die Prüfung dargestellt hatten, wiesen eine monoton ansteigende Angst bis zum zweiten Tag vor der Prüfung auf. Bei denjenigen Kandidaten, die sich zuvor als erfolgszuversichtlich dargestellt hatten, findet sich aber die aus den Experimenten mit Fallschirmspringern bekannte umgekehrt u-förmige Beziehung zwischen der Annäherung an das Ereignis und der erlebten Angst mit einem Maximum in der zweiten bzw. dritten Woche vor der Prüfung. Die Ergebnisse dieser Untersuchungen demonstrieren, dass es erfahrenen und zuversichtlichen Personen gelingt, in Konfliktsituationen ihre Angst zunehmend besser zu kontrollieren. Angstkontrolle oder Bewältigung hat in den letzten Jahrzehnten das zunehmende Interesse der Angstforscher gefunden – sicherlich nicht zuletzt auch durch die Hoffnung motiviert, hierdurch Zugänge zu effektiven therapeutischen Techniken zu finden.

8.6 Angstkontrolle

Eine einflussreiche und populäre kognitive Theorie der Angstentstehung und Angstkontrolle haben Lazarus und Mitarbeiter (Lazarus, 1991; Lazarus & Alfert, 1964) entwickelt, in der angenommen wird, dass der Angstreaktion, wie jeder anderen emotionalen Reaktion auch, die Bewertung eines Umweltsachverhaltes vorausgeht. Solche Bewertungen sind Kognitionen, die zwischen der Situation und den emotionalen Reaktionen des Individuums vermitteln. Formal können drei Arten eines solchen Bewertungsvorgangs unterschieden werden: eine intuitive *primäre Bewertung*, die *sekundäre Bewertung* und die *Neubewertung*. Die primäre Bewertung bezieht sich auf eine globale Stellungnahme zu einer Situation im Hinblick auf ihre positiven und negativen Bedeutungsgehalte. Die sekundäre Bewertung bezieht mögliche Handlungsstrategien und Verarbeitungsmöglichkeiten mit ein, um eine mögliche Beeinträchtigung zu ver-

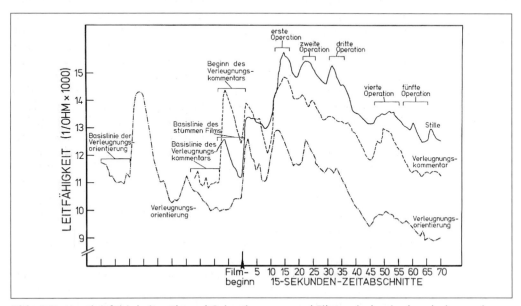

Abb. 8.5: Hautleitfähigkeit während Orientierungs- und Filmperioden in den drei experimentellen Bedingungen (modifiziert nach Lazarus & Alfert, 1964, S. 199)

Box 8.1: Die vielfältigen Ursachen von Phobien

»Angst veranlasst uns dazu, vor Prüfungen zu lernen, vor Auftritten zu üben und waghalsige Unternehmungen sorgfältig zu planen; Angst bewahrt uns davor, uns zu weit über Balkonbrüstungen zu beugen, die Augen beim Autofahren zu schließen und unzählige weitere Dummheiten zu begehen.« Dieses Zitat von Clore und Ketelaar (1997) verdeutlicht, dass Angst und Furcht hoch adaptiv sein können: Menschen, die zu wenig Angst empfinden, setzen sich größeren Risiken aus und laufen damit stärker als Niedrigängstliche Gefahr, körperlich oder seelisch verletzt zu werden. Andererseits kann Angst jedoch so stark werden, dass sie das Leben von Menschen in vielerlei Hinsicht beeinträchtigt. Nehmen wir als Beispiel die Furcht vor Spinnen oder Schlangen: Menschen, bei denen diese Furcht übermäßig stark wird, trauen sich im Sommer kaum aus dem Haus, vermeiden jeden Spaziergang, das Picknick mit Freunden und den Besuch im Freibad, weil sie ohne Unterlass befürchten, hinter dem Baumstamm, im Unterholz oder verborgen unter Blättern könne eine Spinne oder Schlange lauern.

Wie kann man angesichts der Tatsache, dass in unseren Breitengraden kaum einer der Betroffenen negative Erfahrungen mit Spinnen oder Schlangen (z. B. gebissen oder ernsthaft bedroht wurde) gemacht hat, eine solche – auch in den Augen der Betroffenen – irrationale Furcht erklären? Mineka (Mineka & Zinbarg, 2006) hat dargestellt, dass eine ausgewachsene Phobie eine Vielfalt von Ursachen hat, die zum einen weit in unsere Stammesgeschichte zurückreichen, zum anderen aber auch in der persönlichen Biographie zu finden sind. Zunächst scheint es eine *evolutionsbiologische Grundlage* für die Entwicklung einer Furcht vor Schlangen und Spinnen zu geben. Öhman und Mineka (2001) vertreten die Auffassung, dass es für unsere Vorfahren – die in einer Umwelt lebten, in der giftige Spinnen und Schlangen weiter verbreitet waren als heute – funktional war, Furcht vor solchen Lebewesen zu entwickeln und diese daraufhin zu meiden. Die Bereitschaft, auf Spinnen und Schlangen mit Furcht zu reagieren, hat sich in unser Erbgut eingebrannt, weil diese Furcht vor vielen tausend Jahren das Überleben in einer gefährlichen Umwelt gesichert hat. Und da die Evolution solche Bereitschaften recht träge konserviert, finden wir sie auch heute noch bei Menschen, in deren Umwelt keine giftigen Spinnen oder Schlangen vorkommen.

Ein lebensgeschichtlicher Faktor, der die Anfälligkeit für die Entwicklung einer Angststörung beeinflusst, ist das *Ausmaß an Kontrolle* über bedeutsame Umweltereignisse. In Tierversuchen konnte gezeigt werden, dass Affen, die in ihrer Kindheit Kontrolle über ihre Umwelt ausüben konnten (z. B. den Zugang zu Nahrungsmitteln und Spielmöglichkeiten), sich im Erwachsenenalter rascher an furchtanregende Ereignisse adaptierten als Tiere, die mit weniger Kontrollmöglichkeiten aufgewachsen waren. Ganz analog weisen entwicklungspsychologische Untersuchungen darauf hin, dass Kontrolle über die Umwelt im Kindesalter – z. B. durch regelmäßige Gelegenheiten, altersangemessene Aufgaben und Probleme zu meistern – immunisierend gegen die Entwicklung von Angststörungen im Erwachsenenalter wirken kann. Umgekehrt sind Menschen, die in ihrem Leben häufig ohnmächtig negative Ereignisse ertragen mussten, besonders anfällig für die Entwicklung von Phobien.

Die bisher genannten Faktoren kann man als Vulnerabilitäten für die Entwicklung einer Phobie auffassen. Der konkrete Anlass, der zu der Entwicklung einer klinisch bedeutsamen Furcht vor Spinnen oder Schlangen führt, ist nach Mineka häufig die *Beobachtung*

> *der Furcht* bei einer anderen Person. Die Mehrheit der Spinnen- und Schlangenphobiker erinnert sich an ein Ereignis, in der eine andere Person – die Mutter, der Bruder, die Schwester oder gar ein Fremder – mit panischer Furcht auf eine Spinne oder Schlange reagiert hat, und schildert, dass die Phobie mit diesem Erlebnis eingesetzt hat. Dass Phobien durch einen Prozess des Modelllernens erworben werden können, zeigte sich auch im Tierversuch: Affen, die im Gehege aufgezogen wurden und anfangs keine Angst vor Schlangen zeigten, entwickelten rasch eine starke Furcht vor Schlangen, wenn sie die ängstlichen Reaktionen wild aufgewachsener Affen auf Schlangen beobachteten.

hindern oder um einen möglichen positiven Effekt herbeizuführen. Die Neubewertung einer Situation bezieht neue Informationen und Einsichten ein, berücksichtigt die bereits eingetretenen Handlungsfolgen oder unterzieht auch die ursprünglichen Informationen einer Neubewertung; sie kann aber auch ohne Berücksichtigung situativer oder behavioraler Informationen rein binnenpsychisch ablaufen. Diese Bewertungen können auf unterschiedlichen Verarbeitungsniveaus, bewusst oder automatisch (unbewusst), ablaufen und folgen nicht notwendig immer dem gleichen Ablaufschema.

In den ersten Untersuchungen, die die Bedeutung von Voreinstellungen für den Verarbeitungsprozess aufzeigten, wurden die Vpn mit Filmen konfrontiert, die Angst- und Stressreaktionen hervorrufen sollten. Durch Manipulationen der kognitiven Aktivitäten vor bzw. während der Filmdarbietung gelangten die Vpn zu einer Neueinschätzung der bedrohlichen Situation und somit zu veränderten Stressreaktionen. In einer dieser Untersuchungen haben Lazarus und Alfert (1964) ihren Vpn einen Film über steinzeitliche Beschneidungsriten bei Jünglingen gezeigt. In drei verschiedenen Bedingungen wurde der Film entweder ohne Kommentar vorgeführt (Bedingung: stumm), durch einen Verleugnungskommentar begleitet (Verleugnungskommentar etwa: Es handelt sich um eine gestellte Szene) oder in einer dritten Bedingung durch einen vorgeschalteten Verleugnungskommentar eingeführt (Verleugnungsorientierung). Abhängige Maße waren die Hautleitfähigkeit, die während der gesamten Filmdarbietung erhoben wurde, sowie eine Reihe von Befindlichkeitseinstufungen. **Abbildung 8.5** zeigt die Ergebnisse der Leitfähigkeitsmessungen während des Films. Es wird deutlich, dass Verleugnungsmöglichkeiten deutlich die Angst- und Stressreaktionen herabsetzten, wobei dieser Effekt durch die vorgeschaltete Verleugnungsorientierung besonders ausgeprägt war. Ganz analoge Befunde ergeben sich in Bezug auf die Befindlichkeitseinschätzung. Vpn, die keine Möglichkeit hatten, den bedrohlichen Gehalt des Films zu verleugnen, zeigten sich in erhöhtem Ausmaß beunruhigt und bedrückt. Diese Befunde sind Klassiker der Angstforschung, und es ist erst in letzter Zeit gelungen, deren neurophysiologische Hintergründe aufzuhellen: Eine bewusste Verleugnungsorientierung aktiviert präfrontale Kortexstrukturen, die modulierend (zumeist hemmend) in das Angstverarbeitungssystem eingreifen können (Cunningham et al., 2003) (vgl. Kap. 2.3).

8.7 Ängstlichkeit als Zustand (State) und als Disposition (Trait)

In den vorangegangenen Darstellungen sind Angst und Furcht sowohl als stabile, über Zeit und Situationen hinweg generalisierte Persönlichkeitsmerkmale (Motiv) als auch im Sinne eines aktuellen, situativ angeregten Zustands behandelt worden. Dieses

Vorgehen, zwischen einer stabilen Motivdisposition und einem aktuellen Prozessgeschehen, der Motivation, zu trennen, ist seit Lewin in der Motivationspsychologie allgemein akzeptiert. Diese Unterscheidung hat Spielberger (1972, 1983) aufgegriffen und in ein werbewirksames Wortspiel, nämlich »State-Trait-Anxiety« verpackt. Angst als Zustand beschreibt er als die subjektive Wahrnehmung von Besorgnis und Spannungsgefühlen, die mit einer Aktivierung des autonomen Nervensystems einhergehen. Ängstlichkeit als Disposition wird als ein Motiv beschrieben, das ein Individuum prädisponiert, ein weites Spektrum von Situationen als bedrohlich zu erleben und in ihnen mit einem Anstieg der Zustandsangst zu reagieren. Interindividuelle Unterschiede in der Ängstlichkeit sollen sich sowohl in der Häufigkeit von Angstreaktionen als auch in der Intensität von Angstreaktionen niederschlagen.

In einem Prozessmodell der Angst werden beide Angstkonzepte integriert. Dieses Modell geht davon aus, dass die Erregung eines Angstzustandes einem festen Muster zeitlich nacheinander ablaufender Prozesse folgt, in dem vorstellungsmäßige oder tatsächliche Gefahrensituationen einen Angstzustand evozieren. Inwieweit und mit welcher Intensität ein Angstzustand entsteht, hängt von kognitiven Verarbeitungsprozessen (im Sinne von Lazarus) und dem Ausprägungsgrad der Ängstlichkeit ab. Er entspricht in der Intensität dem Ausmaß erlebter Bedrohung. Es wird weiterhin angenommen, dass der Angstzustand ebenso lange andauert, wie die Bedrohungssituation selbst bestehen bleibt. Bedrohliche Situationen, die dem Individuum allerdings geläufig sind, können zum Einsatz effektiver Verarbeitungsstrategien führen, die die erlebte Bedrohung minimieren und damit auch die Intensität des Angstzustandes reduzieren. Ein Individuum kann allerdings auch mit defensiven Reaktionen versuchen, den Angstzustand zu reduzieren.

Kurz zusammengefasst lässt sich das State-Trait-Modell der Angst in folgenden sechs Punkten darstellen (Spielberger, 1972, S. 44):

1. In Situationen, die das Individuum als bedrohlich wahrnimmt, wird ein Angstzustand evoziert, der als unangenehm wahrgenommen wird.
2. Die Intensität des Angstzustandes ist dem Ausmaß erlebter Bedrohung proportional.
3. Die zeitliche Dauer des Angstzustandes hängt von der Dauer der Bedrohungswahrnehmung ab.
4. Individuen mit stark ausgeprägter Angstdisposition neigen verstärkt dazu, Situationen, die Misserfolge oder Gefährdungen des Selbstwertgefühls mit sich bringen, als bedrohlich wahrzunehmen. Hier ist mit unterschiedlichen Anhebungen des Angstzustandes zu rechnen. Situationen, die eine physische Gefährdung mit sich bringen, werden hingegen von den Hochängstlichen, im Vergleich zu den Niedrigängstlichen, nicht verstärkt als bedrohlich wahrgenommen. In diesen Situationen ist nicht mit unterschiedlichen Anhebungen des Angstzustandes zu rechnen.
5. Erhöhungen des Angstzustandes werden direkt in Verhalten umgesetzt oder führen zu defensiven Reaktionen, die sich bereits als wirksam in Bezug auf die Angstreduktion erwiesen haben.
6. Häufige Konfrontationen mit Stresssituationen führen zur Entwicklung spezifischer Verarbeitungs- und Vermeidungsreaktionen und damit zur Reduzierung des Angstzustandes.

In nachfolgenden Bearbeitungen wurden Zustands- und Dispositionsangst weiter ausdifferenziert (Endler, Parker, Bagby & Cox, 1991; Steyer, Schwenkmezger & Auer, 1990). In den von Endler entwickelten multidimensionalen Angstskalen (EMAS) werden auf der Ebene von Zustandsangst Angstkomponenten unterschieden, die bereits

8.7 Ängstlichkeit als Zustand (State) und als Disposition (Trait)

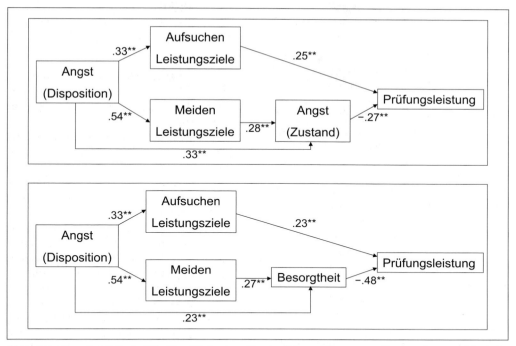

Abb. 8.6: Standardisierte Pfadkoeffizienten für das Dispositionsangst-Zustandsangst-Modell (oben) sowie das Dispositionsangst-Besorgtheits-Modell (unten) (nach Elliot & McGregor, 1999, S. 640)

aus der kognitiven Angstforschung bekannt sind, nämlich Besorgtheit und Emotionalität. Dispositionsabhängige stabile Unterschiede werden eher mit unterschiedlichen Bedrohungskontexten (soziale Bewertung, körperliche Gefährdung, unklare Mehrdeutigkeit) in Verbindung gebracht. Zustandsangst entsteht, wenn einer dieser situationsspezifischen Dispositionsfaktoren auf eine jeweils entsprechende (kongruente) situative Bedrohung trifft.

In einer komplexen Untersuchung haben Elliot und McGregor (1999) Dispositionsangst und Zustandsangst zusammen mit Besorgnis und Emotionalität als Komponenten der Ängstlichkeit analysiert und hierzu einen zieltheoretischen Hintergrund gewählt. Ziele sind, wie wir in Kapitel 1 dargestellt haben, theoretische Konstrukte auf mittelhohem Abstraktionsniveau, die die Auswirkungen der Motive auf Verhalten steuern sollen. In dieser Untersuchung wurden aufsuchende und meidende Leistungsziele gemessen und die Prüfungsleistung vorhergesagt. Leistungsziele beziehen sich in dieser Untersuchung auf die Demonstration der eigenen Tüchtigkeit (ein Aufsuchenziel) oder die Vermeidung eines Misserfolgs (ein Meidenziel). Besorgnis, Emotionalität und Zustandsangst wurden ebenfalls gemessen; sie sollten eine vermittelnde Rolle spielen. **Abbildung 8.6** zeigt die Ergebnisse dieser Untersuchung, in der Zustandsangst (oben) und Besorgtheit (unten) als Mediator eingesetzt wurden. Wie erwartet, fungieren Dispositionsangst als distaler und die Leistungsziele als proximate Prädikatoren für die Prüfungsleistung. Dispositionsangst erwies sich als wichtiger Prädikator für die beiden Leistungsziele, die ihrerseits die Prüfungsleistung beeinflussen. Während die Aufsuchenziele einen direkten und förderlichen Einfluss haben, ist die negative Beeinflussung der Vermeidungsziele über die Zustandsangst bzw. Besorgtheit vermittelt. Wie erwartet, stehen auch die Zustandsangst und Besorgtheit mit der Dispositionsangst in einem engen Zusammenhang. Emotionalität ist an der Vermittlung von Leistungseinbußen in Abhängigkeit von der Dispositionsangst nicht beteiligt.

8.8 Neurobiologie der Angst

Schon in den klassischen Experimenten von Klüver und Bucy (1937) fanden sich nach Ausschaltung des Schläfenlappens Veränderungen im Verhalten, die u. a. auch das Angstsystem betrafen. Die Autoren waren selbst überrascht festzustellen, dass die Tiere, es waren Makaken, nach Entfernung des Schläfenlappens offensichtlich jedes Angstgefühl verloren hatten. Die entscheidende Struktur für die Vermittlung dieser Effekte ist die Kerngruppe der Amygdala in der Tiefe der Schläfenlappen. Eysenck (1992) hat auf der Basis einer Fülle von verhaltensbiologischen und pharmakologischen Experimenten weitere Anteile des sogenannten limbischen Systems, den Hippocampus und die Kerne des Septums, die ebenfalls phylogenetisch alte Anteile des Endhirns darstellen, für die Angstreaktion mit verantwortlich gemacht.

Die wichtigsten Strukturen für die Vermittlung von Angst und der zugeordneten Furcht- und Fluchtreaktionen sind jedoch die Kerne der Amygdala (vgl. **Abb. 2.3**) – und unter diesen an erster Stelle die zentrale Amygdala (LeDoux, 1996). Die zur Körperperipherie und zur Motorik verlaufenden Verbindungen der zentralen Amygdala aktivieren angeborene Furchtreaktionen, wie etwa das Einfrieren (Totstell-Reflex) oder die Erhöhung der Herzschlagrate, der Atemfrequenz und des Blutdrucks sowie die Ausschüttung von Stresshormonen. Die Amygdala hat außerdem kurze Verbindungswege zu einer Reihe von übergeordneten Steuerzentralen, etwa zur Steuerzentrale des sympathischen Systems im Hypothalamus wie auch zum motorischen Vaguskern im Hinterhirn oder zum Nucleus parabrachialis, von dem die Atmung reguliert wird. Auch lassen sich im Tierversuch durch direkte Injektionen von angsthemmenden Pharmaka, z. B. den Benzodiazepinen, in die Amygdala Angstreaktionen blockieren. In der Amygdala finden sich nämlich an den Neuronen in großer Dichte Rezeptoren für Benzodiazepine. Werden diese aktiviert, erleichtern sie den Eintritt des hemmenden Transmitters GABA in die Neurone, was dann die Hemmung von Angstreaktionen bewirkt.

Morris et al. (1996) haben die regionale Hirndurchblutung in der linken Amygdala gemessen, während die Versuchspersonen fröhliche und ängstliche Gesichter betrachteten. Der Blutfluss steigt bei Betrachtung ängstlicher Gesichter deutlich an im Vergleich zu den fröhlichen Gesichtern – ein eindeutiger Hinweis darauf, dass die Amygdala ganz wesentlich an der Verarbeitung von Furcht und Angst beteiligt ist.

Die Bedeutung weiterer Kerne der Amygdala (laterale und basolaterale Kerne) liegt in der Vermittlung der emotionalen Bewertung von zunächst neutralen Signalen in der Umwelt, indem diese durch eine Koppelung mit unkonditionierten Straf- oder Schmerzreizen nach dem Pawlow'schen Schema (klassisches Konditionieren) eine angstauslösende Wirkung erwerben. Bei einfachen Reizen scheint es dabei über eine direkte Verbindung vom Thalamus zur Amygdala – auch unter Umgehung des Kortex – zu einer emotionalen Aktivierung zu kommen (LeDoux, 1996; Rosen & Schulkin, 1998) (vgl. **Abb. 3.7**).

Es gilt als gesichert, dass die Ankoppelung der Amygdala an diese Steuerzentralen des Angst- und Furchtsystems zur genetischen Ausstattung der höheren Lebewesen gehört, während die Angstauslöser selbst offen und variabel sind. Das heißt, dass zunächst neutrale Reize durch Lernen nach dem Pawlow'schen Schema eine angstauslösende Funktion erwerben können. Es liegen Hinweise vor, dass diese assoziative Verknüpfung u.a. auch in der Amygdala stattfindet. Die Injektion eines NMDA (N-Methyl-D-Aspartat)-Antagonisten direkt in die Amygdala verhindert sowohl den Erwerb als auch die Löschung einer konditionierten Angstreaktion (Davis, 1992). Die NMDA-Rezeptoren spielen in einigen Teilen des Gehirns eine Rolle bei der Aktivierung des erregenden Transmitters Glutamat.

In vielen Untersuchungen war darüber hinaus aufgefallen, dass die nach diesem Muster erworbene Furcht außerordentlich langlebig und sehr schwer zu löschen ist. LeDoux (1996) vermutet, dass eine Furchtkonditionierung, die zu massiven, sich wiederholenden Veränderungen in der Amygdala führt, unlöschbar ist. Güntürkün (2000b) bringt es auf den Punkt: Die Amygdala vergisst nie! Allerdings kann sie von kortikalen Regionen aus gehemmt werden (Cunningham et al., 2003).

8.9 Auf ein Wort ...

Angst ist ein emotional-motivationaler Zustand, der durch seine aversive Erlebnisqualität, durch motorische und bestimmte Ausdruckserscheinungen sowie vegetative Begleiterscheinungen gekennzeichnet ist. Da die Abwendung von aversiven, unangenehmen und bedrohlichen Sachverhalten ein grundlegendes Prinzip motivierten Verhaltens darstellt, muss man vermuten, dass ein durch Angst und Furcht vermitteltes Vermeidungssystem schon recht früh in der Entwicklung der Arten entstand. Situative Auslöser für Angst und Vermeidung sind bei einer Reihe von Tierarten angeboren (z.B. Feinde, die den gleichen Lebensraum bewohnen), häufig bestehen dafür aber genetisch vorbereitete Lernbereitschaften.

In einer Forschungsrichtung, die durch lerntheoretische Konzepte beeinflusst worden ist, wird Angst als Trieb aufgefasst, der von einer habituellen emotionalen Ansprechbarkeit im Sinne einer Persönlichkeitsdisposition abhängig ist. Durch die Annahme einer multiplikativen Interaktion dieses Triebes mit der Gewohnheitsstärke für bestimmte Verhaltensanteile macht diese Theorie unterschiedliche Verhaltensvorhersagen für Hoch- und Niedrigängstliche bei der Bearbeitung von leichten und schwierigen Leistungsaufgaben.

Ebenfalls auf triebtheoretische Formulierungen geht die Theorie zur Prüfungsangst zurück. Die zentrale Aussage der Theorie, dass die Hochängstlichen den Niedrigängstlichen in Prüfungssituationen leistungsunterlegen sind, konnte in der Mehrzahl der Untersuchungen bestätigt werden. Nachfolgende Untersuchungen haben sich mit der Frage nach der Natur der interferierenden, störenden Prozesse beschäftigt und plausibel machen können, dass sich Hoch- und Niedrigängstliche in ihrer Aufmerksamkeitsrichtung unterscheiden, wobei insbesondere zwei Aspekte empirisch gut belegt sind: Hochängstliche weisen einen nach innen gerichteten Aufmerksamkeitsfokus auf und beschäftigen sich in angstauslösenden Situationen vornehmlich mit ihren eigenen psychischen Reaktionen und nicht mit den Aufgabenanforderungen. Sie sind auch leichter durch angstrelevante Informationen ablenkbar und entdecken auch eher bedrohliche Sachverhalte in einer Situation.

Menschen sind der Angst nicht hilflos ausgeliefert: Automatisch oder durch Einsatz bewusster Kontrollstrategien versuchen sie, Angst zu beeinflussen. Epstein hat, auf konflikttheoretischen Überlegungen aufbauend, Angst als Folge eines Aufsuchen-Meiden-Konflikts beschrieben, in dem Angst- und

Erregungsanzeichen bei Annährung an ein bedrohliches Ziel ansteigen – allerdings nur, wenn man nur unzureichende Erfahrungen in dieser Situation hat und (noch) nicht auf (gelernte) Kontrollstrategien zurückgreifen kann. In verschiedenen Untersuchungen konnte gezeigt werden, dass Angst- und Stressreaktionen ganz unterschiedlich ausfallen, je nach dem kognitiven Bewertungsrahmen, in den sie einbezogen sind.

Die zentrale neurophysiologische Instanz in dem Angst- und Furchtsystem ist die Amygdala. Sie erhält sensorischen Einstrom, den sie entsprechend als bedrohlich und angstauslösend bewertet, und vermittelt auch die entsprechende Flucht- und Vermeidungsreaktion. Die Verbindungen können angeboren, aber auch gelernt sein; in beiden Fällen sind die Zusammenhänge kaum (mehr) modifizierbar.

9 Aggression

9.1	Phänomene und Funktion
9.2	Biologische Grundlagen aggressiven Verhaltens
9.2.1	Aggression bei Tieren
9.2.2	Neurobiologie aggressiven Verhaltens
9.2.3	Hormonale Faktoren
9.3	Situative Bedingungsfaktoren menschlichen aggressiven Verhaltens
9.3.1	Die Frustrations-Aggressions-Hypothese
9.3.2	Unangenehme Ereignisse und Aggression
9.4	Vermittelnde Mechanismen: affektive und kognitive Bedingungsfaktoren aggressiven Verhaltens
9.4.1	Die Bedeutung des Ärgeraffekts und physiologische Erregung
9.4.2	Die Bedeutung von Handlungsintentionen
9.5	Eine Erwartung-Wert-Theorie der Aggression: die Bedeutung antizipierter Konsequenzen
9.6	Gewalt in den Medien
9.7	Auf ein Wort ...

9.1 Phänomene und Funktion

Menschen können anderen Menschen durch körperliche Verletzungen, durch Zerstörung von Sachen oder durch Verunglimpfung in Wort, Schrift und bildlichen Darstellungen Schaden zufügen. Im Unterschied zu Formen tierlicher Aggression handelt es sich beim menschlichen aggressiven Verhalten um eine verwirrende, durch Vererbung, Kultur und persönliche Erfahrung geprägte Vielfalt von Verhaltensweisen. Der Versuch im Humanbereich, aggressive Verhaltensweisen durch ihre Bewegungstopographie zu kennzeichnen, muss von vornherein als aussichtslos erscheinen. Der bewegungsgleiche Tritt ans Schienbein des Gegners kann beim Fußballspiel entweder eine unbeabsichtigte Folge des Versuchs sein, den Ball zu treffen, oder aber eine intendierte Handlung, diesem Burschen endlich eins auszuwischen. Nur langjährige, erfahrene Schiedsrichter vermögen hier noch zu differenzieren.

Die Entscheidung über die Frage, ob man Aggression auf der Verhaltensebene oder auf der Ebene von kognitiven Prozessen, etwa bewusster Vornahmen und Intentionen, definieren soll, führt zu unterschiedlichen Konzentrationen auf ganz verschiedenartige Phänomenbereiche. Selbst wenn man den Bereich der untersuchten Verhaltens- und Erlebnisweisen durch entsprechend restriktive Eingrenzungen relativ eng zu halten versucht, so gelangt man doch angesichts der Allgegenwärtigkeit von aggressiven Phänomenen zu einer kaum noch zu überblickenden Vielfalt, die es als nicht ratsam erscheinen lässt, alles mit dem Terminus »Aggression« zu belegen. Fruchtbarer dürfte es sein, Aggressionsformen anhand der sie auslösenden personseitigen und situativen Bedingungen und der jeweiligen Folgen für das Individuum zu beschreiben und zu klassifizieren.

Motivationspsychologisch orientierte Differenzierungen unterschiedlicher Typen von Aggressionen auf der Grundlage unterschiedlicher Anreize und Handlungsziele wurden bereits vor einiger Zeit von den Pionieren der Aggressionsforschung vorgenommen. Buss (1971) hat bei der Suche nach den auslösenden Bedingungen für Aggressionen eine Zweiteilung in bösartige (angry) und instrumentelle Aggression vorgenommen. Bösartige Aggression soll durch Verärgerungen, Beleidigungen oder Angriffe, instrumentelle Aggression durch Wetteifer und Besitzwünsche angeregt werden. Instrumentelle Aggressionen sind geeignet, die frustrierende Situation aufzuheben, während bösartige Aggressionen aus einem Gefühl der Wut und Verärgerung resultieren und nichts zur Beseitigung der frustrierenden Situation leisten. Feshbach (1971) hat intentionale und nicht intentionale Aggressionstypen unterschieden. Nicht intentionale Aggressionen sind solche, die zwar eine Schädigung bedeuten, aber eine solche Schädigung nicht anvisiert haben; sie ist ein eher zufälliges Nebenprodukt. Intentionale Aggressionen haben ein solches Handlungsziel der Schädigung, können aber verschiedene Funktionen haben: expressive, feindselige (vergleichbar Buss' bösartiger Aggression) und instrumentelle. Insbesondere bei der feindseligen und der instrumentellen Aggression wird die Schädigung bewusst intendiert. Bei der feindseligen Aggression besteht hierin das eigentliche Handlungsziel, bei der instrumentellen Aggression ist die Schädigung nur instrumentell zur Erlangung eines anderen, nicht aggressiven Handlungsziels, wobei persönliche oder soziale Ziele im Vordergrund stehen können.

Berkowitz (1993, S. 11) hat für den Humanbereich eine Unterscheidung anhand

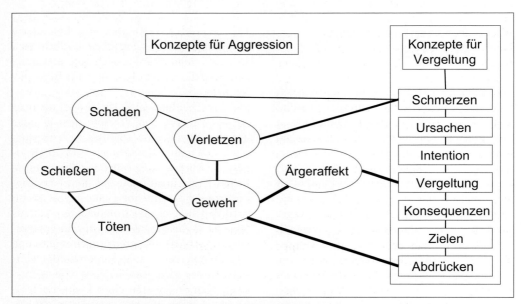

Abb. 9.1: Aggressionsthematische Konzepte in einem assoziativen Netzwerk. Der Durchmesser der Linien gibt die angenommene Stärke der Assoziationen wieder (modifiziert nach Anderson & Bushman, 2002a, S. 30)

bewusster und automatischer Kontrollsysteme (vgl. Kap. 4) vorgeschlagen und macht eine Unterscheidung zwischen bewusst kontrollierter und impulsiver Aggression. Bei der impulsiven Aggression handelt es sich um eine Handlungsform, in der der normale Abwägungsprozess per Kurzschluss zugunsten der Handlungssteuerung durch automatische (unbewusste) Prozesse überbrückt wird. Die Vorstellung ist hierbei, dass über den entstehenden Ärgeraffekt assoziative Netzwerkstrukturen aktiviert werden, in denen der Ärger direkt mit aggressiven Handlungskomponenten unter Umgehung von kognitiven Abwägungsprozessen verbunden wird. Diese können später einsetzen und sich dann beispielsweise auf die wahrgenommenen Ursachen einer Provokation oder aber die wahrgenommenen Konsequenzen eigener Aggressionen beziehen. Solch abwägende Kognitionen können den entstandenen Ärgeraffekt moderieren, indem sie ihn abschwächen oder verstärken und damit die ursprünglich entstandene Handlungstendenz unterdrücken oder erhöhen (Anderson & Bushman, 2002a). **Abbildung 9.1** zeigt eine solche assoziative Netzwerkstruktur und ihre Komponenten.

In analoger Weise hat auch die tierliche Verhaltensforschung und Neurobiologie verschiedene Formen aggressiven Verhaltens differenziert. Hier wurde an erster Stelle zwischen nichtaffektiven, zwischenartlichen Formen der Beute-Aggression und den Formen innerartlicher Aggression unterschieden. Beide Formen sind in unterschiedliche funktionelle Zusammenhänge einzuordnen. Sie stellen phylogenetische Anpassungen an unterschiedliche Selektionsdrucke dar: Nahrungssuche im ersten Fall, Rivalität um begehrte, aber knappe Ressourcen im zweiten. Aggression ist eine Verhaltensform, die im Tierreich weit verbreitet ist. Lore und Schultz (1993) berichten, dass bei sämtlichen bisher studierten Wirbeltierarten eine gegen den Artgenossen gerichtete Aggression zu beobachten ist. Gerade bei den uns Menschen nahestehenden Verwandten, den Schimpansen, die lange als friedfertig galten, sind durch intensivere Beobachtungen brutale Übergriffe und Tötungsfälle beschrieben worden, die im Humanbereich als »Mord« bezeichnet worden wären (Godall, 1986).

Systematische Freilandbeobachtungen an Schimpansen haben gezeigt, dass vagabundierende Horden männlicher Schimpansen regelmäßig in die Territorien anderer Gruppen eindringen, Artgenossen verfolgen, erschlagen und nicht selten auch auffressen. Die Art und Weise, wie hier Gruppenkämpfe unter Schimpansen angezettelt, organisiert und ausgeführt werden, um in Exzessen unkontrollierter Gewalt zu enden, gibt Anlass zu der Vermutung, dass es sich hierbei um die stammesgeschichtlichen Vorläufer des menschlichen Kriegsgeschehens handeln könnte (Voland, 2004). Auch Kindesmord ist häufig zu beobachten. Übernimmt ein Männchen ein fremdes Weibchen, das gerade noch ein Junges versorgt, so bleibt das Weibchen sexuell unzugänglich. Ist das Jungtier aus dem Wege geräumt, wird das Weibchen zugänglich und kann neue Nachkommen in die Welt setzen, die aber nunmehr einen Teil der Genausstattung des männlichen Eroberers aufweisen. Der geschilderte Sachverhalt lässt sich als eine Form innerartlicher Aggression betrachten, deren ultimates Ziel der eigene Fortpflanzungserfolg darstellt. Zu dieser Erklärung passt die Annahme, dass es sich bei der bei kleinen Kindern und vielen Jungtieren von Primaten zu beobachtenden Fremdenangst (vgl. Kap. 8) ebenfalls um einen evoluierten Mechanismus handelt. Der Rückzug der Jungen von fremden Artgenossen könnte unter den geschilderten Umständen überlebenswichtig gewesen sein.

Bei den meisten Säugetierarten, Homo Sapiens eingeschlossen, ist der männliche Teil auch der aggressivere (Lore & Schultz, 1993). Schon seit Jahrzehnten wird die Frage nach den Ursprüngen dieser Unterschiede kontrovers diskutiert (vgl. Archer, 1996; Eagly, 1987). Biologisch orientierte Ansätze gehen davon aus, dass männliche Aggression eine evolutionäre Geschichte hat und vornehmlich zwei Funktionen dient: den Wettbewerb unter männlichen Artgenossen zur Optimierung des eigenen Fortpflanzungserfolgs anzuregen (sexuelle Selektion, vgl. Kap. 6) und territoriale Integrität sicherzustellen. Dies bedeutet, dass die Schädigung eines Artgenossen nur das proximate Ziel einer innerartlichen Aggression darstellt, deren ultimates Ziel darin besteht, möglichst vorrangigen Zugang zu weiblichen Artgenossen zu gewinnen und durch die Abgrenzung und Verteidigung eines Reviers oder Territoriums eine ungestörte Entwicklung des eigenen Nachwuchses sicherzustellen. Beide Voraussetzungen helfen, den eigenen Fortpflanzungserfolg zu optimieren. Zur Erreichung beider Ziele waren die beschriebenen Aggressionsformen zum Zeitpunkt ihrer Entstehung hochgradig funktional. Heute, so scheint es, hat sich dieses allerdings gegen den Menschen gerichtet und bedroht eher seine Existenz, als dass es dem Fortbestand des Homo Sapiens dienlich wäre.

Soziokulturell orientierte Ansätze (z.B. Eagly, 1987) erklären das Auftreten von innerartlicher Aggression und die Tatsache, dass daran vornehmlich männliche Individuen beteiligt sind, mit der Vorherrschaft entsprechender Rollenvorschriften und normativer Erwartungen für Männer und Frauen. Ausgangspunkt dieser Überlegungen ist die durch einen evolutionären Zufall entstandene größere körperliche Stärke und Robustheit der männlichen Individuen, die es ermöglichte, kräftig und wirkungsvoll aufeinander einschlagen zu können. Vor diesem Hintergrund sollen sich dann aggressionsförderliche soziale Rollenerwartungen für Männer, nicht aber für Frauen, herausgebildet haben, die dann über das Lernen in der Kinderstube von Generation zu Generation weitergegeben wurden und schließlich eine Verhaltensschablone formten, in die sich Männer und Frauen eingepasst haben.

Kritisch für diesen Erklärungsansatz sind vor allem die folgenden Einwendungen: Vorausgesetzt, die evoluierten Mechanismen der Aggressionssteuerung waren einmal funktional und besaßen bei den höheren Säugern bis hin zu den nichtmenschlichen Primaten einen hohen Anpassungswert, so ist unverständlich, warum sie sich in der Stammesgeschichte über Jahrmillionen so erfolgreich durchgesetzt haben und erst beim Homo Sapiens an Einfluss verloren und durch soziale Lernfaktoren in der Kinderstube ersetzt wurden.

Ein zweiter Einwand bezieht sich auf die vermutete Strategie der Evolution. Unterstellt man einmal, die Sicherung des Fortpflanzungserfolgs sei das wichtigste Ziel einer evolutionären Strategie und die beschriebenen Formen der innerartlichen Aggression hätten dazu einen positiven Beitrag geleistet, so muss dieses zwangsläufig genetisch gesichert und der Fortpflanzungserfolg nicht den »Zufälligkeiten der Sozialentwicklung in der Kinderstube« (Schneider, 1996) anvertraut worden sein. Dies hätte in der Evolution keinen Bestand gehabt. Es ist allerdings auch unbestritten, dass es zumindest in unseren westlichen Kulturkreisen für Frauen und Männer auch unterschiedliche Rollenvorschriften und normative Erwartungen gibt, die sich den biologischen Unterschieden auflagern. Die männliche Geschlechtsrolle beinhaltet Normen, die zur Aggression geradezu ermuntern, während die weibliche Geschlechtsrolle Aggressionen kaum betont (Eagly, 1987). Es ist deshalb nicht verwunderlich, wenn viele Untersuchungen einen entsprechenden Unterschied zwischen Männern und Frauen finden, zuletzt auch eine Meta-Analyse von Bettencourt und Miller (1996). Allerdings sind die Unterschiede häufig nicht sehr deutlich ausgeprägt. Dies mag daran liegen, dass auf der Ebene manifesten Verhaltens ganz unterschiedliche Indikatoren herangezogen werden, dass unterschiedliche zeitliche Entwicklungsverläufe bei Männern und Frauen zu berücksichtigen sind oder dass die Beziehungen durch Drittvariablen beeinflusst werden (Loeber & Stouthamer-Loeber, 1998). Eine solche Moderation zeigt beispielsweise die schon zitierte Untersuchung von Bettencourt und Miller (1996), in der die Unterschiede zwischen Männern und Frauen verschwanden, wenn ausschließlich solche Aggressionen berücksichtigt wurden, die definitiv auf eine Provokation (Frustration) zurückgingen. Insgesamt ein Forschungsfeld, das zurzeit noch sehr viele Rätsel aufgibt.

9.2 Biologische Grundlagen aggressiven Verhaltens

9.2.1 Aggression bei Tieren

Als aggressive Handlung beim Menschen wollen wir eine Handlung verstehen, die intentional darauf gerichtet ist, einen Mitmenschen direkt oder indirekt zu schädigen. Über Handlungsintentionen von Tieren können wir aber nichts ausmachen. Zur Abgrenzung aggressiver von nicht aggressiven Verhaltensweisen muss man sich daher auf äußerlich beobachtbare Verhaltensmerkmale beschränken. Hier lassen sich zunächst Verhaltensweisen des Angriffs und der Verteidigung mit jeweils zugehörigen Verhaltensweisen des Drohens und Kämpfens unterscheiden (Eibl-Eibesfeldt, 1975). Aggressives Verhalten bei Tieren dient den verschiedensten Zielen. Am häufigsten ist, sehen wir von Räuber-Aggression ab, aber Aggression bei der Konkurrenz um knappe Ressourcen (Futter, Nistplätze, Sexualpartner) und bei der Abwehr von Eindringlingen sowie der Verteidigung des eigenen Territoriums.

Das allgemeine Vorkommen aggressiver Verhaltensweisen im Tierreich und die teilweise genetisch bestimmte Topographie aggressiver Verhaltensweisen bestätigen die Ansicht, dass aggressive Verhaltensweisen in der Evolution einen hohen Anpassungswert hatten. Bei Tieren, die in Gruppen leben, wird aggressives Verhalten aber auch von einer Reihe aggressionshemmender Mechanismen begrenzt. Da ist zunächst Fluchtverhalten und Submission: Schwächere Tiere in einer rangmäßig stabilisierten Tiergruppe gehen statushohen aus dem Wege und geben in Auseinandersetzungen nach; Tiere kämpfen in der Regel auch nur, wenn sie provoziert werden und häufig nur in ihrem eigenen Territorium. Wir finden schließlich bei Tieren in Gruppen eine Vielzahl von ritualisierten Formen der innerartlichen Auseinandersetzung mit Tötungshemmungen, die verhindern, dass Tiere sich in diesen Kämpfen töten. Das Vorherrschen der Verhaltensstrategie einer begrenzten innerartlichen Aggression mit Tötungshemmungen ist auf lange Sicht nicht nur für das Überleben der Art, sondern auch für das einzelne Individuum vorteilhaft, weil es seine Fortpflanzungschance erhöht. Nur eine solche Strategie kann sich im Verlauf der Evolution als eine stabile Strategie erweisen (Dawkins, 1976), während die ungehemmte Aggression aufgrund der hohen Kosten für den Organismus schädlich sein muss.

Was lässt sich nun aus diesen Erkenntnissen für die Humanpsychologie entnehmen? Angeborene arttypische Bewegungsweisen aggressiven Verhaltens und Wahrnehmungsmechanismen, die aggressives Verhalten automatisch auslösen, gibt es beim Menschen wahrscheinlich nur in geringem Ausmaß. Auch Menschen reagieren auf Provokationen aggressiv, weisen dabei eine Aktivierung des sympathischen Systems auf und zeigen ein typisches Ausdrucksverhalten, das offensichtlich nicht gelernt, sondern angeboren ist. Zumindest für diese durch Provokationen hervorgerufenen Ärger- oder Wutemotionen muss ein genetisch fundierter Mechanismus angenommen werden. Die neurobiologische Forschung hat bereits wahrscheinlich machen können, dass auch beim Menschen die beim aggressiven Verhalten auftretenden Ärger- und Wutemotionen auf Erregungsprozessen in den gleichen Hirnarealen basieren wie bei den höheren Säugern. Wenngleich also die Situationen, die Aggressionen auslösen, und die Art, wie Menschen ihre aggressiven Handlungstendenzen in Handlungen umsetzen, in hohem Maße kulturell bestimmt sind, so muss doch eine weitgehende Übereinstimmung in der Steuerung durch ältere Hirnmechanismen angenommen werden. Blanchard und Blanchard (1989) haben direkt die Frage untersucht, welchen Erklärungswert denn Tiermodelle der Aggression für den Humanbereich haben. Sie kommen zu dem Schluss, dass die Tiermodelle zu einer Reihe von Erkenntnissen geführt haben, die eine überraschende Parallelität zu vielen Formen menschlicher Aggressivität aufweisen.

9.2.2 Neurobiologie aggressiven Verhaltens

Schon in den 30er-Jahren des letzten Jahrhunderts waren erste Beobachtungen zur Lokalisation derjenigen neuronalen Systeme gemacht worden, die unter anderem auch aggressivem Verhalten zugrunde liegen. Es war aufgefallen, dass nach Entfernung des Schläfenlappens neben einer Vielzahl anderer Veränderungen im sozialen Verhalten auch die vormals aggressiven Tiere zahm und zugänglich wurden. Inzwischen liegen weitere Beobachtungen vor, die ein vorläufiges Bild der involvierten Systeme erlauben. Am besten untersucht sind die Bedingungen bei der Hauskatze und bei der Ratte. Diese älteren Untersuchungen (Flynn, 1972; Karli et al., 1974) gelten auch heute noch als richtungsweisend (Buck, 1999). Hier zeigte sich, dass Aggression kein einheitliches Phänomen ist. Nicht nur auslösende Reize und biologische Funktionen aggressiven Verhaltens sind zu unterscheiden, sondern auch unterschiedliche zugrunde liegende neuronale Mechanismen. Durch elektrische Reizung gelang es, im Wesentlichen drei unterschiedliche aggressive Verhaltensweisen auszulösen: 1. Beute-Aggression oder Angriff, 2. affektive oder reizbare Aggression und 3. Flucht. Die neuronalen Systeme, von denen diese Verhaltensweisen ausgelöst werden können, überlappen sich etwas. Ob z. B. durch Reizung Flucht oder affektive Abwehr ausgelöst wird, hängt auch von speziellen Situationsfaktoren ab.

Bei der Ratte lässt sich so in einem System, das den lateralen Hypothalamus und das ventrale Tegmentum im Mittelhirn umschließt, durch elektrische und chemische Stimulationen gegen Mäuse gerichtete Beute-Aggression auslösen. Das Verhalten ist zielgerichtet, die Ratte zeigt Appetenzverhalten – sie sucht nach der Maus – und wenig affektive Erregung. Bei der Katze löst eine Stimulation im lateralen Hypothalamus und im ventralen Tegmentum einen »ruhigen« Angriff auf eine Ratte aus, ohne Anzeichen sympathischer Aktivierung. Dieser ruhige Angriff ist deutlich zielorientiert. Eine ausgestopfte Ratte oder ein Holzblock in der Größe einer Ratte rufen weniger Angriffsverhalten hervor.

Von dieser zielgerichteten Beute-Aggression ist aufgrund der Bewegungstopographie und des Ausdrucks eine affektive Form des Angriffs zu trennen, die alle Anzeichen einer sympathischen Aktivierung (Erweiterung der Pupille, Aufstellen der Haare) und andere Erregungsanzeichen (Entblößen der Eckzähne, helle Schreie) zeigt. Diese Art von Aggression kann durch eine Stimulation im medialen Hypothalamus und im zentralen Höhlengrau des Mittelhirns ausgelöst werden. Dieser Angriff trägt Anzeichen affektiver Erregung und ist wenig zielorientiert; das Tier sucht nicht, sondern schlägt bevorzugt den Experimentator und auch eine Ratte, wenn sie angetroffen wird, oder ausgestopfte Puppen. Offensichtlich reagiert das Tier hier, um einen aversiven Zustand zu beenden. Es handelt sich also offensichtlich um zwei unterschiedliche neuronale Systeme, die dem affektiven oder reizbaren Angriff und der Beute-Aggression bei Katzen und Ratten zugrunde liegen.

9.2.3 Hormonale Faktoren

Die Tatsache, dass durch Kastration wilde männliche Tiere in zahme Tiere verwandelt werden können, ist Viehzüchtern seit alters her bekannt. Diese Beobachtung deutet auf einen Zusammenhang zwischen der latenten Verhaltensbereitschaft zu aggressiven Auseinandersetzungen und der Konzentration männlicher Sexualhormone im Blut hin. Durch die spätere Gabe des männlichen Sexualhormons Testosteron lässt sich bei Kastraten die Aggressionsbereitschaft wieder herstellen. Weitere Beobachtungen, die in die gleiche Richtung weisen, sind: Männliche Jungtiere vieler Arten zeigen in ihrem Spielverhalten mehr aggressives Verhalten als weibliche. Ernsthaftes Kämpfen zwischen männlichen Jungtieren tritt erst zum Zeitpunkt der Geschlechtsreife auf, zum gleichen Zeitpunkt steigt die Konzentration von Sexualhormonen im Blut an. Darüber hinaus konnte in einigen Studien ein direkter Zusammenhang zwischen der Konzentration männlicher Sexualhormone im Blut und aggressiven Verhaltensweisen festgestellt werden.

Dieser korrelative Zusammenhang konnte in experimentellen Studien als Verursachungszusammenhang gesichert werden. Männliche Rhesusaffen zeigten nach Testosteroninjektionen eine deutlich erhöhte Aggressionsbereitschaft. Auch der Gegenbeweis gelingt, wie die bereits angeführte Zähmung nach Kastration zeigt. Auch beim Menschen gibt es vergleichbare Zusammenhänge. Christiansen (1999) hat die umfangreiche Literatur über den Zusammenhang des Testosteronspiegels mit der Ausprägung aggressiven Verhaltens (Verhaltens- und Selbsteinschätzungsdaten) gesichtet und die Annahme eines positiven Zusammenhangs fast ausnahmslos bestätigt gefunden. Allerdings sind beispielsweise die korrelativen Zusammenhänge zwischen antisozialer Aggression und dem Testosteronspiegel bei Männern aus der Unterschicht besonders deutlich ausgeprägt (Bernhardt, 1997).

Normalerweise reagieren weibliche Tiere nicht auf männliche Sexualhormone, die ja auch in geringerer Konzentration im weiblichen Organismus vorhanden sind. Werden jedoch am Tage nach der Geburt bei weiblichen Mäusen männliche Sexualhormone injiziert, so findet eine Sensitivierung des weiblichen Gehirns für männliche Sexualhormone statt (Maskulinisierung). Derart behandelte weibliche Tiere reagieren später ebenfalls mit gesteigertem Aggressionsverhalten auf die künstliche Zufuhr von männlichen Sexualhormonen.

Beim Menschen sind diese Zusammenhänge ebenfalls überprüft worden: Eine Untersuchung mit Kindern im nachpubertären Alter haben schon vor einiger Zeit Yalon et al. (1973) durchgeführt. Sie untersuchten 6- und 16-jährige Jungen, deren Mütter in der Schwangerschaft aus medizinischen Gründen Östrogen- und Progesteronpräparate, die eine antiandrogene Wirkung auf das Gehirn haben, einnehmen mussten. Im Vergleich zu normalen Jungen zeigten die betroffenen 6- und 16-jährigen Jungen eine deutlich niedrigere Aggressivität und Durchsetzungsfähigkeit im Verhalten, was als Folge der mangelhaften Maskulinisierung des Gehirns verstanden wird.

Ein relativ verlässlicher Indikator für die pränatale Maskulinisierung des Gehirns durch die Testosteronkonzentration ist das Längenverhältnis von Zeigefinger zu Ringfinger 2D:4D (vgl. Kap. 6). Männer haben einen geringeren Quotienten, der Zeigefinger (2D) ist also vergleichsweise kürzer. Ein geringerer 2D:4D-Quotient ist bei Männern mit körperlicher Aggression verbunden und bei Frauen mit reaktiver Aggression, sie reagieren intensiver auf eine Provokation. Millet und Dewitte (2007) untersuchten die Auswirkung von Mediengewalt auf nachfolgendes aggressives Verhalten. Sie zeigten ihren Vpn ein aggressives Musikvideo (»Rosenrot« der Metal-Band Rammstein) und fanden, dass der üblicherweise zu beobachtende aggressionsfördernde Effekt des Anreizes bei Personen mit einem hohen 2D:4D-Quotienten (niedrige pränatale Testosteronexposition; also schwache Maskulinisierung) dramatisch reduziert ist. Eine sehr originelle Studie zu den Auswirkungen pränataler Testosteronexposition haben Fink, Seydel, Manning und Kappeler (2007) durchgeführt. Sie haben Männer mit sehr hohem bzw. sehr niedrigem 2D:4D-Quotienten beim Tanzen gefilmt und die Videoclips einer Gruppe von 104 weiblichen Juroren zur Bewertung vorgeführt. Der Tanz der Männer mit maskulinisiertem 2D:4D-Quotienten wird als deutlich attraktiver, dominanter und maskuliner eingeschätzt. Die Fähigkeit der Frauen, den 2D:4D-Quotienten und mithin die Testosteronexpositionen aus den Tanzbewegungen herauszulesen, lässt die Vermutung zu, dass die Tanzbewegungen wichtige Hinweisreize des Erscheinungsbildes enthalten, die der sexuellen Selektion unterliegen.

9.3 Situative Bedingungsfaktoren menschlichen aggressiven Verhaltens

Die wichtigsten auslösenden Faktoren aggressiven Verhaltens dürften neben der von Freud bereits angeführten Frustration die Provokation von Menschen durch feindselige Angriffe körperlicher oder symbolischer Art sein. Die frühesten und umfangreichsten Forschungsbemühungen hat die sogenannte Frustrations-Aggressions-Hypothese hervorgerufen. Neben diesen spezifischen aggressionsauslösenden Anreizen müssen aber auch allgemeine aggressionsfördernde Bedingungsfaktoren, wie z. B. Hitze, Lärm und Schmerz, mit in Rechnung gestellt werden.

9.3.1 Die Frustrations-Aggressions-Hypothese

Von kaum zu überschätzendem Einfluss auf die Forschung ist die Formulierung der Frustrations-Aggressions(F-A)-Hypothese gewesen, die Dollard et al. (1939), auf einem Gedanken Freuds aufbauend, vorgenommen haben. In diesem Ansatz ist Aggression ein rein reaktives Konzept. Das basale Postulat dieser Hypothese lautet, dass Aggression immer eine Folge von Frustration ist: »Das Auftreten einer aggressiven Handlung setzt das Vorhandensein einer Frustration voraus, und umgekehrt führt eine Frustration immer zu irgendeiner Form von Aggression« (Dollard et al., 1939). In einer frühen Revision dieser Hypothese wird jedoch der zweite Teil dieser Aussage relativiert, indem eingeräumt wird, dass die Aggression nur *eine* von mehreren Reaktionsmöglichkeiten auf Frustrationen darstellt (Sears, 1941). Aggressive Handlungen nach Frustrationen müssen nicht unbedingt beobachtbar sein. Sie können unterdrückt, verzögert, verborgen, verlagert oder in irgendeiner anderen Weise von ihrem Ziel abgelenkt werden. Dies ist dann der Fall, wenn für direkte aggressive Handlungen Bestrafungen zu erwarten sind. Unter extremen Bedingungen können auch lediglich affektive Rudimente wie etwa ein Gefühl von Ärger oder Wut resultieren. Die Formulierung der Hypothese hat zu einer prosperierenden Forschungsaktivität, aber auch zu vielen Kontroversen geführt. Der Grund für diese vielen Kontroversen liegt neben den oben bereits genannten Gründen in der mehrdeutigen Definition von »Frustration« und »Aggression«, die daraus resultiert, dass sich Dollard et al. (1939) darum bemühten, beide Konstrukte an objektiven Verhaltenskriterien festzumachen. Es ist über die Jahre hinweg jedoch deutlich geworden, dass weder das Ereignis »Frustration« (als Störung einer zielgerichteten Handlung) noch das Ereignis »Aggression« (als Schädigung einer anderen Person bzw. eines entsprechenden Ersatzes) eindeutig an behavioralen Kriterien festgemacht werden kann. Es ist in jedem Fall bedeutungsvoll zu wissen, zu welchen emotionalen, motivationalen und kognitiven Konsequenzen eine Störung einer zielgerichteten Handlung führt und mit welchen (wahrgenommenen) Intentionen eine Störung oder Schädigung verbunden wird. Für ein vollständiges Verständnis von aggressiven Handlungen hat sich deshalb die Berücksichtigung kognitiver Faktoren, wie etwa der Handlungsabsicht, und emotionaler Faktoren, wie etwa des Ärgeraffekts, als unbedingt notwendig erwiesen (Berkowitz, 1993, S. 11).

In einer der ersten Untersuchungen hat Buss (1963) den Einfluss unterschiedlicher Formen von Frustration auf die nachfolgende Aggression zu belegen versucht. Die Vp wird in dieser Versuchsanordnung zusammen mit einem eingeweihten Mitarbeiter des Vl in eine Untersuchungssituation gebracht, in der die Vp den Eingeweihten des Vl für eine weitere Vp halten muss, die in dem Experiment allerdings lediglich die Rolle eines »Opfers« spielt. Es soll sich angeblich um eine Lernsituation handeln, in der durch eine vorher festgesetzte Reihenfolge von nicht gelungenen Lernversuchen der Mitarbeiter die Absicht der Vp, einen Lernerfolg zu erreichen, vereitelt. Dies soll die experimentelle Herstellung von »Frustration« sein. Die Vp hat nun die Möglichkeit, durch die Bedienung einer sogenannten »Aggressionsmaschine« die Lernleistung des Mitarbeiters des Vl, den sie ja für eine zweite naive Vpn halten muss, zu kontrollieren, indem sie elektrische Stromstöße unterschiedlicher Intensität verabreicht. In dem Experiment von Buss (1963) konnten insgesamt zehn verschiedene Intensitäten verabreicht werden, wobei die Intensitätsstufe fünf schon recht schmerzhaft sein soll. Natürlich erhält das Opfer die eingestellten Stromstöße nicht tatsächlich ausgeteilt. Es kann jedoch die eingestellte Schockintensität ablesen und bei stärkeren Schockintensitäten entsprechend stöhnen und ächzen. Die Befunde dieser Untersuchung waren nicht ganz eindeutig zu interpretieren, die Untersuchungsmethode hat sich jedoch als richtungsweisend erwiesen; die Aggressionsforschung hat über mehrere Jahrzehnte hinweg mit diesem Paradigma gearbeitet.

Berkowitz (1962) hat eine vollständige Revision der ursprünglichen F-A-Hypothese vorgenommen. Ihm ging es vor allem darum, Frustration und Aggression aus ihrem recht strikt gefassten Abhängigkeitsverhältnis zu lösen, und er nimmt an, dass Frustration eine emotionale Reaktion (Ärger, Wut) freisetzt, die zunächst nur die Aggressions*bereitschaft* erhöht. Aggressive Handlungen treten aber nur auf, wenn auch in der Situation geeignete Hinweisreize mit Auslöseeigenschaften für aggressive Handlungen vorliegen. Objekte, etwa Waffen, die assoziativ mit aggressiven Akten zusammenhängen, sollen z.B. solche Auslöseeigenschaften besitzen. In dieser frühen Variante der F-A-Hypothese wird also den aus der Situation kommenden Hinweisreizen eine wichtige Funktion bei der Auslösung, Lenkung und Steuerung aggressiver Handlungen zugeschrieben, wobei personseitig der Ärger eine wichtige, organismisch fundierte Vermittlerrolle spielt. Die auftretende Aggression hängt in ihrer Intensität von der Stärke dieser Hinweisreize ab. Diese Betonung der Bedeutung von situativen

Hinweisreizen hat sich als einflussreich für die weitere Forschung erwiesen.

Hinweisreize wirken oft unbemerkt und sind dem Bewusstsein nicht zugänglich. Sie werden in zeitgenössischen Theorien als »Primes« beschrieben, die thematisch zu ihnen passendes Verhalten unbemerkt auslösen können (vgl. Kap. 4). Eine ganze Reihe von Studien zeigt, dass aggressive situative Hinweisreize, wie etwa Waffen, die mentale Verfügbarkeit von aggressiven feindseligen Erfahrungen erhöhen und dadurch zu gesteigertem aggressiven Verhalten führen (Bettencourt & Kernahan, 1997). In einer Studie von Klinesmith, Kasser und McAndrew (2006) stand dieser »Waffen-Effekt« erneut auf dem Prüfstand, zusammen mit der speziellen Hypothese, dass dieser Effekt durch einen Testosteronanstieg vermittelt sein könnte. Die Autoren ließen ihre Vpn mit einem Gewehr oder mit Kinderspielzeug hantieren, erfassten vorher und nachher den Testosteronspiegel sowie die nachfolgende Aggression (unbemerkt einer anderen Person heiße Soße in ein Trinkglas füllen). Wie erwartet, gibt es zwischen allen drei Variablen positive Zusammenhänge, und auch der Vermittlungseffekt konnte bestätigt werden: Nach dem Hantieren mit Waffen steigt die Bereitschaft, eine andere Person durch heiße Soße zu verletzen, und ebenso steigt der Testosteronspiegel, wobei der Effekt auf die nachfolgende Aggression durch den Einfluss des Testosteronanstieges vermittelt wird.

9.3.2 Unangenehme Ereignisse und Aggression

Nicht nur Frustration, auch eine ganze Reihe anderer unangenehmer Ereignisse – Eintauchen in kaltes Wasser, hohe Temperaturen und drangvolle räumliche Enge, Schmerz, Lärm und faulige Gerüche – können die Aggressionsbereitschaft erhöhen.

Diese durch aversive Ereignisse hervorgerufene Aggression ist sehr impulsiv und bei Menschen und Tieren gleichermaßen zu beobachten. Sie ist durch kognitive Faktoren kaum beeinflussbar und hat eine Entstehungsgeschichte, die im Wesentlichen auf klassischem Konditionieren beruht und sehr wahrscheinlich biologisch vorbereitet ist. In einem kognitiv-neoassoziationistischen Modell für impulsive (emotionale) Aggression beschreibt Berkowitz (1993) einen Entstehungsmechanismus, der auf die Emotionstheorie von Leventhal (1984) und die Netzwerktheorie des Gedächtnisses von Bower (1981) zurückgreift (vgl. Kap. 3.5). Wenn ein Ereignis als aversiv bewertet wird, soll zunächst ein Unlustaffekt entstehen, der dann über das Netzwerk besondere assoziative Verbindungen zu damit verträglichen Gedanken, Erinnerungen und physiologischen Reaktionen sowie Ärgeraffekten und expressiv-motorischen Aggressionen herstellt. Da das Modell lediglich auf Assoziationsprinzipien aufbaut, ist es besonders geeignet, eine gemeinsame Erklärungsbasis für das Auftreten emotionaler Aggressionen im Tier- und Humanbereich abzugeben.

In einer Reihe von Tierexperimenten hat sich insbesondere physischer Schmerz als ein wichtiger Auslöser für diese Form aggressiven Verhaltens erwiesen. Schmerz, Unlustaffekt und Wut scheinen eine angeborene Verbindung zu sein, die zu Aggression prädisponiert. Ob und inwieweit Aggression im Verhalten auftritt, hängt davon ab, ob eine Möglichkeit besteht, die Schädigung zu vermeiden, ob ein Aggressionsobjekt vorhanden ist, wie leicht es verfügbar ist, ob es dem angreifenden Tier bekannt oder fremd ist und ob für offene Aggression eine positive oder negative Lerngeschichte besteht. Betrachtet man die Befunde im Überblick (Berkowitz, 1993), so zeigt sich eine erhöhte Aggressionsbereitschaft, wenn keine Möglichkeit zur Flucht besteht, mögliche Opfer leicht verfügbar sind, keine klaren Dominanzhierarchien bestehen, für

9.3 Situative Bedingungsfaktoren menschlichen aggressiven Verhaltens

Aggression eine bekräftigte Lerngeschichte besteht und offene Aggression nicht bestraft wird.

Schwierig zu beantworten ist die Frage, durch welche Mechanismen dieses Verhalten hervorgerufen und aufrechterhalten wird. Eine Reihe von Autoren weisen darauf hin, dass diese Form von Aggression eher defensiver als appetitiver Natur sei und dass sie durch die Verringerung des Schmerzes negativ bekräftigt wird (Blanchard et al., 1978). Andere Untersuchungen mit Ratten und Affen zeigen allerdings, dass auch dann, wenn Aggression nicht negativ bekräftigt wurde, mögliche Opfer aggressiv attackiert wurden. Einige Beobachtungen weisen darauf hin, dass eine Aggression den Stress der aversiven Stimulation möglicherweise verringert. So berichten Weiss, Glazer und Pohorecky (1976), dass Ratten, denen schmerzhafte Elektroschocks verabreicht wurden und die die Gelegenheit hatten, Artgenossen zu attackieren, weniger Magengeschwüre entwickelten als ebenfalls aversiv behandelte Versuchstiere, die diese Möglichkeit zur Aggression nicht hatten. Paare von Ratten, die zusammen in einem Käfig gehalten und mit schmerzhaften Elektroschocks traktiert wurden, gehen alsbald aufeinander los und attackieren sich gegenseitig.

Vergleichbare Beobachtungen an Menschen lassen ähnliche Zusammenhänge erkennen. Auch hier haben unangenehme Zustände, wie Lärm, Hitze, Schmerz und räumliche Enge, häufig eine gesteigerte Aggressionsbereitschaft zur Folge (Anderson, 1989; Berkowitz, 1993). Auch diese Aggression ist nicht von defensiver Art, denn in den meisten der Untersuchungen konnten die leidenden Personen kaum davon ausgehen, dass sie durch eine Misshandlung ihres Opfers ihre eigene unangenehme Lage verbessern würden.

Ein Beleg für diese automatischen, nicht bewussten Prozesse bei der Entstehung von Aggressionen liefert ein älteres Experiment (Berkowitz et al., 1981), in dem die Vpn in zwei Bedingungen eine Hand entweder in schmerzhaft kaltes oder lauwarm temperiertes Wasser halten und die Leistung eines eingeweihten Mitarbeiters des Vl durch Lob oder Strafe bewerten mussten. In zwei verschiedenen Bedingungen wurde den Vpn gesagt, dass das Austeilen von Strafreizen die Zielperson verletzen bzw. ihr eher helfen würde. Die Ergebnisse dieser Untersuchung zeigt **Tabelle 9.1**. Wie erwartet, wurde das sehr kalte Wasser als sehr unangenehm erlebt, und die Vpn fühlten sich in dieser Bedingung sehr stark verärgert. Entscheidend war die deutlich ausgeprägte Tendenz zu

Tab. 9.1: Die Auswirkungen einer unangenehmen Wassertemperatur auf Affekte (Verärgerung) und feindseliges Verhalten (Lob minus Strafe) (modifiziert nach Berkowitz et al., 1981)

	Wassertemperatur			
	sehr kalt		temperiert	
	unterstellter Effekt auf das Verhalten			
	verletzend	hilfreich	verletzend	hilfreich
unangenehm	7.6	7.7	4.4	5.4
Verärgerung	6.5	5.6	3.8	4.4
Lob minus Strafe*	20.3	25.3	35.2	26.2

*niedrige Werte bedeuten ein relativ hohes Ausmaß an Strafe

aggressivem Verhalten, insbesondere dann, wenn die Vpn davon ausgehen mussten, dass sie mit ihrer Aggression den Partner verletzen würden. Extreme Aggression tritt also auf, wenn die Person einer unangenehmen Situation ausgesetzt ist und wenn sie davon ausgehen muss, dass ihre Aktion verletzend ist, ohne die Situation aufzuheben oder zu verbessern.

In einer weiteren Untersuchung sind Berkowitz und Embree (1987) der oben bereits erwähnten Frage nachgegangen, ob denn das Ziel solch emotionaler Aggression eher defensiv (Schmerzvermeidung) oder appetitiv sei. Wenn es in einer Situation, in der man selber schmerzvollen Reizen ausgesetzt ist, primär darum geht, diese Schmerzen abzustellen, auch – wenn keine andere Möglichkeit besteht – durch aggressive Handlungen, so sollten solche Aggressionen unterbleiben, wenn man sich auf anderem Wege der schmerzhaften Situation entziehen kann. Diese Vermutung haben die Autoren überprüft, indem sie ihre Vpn entweder kaltem oder temperiertem Wasser aussetzten; der Hälfte der Vpn wurde die Möglichkeit gegeben, ihre Hand zurückzuziehen, wann immer sie es wünschten, während die andere Hälfte der Vpn gemahnt wurde, dieses nicht zu tun. Die Ergebnisse zeigen, dass die Vpn, die kaltem Wasser ausgesetzt waren und sich diesem entziehen konnten, nicht so verärgert waren wie die Vpn, die diese Möglichkeit nicht hatten. Überraschenderweise reagierte aber die Gruppe, die sich entziehen konnte, am stärksten aggressiv. Die aversive Stimulation hat also ganz offensichtlich eine appetitive Tendenz, eine andere Person zu schädigen, entstehen lassen; gerade dann, wenn es möglich gewesen wäre, sich dem schmerzhaften Ereignis zu entziehen, treten die stärksten Aggressionen auf. Insgesamt gesehen scheint es also eine Reihe von Hinweisen darauf zu geben, dass Menschen, die sich schlecht und unglücklich fühlen, zu Ärgeraffekten und einer erhöhten Aggressionsbereitschaft neigen. Diese Tendenz ist eher appetitiver Art, also von positiven Affektkonsequenzen begleitet, und kann sich auch unabhängig von den erlebten Ärgeraffekten entwickeln.

9.4 Vermittelnde Mechanismen: affektive und kognitive Bedingungsfaktoren aggressiven Verhaltens

Die gerade erörterten Modellvorstellungen räumen kognitiven Prozessen bei der Entstehung aggressiver Verhaltenstendenzen zunächst nur eine nachgeordnete Bedeutung ein. Aversive Stimulation kann automatisch Ärgeraffekte und eine Aggressionsbereitschaft entstehen lassen, die völlig unabhängig davon ist, wie die gepeinigte Person das aversive Ereignis interpretiert. Kognitive Prozesse, etwa Attributionen, kommen erst relativ »spät« in der Abfolge – und auch nur moderierend – ins Spiel. Zu einem solchen späten Zeitpunkt können dann erneut Ärgeraffekte, diesmal jedoch kognitiv vermittelte, entstehen. Diese müssen deutlich von jenen Ärgeraffekten unterschieden werden, die am Anfang einer Aggression stehen und automatisch durch eine schmerzhafte Erfahrung entstehen (Berkowitz, 1993). Automatische Ärgeraffekte und solche, die auf einer kognitiven Verarbeitung beruhen, sind aus der Emotionstheorie von LeDoux (1996) bekannt.

Viele Untersuchungen der letzten Jahre sind einem kognitiven Modell gefolgt, in dem Kognitionen, insbesondere die Ursachenzuschreibungen (Attributionen), und zusätzlich physiologische Erregungskomponenten berücksichtigt werden. Es werden in diesen Arbeiten eher die vermittelnden Funktionen von Attributionen und den attributionsabhängigen Affekten untersucht. Diese Modellvorstellungen unterstellen einen kognitiven Prozess – der in der Regel auch bewusst wird; sie können deswegen ausschließlich im Humanbereich Erklärungswert besitzen (vgl. Kap. 3.6).

9.4.1 Die Bedeutung des Ärgeraffekts und physiologische Erregung

Eine große Anzahl von Untersuchungen hat sich der Rolle des Ärgeraffekts gewidmet, wobei den attributionalen Determinanten der Erregung für die Entstehung des Ärgeraffekts besondere Aufmerksamkeit geschenkt wurde (Ferguson & Rule, 1983). So hat sich etwa gezeigt, dass eine unspezifische Erregungssteigerung – hervorgerufen durch motorische Betätigung, Lärm oder hohe Temperaturen – die nach einer Frustration entstehende Aggression beeinflussen kann, je nachdem, auf welche Faktoren der Organismus seine Erregung zurückführt. Zillmann und Bryant (1974) haben hierzu ein Experiment durchgeführt, in dem sie ihre Vpn zunächst in zwei Gruppen an einer neutralen Aufgabe (Wurfaufgabe) oder an einer physisch beanspruchenden Aufgabe (Radfahren) arbeiten ließen

und hierdurch unterschiedliche Niveaus physiologischer Erregung erzeugten. Anschließend nahmen die Vpn an einem Spiel ähnlich dem Schiffeversenken teil, in dem die Vpn die Aufgabe hatten, durch falsche Rückmeldung den Partner, der vermeintlich mit einer überlegenen Strategie arbeitete, zu täuschen. Nach dem ersten erfolgreichen Gebrauch der Täuschungsstrategie setzte die Bedingungsvariation ein: In einer Bedingung erkundigte sich der Partner lediglich nach der Anzahl der von ihm benötigten Durchgänge (ohne Provokation), in der anderen Bedingung beklagte sich der Partner in beleidigender Form darüber, arglistig getäuscht worden zu sein, und beschimpfte die Vp (mit Provokation). Anschließend kamen weitere Spieldurchgänge, in denen dem Spielpartner positive und negative Rückmeldungen gegeben werden konnten. Positive Rückmeldungen bestanden im Aussetzen, negative Rückmeldungen im Einschalten unangenehm starker Geräusche. Die Ergebnisse dieser Untersuchung sind in **Tabelle 9.2** festgehalten. Sie zeigen die intensivsten negativen Rückmeldungen bei Vorliegen einer Provokation und hoher Erregung. Hier wird deutlich, dass eine allgemeine Erregung aggressives Verhalten erleichtern kann, wenn sie mit einer Provoka-

Tab. 9.2: Mittlere Häufigkeit und mittlere Intensität negativer und positiver Rückmeldungen (modifiziert nach Zillmann & Bryant, 1974, S. 789)

	ohne Provokation		mit Provokation	
	niedrige Erregung	hohe Erregung	niedrige Erregung	hohe Erregung
Negative Rückmeldung				
Häufigkeit	14.5	11.3	15.3	18.0
Intensität	75.0	58.0	90.1	126.5
Positive Rückmeldung				
Häufigkeit	15.5	18.7	14.7	12.0
Intensität	101.1	140.0	96.2	78.2

tion (Verärgerung) in Verbindung gebracht wird. Ein Erregungszustand, der mit keiner Provokation einhergeht, kann auf der anderen Seite die Aggressionsbereitschaft sogar senken. Diese Ergebnisse zeigen, dass eine erhöhte Erregung nicht durchgängig aggressive Verhaltensweisen energetisiert und verstärkt, sondern dass ausschließlich hohe Erregungsniveaus in Verbindung mit einer Provokation – möglicherweise durch Intensivierung des primären Ärgeraffekts – das Auftreten aggressiver Verhaltensweisen begünstigen können.

Andere Untersuchungen haben das Erregungsniveau durch die Darbietung von erotischen Stimuli zu manipulieren versucht. In diesen Untersuchungen zeigte sich, dass sexuelle Erregung das Aggressionsverhalten von verärgerten Vpn eher verringert als erhöht. In einem Experiment von Geen et al. (1972) erhielten die Vpn elektrische Schocks verabreicht, während sie sexuell anregende Geschichten lasen. Zusätzlich erhielten sie ein Placebo, das angeblich eine erregungssteigernde Wirkung haben sollte. In drei unterschiedlichen Bedingungen wurden ihnen Attribuierungen nahegelegt, in denen ihr Erregungszustand auf die Schocks, auf die erotische Geschichte oder auf das Medikament zurückgeführt wurde. Vpn, die in den Glauben versetzt wurden, ihr Erregungszustand sei durch die Geschichte oder durch das Medikament bedingt, berichteten weniger Ärgeraffekt und waren auch weniger aggressiv als jene Vpn, die ihren Erregungszustand auf die erlittenen Schocks zurückführten. Befunde dieser Art dürfen als relativ gut gesichert angesehen werden. Generell hat sich in diesen Untersuchungen gezeigt, dass eine allgemeine Erregung, die als Ärger wahrgenommen wird, Aggressionen fördert. Aggressionen werden andererseits eher gehemmt, wenn die Erregung auf andere Faktoren als die Verärgerung zurückgeführt und anders interpretiert wird (Rule & Nesdale, 1976).

Damit zeigt sich zusammenfassend, dass der Ärgeraffekt unter bestimmten Bedingungen eine aggressive Handlung zu fördern in der Lage ist. In welcher Weise die Beeinflussung aggressiver Handlungen durch den Ärgeraffekt wirkt, dürfte wesentlich davon abhängen, wie der Ärgeraffekt auf kognitivem Niveau verarbeitet wird und in welchen Kausalzusammenhang er mit der eigenen Erregung gebracht wird. Wird ein direkter Ursachenzusammenhang zwischen der Verärgerung und dem wahrgenommenen eigenen Erregungsniveau hergestellt, wird die Aggressionsbereitschaft verstärkt. In dem Maße jedoch, in dem die Ursachenzuschreibung für einen Zustand der Erregung von der Verärgerung abgelenkt wird, sinkt die Bereitschaft zu aggressivem Verhalten.

9.4.2 Die Bedeutung von Handlungsintentionen

Die Beschäftigung mit unterschiedlichen Funktionen aggressiven Verhaltens hat auch die Frage nach den Handlungszielen und den damit verbundenen Intentionen neu belebt. In Bezug auf die Steuerung von aggressiven Handlungen werden Intentionen in zweierlei Hinsicht bedeutsam. Einmal, wenn schädigende Reize mit unterschiedlichen Funktionen verbunden werden (z. B. instrumentell sind zur Erreichung fremder Ziele), zum anderen aber auch dann, wenn man selbst Opfer einer solchen Schädigung geworden ist und man die möglichen Intentionen eines Kontrahenten erschließen muss, um auf die Schädigung adäquat zu reagieren. Aggressive Handlungen dieser Art dürften wohl besonders intensiv dann ausfallen, wenn man selbst Opfer einer aggressiven Handlung geworden ist und diese als intentional gesteuert (»absichtlich«) interpretiert.

Nickel (1974) hat die Auswirkungen von Frustration und der wahrgenommenen ag-

9.4 Vermittelnde Mechanismen

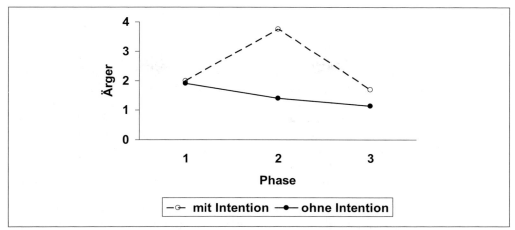

Abb. 9.2: Aggressiver Affekt als Funktion der Handlungsintention und Versuchsphase (1 – vor den Schocks; 2 – nachdem die Vp geschockt wurde; 3 – nachdem die Vp den Partner geschockt hat) (modifiziert nach Nickel, 1974, S. 488)

gressiven Intention eines Spielgegners auf aggressives Verhalten analysiert und die Effekte direkt miteinander verglichen. Die Vpn wurden hohen und niedrigen Schockintensitäten ausgesetzt und jeweils zur Hälfte in den Glauben versetzt, die Schocks seien so vom Gegenspieler intendiert bzw. nicht intendiert, d. h. durch eine fehlerhafte Einstellung am Versuchsgerät bedingt. Anschließend konnten die Vpn selbst Schocks austeilen. Es zeigte sich, dass die Wahrnehmung der Intention des Partners die wesentlichste Determinante für nachfolgendes aggressives Verhalten darstellte. Von besonderem Interesse sind in dieser Untersuchung die Ergebnisse, die sich auf den erlebten Ärgeraffekt beziehen. **Abbildung 9.2** zeigt, dass sich die beiden Vpn-Gruppen hinsichtlich des Ärgeraffekts nicht unterschieden, bevor sie den Schocks ausgesetzt wurden, und auch nicht, nachdem sie Gelegenheit zur Vergeltungsaggression hatten, wohl aber unmittelbar nachdem sie selbst das Opfer einer Aggression geworden sind. Hier berichteten jene Vpn, die in den Glauben versetzt wurden, die erlittenen Aggressionen seien so von ihrem Opponenten intendiert, einen erhöhten Ärgeraffekt. Das Ausmaß der tatsächlich erlittenen Frustration spielte keine wesentliche Rolle.

In einer Erweiterung dieses Versuchsansatzes haben Johnson und Rule (1986) ihren Vpn mildernde externale Ursachenzuschreibungen für eine erlittene Provokation nahegelegt (»Er hat eine schlechte Zensur erhalten und muss nun seine ganze Lebensplanung ändern«). Darüber hinaus haben sie diese Information in einer Bedingung vor und in einer zweiten Bedingung nach der erlittenen Provokation gegeben. Auf dem Hintergrund des attributionstheoretischen Ansatzes wurde erwartet, dass nur eine vorab gegebene Entschuldigung in Form externaler Ursachenfaktoren zu geringeren Intentionsattribuierungen, geringeren Ärgeraffekten und schließlich auch schwächer ausgeprägten Aggressionen führt. Diese Erwartungen konnten im Wesentlichen bestätigt werden. Mildernde Umstände, die vor einer Provokation bekannt werden, führen zu einer positiveren Einschätzung des Provokateurs, verringern die physiologische Erregung und den Ärgeraffekt und führen schließlich auch zu einer Reduktion der nachfolgenden Aggression.

Box 9.1: Narzissmus und Aggression

Wissen Sie, dass Sie gut sind, weil Ihnen das jeder sagt? Bestehen Sie darauf, den Respekt zu erhalten, der Ihnen zusteht? Sind Sie eine außergewöhnliche Persönlichkeit? Sehen Sie sich gerne im Spiegel an? Wenn eine Person alle diese Fragen mit »ja« beantwortet, dann besteht eine hohe Wahrscheinlichkeit, dass es sich um eine narzisstische Persönlichkeit handelt. Narzissten haben einen aufgeblähten, unrealistisch hohen Selbstwert: Sie sind besessen von einem Gefühl der eigenen Wichtigkeit und Grandiosität, glauben von sich selbst, einzigartig zu sein, und verlangen von ihren Mitmenschen ein gehöriges Maß an Bewunderung, Respekt und Anerkennung. Empirische Untersuchungen zeigen jedoch, dass ein im Bewusstsein vorherrschender und nach außen getragener Narzissmus nicht selten nur eine Fassade ist, hinter der sich ein von Unsicherheit und Zweifeln geplagtes Selbstbild versteckt (Zeigler-Hill, 2006). Und eben weil Narzissten in einem nicht enden wollenden Kampf gegen ihre latenten Selbstzweifel angehen, reagieren sie besonders aggressiv auf jede Form von Kritik und Zurückweisung. Bushman und Baumeister (1998) ließen ihre Probanden einen kurzen Essay schreiben, der anschließend von einer anderen Versuchsperson – die in Wirklichkeit ein Gehilfe des Versuchsleiters war – entweder positiv (»Keine Anmerkungen; ein toller Aufsatz!«) oder negativ (»Das ist der schlechteste Aufsatz, den ich je gelesen habe«) bewertet wurde. Im Anschluss hatten die echten Probanden die Gelegenheit, ihr Gegenüber mit Hilfe der Buss'schen Aggressionsmaschine mit bis an die Schmerzschwelle reichenden Warntönen zu bestrafen. Die stärksten Aggressionen zeigten in diesen Experimenten hoch narzisstische Probanden, deren Aufsatz negativ bewertet wurde (vgl. die folgende Abbildung). Ähnlich aggressiv reagieren Narzissten, wenn sie von einer anderen Person zurückgewiesen werden, z. B. indem man ihnen signalisiert, nicht mit ihnen zusammenarbeiten oder keine Zeit mit ihnen verbringen zu wollen (Twenge & Campbell, 2003). Das Ziel dieser Aggressionen besteht darin, den Kritiker abzuwerten und zum Verstummen zu bringen und damit den angekratzten Selbstwert – die Fassade der eigenen Grandiosität – wiederherzustellen.

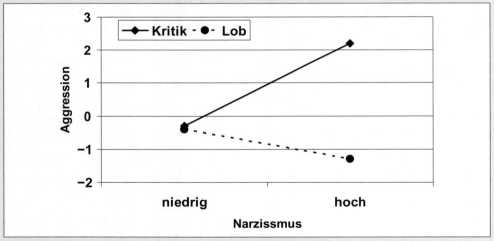

Abb.: Aggression (Bestrafung mit lauten Tönen) als Funktion von Narzissmus und Richtung des Feedbacks (Kritik vs. Lob) (nach Bushman & Baumeister, 1998, S. 225)

> Vielleicht kann dieser Mechanismus die mitunter in den Medien zu beobachtenden verbalen und körperlichen Ausfälle europäischer Staatschefs gegenüber ihnen wenig wohlgesonnenen Mitbürgern erklären. Im Frühjahr 2008 nahm Frankreichs Präsident Nicolas Sarkozy am Rande einer Messe ein Bad in der Menge, schüttelte Hände und klopfte Schultern, als ein älterer Herr den Händedruck seines Staatschefs mit der Bemerkung »Oh nein, bitte fassen Sie mich nicht an« verweigerte. Sarkozy quittierte diese Zurückweisung mit einem beherzten »Dann hau doch ab, Idiot!«, einer Aussage, die er auch in einem wenig später geführten Interview nicht zurücknehmen wollte. Ähnlich unbesonnen reagierte der damalige Bundeskanzler Helmut Kohl, der bei einem Besuch eines Chemie-Werkes in Bitterfeld im Mai 1991 von Kritikern mit Eiern beworfen wurde und sich daraufhin wutschnaubend den Weg zu einem der Werfer bahnen wollte; nach Augenzeugenberichten konnten seine Sicherheitsbeamten eine Prügelei nur mit Mühe verhindern. Kohl begründete seine Attacke später wie folgt: »Da ich nicht die Absicht habe, wenn jemand vor mir steht und mich bewirft, davonzulaufen, bin ich eben auf die zu, und da war ein Gitter dazwischen gestanden, und das war von Nutzen.« (Ein Schelm, wer Böses dabei denkt.)

9.5 Eine Erwartung-Wert-Theorie der Aggression: die Bedeutung antizipierter Konsequenzen

Eine einflussreiche Theorie aggressiven Verhaltens, die über viele Jahrzehnte immer weiter ausgebaut wurde, hat Bandura (1962, 1989, 1991) in seinem kognitiv-sozial-lerntheoretischen Ansatz entwickelt. Die Theorie beschreibt zwei zentrale Mechanismen, die für den Erwerb und die Anregung zu aggressiven Verhaltensweisen verantwortlich sind.

Der *Erwerb neuer Verhaltensweisen* erfolgt vornehmlich über das sogenannte Beobachtungslernen. Die Beobachtung des Verhaltens anderer Personen einschließlich der Konsequenzen des Verhaltens kann einen Lernprozess beträchtlich abkürzen, insbesondere, wenn es um den Erwerb komplexer Verhaltensmuster geht. Kinder können aggressive Verhaltensrepertoires durch die Beobachtung aggressiver Vorbilder erwerben und über lange Zeit aufrechterhalten. Aggressive Modelle besonderer Art werden über die Massenmedien, insbesondere das Fernsehen und den Videomarkt, geliefert. Untersuchungen zeigen, dass aggressive Gewaltdarstellungen in den Medien eine ganze Reihe von nachweisbaren Effekten auf das Verhalten ausüben, wie etwa die Ausformung neuer Verhaltensmuster oder die Bereitstellung entsprechender Anreize für aggressives Verhalten. Die folgenden vier Effekte des Beobachtungslernens sind wichtig und empirisch belegt:

- Prägung eines aggressiven Interaktionsstils,
- Veränderung der Aggressionshemmung,
- Desensibilisierung und Habituierung gegenüber Aggression,
- allgemeine Veränderung und Verzerrung der Realitätssicht speziell in Bezug auf normative Einstellungen zur Aggression.

Diese genannten Faktoren dürften insbesondere längerfristig für den Aufbau eines stabilen Verhaltensrepertoires maßgeblich sein. Aber auch eine Reihe von kurzfristig wirksamen Anregungsfaktoren (Anreizen) können durch Beobachtungslernen erworben werden: So können bestimmte Hinweisreize aggressionsauslösend wirken, weil sie beispielsweise in filmischen Darstellungen mit Gewalt assoziiert wurden oder weil sie aggressionsthematisches Gedächtnismaterial aktivieren, das dann seinerseits weitere aggressionsthematische Handlungskomponenten anregt (Berkowitz, 1993).

Zusammenfassende Bewertungen des gegenwärtigen Forschungsstandes sind nicht ganz einheitlich, kommen jedoch zumeist zu der Feststellung, dass ein positiver und kausaler Zusammenhang zwischen der Beobachtung von Gewaltdarstellungen in Film und Fernsehen und aggressivem Verhalten gut belegt sei (Geen, 1983). Eine aufschlussreiche Zusammenstellung von Befunden haben Wood et al. (1991) vorgenommen. Sie haben insgesamt 28 Studien gesichtet, in denen Kinder und Jugendliche aggressive und nicht aggressive Filme ansahen und hinterher in ihrer natürlichen Umgebung, zumeist in der Schule, hinsichtlich spontan auftretender aggressiver Handlungen beobachtet werden konnten. Die statistische Überprüfung mit Hilfe einer Meta-Analyse erbrachte eine deutliche Unterstützung für die Annahme eines Zusammenhangs, der allerdings moderat in der Ausprägung und von einer Anzahl weiterer Einflussfaktoren abhängig war.

Was die *Anregung zu aggressiven Handlungen* betrifft, so baut dieser kognitive Ansatz auf zwei Mechanismen auf (vgl. Abb. 9.3). Der erste Mechanismus hat biologische Grundlagen und beruht auf unangenehmen Erlebnissen und Erfahrungen (z. B. Schmerz). Solche Erlebnisse führen zu emotionaler Erregung, die verschiedene Arten von Verhaltensweisen fördern kann. Welche konkrete Verhaltensweise realisiert wird, soll dann von der kognitiven Verarbeitung des aversiven Erlebnisses abhängig sein. Diese Wirkzusammenhänge sind bereits aus anderen Theorien bekannt.

Die zweite Komponente des Modells beschreibt den eigentlichen anreizgebundenen Antizipationsmechanismus. Danach sollen aggressive Handlungen auftreten, wenn durch sie positive Konsequenzen erreicht werden oder wenn mit vergleichsweise geringen negativen Konsequenzen zu rechnen ist. Die wahrgenommenen Konsequenzen können entweder externaler (sozialer) Art oder auch selbstproduziert, also internaler Art, sein. Dieser sogenannte Selbstregulationsmechanismus besagt, dass der Organismus Standards bzw. Bezugssysteme für die Bewertung eigener Handlungen aufbaut und auf Abweichungen davon mit Selbst-

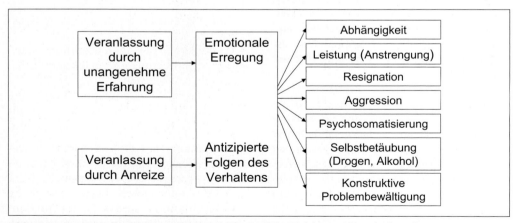

Abb. 9.3: Auslösende Bedingungen, vermittelnde Variablen und Verhaltenskonsequenzen für das kognitive Motivationsmodell der Aggression (modifiziert nach Bandura, 1983, S. 13)

9.5 Eine Erwartung-Wert-Theorie der Aggression

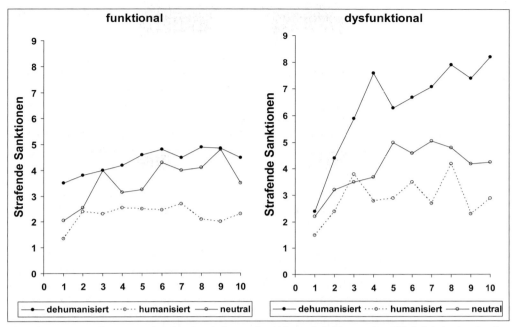

Abb. 9.4: Ausmaß von strafenden Sanktionen in Abhängigkeit von der Effektivität der Sanktionen (funktional/dysfunktional) und unterschiedlich charakterisierten Opferpersonen (modifiziert nach Bandura et al., 1975, S. 264)

bewertungsmaßnahmen reagiert. Diese positiven und negativen Selbstbewertungen, die nach dem Vollzug von Handlungen auftreten, sollen nun antizipiert werden und stellen damit das eigentliche Handlungsziel dar, das zeitlich vorweggenommen im Sinne eines Anreizes wirkt. Wir haben dies (vgl. Abb. 1.1) in unserem allgemeinen Motivationsmodell als Anreizmechanismus beschrieben.

Vor dem Hintergrund dieses Modells sind für die Aggressionsforschung insbesondere solche Mechanismen untersucht worden, die erklären sollen, warum Menschen, die als zivilisiert gelten und von denen angenommen werden kann, dass sie über hoch entwickelte moralische Standards verfügen, sich dennoch unter bestimmten Bedingungen auf aggressive und kriminelle Gewalttaten einlassen. Das Modell erklärt dies damit, dass der Selbstbewertungsmechanismus partiell außer Kraft gesetzt wird, indem die Selbstbewertungskonsequenzen vom tatsächlichen Verhalten abgekoppelt werden. Eine solche Entkoppelung von Verhalten und Bewertungskonsequenzen kann in verschiedenen Stadien einer Handlungssequenz wirksam werden. So können beispielsweise für unerwünschtes Verhalten höhere moralische Rechtfertigungen herangezogen oder durch beschönigende Verbaletiketten die aggressive Eigenart des Verhaltens geändert werden. Die schädlichen Auswirkungen des Verhaltens können minimiert, ignoriert oder uminterpretiert werden, die Verantwortlichkeit dafür geleugnet oder verlagert werden; Opfer von Gewalttaten können schließlich in ihrer Menschenwürde verletzt (dehumanisiert) und der ihnen zugefügte Schaden als selbstverschuldet angesehen werden (vgl. Bandura, 1989).

Es gibt eine Fülle von Alltagsbeobachtungen und auch viele empirische Beobachtungen, die mit dem Modell in gute Übereinstimmung gebracht werden können. Einen sehr eindrucksvollen experimentellen Befund berichten bereits Bandura et al. (1975). Sie haben die Vpn, die Opfer von strafenden Sanktionen wurden, in drei Bedingungen entweder humanisiert (indem man ihre liebenswerten Seiten hervorhob), dehumanisiert (indem man sie herabwürdigte) oder neutral behandelt. Zusätzlich wurden funktionale und dysfunktionale Formen von Aggression unterschieden. In der Bedingung »funktional« führten die Bestrafungen zu einer Verbesserung der Resultate, in der Bedingung »dysfunktional« führte eine Bestrafung nicht zu den gewünschten Resultaten. Das Ausmaß der jeweils verabreichten Strafreize zeigt **Abbildung 9.4**. Diese Befunde machen zumindest zwei Dinge sehr deutlich: Potenzielle Opfer, die zuvor humanisiert wurden, dürfen mit nur geringen gegen sie gerichteten Aggressionen rechnen, selbst dann, wenn sie mit ihrem Verhalten das Erreichen eines erwünschten Handlungsziels vereiteln (Bedingung dysfunktional) und damit eine starke Frustration herbeiführen. Das Ausmaß an aggressiven Handlungen ist jedoch deutlich erhöht, wenn sie sich gegen dehumanisierte Opfer richten, die zudem noch unerwünschte Effekte produzieren (Bedingung dysfunktional). Aggressionen scheinen hier also in doppelter Hinsicht »gerechtfertigt« zu sein; eine Rechtfertigungslogik, die den Selbstbewertungsmechanismus partiell außer Kraft setzt.

Negative Konsequenzen in der Selbstbewertung, die aggressives Verhalten hemmen oder ganz verhindern können, können also von einem aggressiven Verhalten abgekoppelt und damit unwirksam werden. Seit jeher gehört der Aufbau einer (religiösen, moralischen oder politischen) Rechtfertigungsphilosophie zur psychologischen Grundausstattung in der Vorbereitungsphase von kriegerischen Auseinandersetzungen. Auch die Beobachtung einer sich rasch ausbreitenden kollektiven Gewaltbereitschaft, z. B. gegen Minderheiten, kann mit dem sozial-kognitiven Lernmodell sehr gut erklärt werden, und auch die Eskalation von Gewalt in kleinen Gruppen, etwa Zweierbeziehungen, kann hier theoretisch eingeordnet werden. Das Bild eines friedlichen Sandkastenspiels, das nach einigen aggressiven Auseinandersetzungen in einem Szenario von Gewalt und Verwüstung endet, ist allgemein bekannt. Offensichtlich haben gewisse Personen das »Talent«, auch das friedlichste Zusammensein in ein Schlachtfeld zu verwandeln (vgl. auch **Abb. 9.5**). Wie geschieht das? Coie et al. (1999) haben hierzu Beobachtungen an Jungen einer Grundschulklasse gemacht und unterschiedliche Gruppen zusammengestellt: Zweiergruppen mit hoch aggressiven Jungen und zufällig zusammengestellte Zweiergruppen. Die Beobachtungen zeigten, dass die hoch aggressiven Jungen in ihren Gruppen doppelt so viel Aggressionen hervorbrachten wie in den zufällig zusammengestellten Gruppen. Treten kritische Ereignisse auf, so unterstellen sich die Gruppenmitglieder gegenseitig feindselige Intentionen, was als Provokation erlebt wird und mit Aggression beantwortet wird. Die Unterstellung einer feindseligen Absicht ist es also, die die Spirale der Gewalt in Gang setzt und in Bewegung hält.

Diese Beobachtungen zeigen auch, dass neben den situationsseitigen Determinanten auch personseitige Determinanten in Form einer hoch generalisierten Disposition – dem Aggressionsmotiv – zu berücksichtigen sind, was uns der Vervollständigung eines Erwartung-Wert-Modells der Aggressionsmotivation ein Stück näher bringt. Die Bedeutung von Motivunterschieden wird auch durch Befunde von Olweus (1979) nahegelegt, der eine Reihe von Längsschnittuntersuchungen reanalysiert und beachtliche Stabilitäten für Aggressivität in der Lebensgeschichte gefunden hat. Die Stabilitätskoeffizienten lagen in der gleichen Größenordnung wie diejenigen, die etwa für In-

9.5 Eine Erwartung-Wert-Theorie der Aggression

Abb. 9.5: Einzelne aggressive Personen können das friedliche Miteinander der Gemeinschaft in ein Schlachtfeld verwandeln (© Charles Addams; with permission Tee and Charles Addams Foundation)

telligenz berichtet werden. Zumkley (1996) fand auch bei Berücksichtigung jüngerer Arbeiten die Tatsache einer hohen zeitlichen Stabilität bestätigt. Selbst über einen Zeitraum von 22 Jahren (!) ergeben sich noch Stabilitätskoeffizienten in der Größenordnung von .50. Die Annahme, dass solch überdauernde Verhaltensunterschiede auf interindividuellen Unterschieden in der Motivausprägung beruhen, wird zusätzlich gestützt durch den oben bereits geschilderten Umstand, dass das habituelle Aggressionsniveau sehr eng auch an den Testosteronspiegel gebunden ist. Diese Anbindung der Aggressionsneigung an biologische Faktoren soll allerdings nicht den Blick auf soziale und kulturelle Einflussfaktoren sowie auf Besonderheiten der individuellen Lerngeschichte, insbesondere in der frühen Kindheit, verstellen. Eine aufschlussreiche Längsschnittstudie unter kulturvergleichender Perspektive haben Kornadt und Tachibana (1999) durchgeführt. Sie fanden eine deutliche Beziehung zwischen der Erziehung durch die Mutter im Alter von fünf Jahren und der Ausprägung des Aggressionsmotivs neun Jahre später. Als aggressionsdämpfend hat sich hier erwiesen, dass eine sichere und nicht infrage gestellte persönliche Bindung zwischen Mutter und Kind besteht.

9.6 Gewalt in den Medien

Es scheint in den letzten Jahren immer häufiger vorzukommen, dass die Öffentlichkeit aufgeschreckt wird durch Berichte über Gewaltexzesse, häufig verübt von Jugendlichen, bei denen aus scheinbar nichtigem Anlass ein Blutbad oder Verwüstungen angerichtet werden. Kluge Politiker und aufgeweckte Fernsehmoderatoren sind dann schnell mit Erklärungen bei der Hand: Schuld sind die zunehmenden Gewaltdarstellungen in den Medien, insbesondere solche mit interaktiven Eigenschaften, die die »Vorbilder« für diese Handlungen abgeben. Die psychologische Forschung hat sich bereits seit Jahrzehnten mit diesem Problem beschäftigt, und nach vielen ausgetragenen Kontroversen sind die Fragestellungen präzisiert und die (experimentellen) Methoden verfeinert worden, so dass das Ergebnis heute unzweideutig ist: Gewaltdarstellungen in den Medien fördern die Bereitschaft zu aggressiven Handlungen (Anderson et al., 2003). Die Forschung hat sich dabei folgenden Themen zugewendet:

Experimentelle Studien. Viele gut kontrollierte Experimente, in denen die jugendlichen Vpn aggressive Filme präsentiert bekamen, zeigen, dass das Anschauen der Filme einen kurzfristigen Anstieg aggressiver Gedanken, aggressiver Emotionen und aggressiver Handlungen (einschließlich körperlicher Gewalt) bewirkt. Eine vorauslaufende Provokation verstärkt diesen Affekt noch. Betrachtet man die längerfristigen Auswirkungen (Anderson & Bushman, 2002b), so weisen auch hier die Befunde in die gleiche Richtung: Vermehrter Konsum

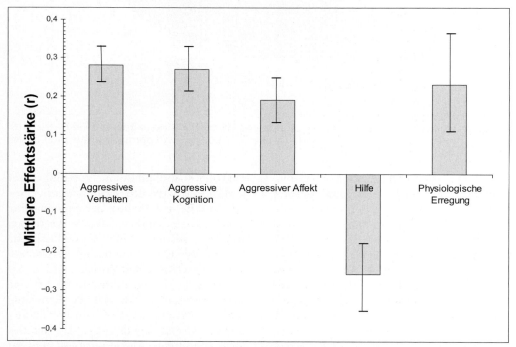

Abb. 9.6: Effektstärken für gewalttätige Videospiele auf aggressives Verhalten, aggressive Kognition, aggressiven Affekt, Hilfehandeln und physiologische Erregung (die senkrechten Linien mit den Querstrichen geben das Konfidenzintervall von 95 % an; nach Anderson et al., 2003, S. 92)

gewalttätiger TV-Programme in der Kindheit kann die Aggressionsbereitschaft langfristig fördern, von der späteren Kindheit bis ins frühe Erwachsenenalter.

In den letzten Jahren hat sich sowohl das öffentliche Interesse wie auch das Interesse der Forschung verstärkt auf Videospiele mit aggressiven Inhalten gerichtet. Die Gründe hierfür liegen auf der Hand: Die Formen der hier gezeigten Gewalt gehen hinsichtlich ihrer Brutalität weit über das vom Fernsehen her bekannte Ausmaß hinaus; Jugendliche verbringen häufig sehr viel Zeit mit diesen Spielen, und sie können selber handlungsmäßig in diese virtuelle Welt von Gewalt und Grausamkeit eingreifen. Anderson et al. (2003) haben die gut kontrollierten experimentellen Untersuchungen hierzu zusammenfassend analysiert und mit Hilfe einer Meta-Analyse bewertet. Die Ergebnisse (vgl. **Abb. 9.6**) sind eindeutig: Aggressive Videospiele fördern alle untersuchten aggressionsbezogenen Verhaltens- und Erlebnisaspekte, und Hilfehandeln wird eher unterdrückt.

Theoretische Analysen. Theoretisches Kernstück in den Versuchen, die beschriebenen Effekte zu erklären, ist das Beobachtungslernen, ergänzt durch die Annahme von Netzwerkstrukturen, die automatisch und unbewusst arbeiten und durch Priming aktivierbar sind. Das Beobachtungslernen via Imitation eines »Vorbilds« muss nicht unbedingt als ein bewusst ablaufender Entscheidungsprozess über die antizipierten Konsequenzen (Bandura, 1983) verlaufen. Viele Lernprozesse dieser Art können ohne Lernabsicht ablaufen und ohne bewusstes Gewahrwerden, dass Lernen überhaupt stattgefunden hat (Bargh & Chartrand, 1999). Eine Szene, eine Person oder ein Gegenstand (z. B. eine Waffe, s. o.) können automatisch und ohne Bewusstheit die damit verbundenen Konzepte, Ideen und Handlungsprogramme abrufen und aktivieren, die in solchen Netzwerkstrukturen zusammenhängen (vgl. **Abb. 9.1**). Die kurz- und langfristigen Auswirkungen der Gewaltdarstellung werden mit unterschiedlichen Mechanismen erklärt. Die kurzfristigen Auswirkungen beruhen auf dem Priming von vorhandenen aggressiven Skripts und Kognitionen, die die physiologische Erregung steigern und eine automatische Imitationstendenz hervorrufen. Die langfristigen Auswirkungen beruhen auf Lernvorgängen, die die Aneignung langfristiger automatisch zugänglicher Skripts und anderer förderlicher Kognitionen erleichtern und für die normalerweise entstehenden negativen Emotionen desensibilisieren.

Was ist zu tun? Die empirischen und theoretischen Analysen zum Medieneffekt haben eine ganze Reihe von verlässlichen Einsichten in die Wirkzusammenhänge gebracht. Erkenntnisse über erfolgreiche Interventionsmethoden liegen indes noch kaum vor, so dass auch die Empfehlungen an Eltern und Erzieher z. Zt. noch recht vage sind: den »Konsum« von Mediengewalt reduzieren, Identifikationsmöglichkeiten mit Aggressoren minimieren und Bewertungen von aggressiven Handlungen verändern (Anderson et al., 2003, S. 103).

9.7 Auf ein Wort ...

Mit Aggression wird eine Vielzahl unterschiedlicher Verhaltensweisen bezeichnet. Es ist deshalb notwendig, jene Bedingungen genau zu spezifizieren, die das Verhalten auslösen und unterhalten, bzw. auch die funktionalen Kontexte anzugeben, in denen Aggressionen auftreten.

Aggressiven Verhaltensweisen bei Tieren liegen mit großer Wahrscheinlichkeit genetisch determinierte Mechanismen zugrunde. Es gibt Belege dafür, dass an der Auslösung und Unterhaltung aggressiver Verhaltensweisen bestimmte Hirnareale beteiligt sind, die im medialen und lateralen Hypothalamus lokalisiert sind. Außerdem ließ sich eine Abhängigkeit der Neigung zu aggressiven Verhaltensweisen von der Testosteronkonzentration im Blut aufweisen. Diese Anbindung an neurophysiologische Strukturen und hormonale Prozesse mag auch die Stabilität der Aggressionsneigung über weite Lebensabschnitte hinweg erklären.

Bei der Analyse situativer Bedingungsfaktoren für aggressives Verhalten im Humanbereich ist besonders der Rolle von Frustration viel Beachtung geschenkt worden. Frustrationen beeinflussen nicht direkt aggressive Verhaltensweisen, sondern lassen zunächst nur einen Ärgeraffekt entstehen. Aggressionen treten dann auf, wenn in der Situation Hinweisreize vorliegen, die mit der Entstehung des Ärgeraffekts oder generell mit aggressiven Verhaltensweisen assoziativ verbunden sind. Unangenehme Ereignisse lassen ebenfalls rudimentäre Ärgeraffekte entstehen, die häufig schon eine feindselige Aggression auslösen können. Rudimentäre Ärgeraffekte stellen auch ein wichtiges Kernstück aggressionsthematischer Netzwerke dar, von denen aus eine aggressive Handlung automatisch (ohne bewusste Kontrolle) aktiviert werden kann. Die Herausbildung solcher Netzwerke erfolgt assoziationistisch, wofür es allerdings eine genetische Vorbereitung (Bereitschaft) geben dürfte.

Speziell für die Erklärung von Aggressionen im Humanbereich sind Ärgeraffekte auch in ihrer Abhängigkeit vom physiologischen Erregungsniveau und von den wahrgenommenen Ursachen einer erlittenen Schädigung analysiert worden. Hierbei zeigte sich, dass erhöhte physiologische Erregungsniveaus bei vorhandener Frustration oder aversiver Stimulierung einen förderlichen Einfluss auf das Auftreten aggressiver Verhaltensweisen haben können. Dies gilt insbesondere dann, wenn ein Ursachenzusammenhang zwischen dem wahrgenommenen Erregungsniveau und dem aufgetretenen Ärgeraffekt hergestellt wird und ein unspezifischer Erregungszustand als Ärgeraffekt interpretiert wird. Wenn man selbst Opfer einer Schädigung wird, hängt das Ausmaß an Vergeltungsaggression wesentlich von den wahrgenommenen Intentionen des Schädigers ab. Wahrgenommene feindselige Absichten sind auch häufig für Gewalteskalationen im sozialen Bereich verantwortlich. Die Tatsache, dass wir bei Tieren und auch im Humanbereich Aggressionen finden, die ganz offensichtlich durch rudimentäre Affekte und damit assoziierten Gedächtnisinhalten und Verhaltensprogrammen gesteuert werden, muss die Bedeutung kognitiv elaborierter Ärgeraffekte für die Auslösung aggressiver Handlungen nicht mindern. Möglicherweise kann man die vielfältigen Befunde am schlüssigsten erklären, wenn man zwei unabhängig operierende Steuerungssysteme annimmt: ein »schnelles«, das auf unverarbeiteten Wut- und Ärgeraffekten sowie Informationen aus damit assoziierten Netzwerken beruht, und ein »langsames«, das auf kognitiv verarbeitete Ärgeraffekte zurückgeht.

Die soziale Lerntheorie hat neben diesen unmittelbaren Anregungsfaktoren auch die Rolle der antizipierten Konsequenzen von aggressiven Handlungen beschrieben. Ein soziales Milieu, in dem aggressive »Vorbilder« reüssieren können und gleichzeitig keine negativen Konsequenzen für aggressives Verhalten zu erwarten sind, weil die Aggressionen gebilligt werden oder gerechtfertigt sind, stellt eine förderliche Rahmenbedingung für die Ausbreitung von Gewalt dar. Gewaltdarstellungen in den Medien und die interaktive Natur gewaltangereicherter Videospiele fördern die Gewaltbereitschaft Jugendlicher.

10 Machtmotivation

10.1	Phänomene und Funktion
10.2	Macht, das Individuum und die Gesellschaft
10.3	Aufsuchen und Meiden in der Machtmotivation
10.4	Die Neurobiologie des Machtmotivs
10.5	Situative Determinanten machtmotivierten Verhaltens
10.6	Das Machtmotiv, politische Führung und Krieg und Frieden
10.7	Auf ein Wort …

10.1 Phänomene und Funktion

Verhaltensweisen der Dominanz und der Submission sind keine spezifisch menschlichen Phänomene, sondern finden sich bereits in geschlossenen, individualisierten Tiergesellschaften, in denen ein individuelles Erkennen möglich ist. Den mannigfaltigen Vorteilen, die das Zusammenleben bestimmter Arten im Hinblick auf den Nahrungserwerb (z. B. gemeinsame Jagd) und den Schutz vor Feinden bietet, steht der Nachteil der größeren Möglichkeiten zur innerartlichen Konkurrenz und damit auch zu aggressiven Auseinandersetzungen gegenüber. Aus diesem Grund sind geschlossene Tiergesellschaften in aller Regel hierarchisch organisiert, weisen also eine Rangordnung auf. Dadurch haben ranghohe Tiere zwar eine größere Chance, an Futter zu gelangen und sich fortzupflanzen (Harcourt, 1989; Kuester & Paul, 1989), aber auch für rangniedere Tiere ist der Nettovorteil, verglichen mit einer solitären Lebensweise, noch positiv. Schjelderup-Ebbe (1935), der diese Phänomene als Erster bei Wirbeltieren, konkret auf dem Hühnerhof, studierte, sprach mit Bezug auf die spezielle Form der Austragung von Rangkämpfen bei dieser Art von einer »Hackordnung«. Das ranghöchste Tier, das Alphatier, darf ungestraft alle anderen Tiere der Gruppe hacken, das rangniedrigste Tier wird von allen gehackt. In kleinen Gruppen unter zehn Mitgliedern sind diese Rangordnungen linear, wodurch die Gruppen stabil werden. Ist eine stabile Rangordnung erst einmal hergestellt, bleibt sie über lange Zeit bestehen. Rangkämpfe werden dann nicht mehr ausgetragen; die Tiere beschränken sich auf Droh- und Submissionsgebärden. Wird ein neues Tier hinzugeführt, so reagieren alle Tiere zunächst feindlich – offensichtlich stellt der Neuling eine Bedrohung für den Status eines jeden Mitglieds dar. Der Neuling steht zunächst auf der untersten Stufe der Dominanzhierarchie und erreicht nach einiger Zeit die Position, die seinen statusrelevanten Merkmalen entspricht.

Welches sind nun die Qualitäten, die den Status eines Tieres in einer solchen Rangordnung bestimmen? Neben Körperbaumerkmalen, wie Größe und Gewicht, kommen auch sozialen Merkmalen, wie der

10 Machtmotivation

Abstammung von einem statushohen Muttertier und der Seniorität, aber auch psychischen oder Verhaltensmerkmalen, wie niedriger Ängstlichkeit und hoher Aggressivität, sowie komplexen psychischen Fertigkeiten, wie Organisationsfähigkeit und der Fertigkeit, Streit innerhalb der Gruppe zu schlichten, eine Bedeutung zu. Die letztgenannten Fertigkeiten spielen zunehmend bei den höher organisierten Säugern, speziell den nichtmenschlichen Primaten eine Rolle. Da einige der genannten psychischen Merkmale an ein funktionierendes limbisches System gebunden sind, kann es nicht verwundern, dass durch entsprechende Manipulationen, etwa die Zerstörung von Arealen im limbischen System, Veränderungen in der Statusposition eines Tieres bewirkt werden können. Läsionen im limbischen System (Entfernung der Amygdala), die sukzessiv bei dem jeweils ranghöchsten Tier einer aus jugendlichen Mitgliedern bestehenden Affenhorde durchgeführt wurden, führten dazu, dass dieses Tier seine Statusposition verlor und ganz an das Ende der Dominanzhierarchie rutschte (vgl. **Abb. 10.1**).

Die Vorteile einer Lebensweise in Gruppenstrukturen, die durch Dominanzhierarchien und mithin durch eine ungleiche Verteilung von Macht, Status und Ressourcen gekennzeichnet ist, sind so überwiegend, dass sie sich auch im Humanbereich in nahezu sämtlichen Gesellschaftsformen und Kulturen durchgesetzt hat (Eibl-Eibesfeldt, 1988; Voland 2004). Das soziale Zusammenleben in Gruppen durch Dominanzhierarchien zu ordnen, liefert einen effektiven Rahmen, um Aktivitäten zu koordinieren, Ressourcen zuzuweisen, Verantwortlichkeiten und Zurechenbarkeiten festzulegen, Expertisen einzelner für die Gruppe zu nutzen und kollektives Handeln zu planen (Weber, 1956).

Völkerkundler berichten hin und wieder von einigen Naturvölkern – z. B. den Maoris –, bei denen diese Gesetzmäßigkeiten augenscheinlich außer Kraft gesetzt werden. Bei genauem Hinsehen offenbaren sich aber auch hier informelle Machtstrukturen, die deutlich dem Muster einer Dominanzhierarchie entsprechen (Eibl-Eibesfeldt, 1988, S. 163). Machteliten mit privilegierten Zugriffsmöglichkeiten auf die Ressourcen einer Gesellschaft, die hinter der öffentlich zur Schau gestellten Fassade einer egalitär orientierten Gesellschaftsstruktur operieren, sind auch in der Ge-

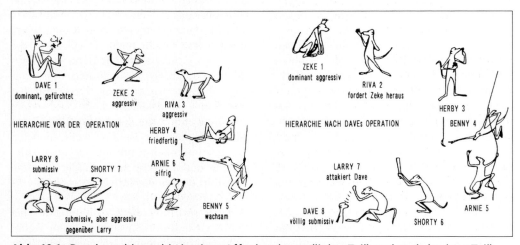

Abb. 10.1: Dominanzhierarchie in einer Affenhorde vor (linker Teil) und nach (rechter Teil) bilateraler Entfernung der Amygdala bei dem Alphatier »Dave« (modifiziert nach Pribram, 1976, S. 59, 60)

10.2 Macht, das Individuum und die Gesellschaft

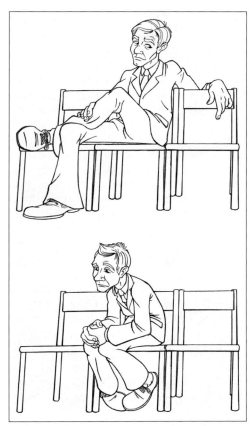

Abb. 10.2: Die Körperhaltung eines Menschen kann entweder Dominanz (oben) oder Submission (unten) signalisieren.

Laborexperiment jeweils zwei Personen zusammengebracht, von denen einer ein Eingeweihter des Experimentators war. Diese Eingeweihten zeigten in Mimik, Gestik und Körperhaltung entweder dominantes Verhalten (z. B. in einer Sitzposition, die Beine übereinander am Nachbarstuhl, Schulter und Arm am anderen Nachbarstuhl, so dass insgesamt drei Stühle »belegt« waren) oder submissives Verhalten (zusammengesunken, die Hände zwischen den Beinen verschränkt, vgl. Abb. 10.2). Die naiven Versuchspersonen zeigten einen deutlichen Komplementaritätseffekt: Trafen sie auf einen dominanten Partner, verharrten sie in eher submissiver Haltung. Umgekehrt reagierten sie in dominanter Weise in Interaktionen mit einem submissiven Partner. Zwei weitere Beobachtungen sind erwähnenswert: Personen, die sich komplementär verhielten, fühlten sich wohler in der Situation, und die Einstellung des Verhaltens verlief »automatisch«; niemandem wurde dieses Geschehen in irgendeiner Form bewusst. Da auch bei nichtmenschlichen Primaten analoge Verhaltensweisen, die auf Vergrößerung der Körpersilhouette und auf Vergrößerung des beanspruchten Bewegungsraums hinauslaufen, zu beobachten sind (Wright, 1994), liegt die Vermutung nahe, dass diese Mechanismen eine evolutionäre Geschichte haben.

schichte der Menschheit, bis zur Neuzeit, hinlänglich bekannt.

Motivationspsychologisch betrachtet: Wie sehen die Verhaltensweisen aus, die an der Herausbildung einer Dominanzhierarchie beteiligt sind, und wie sind sie motiviert? Es gibt offensichtlich so etwas wie einen verhaltensmäßigen »Leim«, der an der Herausbildung und Aufrechterhaltung von Dominanzstrukturen beteiligt ist: eine automatische Komplementarität von Dominanz und Submission. Dominantes oder submissives Verhalten löst in einer anderen Person das komplementäre Verhalten aus. Tiedens und Fragale (2003) haben in einem

10.2 Macht, das Individuum und die Gesellschaft

Macht, die ein Verhältnis zwischen mehreren Personen in einem sozialen Feld beschreibt, ist ein Phänomen, das in der abendländischen Geistesgeschichte vielfach diskutiert worden ist. Zumeist forderten gesellschaftliche Veränderungen zu einer Beschäftigung mit dem Phänomen der Macht heraus. Bereits Aristoteles hat sich in der Schrift *Ni-*

komachische Ethik (ca. 322 v. Chr.) mit diesem Problem beschäftigt und sah in der Ausübung von Macht in politischen Gemeinwesen die Voraussetzung zur Förderung der sittlichen Vollkommenheit ihrer Mitglieder. Macht diente der Erhaltung und Förderung des Guten und scheint nicht ohne Tugend zu sein.

Demgegenüber betont Machiavelli (1532), der sich zu Anfang des sechzehnten Jahrhunderts dem Machtproblem unter staatspolitischen Gesichtspunkten zuwandte, eine enge Verbindung zwischen dem individuellen Machtbedürfnis und eher unheilvollen Kräften im Menschen. Tugenden seien der effizienten Ausübung von Macht nur hinderlich – so Machiavellis Ansicht; förderlich sei es jedoch, Tugenden zur Schau zu tragen. Die neuere Psychologie hat diese Position aufgegriffen und Machiavellismus beschrieben als eine »Strategie des Sozialverhaltens, die im Wesentlichen darin besteht, andere Personen, auch gegen deren Interessen zu manipulieren und das zum eigenen Vorteil« (Wilson, Near & Miller, 1996, S. 285). Diese soziobiologisch orientierten Autoren formulieren auch die Hypothese, dass es sich bei dieser Strategie, andere Personen zu täuschen und sie zum eigenen Vorteil auszubeuten, um eine Disposition mit evolutionärer Vergangenheit handeln könnte. Die Tatsache, dass wir diese unangenehmen, aber erfolgreichen Zeitgenossen in vielen Gesellschaftsbereichen häufig auch in einflussreichen Positionen finden, könnte bedeuten, dass es sich hier um eine evolutionär erfolgreiche Entwicklung im intrasexuellen Wettbewerb handelt, die im Zusammenhang mit der sexuellen Selektion entstanden ist.

Der englische Staatsphilosoph Thomas Hobbes hat ebenfalls den Machtbegriff in den Mittelpunkt seiner Betrachtungen gerückt. In dem von ihm geprägten Machtbegriff ist Macht ein kausales, motivierendes Konzept und ein Kennzeichen von Einzelpersonen, die versuchen, ihre Ziele durch Macht zu erreichen. Da in einem Gemeinwesen alle Personen dieses mit unterschiedlichem Erfolg tun, resultiert ein endloser Kampf, ein Krieg aller gegen alle. Für Max Weber (1956, S. 16) bedeutet Macht die Möglichkeit, »den eigenen Willen, auch gegen Widerstreben, durchzusetzen«, und systemtheoretische Ansätze verweisen auf den gleichen Sachverhalt: »Macht ist das Bewirken von Wirkungen gegen möglichen Widerstand, sozusagen Kausalität unter ungünstigen Umständen« (Luhmann, 1975, S. 1). Dieses Bewirken von Wirkungen kann man sich als eine fremdverursachte Einflussnahme auf die Auswahl von Handlungsalternativen eines Individuums vorstellen. Das heißt, ein Individuum tut etwas, was es ohne diese fremde Einflussnahme nicht getan hätte. In welcher Weise diese Einflussnahme geschehen kann, haben bereits vor geraumer Zeit French und Raven (1959) durch die Angabe verschiedenartiger Quellen, auf die sich Macht stützt, beschrieben:

1. Expertenmacht (expert power),
2. Vorbildmacht (referent power),
3. Legitimierte Macht (legitimate power),
4. Belohnungsmacht (reward power),
5. Bestrafungsmacht (coercive power).

Beeinflusste Personen reagieren auf die Anwendung der ersten beiden Machttypen deutlich positiv, auf die Anwendung der Machttypen drei und vier gemäßigt positiv und deutlich negativ auf die Anwendung des fünften Machttyps (Hinkin & Schriersheim, 1989).

Welche Situationen oder Sachverhalte regen nun das Machtmotiv an, und welche Ziele werden verfolgt? Es sollten Positionen und Ämter, Besitztümer, Expertenwissen etc. sein, die es erlauben, Macht auszuüben, d.h., im Sinne von Max Weber den eigenen Willen auch gegen den Widerstand anderer Personen zur Geltung zu bringen. Die unterschiedlichen theoretischen Auffassungen über die angestrebten Ziele machtmotivierten Verhaltens scheinen sich im Augenblick noch einer einheitlichen Konzeption zu entziehen. Wir vermuten jedoch, dass es im Humanbereich das Erlebnis realisierter Kontrolle ist, das positiv wertbesetzt ist und damit einen Anreiz im Sinne des proximaten Handlungsziels darstellt, wobei das Erlebnis von Kontrolle durch eine Emotion, nämlich sich stark zu fühlen (McClelland, 1975, S. 77), markiert wird (Schmalt, 1979b).

10.3 Aufsuchen und Meiden in der Machtmotivation

Veroff (1957) war der erste, der eine Forschungsstrategie, die sich zunächst nur auf das Leistungsmotiv bezogen und sich dort auch bewährt hatte, auf das Machtmotiv übertrug. Wie beim Leistungsmotiv ging es hierbei zunächst einmal darum, das Motiv zu messen. Da man auch hier auf das TAT-Verfahren vertraute, musste ein Inhaltsschlüssel für entsprechende thematische Inhalte, die sich auf das Machtmotiv beziehen, entwickelt werden. So hat Veroff zunächst das Machtmotiv definiert als »die Kontrolle über die Möglichkeiten, andere Personen zu beeinflussen« (1957, S. 2), und hat sich hieran anschließend bemüht, die Korrelate des so definierten Machtmotivs in TAT-Protokollen aufzuspüren. Im Einzelnen werden Geschichteninhalte als machtthematisch verrechnet, wenn ein Affekt im Zusammenhang mit dem Gewinn, dem Erhalt oder dem Verlust von Einfluss geäußert wird, wenn Statusdifferenzen hervorgehoben und wenn definitiv Beeinflussungsversuche unternommen werden.

Ähnlich wie das Maß zur Erfassung des Leistungsmotivs war das Maß zur Erfassung des Machtmotivs ursprünglich nicht dazu angelegt, Aufsuchen- und Meiden-Komponenten getrennt zu erfassen. Veroff (1992) hat die empirische Literatur zusammenfassend analysiert und ist zu dem Schluss gekommen, dass dieses Maß eher die meidende Motivkomponente erfasst, in der das Vermeiden von Gefühlen eigener Machtlosigkeit bzw. Furcht vor Schwäche thematisiert sind. Diese Vorstellungen lehnen sich eng an Formulierungen Alfred Adlers (1927) an, wonach der Ausdruck von Macht eher als Reaktion auf persönliche Unzulänglichkeiten denn als Verhaltensmanifestation eines positiven Machtbedürfnisses gesehen werden muss. Demnach soll auch nicht mehr das Ausüben von Kontrolle, sondern eher die Befreiung von der Kontrolle durch andere das eigentliche Motivziel darstellen (Veroff, 1992).

McClelland und Winter sind darangegangen, das Machtkonzept zu revidieren, wobei sie sich von folgender Definition des Machtmotivs haben leiten lassen: »Soziale Macht ist die Fähigkeit oder Möglichkeit einer Person (O), (bewusst oder unbewusst) intendierte Effekte auf das Verhalten oder die Gefühle einer anderen Person (P) bewirken zu können« (Winter, 1973, S. 5). Winter hat seinen Vpn einen Film von der Amtseinführungsrede von Präsident J. F. Kennedy gezeigt, in dem Bestreben, in den Betrachtern ein weites Spektrum von macht- und einflussbezogenen Vorstellungen wachzurufen. Eine andere Vpn-Gruppe bekam einen weniger anregenden Film über eine wissenschaftliche Demonstrationsapparatur zu sehen. Anschließend bearbeiten die Vpn den TAT. Der Inhaltsschlüssel wurde an den Unterschieden in den TAT-Protokollen beider Gruppen entwickelt. Machtthematik wird verrechnet, wenn der Handelnde sich mit seinem Beeinflussungsvermögen beschäftigt, d. h., dass er sich darum bemüht, sein Prestige oder seine Macht in der Öffentlichkeit herzustellen, aufrechtzuerhalten oder wiederzugewinnen. Hinweise auf das Vorliegen einer solchen Thematik sind gegeben, wenn in den TAT-Protokollen

10 Machtmotivation

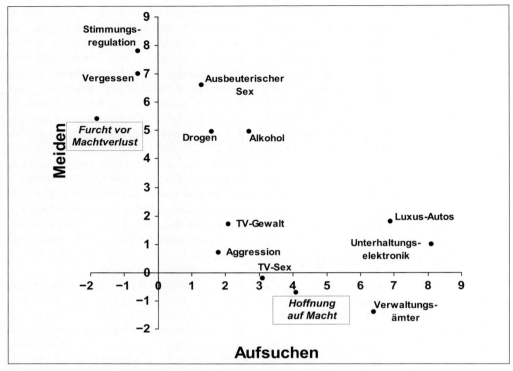

Abb. 10.3: Aufsuchen und Meiden in der Machtmotivation (modifiziert nach Schmalt, in Vorbereitung; Langens & Schmalt, 2008, S. 538)

direkte, kraftvolle und expansive Handlungen geschildert werden, die Affekte in anderen Personen hervorrufen.

Winter ist auch der erste, der sich um eine operationale Trennung von aufsuchenden und meidenden Motivkomponenten bemüht hat. Ein erster empirischer Hinweis auf die Notwendigkeit einer Trennung dieser beiden Motivkomponenten ergab sich in einer Untersuchung von Winter (1972), in der er verschiedenen möglichen Verhaltensauswirkungen des Machtmotivs nachgegangen ist. In dieser Untersuchung zeigte sich, dass ein stark ausgeprägtes Machtmotiv (Gesamtmaß) mit so unterschiedlichen Merkmalen wie dem Innehaben von Verwaltungsämtern auf der einen Seite und dem Besitz von Prestigegütern, Alkoholkonsum, Angaben über ausbeuterisches Sexualverhalten bzw. auch dem Lesen von Sexmagazinen (Play-boy etc.) auf der anderen Seite verbunden war. Winter hat diese verschiedenen Merkmale als alternative Manifestationen des Machtmotivs angesehen. Allerdings ist dies im Hinblick auf die Unterscheidung von Aufsuchen und Meiden in der Machtmotivation nicht ganz eindeutig.

Eine zuverlässige Trennung von Hoffnung und Furcht in der Machtmotivation gelingt erst mit dem Multi-Motiv-Gitter (vgl. Kap. 2). Die Machtskala dieses Verfahrens wurde zusammen mit einer Übersicht über typische machtbezogene Aktivitäten eingesetzt und faktorenanalysiert (vgl. Abb. 10.3). Die Ergebnisse zeigen zwei Dimensionen, die als Aufsuchen und Meiden in der Machtmotivation zu identifizieren sind und im Hinblick auf den Meidenfaktor die interessantesten Perspektiven auf die Motivationsdynamik in diesem Bereich eröffnen:

10.3 Aufsuchen und Meiden in der Machtmotivation

Personen, die durch Furcht vor Machtverlust gekennzeichnet sind, trinken gerne große Mengen Alkohol (»Alkohol«), insbesondere um die Sorgen des Alltags zu vergessen (»Vergessen«) und sich selbst aus einer miserablen Stimmung zu befreien (»Stimmungsregulation«). Außerdem konsumieren sie häufiger Drogen (z. B. Kokain) und neigen zur Ausübung sexueller Gewalt in Zweierbeziehungen (»Ausbeuterischer Sex«). Man kann diese Verhaltensweisen als ein Arsenal von Möglichkeiten zur Ersatzbefriedigung betrachten, das dem Furchtmotivierten ein risikoloses und leicht zugängliches Gefühl von Stärke, Macht und Überlegenheit vermittelt, das er in der Realität komplexer Sozialbeziehungen vermissen muss. Hoffnung auf Macht ist hingegen eher in der Realität verhaftet. Das Innehaben von Ämtern und das Zur-Schau-Stellen von Macht mit Hilfe von Prestigeobjekten (z. B. Luxus-Autos) kennzeichnen die aufsuchende Komponente des Machtmotives.

McClelland und seine Mitarbeiter (McClelland et al., 1972) haben zwei aufsuchend gerichtete Machttypen unterschieden: Personalisierte Macht (PM) und Sozialisierte Macht (SM). SM ist durch ein hohes Machtmotiv und eine starke Inhibitionstendenz charakterisiert. Sie ist altruistisch orientiert und übt Macht zugunsten anderer aus. PM ist durch ein hohes Machtmotiv bei einer niedrigen Inhibitionstendenz gekennzeichnet und ist auf direkte Konfrontation mit einem Opponenten zum Zwecke der möglichen Vergrößerung des eigenen Einflussbereiches gerichtet. In der Machtforschung, die in der Tradition von McClelland steht, ist die Unterscheidung von PM und SM aufgegeben, die Berücksichtigung einer Inhibitionstendenz (ausgedrückt in der Anzahl von »Nein«-Äußerungen in TAT-Protokollen) aber weiterverfolgt worden, so dass ein Machtmotiv mit Inhibitionstendenz und ein Machtmotiv ohne Inhibitionstendenz differenziert werden können. Diese Unterscheidung wird auch in der neueren Forschung, soweit sie mit dem TAT arbeitet, gebraucht, sie ist jedoch im Hinblick auf die universelle Trennung von Aufsuchen und Meiden in der Motivation nicht eindeutig zuzuordnen.

Box 10.1: Winter und Veroff: Verschränkungen von Biographie und theoretischer Orientierung?

Joseph Veroff und David Winter näherten sich dem Phänomen machtmotivierten Verhaltens auf sehr unterschiedliche Art. Während Veroff eher die meidende Komponente des Machtmotivs (»Furcht vor Machtlosigkeit und Kontrollverlust«) in den Vordergrund seiner Forschung stellte, widmete sich David Winter eher der aufsuchenden Komponente (»Hoffnung auf Macht, Stärke und Durchsetzungsvermögen«). David McClelland (1994, persönliche Mitteilung) – der lange sowohl mit Winter als auch mit Veroff zusammengearbeitet hatte – äußerte die Vermutung, dass diese unterschiedlichen Orientierungen auf die Biographie der beiden Forscher zurückgeführt werden können. Veroff war von eher kleiner Statur und hatte noch als Student mit den Nachwirkungen einer Polio-Infektion zu kämpfen, die ihn auch körperlich schwächte. Winter hingegen war bereits als Student ein Hüne von fast zwei Metern Körpergröße, der wusste, dass er seine Kommilitonen mühelos hätte verprügeln können. Ganz offenbar, so McClelland, machten beide Forscher die aufgrund ihrer Lebenserfahrung dominante Facette des Machtmotivs zum Gegenstand ihrer Forschung: Für Veroff war dies – aufgrund seiner körperlichen Beeinträchtigung – die Furchtkomponente, für Winter hingegen – aufgrund seiner physischen Überlegenheit – die Hoffnungskomponente.

10 Machtmotivation

Die von Winter (1973) berichteten Beziehungen des Machtmotivs zu Verhaltensmaßen sind ausgesprochen vielfältig. Hoch und positiv machtmotivierte Studenten halten mehr studentische Ämter inne, sind häufiger in Organisationen aktiv, beteiligen sich häufiger an öffentlichen Veranstaltungen und Diskussionen und betätigen sich auch erfolgreicher in verschiedenen Wettkampfsportarten. Sie streben schließlich erfolgreich Berufe wie Lehrer, Psychologe und Geistlicher an. Hoch machtmotivierte Männer berichten eher ungewöhnliche Ansichten über Frauen. Sie befürchten, der bloße Kontakt mit Frauen könne sie verletzen; sie befürchten, ausgenutzt und zurückgewiesen zu werden (Winter et al., 1977). Sie äußern häufiger auch Unzufriedenheit in Zweierbeziehungen und neigen auch schneller dazu, solche Beziehungen wieder aufzulösen (Stewart & Rubin, 1976). Mason und Blankenship (1987) haben in Paarbeziehungen einen Zusammenhang zwischen hohem Machtmotiv und der Anwendung psychischer und physischer Gewalt gegen den Partner gefunden, und zwar bei Männern ebenso wie bei Frauen. Allerdings steht Gewaltanwendung in unterschiedlichen funktionalen Zusammenhängen. Bei machtmotivierten Männern ist Gewaltanwendung generell zu beobachten und wird als Kontroll- und Einflussstrategie verstanden. Bei machtmotivierten Frauen tritt dieser Effekt nur bei gleichzeitig hoher Anschlussmotivation und einem erheblichen Ausmaß an subjektiv erlebtem Stress in der Beziehung auf. Hier wird Gewaltanwendung als eine Reaktion auf den drohenden Verlust des Partners und als ein verzweifelter Versuch, die Beziehung weiterhin aufrechtzuerhalten, verstanden.

10.4 Die Neurobiologie des Machtmotivs

McClelland (1989) hat auf die enge Bindung des Macht- und Anschlussmotivs an physiologische Prozesse hingewiesen und damit auch die Bedeutung dieser Motive

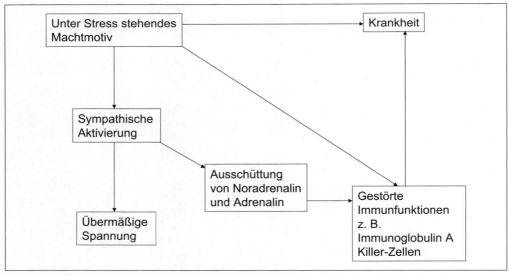

Abb. 10.4: Zusammenhänge zwischen einem unter »Stress« stehenden Machtmotiv, physiologischen Veränderungen und Krankheit (modifiziert nach McClelland, 1989, S. 676)

10.4 Die Neurobiologie des Machtmotivs

für körperliches Wohlbefinden und Anfälligkeiten für bestimmte Krankheiten angesprochen. In Bezug auf das Machtmotiv ist er insbesondere der Frage nachgegangen, in welcher Weise ein unter Druck stehendes Machtmotiv, das aufgrund innerer oder äußerer Hemmungen und Widerstände nicht ausgelebt werden kann, zu neurophysiologischen und immunologischen Reaktionen führt, die ihrerseits negative gesundheitliche Folgen nach sich ziehen. Die vermutete Wirkungskette für ein solches psychosomatisches Krankheitsmodell, das in einigen Bestandteilen als bereits erhärtet angesehen werden kann, ist in **Abb. 10.4** dargestellt.

Mehrere Beobachtungen weisen darauf hin, dass ein inhibiertes Machtmotiv sowohl mit hohem Blutdruck als auch mit häufigeren Erkrankungen, insbesondere der Atemwege, verbunden ist (McClelland, 1979). Hoch Machtmotivierte, die mit erheblichem Stress im Leben umzugehen hatten, berichten von häufigeren und schwereren Krankheiten. McClelland et al. (1985) geben an, dass ein hohes und gegenüber dem Anschlussmotiv dominantes Machtmotiv dazu führt, dass bei Personen unter Stress höhere Noradrenalin- und niedrigere Immunoglobulinkonzentrationen im Speichel auftreten. Immunoglobuline sind Eiweiße, die von Lymphozyten produziert werden und bei diesen außen an der Zellmembran sitzen. Die aus diesen B-Lymphozyten entstehenden Plasmazellen produzieren Antikörper. Auch ohne die situationsspezifische Aktivation des sympathischen Nervensystems war bei Personen mit dem unter »Stress« stehenden Machtmotiv eine chronische Reduktion des Immunoglobulin-A-Niveaus im Serum zu beobachten (Jemmott & McClelland, 1988). Jemmott et al. (1988) haben in mehreren Motivgruppen Immunfunktionen untersucht. Sie berichten, dass die Fähigkeit natürlicher »Killer«-Zellen zur Zerstörung von Krebszellen bei Personen mit dem unter Stress stehenden Machtmotiv reduziert ist, während bei einem nicht unter Druck

Abb. 10.5: Erfolge bei sportlichen Wettkämpfen bieten starke Anreize für das Machtmotiv (aus WAZ, 26.01.2007, Foto: Reuters)

stehenden Anschlussmotiv diese Fähigkeit verbessert ist.

Steele (1977) hat nachgewiesen, dass eine stark angeregte Machtmotivation von einer Ausschüttung von Adrenalin und Noradrenalin begleitet wird. Als Anregungsmedium benutzte Steele mitreißende politische Reden, die viel Machtthematik enthalten (z. B. Churchills Dünkirchen-Rede oder Reden Heinrichs V. aus dem gleichnamigen Drama Shakespeares). Dabei stieg der Adrenalin- und Noradrenalinspiegel stark an und korrelierte hoch ($r = .71$) mit der unmittelbar nach der Rede gemessenen Stärke des Machtmotivs. Noradrenalin scheint ein motivspezifischer Neurotransmitter zu sein, der die Verarbeitung machtthematischer Informationen begünstigt. McClelland vermutet, dass es für Machthandeln ein noradrenalingestütztes Belohnungssystem gibt. Demnach wäre ein zentralnervöser Regulationsmechanismus für die Noradrenalinausschüttung und Optimierung motivthematischer Informationsverarbeitung verantwortlich.

Das männliche Sexualhormon Testosteron steht mit einer ganzen Reihe verschiedener Formen des Sozialverhaltens beim Menschen und den höher organisierten Säugern in Zusammenhang (vgl. Kap. 6 und Kap. 9). Es gibt Hinweise dafür, dass der Testosteronspiegel in einem positiven Zusammenhang mit dominantem Verhalten sowie mit einer Neigung zu Gewaltanwendungen und impulsiver antisozialer Aggression steht, darüber hinaus mit einer Tendenz, neben langfristigen Partnerschaften auch kurzfristige außerpaarmäßige Beziehungen einzugehen. Bedeutende Veränderungen des aktuellen Testosteronspiegels findet man insbesondere auch bei dominanzrelevanten direkten Konfrontationen, wie es in ritualisierter Form bei bestimmten sportlichen Wettkämpfen der Fall ist (vgl. **Abb. 10.5**). Vor solchen Wettkämpfen steigt der Testosteronspiegel in der Regel an und bleibt nach dem Wettkampf noch eine Zeit lang erhalten – allerdings nur bei Gewinnern, bei Verlierern fällt er rasch ab (Bernhardt et al., 1998). Ein nicht ganz stabiler Befund, der in einer Untersuchung von Schultheiss et al. (1999) denn auch ausschließlich für hoch Machtmotivierte bestätigt werden konnte. Schultheiss und Rohde (2002) konnten diesen Befund replizieren und erweitern: Es fanden sich einige Hinweise darauf, dass der Testosteronanstieg bei machtorientierten Gewinnern, insbesondere bei Personen mit ungehemmtem Machtmotiv, auftrat und mit dem Lernen von Verhaltensweisen einherging, die instrumentell für den Gewinn des Wettbewerbs waren. Der beobachtete Testosteronanstieg könnte belohnend gewirkt haben und unter motivationalen Gesichtspunkten dann als Anreiz fungieren. Zieht man das Testosteronniveau als Prädiktor heran, dann zeigt sich, dass Personen mit einem habituell hohen Testosteronspiegel auf eine Gewinnsituation mit einer Abnahme der Kortisolkonzentration reagierten und den sportlichen Wettkampf gerne wiederholen wollten (Mehta, Jones & Josephs, 2008).

10.5 Situative Determinanten machtmotivierten Verhaltens

McClelland und Mitarbeiter (McClelland & Watson, 1973; McClelland & Teague, 1975) sind in zwei Untersuchungen der Frage nachgegangen, inwieweit ein Erwartung-Wert-Modell machtbezogenes Handeln vorherzusagen vermag. In einer Machtsituation spielten die Vpn ein Roulettespiel mit anderen Spielpartnern, und die Vorhersage war, dass hoch Machtmotivierte in dieser Spielsituation extreme Risiken eingehen. Diese Vorhersage baut auf Aussagen von Winter (1972) auf, der davon spricht, dass sich hervortun, als einflussreich erscheinen und aufzufallen für hoch Machtmotivierte wichtige Ziele darstellen. Machtthematische Ziele dieser Art können bei einem Roulettespiel durch die Übernahme sehr hoher Risiken verwirklicht werden. Diese Vorhersagen fanden zum großen Teil Bestätigung. Hoch Machtmotivierte bevorzugen – wie vorhergesagt – extrem hohe Risiken. Sie platzieren ca. 40 % ihrer Einsätze auf Positionen, bei denen die objektive Gewinnwahrscheinlichkeit bei 5 % liegt. In dieser Untersuchung wurde auch das Leistungs- und Anschlussmotiv gemessen. Auch die Leistungsmotivierten bevorzugen hohe

Risiken, allein die Anschlussmotivierten meiden diesen Risikobereich.

In einigen anderen Untersuchungen wurden kognitive, insbesondere Gedächtnisfunktionen in Abhängigkeit von der Motivdisposition erfasst. McAdams (1982) hat das Macht- und Intimitätsmotiv zu Erinnerungen für herausragende autobiographische Episoden (Gipfelerlebnisse, wichtige Lernerfahrungen, unangenehme Ereignisse etc.) in Beziehung gesetzt. Die Befunde zeigen deutliche positive Korrelationen zwischen dem Machtmotiv und der Erinnerung an diese Gipfelerlebnisse mit machtthematischem Inhalt. Keine Zusammenhänge ergaben sich für weniger bedeutsame machtthematische Erfahrungen; sie sind offensichtlich kaum motivabhängig. Ein Befund, der für eine ganze Reihe von Motiven von Woike (1995) bestätigt wurde. Schmalt und Langens (2004) haben bei ihren Vpn über einen Zeitraum von vier Wochen spontan auftretende Tagträume und Erinnerungen an wichtige Tagesereignisse erfasst. Ein deutliches Ergebnis dieser Untersuchung war, dass hoch Machtmotivierte (TAT, Multi-Motiv-Gitter) mehr machtbezogene Tagträume und auch mehr herausragende, emotional bedeutungsvolle Tagesereignisse berichten. Dieser Befund ist ein sehr schöner Hinweis darauf, wie Motive unser spontanes Erleben und auch die Erinnerung an bedeutungsvolle Ereignisse selektiv beeinflussen, indem sie das jeweils zu dem Motiv passende (gleichthematische) Material hervorheben.

Eine besondere Möglichkeit, das Verhalten und Erleben machtmotivierter Personen zu analysieren, liegt darin, ihr Verhalten in experimentellen Spielsituationen zu beobachten. In solchen Spielen werden durch die Spielanlage bestimmte Formen von Konflikten zwischen den Spielpartnern induziert. Es wird generell erwartet, dass hoch Machtmotivierte solche Konfliktsituationen dazu benutzen, ihre Mitspieler zu beeinflussen, sie möglicherweise auch ausnutzen, um den Spielverlauf zu ihren Gunsten zu gestalten. Sie sollten eher versuchen, die Situation und die Mitspieler zu kontrollieren und weniger geneigt sein, den Dingen ihren Lauf zu lassen.

Ein in diesem Zusammenhang häufig benutztes Verhandlungsspiel ist das »Gefangenen-Dilemma-Spiel«, an dem jeweils zwei Spielpartner teilnehmen. Jeder Spielpartner hat zwei vorgegebene Handlungsmöglichkeiten, eine kooperative und eine kompetitive. Wählen beide Partner kooperativ, machen beide einen kleinen Gewinn. Verhalten sich beide Partner kompetitiv, machen beide einen Verlust. Durch planmäßige Variation der zu erwartenden Gewinne und Verluste kann der situative Anreiz zu kooperativem bzw. kompetitivem Spiel manipuliert werden. Es zahlt sich aus, wenn man selber kompetitiv wählt und den Spielpartner – wie auch immer – dazu veranlassen kann, gleichzeitig kooperativ zu wählen; man macht dann nämlich im Vergleich mit dem Spielpartner die größten Gewinne; das ist – wie im Leben – nicht sehr edel, aber erfolgreich.

Terhune (1968, 1970) hat in einer Variante des Gefangenen-Dilemma-Spiels jeweils drei Spielpartner zusammengebracht, von denen jeweils einer in dominanter Weise leistungs-, anschluss- oder machtmotiviert war. Hoch Leistungsmotivierte waren am kooperativsten und erwarteten auch von ihrem Spielpartner Kooperation. Anschlussmotivierte waren sehr defensiv und befürchteten, von ihrem Spielpartner hereingelegt zu werden. Machtmotivierte waren hingegen sehr kompetitiv und ausbeuterisch; sie legten ihre Mitspieler herein, von denen sie annahmen, dass sie sich kooperativ verhalten würden.

Schnackers und Kleinbeck (1975) haben das Verhalten hoch Machtmotivierter im sogenannten »Gauner-Spiel« analysiert. Dieses Spiel erlaubt nicht nur die Beantwortung der Frage, wie effizient hoch Machtmotivierte an der Durchsetzung ihrer Interessen

10 Machtmotivation

arbeiten, sondern darüber hinaus auch, welcher Handlungsstrategien sie sich dabei bedienen. Das Spiel wird mit drei Spielern gespielt und ist so angelegt, dass man es nur gewinnen kann, wenn man zeitweise mit einem anderen Mitspieler koaliert, wobei die Bedingungen, unter denen eine Koalition gebildet wird, jeweils ausgehandelt werden müssen. Es bestand also die Erwartung, dass hoch Machtmotivierte im Gauner-Spiel diese Bedingungen zu ihren Gunsten gestalten würden. Die Ergebnisse zeigten, dass hoch Machtmotivierte häufiger als Alleinsieger aus dem Spiel hervorgingen, also »rechtzeitig« die Koalition aufkündigten. Wenn sie in einer Koalition gewannen, erreichten sie eine günstigere Punkteaufteilung. Eine Analyse der Verhaltensweisen zeigte, dass sie im gesamten Spielverlauf aktiver waren und mehr Beeinflussungsversuche unternahmen. Sie machten häufiger direkt an eine Person gerichtete Koalitionsangebote, die auch zumeist akzeptiert wurden, vermutlich weil sie zum »richtigen« Zeitpunkt an die »richtige« Person adressiert waren. Wenn es zum eigenen Nutzen ist, sind hoch Machtmotivierte auch eher geneigt, eine Koalition aufzukündigen, auch unter Missachtung vorher getroffener Vereinbarungen.

Diese Befunde legen die Schlussfolgerung nahe, dass hoch Machtmotivierte ein soziales Konfliktgeschehen sehr genau und realistisch wahrnehmen und verarbeiten, um dann durch geeignete Verhaltensweisen einzugreifen und die Situation zum eigenen Vorteil umzugestalten. Diese Vermutung wurde in einer Untersuchung von Schmalt (1987) geprüft. Zwei Personen interagierten in einem Gefangenen-Dilemma-Spiel; jedoch nur scheinbar, in Wirklichkeit trafen sie auf eine vom Versuchsleiter manipulier-

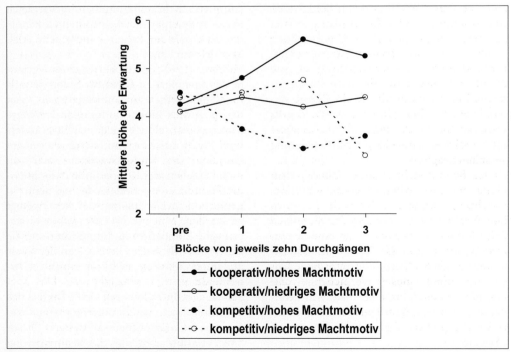

Abb. 10.6: Erwartungsschätzungen hoch- und niedrig Machtmotivierter in den beiden Durchführungsbedingungen (modifiziert nach Schmalt, 1987, S. 111)

te Strategie eines fiktiven Partners, der in einer Bedingung 80 %, in einer weiteren Bedingung 20 % kompetitive Wahlen – nach Zufall gemischt – realisierte. Zusätzlich zum Machtmotiv wurden auch die Intentionen der Versuchspersonen erfasst. Fast alle Vpn gaben an, sich in dieser Situation kooperativ verhalten zu wollen. Während des Spiels, das insgesamt 30 Durchgänge umfasste, wurden zusätzlich Erwartungen darüber erhoben, inwieweit man glaubte, seine Intention verwirklichen zu können. **Abbildung 10.6** zeigt die Ergebnisse dieser Untersuchung. Hoch Machtmotivierte mit kooperativer Handlungsabsicht, die auf einen kooperativen Opponenten treffen (koop./hohes Machtmotiv) und dadurch relativ leicht ihre Absicht realisieren können, werden über die Versuchsdurchgänge hinweg immer zuversichtlicher, ihre Absicht auch tatsächlich verwirklichen zu können. Wenn sie jedoch auf einen kompetitiven Opponenten treffen (komp./hohes Machtmotiv), werden sie, realistischerweise, immer skeptischer im Hinblick auf die Möglichkeit, ihre ursprüngliche Absicht verwirklichen zu können. Hoch Machtmotivierte scheinen also sehr sensibel für Informationen zu sein, die die Realisierungsmöglichkeiten ihrer Intentionen betreffen, während die Niedrigmotivierten auf diese Informationen entweder gar nicht oder sehr verspätet reagieren.

Dieser Befund steht in guter Übereinstimmung mit einer weiteren empirischen Beobachtung, wonach machtvolle Personen ihre Verhaltensweisen deutlich situativen Erfordernissen anpassen, während machtlose Personen eher gleichförmig reagieren (Guinote, 2008). Man kann vermuten, dass das Geheimnis eines erfolgreichen machtbezogenen Handelns darin liegt, die relevanten sozialen Randbedingungen genau zu kennen und das eigene Verhalten darauf abzustimmen.

10.6 Das Machtmotiv, politische Führung und Krieg und Frieden

Über eine rein psychologische Betrachtungsebene hinausgehend sind Vorstellungen, in denen McClelland (1975) versucht, bestimmte Motivkonstellationen aus Macht-, Anschluss- und Leistungsmotiv in Verbindung mit hoher und niedriger Hemmung gesamtgesellschaftlichen Entwicklungen zuzuordnen. Er geht von der Überlegung aus, dass das gehäufte Auftreten von Individuen mit einer bestimmten Motivkonstellation aus Anschluss- und Machtmotiv zur Expansion von Kulturen oder Nationen und zu politischen, wirtschaftlichen und militärischen Veränderungen führen müsste. Zunächst zu den Motivkonstellationen: Nach McClelland lassen sich drei ausgezeichnete Konstellationen unterscheiden: Das »Motivsystem der persönlichen Enklave« ist bei Individuen mit hohem Macht- und hohem Anschlussmotiv bei geringer Hemmung zu finden. Sie neigen dazu, sich eine eigene Welt zu schaffen. Meist handelt es sich um die Familie, in der sie sich stark und geborgen fühlen. Von diesen Personen sind gesellschaftliche und soziale Initiativen nicht zu erwarten. Durch das »Motivsystem der Konquistadoren« zeichnen sich Personen aus, die bei ebenfalls geringer Hemmung ein hohes Macht-, aber ein geringes Anschlussmotiv besitzen. Bedingt durch den geringen Hemmungsfaktor unterliegt ihr Selbstbehauptungsstreben weder großer Selbst- noch Fremdkontrolle. Diese Personen vermögen sich nur schwer in bestehende Systeme einzugliedern. Das aber gelingt den Menschen mit dem »Imperialen Motivsystem«, bei dem bei geringem Anschlussmotiv das hohe Machtmotiv durch einen starken Hemmungsfaktor kontrolliert wird. Sie setzen ihre Fähigkeiten nicht zur Erreichung persönlicher Machtziele ein,

10 Machtmotivation

sondern ordnen sich Organisationen unter, um so dem allgemeinen Wohl zu dienen; sie geben ihren Mitarbeitern das Gefühl, stark und mächtig zu sein und aus eigener Kraft die gesteckten Gruppenziele erreichen zu können. Charismatische Führerpersönlichkeiten sind häufig durch diese Motivkonstellation gekennzeichnet.

McClelland geht nun weiter von der Vermutung aus, dass in bestimmten zeitlichen Zyklen kriegerischen Auseinandersetzungen kollektive Veränderungen in der Motivstruktur, d. h. eine Erhöhung des Machtmotivs und eine Verringerung des Anschlussmotivs, vorangehen. McClelland hat diese Überlegungen zu stützen versucht, indem er die in einer bestimmten Epoche vorherrschende Wichtigkeit von Anschluss- und Machtmotivation in den USA zu kriegerischen Verwicklungen dieser Nation in Beziehung setzte, und hat hierbei auf die amerikanische Geschichte des Zeitraums von 1780 bis 1970 Bezug genommen. In Zehn-Jahres-Intervallen hat er die jeweils aktuelle Literatur (Lesebücher für Kinder, populäre Romane und Kirchengesänge) auf Macht- und Anschlussthematik hin analysiert (ähnlich der TAT-Inhaltsanalyse). Wenn man diese Motivkennwerte zu den kriegerischen Auseinandersetzungen, in die die USA während des genannten Zeitabschnitts verstrickt waren, in Beziehung setzt, so wird deutlich, dass Perioden, in denen das Machtmotiv gesamtgesellschaftlich deutlich stärker ausgeprägt war als das Anschlussmotiv (schraffierte Flächen in **Abb. 10.7**), kriegerischen Auseinandersetzungen vorauslaufen, während es in Kriegszeiten selbst oder unmittelbar danach zu einer umgekehrten Motivkonstellation kommt.

Diese Befunde machen deutlich, dass eine Phase, in der die imperiale Motivkonstellation das nationale Klima bestimmt, einem bewaffneten Konflikt vorausläuft. Wenn wir hieraus eine Gesetzmäßigkeit ableiten wollen, so scheint die Konstellation um 1970 eine erneute Verstrickung der USA in bewaffnete Auseinandersetzungen anzukündigen. Eine Befürchtung, die zwanzig Jahre nach Beendigung des Vietnamkrieges

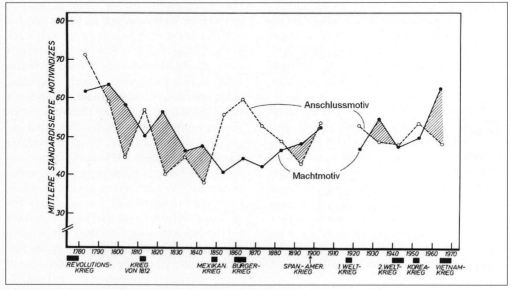

Abb. 10.7: Stärke des Macht- und Anschlussmotivs in der volkstümlichen Literatur der USA zwischen 1780 und 1970 (modifiziert nach McClelland, 1975, S. 336)

durch den Eintritt der USA in den Golfkrieg Realität wurde.

In einer Studie ist Winter (1987) den Zusammenhängen zwischen den gesamtgesellschaftlich gehaltenen, motivational bedeutsamen Wertvorstellungen und den Motivausprägungen (Macht, Anschluss, Leistung) der jeweils gewählten US-Präsidenten – gemessen durch eine Inhaltsanalyse der Amtsantrittsreden – nachgegangen. Er fand die generelle Hypothese bestätigt, dass die gewählten Präsidenten in ihren persönlichen Motivprofilen weitgehend dem gesamtgesellschaftlichen Muster entsprechen. Eine Passung dieser Art ist allerdings kein Garant für »politische Größe« – eher das Gegenteil. Einige der von Historikern als »Große Präsidenten« eingestuften – Lincoln, Washington, Roosevelt, Truman und Kennedy – wiesen die deutlichsten Diskrepanzen zwischen ihrem und dem gesamtgesellschaftlichen Motivprofil auf, was man so deuten kann, dass sie in der Lage waren, ihrem Volk neue Wege und neue Horizonte zu eröffnen. Was das Machtmotiv betrifft, so erwies es sich in diesem Bereich als das einflussreichste Maß. Es korrelierte bei .40 mit der eingeschätzten »Größe« und bei .59 mit dem Eintritt in kriegerische Auseinandersetzungen, aber auch noch mit .34 mit deren Beendigung. Winter (2001) hat sich auch mit der jüngeren amerikanischen Geschichte und den amerikanischen Präsidenten beschäftigt. Bill Clinton, der im Wahlkampf 1992 als Herausforderer des damaligen amtierenden Präsidenten George Bush auftrat, weist in seiner Antrittsrede hohe Kennwerte sowohl für das Leistungs- als auch für das Machtmotiv auf. Interessant ist, dass er beide Motivkennwerte gegenüber seiner Kandidatenrede wesentlich gesteigert hat. Eine solche Konstellation wiesen vor ihm nur die Präsidenten Roosevelt, H. Truman und J. F. Kennedy auf. Ein solcher Zuwachs an Machtthematik von der Kandidatenschaft bis zum Amtsantritt ist möglicherweise ein Indikator für eine zunehmende gesellschaftliche Gestaltungsambition. Die Analyse der Amtsantrittsrede von George W. Bush ergab relativ hohe Werte für das Macht- und Anschlussmotiv.

Tab. 10.1: Motivmuster in den Kommunikationen zwischen der britischen und der deutschen Regierung sowie der amerikanischen und sowjetischen Regierung (nach Winter, 1993, S. 539–540)

	Erster Weltkrieg Machtmotiv minus Anschlussmotiv		
	Früh in der Krise	Spät in der Krise	Veränderung
Deutsche Regierung	–10.20	5.10	15.30
Britische Regierung	–6.00	1.13	7.13
	Kuba-Krise Machtmotiv minus Anschlussmotiv		
	Früh in der Krise	Spät in der Krise	Veränderung
Amerikanische Regierung	11.00	–10.67	–21.67
Sowjetische Regierung	10.33	–10.33	–20.66

Winter (2001) sagte bei diesem Präsidenten eine aggressive Außenpolitik vorher; das gleichzeitig hohe Anschlussmotiv zeige aber auch eine hohe Abhängigkeit von der Zustimmung von Freunden und Beratern.

In einer einfallsreichen Untersuchung ist Winter (1993) der Hypothese nachgegangen, dass kriegerische Auseinandersetzungen zwischen Nationen in einem motivationalen Klima vorbereitet werden, das sehr viel Machtthematik und wenig Anschlussthematik enthält. Er hat hierbei zwei Konflikte der Weltgeschichte näher betrachtet: Der erste Konflikt eskalierte und mündete in einer Katastrophe, dem ersten Weltkrieg; der zweite Konflikt – die Kuba-Krise – deeskalierte, eine atomare Auseinandersetzung zwischen den USA und der damaligen UdSSR konnte im letzten Augenblick verhindert werden. Winter hat hierzu die zwischen den Regierungen ausgetauschten Botschaften zu zwei Zeitpunkten in der Krisenentwicklung auf macht- und anschlussthematische Motivinhalte analysiert. Die Ergebnisse sind in **Tabelle 10.1** dargestellt. Man sieht deutlich, dass in der eskalierenden Krise die machtbezogenen Inhalte in den ausgetauschten Botschaften deutlich zunehmen, während in der deeskalierenden Krise solche machtthematischen Inhalte deutlich hinter den anschlussbezogenen Motivinhalten im Verlaufe der Entspannung zurückbleiben.

Diese Befunde bestätigen die Hypothese, dass kriegerischen Auseinandersetzungen eine Phase hoher Macht- und niedriger Anschlussmotivation vorangeht. Abnehmende Machtmotivation erhöht die Chance auf eine friedliche Konfliktbeilegung. Bei einer laufenden Auseinandersetzung signalisieren abnehmende Werte für das Machtmotiv auch zunehmende Chancen auf eine baldige Konfliktbeilegung.

10.7 Auf ein Wort …

Rangordnungen in tierlichen Gemeinschaften tragen dazu bei, das Leben in diesen Gruppen zu stabilisieren und damit den Funktionswert der Gemeinschaft zu erhöhen. Die Frage, inwieweit jenen individuellen Merkmalen und Verhaltensweisen, die für die Ausbildung einer Rangordnung verantwortlich sind, eine genetische Basis zugrunde liegt, muss von Art zu Art entschieden werden. Die Tatsache allerdings, dass die Ausbildung von Dominanzhierarchien bei vielen Wirbeltierarten anzutreffen ist, legt die Vermutung einer biologischen Grundlage nahe. Diese Vermutung wird gestützt durch die Beobachtung, dass bei vielen Primaten die Position in der Hierarchie auch mit dem Fortpflanzungserfolg in einem positiven Zusammenhang steht.

Die Beschäftigung mit machtthematischen Fragen hat in den Sozialwissenschaften eine lange Tradition; jedoch blieb der motivationale Aspekt im Sinne einer differenziell-psychologischen Problemstellung lange von der Betrachtung ausgespart. Motivationspsychologische Ansätze haben sich konzeptuell und methodisch zunächst eng an die Leistungsmotivationsforschung angelehnt. Die Forschungsansätze in diesem Bereich haben sich mit drei Schwierigkeiten konfrontiert gesehen: erstens eine allgemein verbindliche Definition des Machtmotivs auszuarbeiten und verschiedene Motivkomponenten darin zu identifizieren, zweitens ein verlässliches Messinstrument zu entwickeln und drittens Verhaltensweisen anzugeben, die in einem theoretisch bedeutsamen Zusammenhang mit den Motivvariablen stehen.

Viele Definitionen des Motivs konvergieren dahingehend, dass Macht in der Ausübung von Einfluss besteht, der sich in einer Veränderung der Verhaltens- und Erlebnisweisen anderer Personen manifestiert. Von den vielen vorgeschlagenen TAT-Varianten hat sich das von Winter empfohlene Vorgehen durchgesetzt, das in den neueren Arbeiten aus dem anglo-amerikanischen Raum fast ausschließlich zugrunde gelegt wird. Das genannte Verfahren verrechnet Machtthematik, wenn a) kraftvolle, unterstützende, andere kontrollierende Verhaltensweisen geschildert werden, dadurch b) in anderen Personen stärkere Emotionen freigesetzt werden und wenn schließlich c) jemand sich mit seiner Reputation und Statusposition beschäftigt. Eine verlässliche Trennung von Aufsuchen- und Meiden-Tendenzen gelingt allerdings erst mit dem Multi-Motiv-Gitter.

Zu den interessanten Befunden gehört, dass hohe Machtmotivation bei gleichzeitig niedriger Anschlussmotivation, wie sie in der Gesamtgesellschaft oder in den Botschaften zwischen Nationen zum Ausdruck kommt, einen nahenden Kriegsausbruch ankündigt. Große und bedeutungsvolle amerikanische Präsidenten weisen ein hohes Machtmotiv auf – sie führen ihre Nation aber auch häufig in kriegerische Auseinandersetzungen; zuletzt Roosevelt, J.F. Kennedy und G.W. Bush.

Auf der Ebene von persönlichen Interaktionen sind hoch machtmotivierte Personen oftmals eher unangenehm. Sie sind ausbeuterisch, legen ihre Partner herein, betrügen und lassen, wenn sie in Führungspositionen gelangen, wenig Eigenständigkeit und Kreativität in ihren Gruppen entstehen. Sie beobachten soziales Konfliktgeschehen auch sehr viel genauer, um bei passender Gelegenheit zum eigenen Vorteil eingreifen zu können. Es scheint, als wenn es zwei Komplexe von Machtmotivation gäbe, einer beruht auf Souveränität und persönlicher Ausstrahlung (Charisma), der andere auf eigennütziger Manipulation anderer Personen. McClelland hat diese beiden Machtformen als »Sozialisierte Macht« und »Personalisierte Macht« bezeichnet.

11 Anschluss und Intimität

11.1	Phänomene und Funktion
11.2	Die Messung sozialer Motive
11.3	Korrelate des Anschlussmotivs
11.4	Endokrinologische Grundlagen der Anschluss- und Intimitätsmotivation
11.5	Körperliche und psychische Gesundheit
11.6	Auf ein Wort …

11.1 Phänomene und Funktion

Der Mensch ist ein soziales Lebewesen: Seinen Erfolg bei der Verbreitung über den Erdball verdankt er der Fähigkeit, nicht nur spezifische Bindungen zu wenigen ausgewählten Menschen – Eltern, Ehepartnern und Kindern –, sondern auch zu Gruppen von Gleichgesinnten und Schicksalsgemeinschaften – Dorfbewohnern, Mitarbeitern, Freunden und Nachbarn – aufbauen und aufrechterhalten zu können. Ausgeschlossen aus der Gemeinschaft waren Menschen zu vielen Zeiten dem Tod geweiht. Einen eindrucksvollen Beleg für diese Behauptung liefern Beobachtungen zum sogenannten »Voodoo-Tod«, der unter anderem bei australischen Ureinwohnern beobachtet wurde: Ein Ausschluss aus der Gemeinschaft – meist aufgrund der Verletzung eines stammesinternen Tabus – führt nach kurzer Zeit zu einem »psychogenen« Tod infolge der Gewissheit, auf sich allein gestellt nicht überlebensfähig zu sein (Richter, 1957). Auf der anderen Seite sind dauerhafte Freundschaften, stabile Partnerschaften und das Zusammensein mit den eigenen Kindern potenziell eine der wichtigsten Quellen von positiven Emotionen, Lebenszufriedenheit und Glück (Buss, 2004). Die unvermeidlichen Krisen, die sich in fast jedem Leben einstellen – sei es durch Naturkatastrophen, Kriege, Krankheit, Unsicherheit oder persönliche Niederlagen –, lassen sich besser bewältigen, wenn man Freunde, Verwandte oder den Ehepartner hinter sich weiß (Cohen, 1992; Coyne & Downey, 1991).

Es ist daher nicht verwunderlich, dass sich zur Lösung dieser adaptiven Probleme – der Vermeidung von Isolation sowie Aufbau und Aufrechterhaltung positiver Beziehungen zu anderen Menschen – im Laufe der Evolution des Menschen eigene Motivationssysteme herausgebildet haben, die – wie andere Motive auch – ein identifizierbares physiologisches Substrat haben und Verhalten ohne notwendige Beteiligung des Bewusstseins steuern (vgl. auch **Abb. 11.1**). Bevor wir auf individuelle Unterschiede in der sozialen Motivation eingehen, wollen wir an zwei Beispielen – den Funktionen von Mimikry und der Schmerzhaftigkeit sozialer Zurückweisung – deutlich machen, wie tief soziale Motivation im menschlichen Verhalten und in seinen neuronalen Grundlagen verankert ist.

11.1 Phänomene und Funktion

Abb. 11.1: Das Bedürfnis nach positivem Kontakt hat evolutionäre Wurzeln und lässt sich auch bei nichtmenschlichen Primaten nachweisen (Foto: Avenue Images)

Beispiel 1: Mimikry. Schon seit einigen Jahrzehnten ist bekannt, dass Mimikry – die meist spiegelbildliche Imitation der Körperhaltung und typischer Verhaltensweisen eines Interaktionspartners (vgl. Abb. 11.2) – vorwiegend zwischen Menschen auftritt, die einander sympathisch sind und eine gute Beziehung zueinander aufgebaut haben. Experimentell konnte ebenfalls bestätigt werden, dass Menschen einen Interaktionspartner sympathischer finden, wenn dieser ihr Verhalten spiegelt (Chartrand & Bargh, 1999); interessanterweise führten die Probanden in dieser Untersuchung ihre Sympathie auf andere Faktoren zurück, was darauf hinweist, dass sich der zugrunde liegende Mechanismus (Mimikry erzeugt Sympathie) außerhalb des Bewusstseins abspielt. Neuere Untersuchungen zeigen, dass Menschen Mimikry automatisch – ohne Intention und bewusste Reflektion – einsetzen, um eine positive Beziehung zu anderen Personen aufzubauen. Lakin und Chartrand (2003) erzeugten in einer Gruppe ihrer Probanden das Bedürfnis nach positivem sozialen Kontakt, indem sie anschlussthematische Ziele durch Primeworte anregten (vgl. Kap. 4) und dieses Bedürfnis dann durch das abweisende Verhalten einer anderen Person frustrierten.

Anschließend ließen sie ihre Probanden mit einer weiteren Person – einer Gehilfin des Versuchsleiters – interagieren, die ein auffälliges Verhaltensmerkmal zeigte: Sie schüttelte unaufhörlich ihr Bein oder berührte sich regelmäßig mit einer Hand im Gesicht. Probanden, bei denen ein Anschlussziel frustriert wurde, ahmten diese Verhaltensweisen häufiger nach als solche, die kein Anschlussziel verfolgten oder dabei nicht frustriert wurden. Diese Befunde zeigen eindrucksvoll, dass Mimikry eine wichtige Funktion beim Aufbau und der Aufrechterhaltung sozialer Beziehungen erfüllt und auch ohne Beteiligung des Bewusstseins zu diesem Zweck eingesetzt wird.

Abb. 11.2: Mimikry: die spiegelbildliche Imitation der Körperhaltung und typischer Verhaltensweisen eines Interaktionspartners

Beispiel 2: Soziale Zurückweisung. Eine Untersuchung von Eisenberger, Lieberman und Williams (2003) konnte nachweisen, dass soziale Zurückweisung nicht nur metaphorisch »schmerzhaft« ist, sondern die gleichen Hirnstrukturen aktiviert, die auch bei der Wahrnehmung und Verarbeitung physischer Schmerzempfindungen involviert sind. Physische Schmerzen führen zu erhöhter Aktivität nicht nur in somatosensorischen Hirnarealen (die kodieren, wo am Körper der Schmerz auftritt), sondern ebenfalls im anterioren cingulären Kortex (ACC), einer »Alarmstation«, die in kritischen Situationen – z. B. wenn die Verwirklichung von Handlungszielen oder das allgemeine Wohlbefinden gefährdet ist – aktiv wird. Insbesondere der dorsale Bereich des ACC (dACC) spielt bei der Detektion von Schmerzen eine zentrale Rolle. Eisenberger und Kollegen untersuchten nun, ob der dACC auch aktiv wird, wenn Menschen sozial zurückgewiesen werden. Während ihre Probanden in einem fMRT-Scanner lagen, nahmen sie an einem Computerspiel (»Cyberball«) teil, bei dem sie sich zusammen mit zwei weiteren Personen auf einem virtuellen Spielfeld einen Ball zuwerfen konnten. Der Ball ging von einem Spieler zum anderen, und wenn der Proband ihn »in die Hände« bekam, konnte er entscheiden, an welchen Mitspieler er ihn nun werfen wollte. In Wirklichkeit wurden die beiden Mitspieler von einem Computerprogramm gesteuert, das den echten Probanden nach kurzer Zeit von dem Spiel ausschloss: Der Proband musste dann zusehen, wie sich seine Mitspieler fröhlich den Ball zuwarfen, ohne ihn weiter zu berücksichtigen. Obwohl es sich bei diesem Spiel um eine höchst abstrakte und sehr artifizielle Form der Zurückweisung handelte – letztlich waren keine anderen Personen physisch anwesend –, berichteten die Probanden nach dem Spiel einen starken Anstieg negativer Emotionen. Mehr noch, direkt nach dem Ausschluss durch die anderen »Spieler« zeigte sich im dACC eine deutliche Aktivierung, die der eines akuten Schmerzerlebens ähnlich war. Diese Koppelung von sozialer Zurückweisung und körperlichem Schmerzerleben stammt vermutlich aus einer Zeit, in der soziale Ächtung einem Todesurteil gleichkam (s. o.); ihre Funktion bestand – und besteht noch – darin, das Individuum dazu zu motivieren, soziale Zurückweisung um jeden Preis zu vermeiden.

In beiden der hier geschilderten Untersuchungen wurden auch deutliche *interindividuelle Unterschiede* beobachtet: In der Untersuchung von Lakin und Chartrand waren in der frustrierten Gruppe einige Probanden deutlich stärker bemüht, durch Mimikry eine positive Beziehung aufzubauen als andere; in der Studie von Eisenberger und Mitarbeitern zeigten einige Probanden nach einer Zurückweisung deutlich stärkere Aktivierung des dACC als andere. Es wurde jedoch nicht versucht, diese Unterschiede auf relativ stabile Bewertungsdispositionen wie Motive zurückzuführen. Im Folgenden werden wir darauf eingehen, wie soziale Motive gemessen werden können, und zeigen, dass die so erhobenen Persönlichkeitsunterschiede einen großen Einfluss darauf haben, wie sich Menschen in sozialen Situationen verhalten.

11.2 Die Messung sozialer Motive

Soziale Motive sind ebenso wie Leistung und Macht *implizite* Motive, die nur durch indirekte Verfahren gemessen werden können (vgl. Kap. 4). Um die empirischen Befunde der Forschung zum Anschluss- und Intimitätsmotiv nachvollziehen zu können, ist es ratsam – oder besser: unverzichtbar – zu wissen, wie diese Verfahren entwickelt wurden. Ohne dieses Wissen würden auf den ersten Blick paradoxe Befunde unerklärlich bleiben: So fand man im Rahmen einer der ersten Untersuchungen zum Anschlussmotiv heraus, dass hoch anschlussmotivierte Studenten – denen wir ein starkes Bedürfnis nach positiven Beziehungen zu anderen Menschen unterstellen – bei ihren Kommilitonen *weniger* beliebt waren als Studenten mit einem schwachen Anschlussmotiv (Shipley & Veroff, 1952). Man kann ausgiebige Spekulationen anstellen, um diesen Befund zu erklären; in die Nähe einer gültigen Erklärung können wir aber nur dann kommen, wenn wir wissen, was das Verfahren wirklich erfasst.

Vor etwa einem halben Jahrhundert entwickelte eine Forschergruppe um John Atkinson einen Inhaltsschlüssel zur Verrechnung des Anschlussmotivs in TAT-Protokollen (Shipley & Veroff, 1952; Atkinson, Heynes & Veroff, 1954). In dieser frühen Zeit der Motivationsforschung herrschte die Vorstellung vor, dass die Anregung soziogener Motive – wie eben Anschluss oder auch Leistung – denselben Gesetzen folgt wie die Anregung homöostatischer Bedürfnisse: So wie Hunger entsteht, wenn ein Lebewesen lange Zeit auf Nahrung verzichtet hat, sollte Anschlussmotivation durch einen Mangel an positiven sozialen Interaktionen, Akzeptanz und Zuwendung angeregt werden. Dieser Zustand einer angeregten Anschlussmotivation sollte sich auch in der Fantasietätigkeit niederschlagen und dazu führen, dass in TAT-Geschichten Inhalte auftauchen, die für das Anschlussmotiv charakteristisch sind. Um diese Inhalte zu identifizieren, regten Atkinson und Mitarbeiter das Anschlussmotiv zunächst experimentell an: Sie führten mit einer Gruppe von Bewohnern eines Studentenwohnheims ein soziometrisches Rating durch, bei dem Studenten der Reihe nach von ihren Kommilitonen beurteilt wurden: Jeder Student musste einmal aufstehen, während alle anderen auf einem Zettel einschätzten, wie sympathisch sie ihn finden, ob sie ihn gerne als Freund haben wollten etc. Die TAT-Geschichten, die direkt im Anschluss an diese Prozedur geschrieben wurden, wurden mit denen einer Kontrollgruppe verglichen, in der das Anschlussmotiv nicht angeregt wurde (diese Studenten hatten sich zuvor in einem Seminarraum mit Rechenaufgaben beschäftigt). In einer weiteren Untersuchung wurden die TAT-Geschichten von Studenten, die kurz zuvor von einer Studentenvereinigung abgelehnt wurden (in Amerika hatten und haben solche Vereinigungen einen deutlich höheren Stellenwert als in Deutschland), mit denen verglichen, die wie gewünscht in eine Vereinigung aufgenommen wurden. In beiden Untersuchungen ergab sich, dass unter anregenden Bedingungen vermehrt anschlussthematische Inhalte zum Ausdruck gebracht wurden: Die Akteure in den Geschichten äußerten das Bedürfnis nach positiven Beziehungen, beschrieben sich als einsam und isoliert, schilderten konkrete Bemühungen, Freundschaften zu schließen etc. Als Maß für das Anschlussmotiv wurden alle Inhaltskategorien, die für ein angeregtes Anschlussmotiv charakteristisch waren, zu einem Kennwert zusammengefasst.

Das TAT-Verfahren in Kombination mit dem Verrechnungsschlüssel von Atkinson und Mitarbeitern diente in den folgenden Jahren als das Standardverfahren zur Messung des Anschlussmotivs, das als das überdauernde Bedürfnis definiert wurde, positive Beziehungen zu anderen Menschen aufzubauen, aufrechtzuerhalten oder wiederherzustellen (Atkinson et al., 1954). Im Laufe der Zeit wurde jedoch immer deutlicher, dass das TAT-Maß kein einheitliches Bedürfnis misst, sondern ein Gemisch aufsuchender und meidender Tendenzen – Hoffnung auf Anschluss *und* Furcht vor Zurückweisung – erfasst. Ein Hinweis darauf ergab sich bereits in den gerade beschriebenen Untersuchungen, die übereinstimmend fanden, dass hoch (relativ zu niedrig) anschlussmotivierte Studenten bei ihren Kommilitonen weniger beliebt waren. Dieser Befund ist leicht zu erklären, wenn wir berücksichtigen, dass das Maß für Anschlussmotivation zu einem nicht unbedeutenden Anteil Furcht vor Zurückweisung erfasst. Zurückweisungsängstliche Personen sind in sozialen Situationen oft unsicher und übertragen diese Unsicherheit auch auf ihre Interaktionspartner; sie neigen dazu, das Verhalten anderer fälschlicherweise als Zurückweisung wahrzunehmen und sich zurückzuziehen; mehr als andere fordern sie Sympathiebeweise ein und belasten damit – entgegen ihren eigentlichen Absichten – die Beziehung zu anderen Menschen (Mehrabian & Ksionzky, 1974; Sokolowski & Heckhausen, 2006; Strachman & Gable, 2006). Alle diese Faktoren können erklären, warum zurückweisungsängstliche Menschen bei ihren Mitmenschen weniger gut ankommen.

Die letztlich zwingende Schlussfolgerung, dass der von Atkinson und Mitarbeitern entwickelte TAT-Schlüssel neben aufsuchender Motivation eben auch Zurückweisungsfurcht erfasst, veranlasste McAdams (1980), einen neuen Inhaltsschlüssel zu entwickeln, der ausschließlich die *positiven Aspekte* sozialer Interaktionen erfassen sollte. In Abgrenzung zum Anschlussmotiv gab McAdams dieser Form sozialer Motivation den Namen »Intimitätsmotivation«. Den Prototyp intimitätsmotivierten Verhaltens beschreibt nach McAdams eine besondere Form der Beziehung zwischen zwei Menschen, die durch Selbstöffnung, Dialog und positiven Affekt charakterisiert ist. Meistens finden wir solche Beziehungen zwischen Menschen, die einander durch eine gemeinsame Geschichte nahegekommen sind, etwa bei Ehepartnern, Verwandten oder langjährigen Freunden. McAdams betont aber, dass Bekanntheit weder notwendig noch hinreichend für das Auftreten von Intimitätsmotivation ist: Zum einen ist Bekanntheit kein Garant für das Auftreten von Intimität; zum anderen kann sich – unter passenden Bedingungen – Intimität ebenfalls bei flüchtigen Bekanntschaften einstellen. Ein Beispiel geben die manchmal sehr offenen, herzlichen und tiefgründigen Gespräche, die sich auf einer langen Zugreise mit einem Sitznachbarn ergeben können.

Mit dem Ziel, einen Inhaltsschlüssel zur Erhebung von Intimitätsmotivation zu entwickeln, ließ McAdams (1980; 1989) seine Probanden TAT-Geschichten unter Bedingungen schreiben, die weitgehend frei von »Furcht vor Zurückweisung« und stattdessen durch Dialog, Selbstöffnung und Vertrauen gekennzeichnet waren. Eine Gruppe von Studenten bearbeitete den TAT während einer Feier, die aufgrund ihrer Aufnahme in eine Studentenverbindung gegeben wurde.

Andere Studenten schrieben die Geschichten, nachdem sie gerade andere Studenten unter angenehmen und vertrauensvollen Bedingungen kennengelernt hatten. Die Protokolle wurden wiederum verglichen mit Geschichten, die unter nicht anregenden Bedingungen geschrieben wurden. Zudem sammelte McAdams TAT-Geschichten von Studenten, die gerade glücklich verliebt waren, und suchte nach inhaltlichen Unterschieden zu Geschichten von Kommilitonen, die nicht gebunden waren. Das resultierende Kategoriensystem betont (1) den in einer Beziehung entstehenden positiven Affekt und (2) den Dialog zwischen zwei Menschen deutlich stärker als der Schlüssel zur Verrechnung von Anschlussmotivation. Inwieweit es McAdams tatsächlich gelungen ist, mit dieser Methode die aufsuchende Komponente sozialer Motive zu isolieren, werden wir weiter unten sehen, wenn wir die Korrelate sozialer Motive darstellen.

Das Multi-Motiv-Gitter (vgl. Kap. 2) erlaubt die getrennte Erhebung sowohl aufsuchender sozialer Motivation – *Hoffnung auf Anschluss* – als auch meidender sozialer Motivation – *Furcht vor Zurückweisung* – in einem einzigen Instrument. Hoffnung auf Anschluss weist konzeptuelle Gemeinsamkeiten mit Intimitätsmotivation auf. Furcht vor Zurückweisung wird unabhängig von dieser aufsuchenden Komponente erfasst und ist konzeptuell verwandt mit der meidenden Komponente des Anschlussmotivs. Die unterschiedlichen Facetten sozialer Motivation lassen sich hinsichtlich der dominant wirksamen Anreize abgrenzen. Sokolowski (1986, Sokolowski & Heckhausen, 2006) hat darauf hingewiesen, dass in der Gegenwart fremder oder wenig bekannter Personen andere Anreize wirksam werden als in der Gesellschaft guter Freunde. In *Pulp Fiction* bemerkt Mia etwa sehr treffend gegenüber Vincent, dass man in der Gegenwart eines guten Freundes schweigen kann, während man sich bei weniger gut Bekannten ständig bemüht fühlt,

Small Talk zu machen (»Why do we feel it's necessary to yak about bullshit in order to be comfortable?«). Im Einklang mit dieser Beobachtung schlägt Sokolowski vor, dass das Anschlussmotiv – und damit seine Komponenten »Hoffnung auf Anschluss« und »Furcht vor Zurückweisung« – vorwiegend in der Gegenwart fremder oder wenig bekannter Menschen angeregt wird: Bei Fremden (nicht aber Freunden) ist es notwendig, eine positive Beziehung erst einmal aufzubauen; von Fremden kann man jedoch auch leichter zurückgewiesen werden als von Personen, die man schon seit Jahren kennt. Das Intimitätsmotiv wird dagegen leichter im Kreis von Personen angeregt, zu denen man bereits eine positive und sichere Beziehung aufgebaut hat, wie gute Freunde, Verwandte und Partner. Die gemeinsame Geschichte mit diesen Menschen bildet den Grundstein für Selbstöffnung, positiven Affekt und Dialog, die die zentralen Anreize intimitätsmotivierten Verhaltens bilden.

11.3 Korrelate des Anschlussmotivs

Eine zentrale Funktion von Motiven besteht darin, den Organismus für motivrelevante Reize zu sensibilisieren und Aufmerksamkeit automatisch auf solche Reize auszurichten. Einer der stärksten sozialen Reize ist das *Gesicht* eines Artgenossen: Schon Säuglinge richten ihre Aufmerksamkeit bevorzugt auf schematische oder fotografische Darstellungen von Gesichtern, insbesondere dann, wenn sie einen freundlichen Ausdruck aufweisen. Biopsychologische Untersuchungen konnten nachweisen, dass sich Unterbereiche von Hirnstrukturen, die im Zentrum emotionaler und motivationaler Prozesse stehen – wie etwa die Amygdala und der orbitofrontale Kortex –, auf die Verarbeitung von Gesichtsausdrücken

Abb. 11.3: Auch nicht soziale Reize werden häufig als »Gesichter« wahrgenommen

spezialisiert haben. So durchdringend ist die Neigung, Gesichter in der Umwelt zu erkennen, dass auch nicht soziale Reize fälschlicherweise oft als »Gesichter« wahrgenommen werden (vgl. **Abb. 11.3**). Der Gesichtsausdruck kann daher zu den ungelernten oder – um den Begriff McClellands (1985) zu verwenden – »natürlichen« Anreizen des Anschlussmotivs gerechnet werden. Gesichter sollten für hoch (relativ zu niedrig) anschlussmotivierte Personen einen hohen Aufforderungscharakter besitzen: Sie sollten Gesichter insgesamt rascher wahrnehmen und mehr Aufmerksamkeit auf Gesichter richten als niedrig anschlussmotivierte Personen. Besonders sensitiv sollten Anschlussmotivierte auf Gesichtsausdrücke reagieren, die Informationen über die *Qualität* der Beziehung beinhalten: Dazu zählen z. B. lächelnde Gesichter, die eine gute Beziehung signalisieren, aber auch ärgerliche Gesichter, die ein Anzeichen einer beeinträchtigten Beziehung sind. Im Folgenden werden wir Untersuchungen schildern, die diesen Hypothesen nachgegangen sind.

In einem Experiment von Atkinson und Walker (1956) wurden Probanden Dias präsentiert, die vier Reize auf einmal zeigten, einen in jeder Ecke eines gedachten Rechtecks: drei nicht soziale Reize (Haushaltsgegenstände) und ein Gesicht. Die Dias wurden unterschwellig (für einen sehr kurzen Zeitraum) dargeboten, so dass die Probanden nicht bewusst erkennen konnten, was ihnen

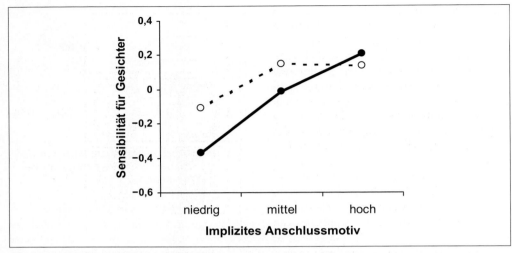

Abb. 11.4: Sensibilität für unterschwellig präsentierte Gesichter als Funktion des Anschlussmotivs und der Anregungsbedingung (gestrichelte Linie: neutral; durchgezogen: angeregt) in der Untersuchung von Atkinson und Walker (1956, S. 40)

da gezeigt wurde. Obwohl die Reize nicht erkennbar waren, sollten die Probanden angeben, welcher Reiz von den vieren »am deutlichsten heraussticht«. Über einige Dutzend Durchgänge, bei denen die Position des Gesichts zufällig variiert wurde, wurde gezählt, wie häufig die Probanden ein Gesicht als herausstechendsten Reiz auswählten. Zusätzlich wurde das Anschlussmotiv in einer Versuchsgruppe experimentell angeregt (die Probanden unterzogen sich einem soziometrischen Rating), während das Experiment in einer weiteren Gruppe unter neutralen Bedingungen durchgeführt wurde. Das Ergebnis ist in **Abbildung 11.4** wiedergegeben: Hoch (relativ zu niedrig) anschlussmotivierte Personen deuteten häufiger auf die Gesichter, und dieser Zusammenhang war stärker ausgeprägt, wenn das Anschlussmotiv experimentell angeregt wurde. Dieser Befund legt nahe, dass Gesichter für hoch anschlussmotivierte Personen schon dann zu »prägnanten« Reizen werden, wenn sie noch nicht bewusst wahrgenommen wurden.

In einer neueren Untersuchung von Schultheiss und Hale (2007) wurde der bereits erwähnten Hypothese nachgegangen, dass die Sensitivität hoch Anschlussmotivierter für Gesichter am deutlichsten für Gesichtsausdrücke ausgeprägt ist, die Informationen über die *Qualität* der Beziehung enthalten. Die Unmittelbarkeit der Aufmerksamkeitszuwendung zu Gesichtsausdrücken wurde in dieser Studie mit Hilfe einer Dot-Probe-Aufgabe erhoben (vgl. **Abb. 11.5**): Die Probanden sahen – nachdem sie ihre Aufmerksamkeit auf ein Fixationskreuz gerichtet hatten – zunächst für ein kurzes Zeitintervall (das von 12 über 116 bis 231 ms variierte) nebeneinander zwei Gesichtsausdrücke, jeweils ein Gesicht mit einem neutralen Ausdruck und dazu entweder ein freundliches oder ein ärgerliches Gesicht. Direkt im Anschluss wurden die Gesichter durch einen Rasterdruck »maskiert«, was dazu führte, dass der Gesichtsausdruck bei kurzen Präsentationszeiten von 12 ms nicht bewusst identifiziert werden konnte. Dann erschien an der Stelle eines der beiden Gesichter ein Punkt. Die Probanden hatten die Aufgabe, durch das Drücken einer Taste so rasch wie möglich anzugeben, auf welcher Seite der Punkt erschien. Durch eine vollständige Variation der Orte, an denen die neutralen bzw. emotionalen Gesichter und die Punkte präsentiert werden, lassen sich mit dieser Aufgabe automatische Aufmerksamkeitsprozesse rekonstruieren: Wenn sich die Aufmerksamkeit eines Probanden automatisch auf eines der Gesichter heftet (z. B. auf das freundliche Gesicht), dann sollte er vergleichsweise schnell reagieren, wenn der Punkt an der Stelle des freundlichen Gesichts erscheint, und eher langsam, wenn der Punkt an der Stelle des neutralen Gesichts präsentiert wird. Die Befunde zeigten, dass bei hoch anschlussmotivierten Probanden sowohl ärgerliche als auch freundliche Gesichter automatische Aufmerksamkeitsprozesse anregten. Wurden ärgerliche Gesichter für sehr kurze Zeit (12 ms) präsentiert, dann wendeten hoch Anschlussmotivierte ihre Aufmerksamkeit ab, so, als wollten sie das ärgerliche Gesicht ignorieren. Bei längeren Präsentationszeiten (116 und 231 ms) wurde dagegen ihre Aufmerksamkeit unwillkürlich auf das ärgerliche Gesicht gezogen. Bei freundlichen Gesichtern waren die Befunde geradliniger: Bei allen Präsentationszeiten (12 bis 231 ms) wurde die Aufmerksamkeit hoch anschlussmotivierter Teilnehmer auf das freundliche Gesicht gelenkt. Insgesamt waren die Effekte für ärgerliche Gesichter stärker als für freundliche Gesichter, was mit der Annahme übereinstimmt, dass das verwendete Maß für das Anschlussmotiv eine starke Komponente der Furcht vor Zurückweisung enthält. Für zurückweisungsängstliche Personen enthält ein ärgerliches Gesicht bedeutsamere Information (»Vorsicht: die Beziehung ist beeinträchtigt!«) als ein freundliches Gesicht.

Von hoch anschluss- bzw. intimitätsmotivierten Personen würden wir auch erwarten, dass sie häufiger an andere Menschen denken und mehr Zeit (als niedrig motivierte) darauf verwenden, positive Kontakte zu fremden Menschen aufzubauen oder eine gute Beziehung zu Freunden, Verwandten und dem Partner aufrechtzuerhalten.

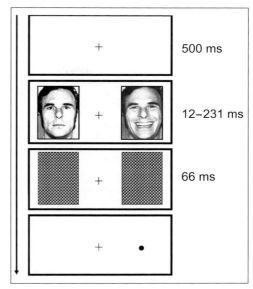

Abb. 11.5: Schematische Darstellung der von Schultheiss und Hale (2007) eingesetzten Dot-Probe-Aufgabe zur Erfassung automatischer Aufmerksamkeitsprozesse

Eine ältere Untersuchung von Lansing und Heynes (1959) konnte bereits zeigen, dass hoch anschlussmotivierte Personen häufiger mit Freunden und Bekannten telefonierten, mehr Briefe schrieben (heute würden dieselben Personen wohl eher auf E-Mail und SMS zurückgreifen) und andere Menschen häufiger besuchten als niedrig motivierte. Einen vergleichbaren Befund erhielten McAdams und Constantian (1983), die ihre Probanden mit einem Beeper ausstatteten, der mehrmals täglich Alarm gab und damit die Teilnehmer aufforderte, aufzuschreiben, woran sie in diesem Moment dachten und womit sie gerade beschäftigt waren. Je höher das Anschluss- oder das Intimitätsmotiv ausgeprägt war, desto größer war die Wahrscheinlichkeit, dass Probanden an eine andere Person dachten, mit einer anderen Person sprachen oder einen Brief schrieben. Unter Probanden, die in einem Gespräch mit einer anderen Person angetroffen wurden, sagte das Intimitätsmo-

Tab. 11.1: Korrelationen zwischen den sozialen Motiven Intimität und Anschluss und Verhaltensweisen und Inhalten in einem Psychodrama (nach McAdams & Powers, 1981, S. 581)

Verhalten in einem Psychodrama	Intimitäts-motiv	Anschluss-motiv
Diskrete Verhaltensweisen		
Räumliche Nähe vs. Distanz	.42**	.35*
Häufigkeit »wir«	.39*	.30+
Lachen	.32*	.31*
Anweisungen	−.31*	−.26
Themen des gespielten Szenarios		
Positiver Affekt	.68***	.33*
Reziproker Dialog	.55***	.33*
Aufgabe von Kontrolle	.45**	.12
Berührungen	.31+	.08
Intimitäts-Gesamtindex	.70***	.27

Anmerkung: *** $p < .001$. ** $p < .01$. * $p < .05$. + $p < .10$.

tiv (nicht aber das Anschlussmotiv) zudem eine positive Stimmung vorher, was mit der Annahme vereinbar ist, dass Gespräche mit anderen Menschen für intimitätsmotivierte Personen eine Quelle emotionalen Wohlbefindens darstellen. In einer Untersuchung von Schmalt und Langens (2004) führten Probanden über einen Zeitraum von vier Wochen ein Tagebuch, in dem sie an jedem Abend die vier bedeutsamsten Ereignisse des Tages notieren sollten. Probanden mit starker Hoffnung auf Anschluss nannten deutlich häufiger anschlussbezogene Ereignisse – gemeinsames Mittagessen mit Kommilitonen, einen Ausflug mit Freunden, Besuche bei Verwandten etc. – als niedrig hoffnungsmotivierte Probanden.

Diese Untersuchungen zeigen, dass sowohl anschluss- als auch intimitätsmotivierte Personen den Kontakt zu anderen Menschen suchen. Als Nächstes wäre zu fragen, wie sie sich ihren Mitmenschen – insbesondere ihnen nahestehenden Personen wie guten Freunden und Verwandten – gegenüber verhalten. Dieser Frage gingen McAdams und Powers (1981) nach, die die Teilnehmer ihrer Studie ein Psychodrama spielen ließen. In einem Psychodrama stellen Teilnehmer Situationen aus ihrem eigenen Leben nach; die Rollen von Familienmitgliedern, Freunden und Bekannten werden von anderen Mitspielern besetzt. Ein solches Rollenspiel bietet die Möglichkeit, das Verhalten von Probanden in einer bedeutungsvollen und persönlich involvierenden sozialen Situation zu beobachten. McAdams und Powers filmten ihre Probanden und analysierten die Aufnahmen später nach einer Vielzahl von Kriterien. Ihre Befunde zeigten, dass hoch intimitätsmotivierte Teilnehmer die Nähe ihrer Mitspieler suchten, häufiger das Wort »wir« gebrauchten, mehr lachten und weniger Anweisungen gaben; in ihrer Darstellung äußerten sie stärkere Zuneigung und positive Emotionen, verwickelten ihre Mitspieler stärker in Dialoge und schienen sich völlig der Situation zu überlassen. Für das Anschlussmotiv waren einige dieser Zusammenhänge ebenfalls statistisch signifikant; insgesamt fielen sie jedoch deutlich schwä-

11.3 Korrelate des Anschlussmotivs

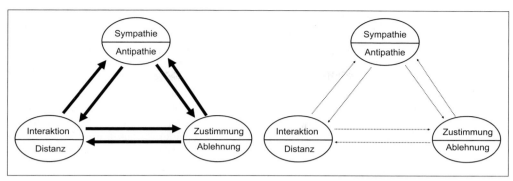

Abb. 11.6.: Nach Winter (1996, S. 146) hängen Sympathie/Antipathie, Interaktion/Distanz und Zustimmung/Ablehnung bei stark anschlussmotivierten Personen enger zusammen als bei Personen mit einem schwachen Anschlussmotiv

cher aus (vgl. **Tab. 11.1**). Insgesamt zeigt diese Studie, dass es hoch intimitätsmotivierten Personen besser als anschlussmotivierten Menschen gelingt, im Kontakt mit anderen Menschen eine offene, vertrauensvolle und herzliche Atmosphäre zu schaffen.

Winter (1996) hat darauf hingewiesen, dass das Anschlussmotiv – im Gegensatz zum Intimitätsmotiv – einen »janusköpfigen« Charakter hat: Einerseits können hoch anschlussmotivierte Personen freundlich und kontaktbereit sein; im nächsten Moment können sie anderen Menschen aber auch »die kalte Schulter« zeigen. Wie können wir diese zwei Seiten des Anschlussmotivs erklären? Winter weist darauf hin, dass *Sympathie*, *Interaktion* und *Zustimmung* üblicherweise miteinander verknüpft sind: Tendenziell suchen wir die Nähe von Menschen, die uns sympathisch sind; zudem finden wir Menschen sympathischer, die unsere Meinung teilen, und suchen Kontakt zu ih-

---

Box 11.1: Anschlussmotivation und das »Vermüllungssyndrom«

Das »Vermüllungssyndrom« hat in den vergangenen Jahren sowohl die Aufmerksamkeit der Klinischen Psychologie als auch der Boulevard-Medien auf sich gezogen. Es äußert sich u. a. in der Unfähigkeit von meist allein lebenden Personen, sich von wertlosen Gegenständen – wie etwa leeren Konservendosen, Kartons, Plastiktüten, alten Zeitungen etc. – zu trennen, die ohne Ausnahme in der eigenen Wohnung gehortet werden, bis die Wohnung nur noch durch einen Gang bzw. ein Gangsystem passierbar ist, das »an den Bau eines Hamsters« (Dettmering & Pastenaci, 2004) erinnert. Versuche von Außenstehenden – Verwandten, dem Vermieter oder dem Ordnungsamt – die Wohnung zu entmüllen, können bei den Bewohnern panikartiges Entsetzen hervorrufen, das an die Trennungsangst von Kindern erinnert. Diese Untergruppe der Betroffenen berichtet, dass ihre Sammelwut nach einem einschneidenden Lebensereignis begann, welches das Ende einer bedeutsamen sozialen Beziehung markierte: dem Tod der Eltern oder des Ehepartners, einer Scheidung, der Trennung vom Partner oder dem Auszug der Kinder. Diese Beobachtungen legen die Vermutung nahe, dass wertlose Objekte als Ersatz für eine nicht mehr existierende Beziehung gehortet werden (Dettmering & Pastenaci, 2004). Sie suggerieren möglicherweise eine Konstanz und überschaubare Gleichförmigkeit in einer Welt, die nach einem unwiederbringlichen Verlust als fremd und unkontrollierbar erlebt wird.

nen. Ebenso gibt es enge Verbindungen zwischen *Antipathie*, *Distanz* und *Ablehnung*: Zu uns wenig sympathischen Menschen halten wir Distanz und ihren Überzeugungen stimmen wir nur ungern zu. Winter (1996) hat eine Vielzahl von Belegen zusammengestellt, die zeigen, dass die Verknüpfung zwischen diesen jeweils drei Konzepten bei hoch anschlussmotivierten Personen *enger* ist als bei niedrig Anschlussmotivierten (vgl. **Abb. 11.6**). Das zeigt sich zum einen bei den positiven Merkmalen Sympathie, Interaktion und Zustimmung: Wenn sich hoch anschlussmotivierte Personen in einem Kreis von Menschen aufhalten, die sie mögen und von denen sie gemocht werden, dann suchen sie die Nähe dieser Menschen, sind freundlich, entgegenkommend, unterstützend und übernehmen die Meinungen und Ansichten ihres Gegenübers sehr bereitwillig. Bei niedrig anschlussmotivierten Menschen sind diese Merkmale dagegen weniger eng miteinander verbunden: Sie können auch Menschen zustimmen, die sie unsympathisch finden; sie suchen nicht nur die Nähe von Menschen, die sie mögen; sie suchen auch die Nähe von Menschen, die nicht ihre Meinung teilen, etc. Der engere Zusammenhang zeigt sich zum anderen bei den negativen Merkmalen Antipathie, Distanz und Ablehnung, die für hoch anschlussmotivierte Personen untrennbar miteinander verbunden sind, für niedrig anschlussmotivierte dagegen weitgehend voneinander unabhängig sind.

11.4 Endokrinologische Grundlagen der Anschluss- und Intimitätsmotivation

Hormone stehen im Zentrum eines phylogenetisch alten Systems zur Steuerung und Koordination innerorganismischer Vorgänge (vgl. Kap. 2). Sie werden sowohl im autonomen Nervensystem als auch im Zentralnervensystem (ZNS) wirksam und haben auf diesen Wegen globale ausrichtende und synchronisierende Effekte auf das Verhalten, ähnlich einer »Hintergrundmusik« motivierten Verhaltens. Da der Aufbau individualisierter Bindungen ein zentrales Merkmal vieler Säugetiere ist, verwundert es nicht, dass gleich mehrere Hormone identifiziert wurden, die das anschlussmotivierte Verhalten koordinieren. Die wichtigsten Hormone und ihre Funktion werden wir nachfolgend schildern.

Experimente an Tieren und Beobachtungen an Säuglingen und Frühgeborenen zeigen, dass soziale Isolation zu einer dramatischen Stressreaktion – der sogenannten Trennungsangst (*separation anxiety*) – führen kann, in deren Verlauf Stresshormone wie Adrenalin und Noradrenalin (vermittelt über eine Aktivierung des sympathischen Nervensystems) und Kortisol (gebildet in der Nebennierenrinde) ausgeschüttet werden. Bei Jungtieren und Säuglingen äußert sich diese Reaktion auch in motorischer Unruhe, Suchverhalten und deutlichen Vokalisationen (Schreien, Weinen). Beim erwachsenen Menschen führt eine wahrgenommene Beeinträchtigung sozialer Beziehungen häufig zu ähnlichen physiologischen Stressreaktionen, die – neben Adrenalin und Kortisol – ebenfalls eine vermehrte Ausschüttung von Progesteron (Wirth & Schultheiss, 2006) beinhaltet. Progesteron weist eine ähnliche chemische Struktur wie Kortisol auf und wird wie dieses bei beiden Geschlechtern in der Nebennierenrinde und bei Frauen ebenfalls in den Ovarien ausgeschüttet. Diese Hormone versetzen den Organismus in erhöhte Verhaltensbereitschaft und bereiten Menschen darauf vor, durch eigene Handlungen beeinträchtigte soziale Beziehungen wiederherzustellen.

Ein weiteres Hormon, das bereits sehr früh als physiologisches Substrat bindungsmo-

11.4 Endokrinologische Grundlagen der Anschluss- und Intimitätsmotivation

tivierten Verhaltens diskutiert wurde, ist Oxytozin, ein Neuropeptid, das im Hypothalamus gebildet und über die Hypophyse in die Blutbahn ausgeschüttet wird. Es ist seit langem bekannt, dass Oxytozin bei Säugetieren vermehrt bei der Geburt und während der Stillzeit ausgeschüttet wird. Als »Hormon der Mutterliebe« wird ihm u. a. die Aufgabe zugeschrieben, den Aufbau einer Bindung zwischen Mutter und Neugeborenem zu unterstützen. Diese Annahme belegen z. B. Experimente an Schafen: Schafe, denen Oxytozin injiziert wurde, bauen zwangsläufig eine Bindung zu einem fremden Lamm auf, das sich nach der Injektion in der Nähe befindet. Die Gabe von Oxytozinantagonisten (die die Effekte von Oxytozin im ZNS »ausschalten«) führt dagegen dazu, dass Schafe keine Bindung zu ihrem eigenen Neugeborenen aufbauen. Über die Muttermilch wird Oxytozin ebenfalls an das Lamm weitergegeben; man vermutet, dass auf diesem Weg die Bindung zwischen Lamm und Muttertier verstärkt wird. Oxytozin scheint ebenfalls eine bedeutende Rolle beim Aufbau stabiler heterosexueller Paarbeziehungen zu spielen. Untersuchungen an Wühlmäusen konnten zeigen, dass die Gabe von Oxytozin zum Aufbau stabiler Partnerschaften zuvor unbekannter Individuen führen kann, während Oxytozinantagonisten den Aufbau einer Paarbeziehung verhindern (Lim & Young, 2006). Beim Menschen wird Oxytozin während des Geschlechtsverkehrs und danach ausgeschüttet und scheint dann ebenfalls die Bindung an den Partner zu verstärken.

Taylor und Gonzaga (2007) vertreten die Hypothese, dass basale Oxytozinkonzentrationen beim Menschen die Funktion eines »sozialen Thermostats« erfüllen: Demnach wird Oxytozin vermehrt ausgeschüttet, wenn die Qualität sozialer Beziehungen *unter* ein akzeptables Niveau fällt. In empirischen Untersuchungen konnte gezeigt werden, dass das Oxytozinniveau bei Frauen mit der wahrgenommenen Beeinträchtigung sozialer Beziehungen korreliert ist: Frauen, die über Probleme in der Partnerschaft (z. B. über verständnislose, wenig liebevolle, emotional kalte Partner oder häufige Streitereien und Meinungsverschiedenheiten) oder über reduzierten Kontakt zu Freunden, der Familie oder liebgewonnen Haustieren berichten, weisen deutlich erhöhte Oxytozinkonzentrationen auf (Taylor et al., 2006; Turner, Altemus, Enos, Cooper & McGuinness, 1999). Taylor zufolge motiviert das erhöhte Oxytozinniveau dazu, Kontakt zu anderen Menschen zu suchen und positive Beziehungen aufzubauen bzw. wiederherzustellen. Wie wir weiter unten darstellen werden, wird die belohnende Wirkung sozialer Kontakte vermutlich durch die Ausschüttung körpereigener Opiate, sogenannter Endorphine, hervorgerufen. Oxytozin scheint die Opioid-Rezeptoren des ZNS zu sensibilisieren und damit den Aufbau oder die Wiederherstellung sozialer Beziehungen besonders belohnend zu machen.

Die durch soziale Isolation oder beeinträchtigte Beziehungen ausgelöste Stressreaktion wird durch Oxytozin in Verbindung mit positivem sozialen Kontakt eingedämmt. In Tierversuchen konnte gezeigt werden, dass Injektionen von Oxytozin bei verschiedenen Säugetieren zu einem Absinken der Herzrate, einer Normalisierung des Blutdrucks und einer schnelleren Wundheilung führen (Lim & Young, 2006). Ähnliche Effekte konnten auch beim Menschen abgesichert werden: Oxytozininjektionen reduzieren die Aktivität des sympathischen Nervensystems und hemmen die Ausschüttung von Kortisol (Uvnäs-Moberg, 1998; Altemus, Deuster, Gallivan, Carter & Gold, 1995). Männer, die vor einer belastenden Prüfungssituation (die Probanden mussten vor Publikum einen freien Vortrag halten und anschließend Rechenaufgaben lösen) Oxytozin über ein Nasenspray zugeführt bekamen, hatten während des Tests eine schwächere Kortisolreaktion als Probanden, die ein wirkstofffreies Nasenspray erhielten.

> **Box 11.2: Oxytozin und Vertrauen**
>
> Kosfeld und Mitarbeiter (2005) konnten nachweisen, dass über ein Nasenspray verabreichtes Oxytozin Studenten vertrauensseliger macht. In diesem Experiment nahmen die Studenten entweder die Rolle eines Investors oder eines Treuhänders ein. Die Investoren konnten einen Betrag freier Wahl an einen Treuhänder überweisen. Laut Spielplan wurde die investierte Summe immer verdreifacht; wie viel von dem Gewinn an den Investor zurückging, entschied jedoch allein der Treuhänder. Im – für den Investor – besten Fall teilte der Treuhänder die Summe durch zwei; im schlechtesten behielt er das ganze Geld für sich. Investoren konnten insgesamt vier mal Geld investieren und trafen dabei immer auf andere Treuhänder. Rückmeldung über das Verhalten der Treuhänder erhielten die Investoren erst am Ende des Experiments. Hohe Geldinvestitionen zeigen, dass die Investoren auf die Fairness ihres Treuhänders vertrauten; umgekehrt ist die Entscheidung, kein Geld an den Treuhänder zu überweisen, ein Anzeichen für Misstrauen in dessen Gerechtigkeitssinn. Die Befunde zeigten, dass Probanden, die vor dem Experiment nasal Oxytozin verabreicht bekamen, ihren Treuhändern höhere Summen anvertrauten als Probanden, die ein Placebo bekamen. Das Experiment ist daher ein Beleg für die Annahme, dass Oxytozin beim Menschen den Aufbau vertrauensvoller Beziehungen zu anderen Personen fördert.

Dieser Befund war besonders ausgeprägt bei Probanden, die über gute soziale Beziehungen berichteten (Heinrichs, Baumgartner, Kirschbaum & Ehlert, 2003).

Oxytozin mag die Suche nach positivem Kontakt motivieren und bei der Regulation von Stress und physiologischer Aktivierung beteiligt sein; die *belohnenden* Effekte positiver sozialer Beziehungen werden aber vermutlich, wie oben bereits angedeutet, durch körpereigene Opiate vermittelt. Endorphine sind chemisch mit dem Suchtmittel Morphium (Heroin) verwandt und haben euphorisierende, schmerzlindernde und insgesamt beruhigende Effekte. Beim Menschen führt eine Vielzahl positiver sozialer Interaktionen – Massagen, angenehmer Körperkontakt, Mutter-Kind-Interaktionen – zu der Ausschüttung von Endorphinen. Die Gabe eines Opioid-Antagonisten wie Naltrexon scheint die belohnenden Effekte sozialer Interaktionen aufzuheben: Frauen, denen Naltrexon verabreicht wurde, reduzierten (im Vergleich zu einer Placebo-Kontrollgruppe) ihren Kontakt zu Freunden, verbrachten mehr Zeit alleine und berichteten insgesamt, dass ihnen soziale Interaktionen weniger angenehm und wichtig waren (Jamner & Leigh, 1999). Erste experimentelle Befunde weisen auch einen Zusammenhang zwischen dem Intimitätsmotiv und der Ausschüttung von Endorphinen nach. Depue und Morrone-Strupinksky (2005) konnten nachweisen, dass die Anregung des Intimitätsmotivs durch einen Film (vs. einer neutralen Kontrollbedingung) bei hoch (vs. niedrig) intimitätsmotivierten Frauen die Schmerzschwelle *anhebt*: Die Frauen konnten ihre Hand für längere Zeit einer Hitzequelle aussetzen, ohne Schmerzen zu empfinden, als Frauen in allen weiteren Bedingungen. Diese Beobachtung ist im Einklang mit der Annahme, dass eine Anregung positiver sozialer Motivation zu der Ausschüttung von Endorphinen führt, die, wie bereits erwähnt wurde, eine schmerzlindernde (und damit die Schmerztoleranz erhöhende) Wirkung haben. Dass die höhere Schmerzschwelle tatsächlich durch die Ausschüttung von Endorphinen hervorgerufen wurde, konnte durch eine weitere Bedingung abgeklärt werden, in der die Teilnehmerinnen Naltrexon erhielten: In dieser Bedingung blieb der schmerzlindernde Ef-

11.4 Endokrinologische Grundlagen der Anschluss- und Intimitätsmotivation

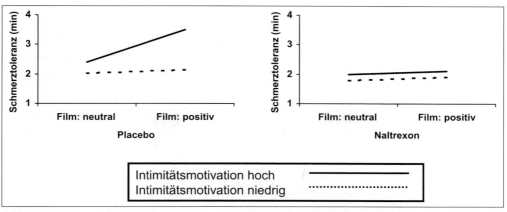

Abb. 11.7: Die Wahrnehmung positiver sozialer Interaktionen in einem Film führt (im Vergleich zu einer neutralen Kontrollbedingung) bei hoch intimitätsmotivierten Frauen zu einer erhöhten Schmerztoleranz (linke Seite). Dieser Effekt verschwindet, wenn statt eines Placebos zuvor Naltrexon (ein Opioid-Antagonist) verabreicht wird (rechte Seite) (nach Depue & Morrone-Strupinsky, 2005, S. 348)

fekt des intimitätsthematischen Films auch bei hoch intimitätsmotivierten Frauen aus (vgl. **Abb. 11.7**).

Die endokrinologischen Prozesse, die sozialer Motivation zugrunde liegen, werden in **Abbildung 11.8** zusammengefasst. Ausgelöst wird soziale Motivation demnach einerseits durch eine wahrgenommene Beeinträchtigung sozialer Beziehungen, die mit einer Ausschüttung von Stresshormonen und einem erhöhten Oxytozinniveau einhergeht. Das Verhaltensziel liegt in diesem Fall in der Aufhebung eines aversiven Zustandes und ist daher vorwiegend meidend

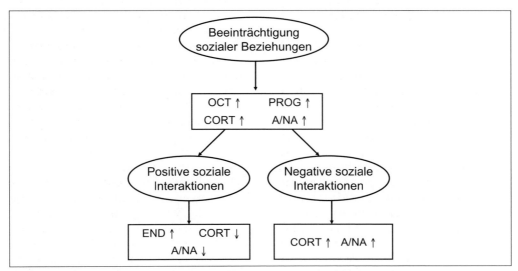

Abb. 11.8: Hormone, die bei sozialer Motivation eine vermittelnde Rolle spielen (OCT: Oxytozin; PROG: Progesteron; CORT: Kortisol; A/NA: Adrenalin und Noradrenalin; END: Endorphine)

> **Box 11.3: Heroinabhängigkeit und Anschlussmotivation**
>
> Drogenabhängigkeit wird oft als Substitutionsprozess beschrieben, bei dem sich Abhängige Substanzen, die auch endogen (im eigenen Körper) produziert werden und belohnend wirken, von außen zuführen. Das gilt auch für Heroin: Es hat eine ähnliche chemische Struktur und vergleichbare physiologische und psychologische Effekte wie Endorphine und wirkt ebenfalls euphorisierend. Einer der vielen und komplex miteinander verwobenen Faktoren, die dazu führen, dass eine Person eine Abhängigkeit zu einer Substanz entwickelt, ist der *individuelle Belohnungswert* einer Droge: Trotz der allgemein stimmungsaufhellenden Wirkung bleiben nicht alle Personen, die Heroin ausprobieren, bei dieser Droge hängen. In seiner Diplomarbeit ist Götz (2004) der Hypothese nachgegangen, dass der Belohnungswert von Heroin – und damit die Gefahr der Entwicklung einer Abhängigkeit – von der Stärke des Anschlussmotivs abhängt. Furcht vor Zurückweisung (FZ, die meidende Komponente des Anschlussmotivs) begünstigt die Ausschüttung von Oxytozin, das, wie wir gesehen haben, die belohnenden Effekte von Endorphinen verstärkt. Menschen mit einer starken Hoffnung auf Anschluss (HA, der aufsuchenden Komponente) empfinden positive soziale Interaktionen – in deren Zug Endorphine ausgeschüttet werden – ebenfalls als besonders belohnend. Personen, bei denen sowohl FZ und HA hoch ausgeprägt sind, sollten also in doppelter Weise empfänglich für die belohnenden Effekte von Endorphinen und Heroin sein. Gleichzeitig führt eine solche konfliktäre Motivstruktur dazu, dass soziale Kontakte im richtigen Leben eher gemieden werden. In seiner Untersuchung erhob Götz das Motivprofil von heroinabhängigen Personen, die an einem Methadon-Substitutionsprogramm teilnahmen, und verglich deren Motivkennwerte mit einer hinsichtlich Alter, Geschlecht und Bildung parallelisierten Kontrollgruppe. Wie erwartet zeigte sich, dass abhängige Personen sowohl eine stärkere Hoffnung auf Anschluss als auch eine stärkere Furcht vor Zurückweisung (gemessen mit dem MMG) aufwiesen. Keine Unterschiede zwischen den beiden Gruppen ergaben sich dagegen in den Bereichen Leistung und Macht.

orientiert. Wir können annehmen, dass diese Form sozialer Motivation vorzugsweise bei Personen mit einer starken Furcht vor Zurückweisung vorzufinden ist. Gelingt es einer Person daraufhin, positive Interaktionen zu anderen Menschen einzugehen und positive Kontakte wiederherzustellen, dann wird die physiologische Stressreaktion herabreguliert, es kommt zu der Ausschüttung von Endorphinen und zur Eindämmung negativer Affekte. Bleiben positive soziale Interaktionen dagegen aus oder verstrickt sich die Person in negative soziale Interaktionen, dann werden physiologische Stressreaktionen und negative Affekte weiter verstärkt, was auf lange Sicht auch zu gesundheitlichen Beeinträchtigungen führen kann (s. u.). Ein weiterer Anlass für soziale Motivation ist andererseits die Aussicht auf positive soziale Interaktionen mit anderen Menschen, *ohne* dass zuvor eine Beeinträchtigung sozialer Beziehungen bestanden hat. In diesem Fall liegt eine reine Aufsuchenmotivation vor.

11.5 Körperliche und psychische Gesundheit

Die Analyse der endokrinologischen Grundlagen sozialer Motivation lässt erwarten, dass Anschluss- und Intimitätsmotivation aufgrund der engen Verwobenheit mit emotionalen und endokrinologischen Prozessen langfristig einen Einfluss auf das körperliche Wohlbefinden und die psychische Gesundheit – definiert als die Fähigkeit, ein produktives und erfülltes Leben zu führen – ausüben. Einen ersten richtungsweisenden Befund konnte McClelland (1979) absichern: Er fand eine bedeutsame negative Korrelation zwischen dem Anschlussmotiv von etwa 30-jährigen Studenten und dem 20 Jahre später erhobenen diastolischen Blutdruck. Ein hohes Anschlussmotiv schien die Studenten damit langfristig vor der Entwicklung von Bluthochdruck – einem Risikofaktor für die Entwicklung von Arteriosklerose und damit Herzinfarkt und Schlaganfällen – zu bewahren. Einen ähnlichen Befund ergab eine Studie von McClelland, Alexander und Marks (1982) unter männlichen Gefängnisinsassen, die zeigte, dass ein »entspanntes« Anschlussmotiv – ein Syndrom, bei dem das Anschlussmotiv stärker als das Machtmotiv ausgeprägt ist und die Teilnehmer zudem über ein geringes Ausmaß an Stressoren berichten – mit einer niedrigen Prävalenz schwerer Erkrankungen – wie etwa Bluthochdruck, Krebs und der koronaren Herzerkrankung – einherging.

McClelland und Kirshnit (1988) gingen der Hypothese nach, dass positive soziale Motivation die Leistungsfähigkeit des Immunsystems stärkt und auf diesem Wege einen förderlichen Effekt auf die körperliche Gesundheit ausübt. Sie regten das Anschlussmotiv durch einen Film an, der zeigte, wie sich Mutter Theresa um arme, kranke und sterbende Menschen in den Slums von Kalkutta sorgt. In einer Kontrollbedingung wurde ein machtthematischer Film über den zweiten Weltkrieg (»Der Triumph der Achsenmächte«) gezeigt. Vor, während und nach dem Film gaben die Probanden Speichelproben ab, die später auf Spuren von Immunoglobulin A (IgA) untersucht wurden, das häufig als die erste Verteidigungsfront des Immunsystems gegen über den Mund aufgenommene Antikörper be-

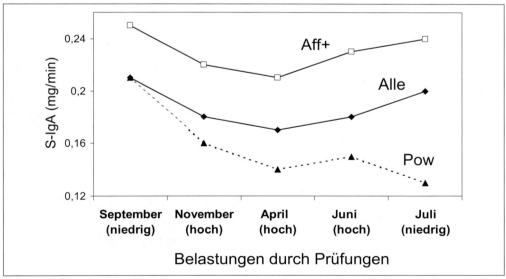

Abb. 11.9: Konzentrationen von Immunoglobulin A im Speichel (S-IgA) vor, während und nach einer belastenden (hoch/niedrig) Prüfungsphase in der Gesamtstichprobe (Alle) und für Studenten mit einem positiven Anschlussmotiv (Aff+) und dominant machtmotivierte Studenten (Pow) (nach McClelland & Jemmott, 1980, S. 12)

schrieben wird. Hohe Konzentrationen von IgA im Speichel (abgekürzt: S-IgA) schützen Menschen davor, an Infektionen der Atemwege und Erkältungen zu erkranken. Es zeigte sich, dass eine Anregung des Anschlussmotivs – nicht aber eine Anregung des Machtmotivs – eine Erhöhung von S-IgA nach sich zog. Man kann daher annehmen, dass eine Anregung des Anschlussmotivs die Resistenz gegenüber Krankheitserregern vergrößert.

Bereits einige Jahre zuvor konnte Jemmott (1982) nachweisen, dass ein positives Anschlussmotiv mit chronisch erhöhtem S-IgA einhergeht. In dieser Untersuchung gaben Studenten der Zahnmedizin über mehrere Monate wiederholt Speichelproben ab, die auf S-IgA untersucht wurden. In der Mitte des Untersuchungszeitraums war die Stressbelastung durch Zwischenprüfungen sehr hoch, was sich bei allen Studenten in einem Absinken der S-IgA-Konzentration und erhöhter Anfälligkeit für Atemwegserkrankungen niederschlug. Auffällig war, dass Studenten mit einem positiven Anschlussmotiv – bei dem das Anschlussmotiv stärker als das Machtmotiv ausgeprägt ist und Probanden zugleich eine geringe Neigung zur Unterdrückung emotionaler und motivationaler Impulse aufweisen – über den gesamten Zeitraum erhöhte S-IgA-Werte hatten. Zwar zeigte sich auch bei ihnen ein Einbruch dieses immunologischen Schutzwalls während der Prüfungsperiode, von dem sie sich aber rasch erholen konnten (vgl. **Abb. 11.9**).

Die *psychische* Gesundheit scheint vor allem durch ein starkes Intimitätsmotiv gestärkt zu werden. McAdams und Vaillant (1982) analysierten die in den Archiven der Harvard-Universität lagernden TAT-Protokolle von Studenten, die 17 Jahre zuvor an einer Studie teilgenommen hatten. Anschließend kontaktierten sie die ehemaligen Studenten und brachten in Erfahrung, wie sich ihr Leben seit ihrem Abschluss entwickelt hatte. Es zeigte sich, dass das Intimitätsmotiv zum Zeitpunkt des Studiums die Zufriedenheit mit der Ehe, das Gehalt und die Abwesenheit psychiatrischer Störungen im mittleren Erwachsenenalter vorhersagte. Positive soziale Motivation scheint also über einen langen Zeitraum die psychische Gesundheit positiv zu beeinflussen. In einer Querschnittuntersuchung stellten McAdams und Bryant (1983) bei über 1200 Studenten ebenfalls einen positiven Zusammenhang zwischen dem Intimitätsmotiv und dem emotionalen Wohlbefinden fest.

Gable (2006) schlägt vor, dass aufsuchende und meidende soziale Motivation auf unterschiedlichen Wegen einen Einfluss auf das emotionale Wohlbefinden und die körperliche Gesundheit ausüben. Der Grundgedanke ihres Modells lautet, dass die *Häufigkeit* von positiven und negativen Erfahrungen

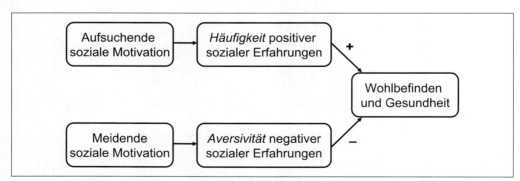

Abb. 11.10: Mediation des Zusammenhangs zwischen sozialer Motivation und emotionalem Wohlbefinden bzw. körperlicher Gesundheit (nach Gable, 2006, S. 181)

unabhängig ist von den *emotionalen Reaktionen* auf diese Erfahrungen. Aufsuchende Motivation (Hoffnung auf Anschluss und Intimitätsmotivation) soll langfristig zu einem verbesserten emotionalen Wohlbefinden und guter körperlicher Gesundheit führen, weil hoch aufsuchend motivierte Personen sich *häufiger* (als niedrig aufsuchend motivierte Personen) in Situationen begeben, die es ihnen erlauben, positive

---

Box 11.4: Reduktion negativer Emotionen bei zurückweisungsängstlichen Studenten

Wie kann man Personen mit sozialer Meidenmotivation helfen, ihr emotionales Wohlbefinden langfristig zu verbessern? Langens und Schüler (2005) nahmen an, dass zurückweisungsängstliche Menschen ihre Erlebnisse mit Freunden, Verwandten und Partnern ungünstig interpretieren – »ich bin sozial ungeschickt«, »ich bin nicht liebenswert«, »keiner mag mich« – und daher davon profitieren könnten, über zentrale Erfahrungen in sozialen Situationen erneut nachzudenken, diese in einem neuen Licht zu sehen und sie weniger bedrohlich zu bewerten. Eine Gruppe von Studienanfängern wurde am Anfang des Semesters gebeten, einmal pro Woche über einen Zeitraum von acht Wochen einen Aufsatz über eine selbstdefinierende Erinnerung in den Lebensbereichen Freundschaft, Familie, Partnerschaft und Freizeit zu schreiben. Selbstdefinierend sind Erinnerungen, wenn sie im Gedächtnis herausstechen, einen Hoch-, Tief- oder Wendepunkt im eigenen Leben markieren und zudem erklären, wie man zu dem Menschen geworden ist, der man ist. Eine Kontrollgruppe schrieb keine Aufsätze. Am Ende des Semesters wurde das emotionale Wohlbefinden aller Probanden erhoben. In der Kontrollgruppe zeigte sich, wie erwartet, dass hoch zurückweisungsängstliche Studenten stärkere negative Stimmungen – insbesondere Angst, Depression und Müdigkeit – angaben als niedrig zurückweisungsängstliche. Ein solcher Unterschied war in der Experimentalgruppe (Erinnerung) nicht nachweisbar; hier zeigte sich, dass hoch zurückweisungsängstliche Studenten ein ebenso niedriges Niveau negativer Emotionen angaben wie niedrig zurückweisungsängstliche in der Kontrollbedingung. Das Schreiben über selbstdefinierende Erinnerungen scheint hoch zurückweisungsängstlichen Studenten also zu helfen, negative Emotionen in den Griff zu bekommen.

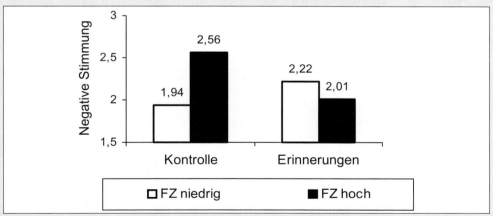

Abb.: Das Schreiben über selbstdefinierende Erinnerungen lindert Beeinträchtigungen des emotionalen Wohlbefindens bei hoch zurückweisungsängstlichen Studenten (nach Langens & Schüler, 2005, S. 827)

soziale Erfahrungen zu machen (*exposure process*). Hoch- und Niedrigmotivierte unterscheiden sich nicht in ihren emotionalen Reaktionen auf positive soziale Ereignisse, die bei beiden gleichermaßen positive Emotionen anregt. Da Hochmotivierte aber häufiger Erfahrungen dieser Art machen, sollte sich ihr emotionales Wohlbefinden langfristig auf einem höheren Niveau einpendeln. Im Gegensatz dazu nimmt Gable an, dass meidende soziale Motivation das emotionale Wohlbefinden und die körperliche Gesundheit beeinträchtigt, weil Personen mit einer starken Furcht vor Zurückweisung stärker auf wahrgenommene oder tatsächliche Beeinträchtigungen sozialer Beziehungen reagieren (*reactivity process*). Ein kühler Blick oder ein plötzlich abgebrochenes Gespräch lassen niedrig meidend motivierte Personen kalt; hoch meidend motivierte reagieren auf solche Situationen mit starken negativen Emotionen wie Trauer, Wut, Hilflosigkeit oder Anspannung, die auf lange Sicht das emotionale Wohlbefinden deutlich beeinträchtigen sollten (vgl. **Abb. 11.10**).

Ein empirisches Beispiel für die hohe Reaktivität zurückweisungsängstlicher Personen geben Sokolowski und Schmalt (1996). In diesem Experiment wurden die ausschließlich männlichen Teilnehmer gebeten, sich als Hauptperson (nennen wir sie »Martin«) in eine Handlung zu versetzen, die mithilfe von aufeinanderfolgenden Dias illustriert wurde. Die Geschichte beginnt in Martins Wohnung. Er bekommt Besuch von einem Freund, der von einer Geburtstagsparty erzählt, zu der Martin ebenfalls eingeladen sei. Karin, eine Frau, die Martin sehr nett findet und schon immer kennen lernen wollte, sei ebenfalls eingeladen. Später auf der Party kommt Martin dann tatsächlich mit Karin ins Gespräch und unterhält sich eine Weile angeregt mit ihr. Dann sieht Karin einen Bekannten und wendet sich abrupt ab. Einen dramatischen Effekt hatte dieses Szenario – insbesondere der plötzliche Abbruch der Unterhaltung – auf Probanden mit einer starken Furcht vor Zurückweisung, die zuvor in eine positive Stimmung versetzt wurden. Bis zu dem Zeitpunkt, da Karin sich abwendet, gaben sie an, sich fröhlich und zuversichtlich zu fühlen. Nachdem sie sich abwendet, wurden diese Teilnehmer verzweifelter und hilfloser als alle anderen Versuchsgruppen (einschließlich der zurückweisungsängstlichen Probanden, bei denen zu Beginn des Experiments eine traurige Stimmung induziert wurde). Weil dem emotionalen Höhenflug am Anfang des Experiments ein emotionaler Absturz folgte, bezeichneten Sokolowski und Schmalt (1996) diese Reaktion als »Ikarus-Effekt« – in Anlehnung an die mythologische Figur, die sich mit ihren aus Wachs und Federn bestehenden Schwingen aus dem Labyrinth des Minos rettet, dann jedoch der Sonne zu nahe kommt und – da die Schwingen in der Hitze schmelzen – ins Meer und in den Tod stürzt. Diese Untersuchung zeigt, dass gerade Personen mit starker Furcht vor Zurückweisung mit starken negativen Emotionen auf tatsächliche oder auch nur wahrgenommene Beeinträchtigungen sozialer Beziehungen reagieren können.

11.6 Auf ein Wort ...

Soziale Motivation hat in der Phylogenese aller Säugetiere – die als einzige Spezies individualisierte Bindungen an den Nachwuchs und auch zum Teil unter den Eltern aufbauen – eine herausragende Rolle gespielt. Beim Menschen kam eine existenzielle Abhängigkeit des Einzelnen von der Gruppe hinzu, ohne die ein Überleben noch vor wenigen tausend Jahren undenkbar gewesen wäre. Diese Prozesse sind dafür verantwortlich, dass soziale Motivation beim Menschen tief in körperlichen und psychischen Prozessen verankert ist. Es ist daher nicht verwunderlich, dass soziale Motivation auch beim Menschen durch komplexe endokrinologische Prozesse mediiert wird, an denen eine Vielfalt von Hormonen – wie etwa Kortisol, Oxytozin und Endorphine – beteiligt sind. Soziale Motive strukturieren die Wahrnehmung, indem sie Aufmerksamkeit automatisch auf bedeutsame soziale Reize – wie etwa ärgerliche und freundliche Gesichter – ausrichten. Das Ziel, positive Beziehungen zu anderen Menschen aufzubauen, versuchen Menschen durch Verhaltensstrategien zu erreichen, die sie ohne Beteiligung des Bewusstseins anwenden. Auch bei sozialer Motivation lassen sich aufsuchende und meidende Tendenzen unterscheiden. Aufsuchende Motivation – Hoffnung auf Anschluss und Intimitätsmotivation – zeichnet sich durch die Bereitschaft aus, mit Mitmenschen in einen für beide Seiten befriedigenden, harmonischen Kontakt zu treten, der durch Offenheit und Herzlichkeit gekennzeichnet ist. Langfristig geht diese Form sozialer Motivation mit einer größeren Anzahl positiver sozialer Kontakte, gesteigertem emotionalen Wohlbefinden und guter körperlicher Gesundheit einher. Furcht vor Zurückweisung wird durch eine wahrgenommene Beeinträchtigung sozialer Beziehungen ausgelöst und führt entweder zu sozialem Rückzug oder zu einem Buhlen nach sozialem Kontakt. Da meidend Motivierte dazu neigen, soziale Signale fälschlicherweise als Zurückweisung zu interpretieren, kann bei ihnen häufig ein geringeres emotionales Wohlbefinden beobachtet werden.

12 Leistungsmotivation

12.1	Phänomene und Funktion
12.2	Das Leistungsmotiv
12.3	Das Zusammenwirken von Person- und Situationsfaktoren: das Risiko-Wahl-Modell
12.4	Das attributionstheoretische Modell
12.4.1	Ursachenerklärung von Erfolg und Misserfolg
12.4.2	Das Leistungsmotiv und Ursachenerklärungen
12.4.3	Ursachenzuschreibungen, Erfolgserwartungen und Affekte
12.5	Das Selbstregulationsmodell der Leistungsmotivation
12.6	Zieltheorien
12.7	Gelernte Hilflosigkeit
12.8	Auf ein Wort …

12.1 Phänomene und Funktion

Bei Beobachtungen in der Kinderstube fällt auf, mit welcher Ausdauer Kleinkinder ihre eigenen Kompetenzen, Fertigkeiten und Fähigkeiten zu erproben und zu steigern trachten. Trotz wiederkehrenden Misserfolgs versuchen sie eine bestimmte Aufgabe, z.B. einen Schlüssel in eine Schranktür zu stecken, immer wieder. Gelingt es ihnen endlich, ist die Freude, wie man unschwer aus ihrem Gesichtsausdruck ablesen kann, groß. Eine Aufgabe, die völlig gemeistert wird, verliert dann sehr bald ihren Reiz, das Kind wendet sich neuen Dingen zu.
So wie es für einige Lebewesen höchst zweckmäßig ist, ihre Umwelt zu erkunden, so ist es für höhere Lebewesen, bei denen körperliche und psychische Funktionen erst im Laufe der Ontogenese durch Reifung und Lernen zur vollen Ausprägung gebracht werden, notwendig, die eigenen Verhaltensmöglichkeiten zu erfahren und zu üben.

Lorenz (1969) sprach hier von »Selbstexploration«. Verschiedene Theoretiker haben den biologischen Zweck des Spieles bei jungen Tieren und Menschenkindern in der Erprobung der Kompetenzen gesehen (z.B. Groos, 1930). Eine solche Selbstexploration und die angestrebte Kompetenzsteigerung gelingen dann am besten, wenn das Lebewesen Aufgaben angeht, die es gerade erst oder noch nicht meistern kann, die weder so leicht sind, dass sie immer gelingen, noch so schwer sind, dass sie immer misslingen müssen.
Liegt bei dieser Form spielerischen Erprobens der eigenen Kompetenzen der Maßstab des Gelingens und Misslingens entweder in der Sache selbst (sachlicher Gütemaßstab) oder aber im Vergleich mit der eigenen Leistung, die zuvor erreicht wurde (individuell-autonomer Gütemaßstab), so tritt im menschlichen Leistungshandeln spätestens dann, wenn das Kind in die Gruppe der Gleichaltrigen eintritt, der Vergleich mit den Leistungen anderer hinzu (sozialer Gütemaßstab) (Dickhäuser & Rheinberg,

2003; Rheinberg, 1980; Veroff, 1969). Die Leistung anderer stellt eine wichtige Informationsquelle dar, z. B. wie schwer eine bestimmte Aufgabe ist, und damit auch, wie gut man selbst eine bestimmte Aufgabe bewältigen kann. Die Verwertung dieser Information für eine Konkurrenzauslese in der Verteilung gesellschaftlicher Güter (Ausbil-

> **Box 12.1: Die Leistungsgesellschaft**
>
> Diese gesamtgesellschaftlich gehaltenen Werthaltungen und Wertschätzungen von »Leistung« sollen letztlich auch auf die wirtschaftliche Entwicklung und den Wohlstand einer Nation einen Einfluss haben. Wenn das Thema »Leistung« eine positive Wertschätzung erfährt, so sollte dieses Thema auch in der Kindererziehung entsprechend kultiviert werden, so dass viele Kinder und Jugendliche heranwachsen, die dem Leistungsprinzip verpflichtet sind und sich beim Aufbau einer Volkswirtschaft engagieren. Mit einem zeitlichen Versatz von einer Generation beginnt dann eine Volkswirtschaft zu blühen, und Wohlstand breitet sich aus. McClelland (1961) hat diese hypothetische Rekonstruktion entwickelt und empirisch überprüft. Er erfasste das nationale Bewertungsklima für »Leistung« mit Hilfe von Textanalysen (ähnlich dem TAT, vgl. Kap. 2) von Kinder- und Schulbüchern sowie populären Gesängen. Er fand, dass sich mit den daraus ermittelten Werten für Leistungsthematik das Wirtschaftswachstum von Nationen vorhersagen lässt. Bei 21 Nationen sagte das für den Zeitpunkt 1925 ermittelte Leistungsthema die wirtschaftliche Prosperität im Jahre 1950 vorher (r = .41). Dieser Zusammenhang erscheint zeitlos übergreifend zu sein: Er fand sich nämlich auch im Griechenland der Antike wie auch im mittelalterlichen Spanien und England.
>
> Welche Rolle spielen in diesen Zusammenhängen einzelne Personen? Zielpersonen sind leistungsmotivierte Unternehmerpersönlichkeiten, bei denen Motivation und Kompetenz zusammenlaufen, die das Risiko eines unternehmerischen Engagements eingehen und mit Umsicht und Entscheidungskompetenz ein Unternehmen auch zum Erfolg führen können – sie stellen das entscheidende Bindeglied zwischen der gesellschaftlich gehaltenen Wertschätzung von »Leistung« und Wirtschaftsfaktoren dar. Collins, Hanges und Locke (2004) haben mit Hilfe einer Meta-Analyse die zu dieser Frage vorliegenden empirischen Untersuchungen bewertet und fanden zwei zentrale Aussagen bestätigt:
>
> - Hoch leistungsmotivierte Personen streben bevorzugt unternehmerische Positionen an.
> - Hoch leistungsmotivierte Personen betätigen sich sehr erfolgreich in unternehmerischen Positionen.
>
> Apropos Bewertungsklima für »Leistung«: Könnte es nicht sein, dass dies auch mit der Leistungsfähigkeit des Schulsystems im Zusammenhang steht? Von diesem Bewertungsklima könnte es auch abhängen, inwieweit in der Schule leistungsbezogene Anreize installiert sind, die die Motivation der Schüler anregen und zu Lernanstrengungen und schließlich zu besserer Ausbildung führen. Die Ausbildungsqualität des deutschen Schulsystems steht seit geraumer Zeit auf dem Prüfstand – auch im Vergleich der Bundesländer untereinander (PISA-E, Baumert et al., 2002). Mithilfe der Analyse von Schulbüchern haben Engeser, Rheinberg und Möller (2007) einen Vergleich zwischen zwei Bundesländern, die in der PISA-Studie sehr unterschiedlich abgeschnitten hatten, durchgeführt: Baden-Württemberg in der Spitzengruppe und Bremen in der Schlusslichtgruppe. In der Tat fand sich ein entsprechender Unterschied in der Leistungsthematik der Schulbücher, erhoben ca. acht Jahre vor der PISA Studie. Eine vorsichtige Kausalinterpretation ist da erlaubt.

dungschancen, Einkommen etc.) ist keine notwendige Folge, sicherlich aber häufig Ursache dafür, dass bei älteren Kindern und Erwachsenen soziale Vergleichsmaßstäbe im Leistungshandeln die autonomen Gütemaßstäbe zunehmend verdrängen.

Im Sinne unserer generellen Modellvorstellung eines Ineinandergreifens biologischer und sozialer Determinanten bei der Motiventstehung kann man annehmen, dass auch für die Entwicklung des Leistungsmotivs biologische Grundlagen vorhanden sind, die bestimmte Formen von Lernerfahrungen ermöglichen und begünstigen. Biologisch vorbereitet dürfte die Tendenz sein, in effizienter Weise auf die sachliche Umwelt einzuwirken, was sich dann in der Entwicklung von Kompetenzen und dem Gefühl von Selbstwirksamkeit manifestiert (Bandura, 1989; Deci & Ryan, 2000; White, 1959). Erziehungspersonen können nun eine solche motivationale Tendenz durch ihre Erziehungshaltung in unterschiedlicher Weise beeinflussen. Ein entscheidender Faktor ist, inwieweit Mütter den Entwicklungs- und Kompetenzstand ihrer Kinder realitätsgerecht einschätzen können und Anforderungen an die kindliche Selbstständigkeit und das kindliche Selbermachen-Wollen stellen, die das Kind herausfordern, aber weder über- noch unterfordern. Eine Reihe systematisch durchgeführter Untersuchungen zeigt, dass Mütter durch entwicklungsangemessene Anforderungen an die Selbstständigkeit ihrer Kinder (z. B. Einkäufe selbstständig tätigen oder Freunde aussuchen) auch die Ausprägung eines hohen und erfolgszuversichtlichen Leistungsmotivs fördern (Heckhausen & Heckhausen, 2006, S. 418; Schmalt, 1975).

Durch die unterschiedlichen kulturell beeinflussten Werthaltungen für »Leistung« und durch die unterschiedlichen Erziehungspraktiken der Eltern dürfte die spezifische Ausprägung des Leistungsmotivs in verschiedenen Kulturen und Epochen unterschiedlich verlaufen sein (Kornadt, 2007), wenngleich die sich in allen Kulturen und zu allen Zeiten stellende Notwendigkeit, im Schweiße seines Angesichts das Brot verdienen zu müssen, ein soziales Interesse am Effizienz- und Kompetenzerwerb der heranwachsenden Generation immer und überall erzwungen haben dürfte. Es war erst der »Aufklärung« der sechziger und siebziger Jahre des letzten Jahrhunderts vorbehalten, die ursprüngliche Freude am Effizienzgewinn und an der Kompetenzentwicklung in Misskredit zu bringen und das Leistungsprinzip als »unanständig« zu desavouieren (Schoeck, 1977).

12.2 Das Leistungsmotiv

McClelland und seine Mitarbeiter haben den von Murray (1938) zur Motivmessung entwickelten Thematischen Auffassungs-Test (TAT) soweit fortentwickelt, dass er in standardisierter Form für die Messung des Leistungsmotivs eingesetzt werden konnte (vgl. Kap. 2.4). Ein grundsätzliches Problem bestand zunächst darin, leistungsbezogene Thematiken von anderen Motivthematiken abzugrenzen. McClelland et al. (1953, S. 110) definieren das Ziel des Leistungsmotivs als »Erfolg in der Auseinandersetzung mit einem Güte-(Tüchtigkeits-)Maßstab«. Auf das Vorliegen solcher Gütemaßstäbe kann geschlossen werden, wenn Handlungsresultate bewertet werden. Die Bewertung von Handlungsresultaten auf einem Gütemaßstab führt zu leistungsbezogenen Affekten, deren Auftreten das letztlich angestrebte Handlungsziel darstellt. Dieser Affekt kann antizipatorisch vorweggenommen werden und dann in Form eines Anreizes das Motiv anregen und damit eine neue Verhaltensepisode motivieren (vgl. Kap. 1). Das Forschungsinteresse war zunächst darauf ausgerichtet, Zusammenhänge zwischen den Motivkennwerten aus dem TAT und

Leistungsverhalten aufzufinden. Eine der ersten Untersuchungen, in der die Intensität von leistungsbezogenen Handlungen zum Leistungsmotiv in Beziehung gesetzt wurde, hat Lowell (1952) durchgeführt. Er hat seine Vpn an neuartigen Anagramm-Aufgaben arbeiten lassen und die Leistungen Hoch- und Niedrigmotivierter verglichen. Er fand, dass sich zu Anfang des Versuchs beide Motivgruppen nicht voneinander unterschieden; Hochmotivierte konnten jedoch ihre Leistung steigern, während die Niedrigmotivierten auf gleichbleibend niedrigem Niveau blieben. Hochmotivierte verzeichnen also einen schnelleren Lernfortschritt als Niedrigmotivierte.

Mit vielen Hoffnungen ist auch immer wieder die Beziehung zwischen Leistungsmotiv und Schul- bzw. Studienleistungen untersucht worden mit der Erwartung, dass sich eine hohe und erfolgsbezogene Leistungsmotivation auch in bessere Schulleistungen umsetzen müsste. Vergleicht man die Befunde jedoch im Überblick (Heckhausen et al., 1985), besteht eine solche Beziehung nahezu genauso oft wie sie auch ausbleibt. Dies hat zu der Überlegung Anlass gegeben, ob sich Unterschiede im Leistungsmotiv denn nun durchgängig in allen Schulsituationen in Leistungsunterschieden niederschlagen müssen. Es ist doch gut denkbar, dass in verschiedenen Schulklassen ganz unterschiedliche Anreize für das Leistungsmotiv bestehen. Zerlegt man beispielsweise, wie die Pädagogik das vor einiger Zeit empfohlen hat, den Lernstoff in trivial einfache Teilsachverhalte, um möglichst niemanden zu überfordern, entsteht kein Anregungsklima, Langeweile breitet sich aus, und das Leistungsmotiv wird nicht angeregt. In diesem Falle wären auch keine positiven Zusammenhänge der Schulleistungen mit dem Leistungsmotiv zu erwarten.

Ein anderer Faktor, der das Anreizklima im Klassenzimmer bestimmt, ist, inwieweit Lehrer individuell-autonome Gütemaßstäbe und Lernziele verbindlich machen können. Nur wenn ein Klima im Klassenraum geschaffen wird, in dem sich Anstrengung auch in Kompetenz- und Effizienzsteigerung umsetzen lässt, führt ein hohes und erfolgsbezogenes Leistungsmotiv auch zu besseren Leistungen und gesteigerter Freude am Unterricht (Meece, Anderman & Anderman, 2006; Rheinberg & Engeser, 2009; Schmalt, 2003). Man kann an diesem Beispiel unschwer erkennen, wie wichtig gerade im Bereich der Leistungsmotivation die Kenntnis und Berücksichtigung situativer Anreize sind.

12.3 Das Zusammenwirken von Person- und Situationsfaktoren: das Risiko-Wahl-Modell

Atkinson (1964; Atkinson & Feather, 1966; vgl. **Abb. 12.1**) hat ein Verhaltensmodell entwickelt, das neben den Personfaktoren auch die situativen Momente für die Verhaltensdetermination berücksichtigt. Leistungsmotiviertes Handeln wird theoretisch rekonstruiert durch vier Situationsvariablen und zwei Personvariablen. Die vier Situationsvariablen sind Erwartungen von Erfolg und Misserfolg sowie Anreize von Erfolg und Misserfolg; die beiden Personvariablen sind die Motive, Erfolg aufzusuchen (Erfolgsmotiv) und Misserfolg zu vermeiden (Misserfolgsmotiv). Damit steht das Modell Atkinsons in der Tradition der von Lewin (1931) begründeten und von der zeitgenössischen Persönlichkeitspsychologie aufgegriffenen allgemeinen Verhaltenskonzeption, wonach jedes Verhalten als eine Funktion von Person- und Situationsfaktoren aufgefasst wird (Funder, 2006; Mischel & Shoda, 1998). Motiv als stabile Disposition und Motivation als aktuell an-

12 Leistungsmotivation

Abb. 12.1: John Atkinson entwickelte das Risiko-Wahl-Modell der Leistungsmotivation

geregter Zustand sind damit voneinander trennbar (vgl. Kap. 1).

Die grundlegenden Situationsvariablen sind die Erfolgs- und Misserfolgserwartungen. Sie sind determiniert durch objektive Erfolgs- und Misserfolgswahrscheinlichkeiten (die Schwierigkeit einer Aufgabe), denen subjektive Wahrscheinlichkeiten zugeordnet werden. Die Stärke einer solchen Erwartung wird durch die subjektive Wahrscheinlichkeit repräsentiert, die sich auf den Eintritt eines Erfolgs (W_e) oder Misserfolgs (W_m) beziehen kann. Darüber hinaus enthält das Modell zwei Anreizvariablen, die die Attraktivität von Erfolg (A_e; antizipierte Freude und Stolz über einen Erfolg) bzw. die Unattraktivität von Misserfolg (A_m; antizipierter Ärger und Beschämung über einen Misserfolg) darstellen. Werden Erfolg und Misserfolg als tüchtigkeitsabhängig erlebt, so freut man sich im Allgemeinen über einen Erfolg umso mehr, je schwieriger die Aufgabe ist, und ärgert sich über einen Misserfolg umso mehr, je leichter die Aufgabe ist. Atkinson hat deshalb in seinem Modell den Erfolgsanreiz (A_e) als lineare inverse Funktion der subjektiven Erfolgswahrscheinlichkeit (W_e) konzipiert, $A_e = 1 - W_e$, und den Misserfolgsanreiz als lineare negative Funktion der subjektiven Erfolgswahrscheinlichkeit, $A_m = -W_e$. Da es sich bei Erfolg und Misserfolg um einander ausschließende Ereignisse handelt, sollen sich auch die beiden auf diese Ereignisse gerichteten Erwartungen zu 1 ergänzen: $W_m + W_e = 1$. Die Anreizwerte von Erfolg und Misserfolg sind damit eindeutig und ausschließlich durch die subjektive Erfolgswahrscheinlichkeit determiniert. Die Personvariablen, die Motive, sind in dem Modell als Tendenzen zur Erlangung bestimmter Affekte konzipiert. Das Erfolgsmotiv (M_e) ist als Disposition definiert, Erfolge aufzusuchen, um den positiven leistungsbezogenen Affekt zu maximieren, das Misserfolgsmotiv (M_m) entsprechend als Disposition, Misserfolg zu meiden, um dadurch negativen leistungsbezogenen Affekt zu minimieren. Das Erfolgsmotiv bewirkt eher eine Intensivierung der aufsuchenden, zielgerichteten Dynamik, während das Misserfolgsmotiv eher diejenigen Kräfte intensiviert, die auf ein Verlassen oder Meiden der Leistungssituation hinwirken (Atkinson, 1987). Bildlich gesprochen könnte man die Funktion des Erfolgsmotivs mit einem Gaspedal, die Funktion des Misserfolgsmotivs hingegen mit einem Bremspedal im Auto vergleichen.

Die theoretischen Formulierungen Atkinsons spezifizieren auch die Interaktion von Person- und Situationsvariablen. Er geht von zwei motivationalen Tendenzen aus, nämlich Erfolg aufzusuchen (T_e) und Misserfolg zu meiden (T_m), die sich jeweils aus einer multiplikativen Verknüpfung der Situationsvariablen mit den überdauernden Motiven ergeben:

$$T_e = M_e \times A_e \times W_e$$
$$T_m = M_m \times A_m \times W_m$$

Da in Leistungssituationen stets beide Tendenzen angeregt werden, müssen für die

12.3 Das Zusammenwirken von Person- und Situationsfaktoren

Verhaltensvorhersage auch beide berücksichtigt werden. Durch Subtraktion der Meiden-Tendenz von der Aufsuchen-Tendenz ergibt sich die Resultierende Tendenz (RT), leistungsbezogene Aufgaben in Angriff zu nehmen oder ihnen aus dem Wege zu gehen:

(Die nachfolgende Gleichung drückt diesen Gedanken durch ein Minuszeichen zwischen den beiden Teiltendenzen aus. Da jedoch der Anreiz von Misserfolg stets negativ ist [s. o. $A_m = -W_e$], wäre die *mathematisch* korrekte Schreibweise, hier ein Pluszeichen zu setzen.)

$$RT = (M_e \times A_e \times W_e) - (M_m \times A_m \times W_m)$$

Diese Bildung der Resultierenden Tendenz soll den motivationspsychologisch bedeutsamen Sachverhalt ausdrücken, dass die misserfolgsmeidende Motivationstendenz als eine hemmende und dämpfende Größe konzipiert ist, die die aufsuchende Tendenz jeweils um einen bestimmten Betrag verringert. Dieses wird auch in **Abbildung 12.2** deutlich: Die erfolgsaufsuchende Tendenz wird jeweils um den Betrag der misserfolgsmeidenden Tendenz gemindert, um die Resultierende Tendenz zu ergeben. Ob die Resultierende Tendenz schließlich insgesamt positiv (linker Teil) oder negativ (rechter Teil) ist, hängt allein vom Stärkeverhältnis der beiden Motive ab. Sämtliche Tendenzen sind maximal bei einer mittleren Erfolgswahrscheinlichkeit von $W_e = .50$, da hier das Produkt $A_e \times W_e$ den größtmöglichen Wert erreicht.

Aus diesem Modell lassen sich zwei grundlegende Hypothesen ableiten:

1. Erfolgsmotivierte Personen ($M_e > M_m$) wählen bevorzugt Aufgaben im mittleren subjektiven Schwierigkeitsbereich, strengen sich hier maximal an und zeigen maximale Ausdauer.
2. Misserfolgsmotivierte Personen ($M_m > M_e$) meiden generell leistungsbezogene Aufgaben. Sehen sie sich jedoch genötigt, leistungsbezogene Aufgaben in Angriff zu nehmen, sind sie bei Aufgaben mittlerer subjektiver Schwierigkeit besonders gehemmt und zeigen nur minimale Anstrengung und Ausdauer. Können sie frei wählen, wählen sie Aufgaben sehr hoher

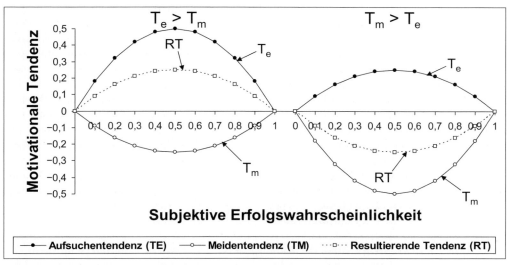

Abb. 12.2: Aufsuchen- (T_e), Meiden- (T_m) und Resultierende Tendenz (RT) zweier hypothetischer Personen mit überwiegender Aufsuchen- ($T_e > T_m$) oder Meiden-Tendenz ($T_m > T_e$) in Abhängigkeit von der subjektiven Erfolgswahrscheinlichkeit

oder sehr niedriger subjektiver Schwierigkeit, weil hier die negative Resultierende Tendenz (RT) die absolut niedrigsten Werte annimmt.

Dieses Modell wurde von Atkinson (1957) zunächst konzipiert, um Wahlentscheidungen zwischen unterschiedlich schwierigen Aufgaben vorherzusagen. Es wurde aus diesem Grunde auch als »Risiko-Wahl-Modell« bezeichnet. Erst später (Atkinson, 1964; Atkinson & Feather, 1966) wurde es in den Rang eines allgemeingültigen Verhaltensmodells gehoben.

In einer ganzen Reihe von empirischen Untersuchungen sind die Zusammenhänge zwischen der Ausprägung des Leistungsmotivs und unterschiedlichen Verhaltensweisen analysiert worden. Insgesamt vier Typen leistungsbezogenen Handelns standen hierbei im Vordergrund: Aufgabenwahl, Zielsetzungsverhalten, Ausdauer und Leistungseffizienz.

Bei der Aufgabenwahl kann die Vp aus einer Serie unterschiedlich schwieriger, aber sonst gleichartiger Aufgaben eine oder mehrere zur Bearbeitung auswählen. Die Theorie sagt für diesen Fall vorher, dass Erfolgsmotivierte häufiger solche Schwierigkeiten wählen, bei denen ihre subjektive Erfolgswahrscheinlichkeit nahe bei .50 liegt, während die Misserfolgsmotivierten diesen Bereich eher meiden und sehr hohe oder sehr niedrige subjektive Erfolgswahrscheinlichkeiten wählen sollten. Ein bereits klassisch gewordenes Experiment, das zur Überprüfung dieser Hypothesen konzipiert wurde, haben Atkinson und Litwin (1960) durchgeführt. Sie haben ihre Vpn ein Ringwurfspiel durchführen lassen, bei dem sie zehnmal die Entfernung, von der aus sie einen Ring über einen Pflock werfen mussten, frei wählen konnten. Erfolgsmotivierte bevorzugten mittlere Wurfdistanzen, während Misserfolgsmotivierte allerdings nicht, wie vom Modell gefordert, auf extreme Schwierigkeitsbereiche auswichen, sondern nur eine relativ geringere Präferenz für die mittleren und eine relativ größere Präferenz für die extremen Schwierigkeitsstufen im Vergleich zu den Erfolgsmotivierten aufwiesen. In einigen Experimenten hat man durch eine längere Übungsperiode dafür Sorge getragen, dass die Vpn mit der Aufgabe vertraut wurden und verlässlich stabile subjektive Erfolgswahrscheinlichkeiten ausbilden konnten. Bezieht man die Wahlen Erfolgs- und Misserfolgsmotivierter modellgerecht nicht auf objektive Wurfdistanzen, sondern auf diese subjektiven Erfolgswahrscheinlichkeiten, so zeigen sich auch hier verschiedene Befundkonstellationen: Keine Unterschiede fanden DeCharms und Davé (1965) sowie Schneider (1973), während Hamilton (1974) einen relativen Unterschied sichern konnte: Erfolgsmotivierte präferierten hier den mittleren Bereich, während die Misserfolgsmotivierten eher extreme Schwierigkeiten bevorzugten.

Einen deutlicheren Beleg für das Modell Atkinsons haben Untersuchungen zur Anspruchsniveausetzung geliefert. Das typische Anspruchsniveauexperiment verlangt von den Vpn, in einer Serie von zu bearbeitenden Aufgaben eine verbindliche Zielsetzung für die jeweils nachfolgende Aufgabe vorzunehmen. Diese Versuchstechnik geht von der Überlegung aus, dass sich Erfolgsmotivierte bei ihren Zielsetzungen am bereits erreichten Leistungsstand orientieren oder geringfügig darüber hinausgehen. Das Erreichen von Zielen, die etwas über den Bereich bereits realisierter Leistung hinausreichen, ist maximal unsicher, Erfolg und Misserfolg sind etwa gleich wahrscheinlich, die subjektive Erfolgswahrscheinlichkeit bewegt sich im Bereich von $W_e = .50$. Ziele, die deutlich über oder unter dem bereits erreichten Leistungsstand liegen, sind dementsprechend mit sehr niedrigen oder sehr hohen Erfolgswahrscheinlichkeiten verbunden. Die Übernahme solcher Ziele sollte nach den Formulierungen des

12.3 Das Zusammenwirken von Person- und Situationsfaktoren

Risiko-Wahl-Modells für die Misserfolgsmotivierten charakteristisch sein. Ein typisches Ergebnis aus diesen Untersuchungen zeigt, dass die Vpn, die ihre Zielsetzungen im Bereich realisierter Leistung bzw. etwas darüber hinausgehend vornehmen, deutlich erfolgsmotiviert sind, während Vpn, die unrealistisch hohe oder niedrige Zielsetzungen vornehmen, misserfolgsmotiviert sind (Heckhausen et al., 1985, S. 75 ff.).

Untersuchungen, die dem Zusammenhang zwischen Leistungsmotivation und Leistungsvariablen unter experimentell kontrollierten Bedingungen nachgehen, sind bislang relativ selten durchgeführt worden. Nach dem Modell sollten Erfolgsmotivierte die beste Leistung bei mittleren subjektiven Erfolgserwartungen zeigen, Misserfolgsmotivierte sollten hier – wenn sie überhaupt zur Übernahme einer Leistungshandlung bewegt werden können – die stärkste Leistungshemmung aufweisen. Karabenick und Youssef (1968) fanden diese Vorhersagen bestätigt. Erfolgsmotivierte lernten objektiv gleichschwere Wortpaare am schnellsten, wenn sie als mittelschwer ausgegeben wurden, während Misserfolgsmotivierte diese Aufgaben schneller lernten, wenn sie als leicht oder als schwer ausgegeben wurden. Nur wenn die Aufgaben als mittelschwer bezeichnet wurden, unterschieden sich Erfolgs- und Misserfolgsmotivierte in der vorhergesagten Weise in ihren Lernleistungen. Ein Befund, der bislang allerdings kaum repliziert werden konnte.

Untersuchungen zum Ausdauerverhalten sind relativ selten. Die ersten Untersuchungen hat Feather (1961, 1963) durchgeführt. Er hat seinen Vpn, die an vorgeblich leichten bzw. schwierigen Aufgaben (die objektiv unlösbar waren) arbeiteten, permanent Misserfolg induziert und als abhängiges Maß die Anzahl der Lösungsversuche erhoben, die die Vpn unternahmen, ehe sie zu einer ebenfalls leistungsbezogenen Alternativaufgabe übergingen. Feather (1961) formulierte insgesamt vier Hypothesen:

a) Erfolgsmotivierte persistieren länger bei einer leichten als bei einer schwierigen Aufgabe,
b) Misserfolgsmotivierte persistieren hingegen länger bei einer schwierigen als bei einer leichten Aufgabe,
c) bei leichten Aufgaben persistieren Erfolgsmotivierte länger als Misserfolgsmotivierte,
d) bei schwierigen Aufgaben persistieren die Misserfolgsmotivierten länger als die Erfolgsmotivierten.

Diese Hypothesen ergeben sich aus dem Atkinson-Modell unter Rückgriff auf die Annahme, dass sich die subjektiven Erfolgswahrscheinlichkeiten angesichts permanenten Misserfolgs senken. Bei zunächst als leicht ausgegebenen Aufgaben ($W_e = .70$) senkt sich die subjektive Erfolgswahrscheinlichkeit gegen .50, den Bereich, in dem die Erfolgsmotivierten maximal aufsuchen-, die Misserfolgsmotivierten maximal meidenmotiviert sind. Bei als schwierig ausgegebenen Aufgaben ($W_e = .05$) gehen die Erfolgswahrscheinlichkeiten bei andauerndem Misserfolg gegen null. In diesem Bereich nehmen die Aufsuchen- und Meidenmotivationen stetig ab. Wenn überhaupt, sollten die Misserfolgsmotivierten in diesem Bereich länger persistieren, da die misserfolgsmeidende Motivierung hier den geringsten Wert annimmt. Diese Annahmen konnten weitgehend bestätigt werden.

In einer Untersuchung von Schmalt (1999) haben Vpn ebenfalls an angeblich leichten und schwierigen (aber objektiv unlösbaren) Puzzleaufgaben gearbeitet und hierbei permanent Misserfolge erlebt. Eine nach Abbruch der Bearbeitung zur Verfügung stehende Alternativaufgabe wurde als mittelschwer ausgegeben. Das Ausdauerverhalten Erfolgs- und Misserfolgsmotivierter bei leichten und schwierigen Aufgaben ist in **Abbildung 12.3** dargestellt und entspricht weitgehend den aus dem Atkinson-Modell gemachten Ableitungen. Lediglich Hypo-

12 Leistungsmotivation

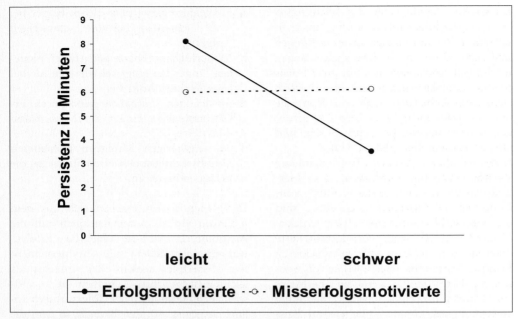

Abb. 12.3: Mittlere Persistenz (in Minuten) für Erfolgs- und Misserfolgsmotivierte bei leichten und schwierigen Aufgaben (modifiziert nach Schmalt, 1999, S. 124)

these b nach Feather (1961) konnte nicht bestätigt werden, weil bei den Misserfolgsmotivierten keine Verhaltensunterschiede zwischen den beiden Schwierigkeitsbedingungen zu beobachten sind. Diese letzte Beobachtung deckt sich mit einer Reihe weiterer Befunde aus anderen Bereichen – etwa zur Risiko-Wahl und Anspruchsniveausetzung –, bei denen die beobachteten Verhaltensunterschiede zwischen den Erfolgs- und Misserfolgsmotivierten zum Teil auf den Umstand zurückzuführen sind, dass die Misserfolgsmotivierten eine geringere Verhaltensvariabilität zwischen verschiedenartigen Situationsbedingungen aufweisen. Es sieht ganz so aus, als würden die meidend Motivierten (vgl. auch die meidend Machtmotivierten in **Abb. 10.6**) förderlichen oder hinderlichen Umständen in der Situation wenig Beachtung schenken, was dazu führt, dass ihr Verhalten weniger situationsangemessen und insgesamt weniger effizient ist als das der aufsuchend Motivierten.

12.4 Das attributionstheoretische Modell

Viele zeitgenössische Motivationstheorien, insbesondere solche, die ausschließlich für den Humanbereich formuliert wurden, haben kognitiven Variablen im Motivierungsprozess besondere Beachtung geschenkt (vgl. Kap. 3.6). Das Motivationsmodell von Atkinson enthält zwei an objektive Situationsmerkmale gekoppelte Variablen, nämlich die Erwartung und den antizipierten Affekt. Die Affekte sind jedoch völlig durch die Erwartungen determiniert, so dass kognitive Prozesse lediglich über die Beeinflussung der subjektiven Erfolgswahrscheinlichkeit wirksam werden können. Dies ist sicherlich eine Vereinfachung.

Neben den Erwartungen waren es besonders Ursachenzuschreibungen, die Beachtung von Motivationsforschern fanden. Solche Ursachenzuschreibungen für zurückliegende

12.4 Das attributionstheoretische Modell

Ereignisse erlauben, eine Vorhersage über zukünftige Ereignisse zu machen und das Verhalten daraufhin auszurichten. Weiner und seine Mitarbeiter haben die Bedeutung von Ursachenzuschreibung für Erfolg und Misserfolg erkannt und eine attributionstheoretische Fassung der Leistungsmotivationstheorie formuliert (Weiner, 1985).

Zunächst wurden die wahrgenommenen Ursachen für Erfolg und Misserfolg klassifiziert – und zwar anhand der Dimensionen Zeitstabilität und Lokation. Danach ergeben sich insgesamt vier Ursachenelemente: Begabung und Anstrengung sind Merkmale der Person, also internale Faktoren. Begabung ist über die Zeit hinweg relativ stabil, während Anstrengung ein sich in der Zeit verändernder und kontrollierbarer Faktor ist. Aufgabenschwierigkeit und Zufall sind externale Faktoren. Die Schwierigkeit einer Aufgabe verändert sich normalerweise nicht, während Zufallsfaktoren (Glück und Pech) zeitlich variabel sind. Die Auflistung dieser vier Ursachenfaktoren für Erfolg und Misserfolg ist sicherlich nicht erschöpfend, jedoch dürfte ein Großteil überhaupt auftretender Ursachenfaktoren im Leistungsbereich hierdurch abgedeckt sein.

In der attributionstheoretischen Fassung der Leistungsmotivationstheorie hat sich Weiner einerseits deutlich von der Theorie Atkinsons abgesetzt, blieb ihr andererseits jedoch auch verhaftet. Die Modellparameter, nämlich Motive, Anreize und Erfolgswahrscheinlichkeiten, blieben erhalten, wurden jedoch mit dem Gebrauch bestimmter Ursachenelemente in Zusammenhang gebracht. Motive sollen mit Voreingenommenheiten im Gebrauch bestimmter Ursachenelemente einhergehen (eine gut belegte Annahme, die unverständlicherweise später aufgegeben wurde), während Erwartungen, Erwartungsänderungen und Affekte im Zusammenhang mit Erfolg und Misserfolg von den Ursachenzuschreibungen mit abhängen sollen (vgl. **Abb. 3.8**).

12.4.1 Ursachenerklärung von Erfolg und Misserfolg

Es zeigte sich, dass Personen dazu neigen, sich für ihre Erfolge persönlich verantwortlich zu fühlen und die Verantwortlichkeit für eingetretene Misserfolge eher abzuschwächen oder ganz zu leugnen. Resultate dieser Art wurden als eine »hedonische Verzerrung« in der Ursachenwahrnehmung bezeichnet insofern, als sie es gestattet, ein positives Selbstwertgefühl aufzubauen und frei von Belastungen zu halten. Ein solcher Verzerrungsprozess folgt also eher affektiv-dynamischen als rationalen Regeln: »Die Begründung muss sich den Wünschen fügen« (Heider, 1958, S. 172). In einer ganzen Reihe von experimentellen Überprüfungen dieses Effekts konnte gezeigt werden, dass eine deutliche hedonische Verzerrung in den Attribuierungen vor allem dann auftritt, wenn ein Selbstwertbezug hergestellt wird, Öffentlichkeit vorliegt und Notwendigkeit für effiziente Kontrolle besteht (vgl. Dutton & Brown, 1997; Heckhausen et al., 1985, S. 131 ff.). Dieser Zusammenhang zwischen der Motivation, ein positives Selbstwertgefühl aufzubauen, und der hedonischen Verzerrung von Attribuierungen scheint jedoch kulturabhängig und besonders typisch für westliche Kulturen, speziell die USA zu sein. Eine kulturvergleichende Untersuchung zwischen den USA und Japan lieferte in Japan keine Hinweise auf solche selbstwerterhöhenden Tendenzen, sondern eher Hinweise für die Entwicklung einer selbstkritischen Motivation (Heine et al., 2001).

Einen besonderen Aspekt motivierter Attribuierungsfehler im Leistungsbereich haben Försterling, Preikschas und Agthe (2007) auf einem evolutionstheoretischen Hintergrund untersucht. Sie sind dabei von der Vorstellung ausgegangen, dass insbesondere Begabungs- und Kompetenzattribuierungen nicht nur einen rein erkenntnis- und informationsmäßigen Gewinn darstellen, sondern dass leistungsbezogene Attribuierungen auch Konsequenzen für die reproduktive Fitnessmaximierung haben: Diese Konsequenzen hängen im Wesentlichen davon ab, ob eine solche Attribuierung für einen potenziellen Fortpflanzungspartner oder für einen möglichen Konkurrenten im intersexuellen Wettbewerb vorgenommen wird. Vor diesem Hintergrund sollten Begabungs- und Kompetenzattribuierungen für einen möglichen Partner eher angehoben werden, weil dies dessen Attraktivität erhöht, während solche Attribuierungen für einen möglichen Konkurrenten eher abgewertet werden, weil das dessen Gefährdungspotenzial als Konkurrent eher absenkt. Försterling et al. (2007) konnten tatsächlich einen solchen sexuell motivierten Attributionsfehler auf Ursachenzuschreibungen im Leistungsbereich nachweisen. Erfolge von gegengeschlechtlichen Personen variieren positiv mit deren Attraktivität: Je attraktiver sie sind, desto mehr werden sie glorifiziert. Erfolge von gleichgeschlechtlichen Personen variieren hingegen negativ mit ihrer Attraktivität. Je attraktiver und mithin bedrohlicher sie sind, desto eher werden sie in einem ungünstigen Licht dargestellt: alles nur Glück, keine Begabung und keine Kompetenz. Der evolutionäre, fortpflanzungszentrierte Erklärungszusammenhang für diese Befunde wird durch zwei weitere Beobachtungen erhärtet: Der Effekt bleibt aus, wenn die Zielperson, über die Attribuierungen abgegeben werden, noch nicht im reproduktionsfähigen Alter ist, und ein umgekehrter sexuell motivierter Attributionsfehler ergibt sich bei homosexuellen Männern. Sie schildern glorifizierende Attribuierungen für attraktive Männer und nehmen abwertende Attribuierungen für attraktive Frauen vor. Der sexuell motivierte Attributionsfehler ändert also seine Richtung mit der Änderung der sexuellen Orientierung.

12.4.2 Das Leistungsmotiv und Ursachenerklärungen

Personabhängige Unterschiede in der Attribuierung von Erfolg und Misserfolg wurden bereits frühzeitig angenommen. Danach sollen sich Erfolgsmotivierte vornehmlich für ihre Erfolge, Misserfolgsmotivierte eher für ihre Misserfolge verantwortlich fühlen. Dieses wurde dann später noch einmal in Bezug auf die Attribuierung von Misserfolg spezifiziert: Erfolgsmotivierte sollten Misserfolg auf mangelnde Anstrengung, Misserfolgsmotivierte hingegen auf mangelnde Begabung zurückführen. Dies bedeutet, dass Erfolgsmotivierte eine besonders selbstwertdienliche Attributionsstrategie bevorzugen, während Misserfolgsmotivierte zu einer selbstwertbelastenden Attribution neigen sollten. Ein und dasselbe Handlungsergebnis führt also bei Erfolgs- und Misserfolgsmotivierten zu ganz unterschiedlichen Selbstbewertungskonsequenzen (Heckhausen, 1989).

Theoriekonforme Befunde fanden sich in einer Untersuchung von Schmalt (1982), in der speziell das Misserfolgsmotiv berücksichtigt wurde: Hoch Misserfolgsmotivierte attribuierten Misserfolg verstärkt auf mangelnde Begabung und weniger deutlich auf mangelnde Anstrengung. Erfolge attribuierten sie andererseits verstärkt auf glückliche Umstände. Verglich man die Begabungs- und Zufallsattribuierungen für Erfolg und Misserfolg zwischen den beiden Motivgruppen (hoch vs. niedrig Misserfolgsmotivierte), so zeigte sich, dass die niedrig Misserfolgsmotivierten deutliche Unterschiede in den Attribuierungen von Erfolg und Misserfolg im Sinne der oben beschriebenen hedonischen Verzerrung vornahmen, während die hoch Misserfolgsängstlichen eher ausgeglichen attribuierten.

Ein bereits klassisch gewordenes Experiment, das die Zusammenhänge zwischen Motivausprägung, Kausalattribuierung und Leistung analysiert, hierbei die

Attribuierungen aber nicht direkt erfasst, sondern eher indirekt und von den Vpn unbemerkt manipuliert, haben Weiner und Sierad (1975) durchgeführt. Sie haben ihren Vpn, die an einer Aufgabe arbeiteten, viermal hintereinander Misserfolg induziert. Die Experimentalgruppe bekam vorab ein Medikament (Placebo) verabreicht, das angeblich die Leistung beeinträchtigen sollte. Misserfolg in dieser Gruppe sollte also von Erfolgs- und Misserfolgsmotivierten auf das Medikament zurückgeführt werden. Die beiden Motivgruppen in der Kontrollgruppe sollten hingegen die für sie jeweils typischen Misserfolgsattribuierungen, also eine Begabungs- (Misserfolgsmotivierte) bzw. Anstrengungsattribuierung (Erfolgsmotivierte), vornehmen. Zunächst zu den Misserfolgsmotivierten: Sie wiesen bei Medikamentattribuierung bessere Leistungen auf als bei Begabungsattribuierung. Dies wird darauf zurückgeführt, dass die aversiven affektiven Konsequenzen einer Attribuierung auf mangelnde Begabung bei externaler Attribuierung auf das Medikament entfallen, was sich in einer relativ besseren Leistung niederschlägt. Bei den Erfolgsmotivierten ist die Konstellation umgekehrt. Sie wiesen in der Kontrollbedingung (also bei Anstrengungsattribuierung) bessere Leistungen als in der Experimentalbedingung (also bei Medikamentattribuierung) auf. Dies entspricht ganz der Theorie. Die unterschiedlichen Vorhersagen von Begabungs- und Anstrengungsattribuierungen beruhen im Wesentlichen auf der Überzeugung, dass Begabung einen zeitstabilen und Anstrengung eher einen variablen Ursachenfaktor beschreibt. Dies ist jedoch kulturabhängig und möglicherweise typisch für unsere westlich-nordamerikanisch ausgerichteten Selbsttheorien, in denen eine Philosophie entstanden ist, in der das Selbst im Wesentlichen durch unveränderbare und konsistente Attribute charakterisiert ist, wohingegen in asiatischen Ländern, deren Selbsttheorien durch den Konfuzianismus geprägt wurden, die Veränderbarkeit und Verbesserungsmöglichkeit innerer Attribute betont werden (Kornadt, 2007).

12.4.3 Ursachenzuschreibungen, Erfolgserwartungen und Affekte

Eine wesentliche Aussage der attributionstheoretischen Fassung der Leistungsmotivationstheorie war die, dass die von Atkinson beschriebenen Modellparameter Erfolgswahrscheinlichkeit und Anreiz ebenfalls durch Kausalattribuierungen determiniert sind. Das Ausmaß typischer Erwartungsänderungen nach Erfolg und Misserfolg soll besonders ausgeprägt sein, wenn Erfolg oder Misserfolg auf stabile Ursachenelemente (Begabung/Aufgabenschwierigkeit) zurückgeführt wird. Die Begründung für diese Annahme erscheint plausibel: Wird etwa ein Misserfolg auf stabile Faktoren zurückgeführt, müssen zwangsläufig die Erfolgsaussichten gesenkt werden, da sich an diesen stabilen Faktoren (z. B. mangelnde Begabung) kurzfristig nichts ändern lässt. Wird ein Misserfolg jedoch variabel erklärt, können die Erfolgsaussichten beibehalten werden, weil man vermehrt Anstrengung investieren oder glücklichere Umstände erhoffen kann.

Eine solche Konstellation konnte jedoch bei isolierter Betrachtung einzelner Faktoren nicht beobachtet werden. Allerdings konnte in der Mehrzahl der Untersuchungen ein Zusammenhang zwischen der absoluten Höhe der Erfolgserwartungen und der Stabilität von Ursachenzuschreibungen gefunden werden (Schmalt, 1979a). Stabile Ursachenzuschreibung von Misserfolg geht mit eher niedrigen, stabile Ursachenzuschreibung von Erfolg mit eher höheren subjektiven Erfolgswahrscheinlichkeiten einher. Man muss deshalb davon ausgehen, dass der Zusammenhang zwischen der Stabilität der

Ursachenzuschreibung und der absoluten Höhe der Erfolgserwartung gut belegt ist, Effekte in Bezug auf Erwartungsänderungen jedoch bislang kaum erhärtet sind.

Die Leistungsmotivationstheorie Atkinsons hatte die leistungsbezogenen Affekte (Stolz und Scham) bzw. die Antizipation dieser Affekte zu dem eigentlichen motivierenden Agens gemacht, jedoch die Determinanten dieser Affekte ausschließlich bei den subjektiven Erfolgswahrscheinlichkeiten gesehen. Weiner hat dieser Konzeption eine attributionstheoretische gegenübergestellt und die Auffassung vertreten, dass auch die affektiven Reaktionen nach Erfolg und Misserfolg von Ursachenzuschreibungen abhängen, wobei internale Attribuierungen, insbesondere Anstrengungsattribuierungen, die deutlichsten leistungsthematischen Affektkonsequenzen nach sich ziehen sollten. Nicholls (1984) vertritt die Ansicht, dass langzeitperspektivisch insbesondere die Begabungsattribuierung die affektwirksamere ist, da allein der Begabungsfaktor – ceteris paribus – die besten Vorhersagen auf zukünftige Leistungen erlaubt.

Ein problematischer Punkt, der für einige Unklarheiten in der Datenlage verantwortlich ist, ist der, dass in den verschiedenen Untersuchungen unterschiedliche Affekttypen untersucht worden sind. Die zwischen Kausalattribuierungen und Affekten angenommenen Zusammenhänge bezogen sich zunächst auf die leistungsthematischen Affekte Stolz und Scham. In den bereits angesprochenen Untersuchungen wurden jedoch thematisch unspezifizierte Affekte (z. B. Freude) herangezogen. In einer Untersuchung von Schmalt (1979a) wurden die Zusammenhänge zwischen Attribuierungen und Affekten getrennt für die speziellen leistungsthematischen Affekte Stolz und Scham und die allgemeineren Affekte Freude und Ärger analysiert. Hier zeigte sich, dass Stolz erlebt wird, wenn man eine Reihe erwarteter Erfolge auf hohe Anstrengung zurückführt (naivpsychologischer Schluss: »wie erwartet fleißig«). Scham wird erlebt, wenn man eine Reihe erwartungswidriger Misserfolge auf mangelnde Begabung zurückführt (naivpsychologischer Schluss: »dümmer als erwartet«). Freude wird erlebt, wenn man eine erwartungswidrige Erfolgsserie auf Zufall zurückführt; Ärger wird erlebt, wenn man eine erwartungswidrige Misserfolgsserie auf zu hohe Aufgabenschwierigkeit zurückführt. Nach diesen Befunden bestehen deutliche Beziehungen zwischen internaler Attribuierung und den leistungsthematischen Affekten sowie externaler Attribuierung und den allgemeineren Affekten, wobei die Erwartungskonformität bzw. Erwartungswidrigkeit von Erfolg und Misserfolg hier noch eine moderierende Wirkung hat. Freude und Ärger werden bei Ereignissen erlebt, die man nicht erwartet hatte. Dies macht auf den eigentlich plausiblen Sachverhalt aufmerksam, dass in einer Leistungssituation ganz unterschiedliche Affekte entstehen, die verschiedenartige Attribuierungsdeterminanten aufweisen können. Tracy und Robins (2007) haben sich speziell mit dem Affekt Stolz beschäftigt und hierbei einen authentischen, echten Stolz und einen mit Selbstüberheblichkeit verbundenen Stolz differenziert. Die Befunde dieser Untersuchung machen deutlich, dass nur der authentische Stolz mit einer leistungsorientierten Persönlichkeit verbunden ist und dann entsteht, wenn ein Erfolg auf internale, variable und kontrollierbare Ursachen zurückgeführt wird. Die selbstüberhebliche Form des Stolzes ist hingegen mit internalen, stabilen und unkontrollierbaren Ursachen verbunden.

Weiner et al. (1978) sind dem Gedanken, dass in einer leistungsthematischen Situation ein ganzes Bündel von unterschiedlichen Affekten entstehen kann, unter systematischen Gesichtspunkten nachgegangen. Sie haben umfangreiche Affektlisten erstellt und diese dann mit Erfolgs- bzw. Misserfolgsgeschichten verknüpft, in denen deutlich ein bestimmter Kausalfaktor angespro-

12.4 Das attributionstheoretische Modell

Tab. 12.1: Attribuierungen und typische Affekte nach Erfolg (oberer Teil) und nach Misserfolg (unterer Teil) (modifiziert nach Weiner et al., 1978)

Attribuierung	Affekt
Anstrengung als variabler Faktor	Aktivierung, Erregungszunahme
Anstrengung als stabiler Faktor	Entspannung
Eigene Persönlichkeit	Selbstaufwertung
Anstrengung und Persönlichkeit anderer Personen	Dankbarkeit
Glück	Überraschung
Begabung vs. Aufgabenschwierigkeit (-leichtigkeit)	Kompetenz vs. Sicherheit
Mangelnde Begabung	Inkompetenz
Anstrengung als stabiler Faktor Anstrengung als variabler Faktor	Schuldgefühle
Persönlichkeit mangelnde intrinsische Motivation	Resignation
Anstrengung, Persönlichkeit, Motivation anderer Personen	Aggression
Pech	Überraschung

chen wird. Es wurden danach jeweils die dominanten Affekte bestimmt, die deutlich nur mit einem bestimmten Kausalfaktor zusammenhängen. Einige dieser Zusammenhänge sind in **Tabelle 12.1** dargestellt.

In neueren Theorien werden die Emotionen für die Motivation immer wichtiger, so dass man nicht nur die Abhängigkeit der Emotionen von den Attribuierungen untersuchte, sondern auch umgekehrt die Frage stellte, wie Emotionen die Kognitionen, speziell die Attribuierungen, beeinflussen (vgl. Kap. 3.5). Einen guten Einblick in die vermuteten Wirkungszusammenhänge zwischen Emotion und Ursachenzuschreibung gestattet eine Arbeit von Forgas et al. (1990). Die Autoren haben zwei denkbare Prinzipien der Einflussnahme formuliert: Das erste Prinzip ist »kognitiv« in dem Sinne, dass Emotionen Einfluss auf die Kognitionen ausüben und zu affektkongruenten Attribuierungen für Erfolg und Misserfolg führen. Das zweite Prinzip ist »motivational« und basiert auf dem Grundgedanken selbstwertdienlicher Attribuierungen. Danach sollten Attribuierungen im Zusammenhang mit Emotionen so vorgenommen werden, dass sie möglichst aus einer negativen Emotionslage herausführen bzw. eine positive Emotionslage aufrechterhalten oder noch steigern.

Die Autoren überprüften diese Hypothesen in einem Experiment, in dem die Vpn ein abgelegtes Examen als Erfolg oder Misserfolg einstufen mussten und unter verschiedenen Emotionslagen, die experimentell erzeugt wurden, Ursachenzuschreibungen für diese Examensleistung vornehmen sollten, und zwar für sich selber sowie für eine fiktive andere Person. Auszüge aus den Befunden zeigt **Abbildung 12.4**. Hieraus ist zusammenfassend abzulesen, dass Vpn in

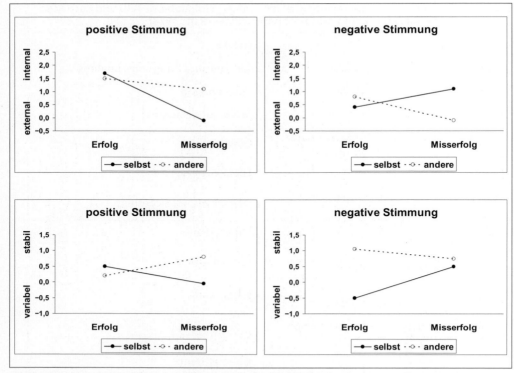

Abb. 12.4: Die Auswirkungen induzierter Stimmungslagen auf die Ursachenzuschreibung für eine Prüfungsleistung für Vpn, die einen Erfolg erlebten, und für solche, die einen Misserfolg hatten, getrennt für die Selbst- und die Fremdperspektive (modifiziert nach Forgas et al., 1990, S. 814/815)

gehobener Stimmung (linker Teil) Erfolge (mehr als Misserfolge) internal erklären, und zwar sowohl für sich selbst als auch für andere. Misserfolg wird allerdings externalisiert bzw. mit variablen Faktoren erklärt, und zwar nur in der Selbstattribution. Der erste Befund ist mit beiden Hypothesen vereinbar, der zweite nur mit der Annahme selbstwertdienlicher Attribuierungen. Deutlich gegen diese Annahme und für die Annahme kognitiver Mechanismen spricht der Befund, dass Vpn in negativer Stimmungslage (rechter Teil) Misserfolg (mehr als Erfolg) mit internalen und stabilen Faktoren erklären, und zwar nur in Bezug auf sich selbst, während sie für andere Personen eine eher unkritische Attribution vornehmen. Personen in negativer Stimmungslage bevorzugen also eine außerordentlich selbstwertbelastende Attributionsstrategie. Zusammenfassend gesehen zeigen diese Befunde, dass positive und negative Stimmungen eine ganz unterschiedliche Motivationsdynamik in Gang setzen. Besonders klar wird das bei der Misserfolgsattribution. Eine positive Stimmungslage führt in den Attribuierungen deutlich zu einer hedonischen Verzerrung durch die Externalisierung für Misserfolge (nur in der Selbstattribution), während die negative Stimmungslage zu persönlicher Verantwortung für Misserfolge (hauptsächlich wiederum in der Selbstattribution) führt. Eine solche Attribuierung ist eher »kongruent« mit der Stimmungslage und trägt dazu bei, sie zu stabilisieren.

12.5 Das Selbstregulationsmodell der Leistungsmotivation

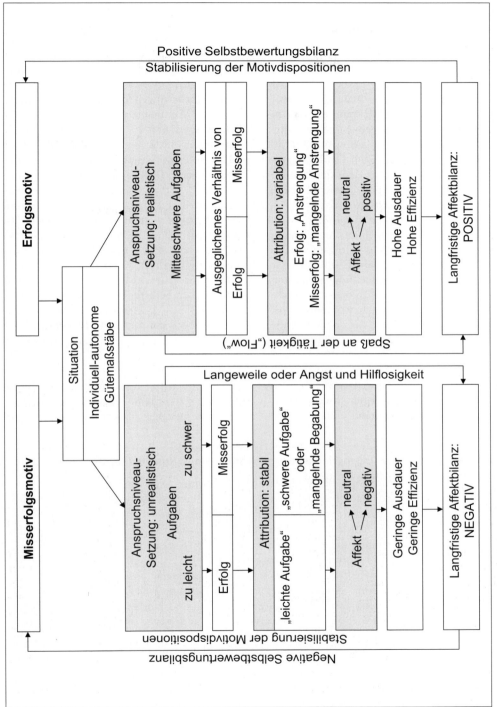

Abb. 12.5: Das Selbstregulationsmodell der Leistungsmotivation

12.5 Das Selbstregulationsmodell der Leistungsmotivation

Den Selbstbekräftigungs- bzw. Selbstbewertungscharakter von Affekten im Zusammenhang mit leistungsbezogenem Verhalten hat Heckhausen (1989) betont und hierauf ein Selbstbewertungsmodell der Leistungsmotivation aufgebaut, in dem den Kausalattribuierungen eine ganz zentrale Rolle zukommt. Wenn Erfolgsmotivierte ihre Erfolge eher auf eigene Begabung, Misserfolge eher auf mangelnde Anstrengung zurückführen und Misserfolgsmotivierte ihre Erfolge eher mit dem Zufall, Misserfolge hingegen mit mangelnder Begabung erklären, so sollten hierdurch unterschiedliche Selbstbekräftigungs- bzw. Selbstbewertungsbilanzen entstehen, die das Leistungsmotivationssystem langfristig stabilisieren. Erfolgsmotivierte können sich demnach, im Vergleich zu den Misserfolgsmotivierten, nach Erfolg vergleichsweise stärker positiv und nach Misserfolg vergleichsweise weniger negativ selbst bewerten.

Ausgangspunkt dieses Modells ist die empirisch gesicherte Beobachtung, dass sich Erfolgs- und Misserfolgsmotivierte hinsichtlich ihrer Risiko-Wahlen und Anspruchsniveau-Setzungen unterscheiden (s. o.). Während Erfolgsmotivierte eher mittelhohe Herausforderungen präferieren und damit günstige Voraussetzungen für Spaß an der Tätigkeit schaffen (Csikszentmihalyi & Rathunde, 1992; vgl. Abb. 3.10), neigen Misserfolgsmotive dazu, sich zu unter- oder überfordern. Dies legt für die Erfolgsmotivierten eher ergebnisabhängige Anstrengungsattribuierungen nahe, die weiterhin hohe Erfolgserwartungen rechtfertigen und insgesamt neutrale oder positive Affekte entstehen lassen und eine ausdauernde Beschäftigung mit der Aufgabe und somit langfristig eine positive Affektbilanz mit förderlichen Selbstbewertungskonsequenzen sicherstellen. Misserfolgsmotivierte verfolgen hingegen eine ausgemacht unglückliche Strategie, die man als »self-handicapping« bezeichnen kann. Durch die selbstgewählte Unter- bzw. Überforderung schaffen sie zunächst ein ungünstiges emotionales Klima, provozieren stabile Ergebnisattribuierungen, die niedrige Erfolgserwartungen und

---

Box 12.2: Ein Trainingsprogramm zur Aufhebung von Misserfolgsängstlichkeit

Dieses Selbstregulationsmodell zergliedert den gesamten Motivationsprozess in eine Reihe von Teilkomponenten, in deren Abfolge drei Teilprozesse von herausgehobener Bedeutung sind: die Anspruchsniveau- oder Zielsetzung, die Attributionen und schließlich die resultierenden Affekte (vgl. **Abb. 12.5**). Will man die ungünstigen Lern- und Leistungsvoraussetzungen, die bei Misserfolgsmotivierten zu beobachten sind, beheben, so bieten sich diese drei Komponenten vorrangig für eine Intervention und ein gezieltes Training an (Rheinberg & Engeser, 2009). Für die Sicherung des Trainingserfolgs im Sinne einer überdauernden Änderung der Motivausrichtung ist es wesentlich, alle drei Komponenten gleichzeitig zur Veränderung vorzusehen und hierbei die Trainingsinhalte so zu konzipieren, dass die Misserfolgsmotivierten die angepasste und funktionale »Strategie« der Erfolgsmotivierten übernehmen. Vor diesem Hintergrund sind von einseitigen Maßnahmen, die ausschließlich auf der Verhaltensebene ansetzen und die Zielsetzungen verändern, oder von einer kognitiven Therapie, in der ausschließlich die Attribuierungen verändert werden, und ebenso von einer affekt-basierten Intervention, in der lediglich die resultierenden Affekte verändert werden, keinerlei nachhaltige Effekte zu

12.5 Das Selbstregulationsmodell der Leistungsmotivation

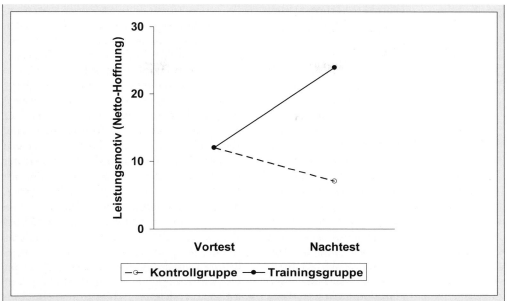

Abb.: Ergebnisse eines Trainingsprogramms zur Reduktion von Misserfolgsängstlichkeit (nach Rheinberg & Günther, 2005, S. 64)

erwarten. Eine auf der kognitiven Ebene einsetzende Intervention, in der z. B. die Attribuierungen in Richtung auf Anstrengungsabhängigkeit verändert, aber die überfordernden Zielsetzungen der Misserfolgsängstlichen beibehalten werden, würde eher zu schädlichen als zu förderlichen Konsequenzen führen: Ein Schüler, der sich weiterhin durch die Übernahme extrem schwieriger Aufgaben überfordert, aber der Ansicht ist, Ergebnisse (und mithin seine Misserfolge) seien anstrengungsabhängig, manövriert sich selbst weiter ins Unglück. Alle drei Systemkomponenten müssen also gleichzeitig verändert werden.

Rheinberg und seine Mitarbeiter (Rheinberg & Engeser, 2009) haben in den letzten Jahren ein solches Interventionsprogramm entwickelt, das in den Schulunterricht integriert ist und an alltäglichen Erfahrungen im Klassenzimmer anknüpft. Die Abbildung zeigt die Ergebnisse einer solchen Interventionsstudie, in der Zielsetzung, Attribuierung und Selbstbewertungsfreude an regulärem Unterrichtsmaterial trainiert wurden. Die Forscher hatten die Erwartung, mit diesen Trainingsmaßnahmen, die im Wesentlichen die Erlebens- und Verhaltensweisen der Erfolgsmotivierten simulieren, letztlich auch die Motivdisposition der Misserfolgsängstlichen in Richtung Erfolgsmotiv verändern zu können. In der schon erwähnten Untersuchung wurden die Motivkennwerte (gemessen mit der Gitter-Technik) trainierter und nicht trainierter Schüler der fünften Klassenstufe miteinander verglichen. Die Befunde dokumentieren deutlich den Erfolg des Trainingsprogramms. Die Schüler, die an dem 17-wöchigen Trainingsprogramm teilgenommen hatten, wurden vom Vor- zum Nachtest deutlich erfolgsmotivierter. Begleitend wurden die Schüler auch realistischer in ihrer Zielsetzung: Sie streben Schulnoten an, die sie auch tatsächlich erreichen (können). Dies fördert eine anstrengungsabhängige Sichtweise und wirkt sich schließlich auch positivierend auf die Affektbilanz aus.

vergleichsweise negative Leistungsaffekte entstehen lassen. Schließlich ist die gesamte Affektbilanz negativ mit einer eher schädlichen und dysfunktionalen Selbstbewertungstendenz, die das Misserfolgsmotiv als dominante Disposition weiter stabilisiert.

12.6 Zieltheorien

Die in diesem Abschnitt behandelten Zieltheorien beinhalten die *bewussten* Vornahmen, Intentionen und Ziele, die ein Individuum in einem leistungsthematischen Kontext verfolgt. Ausgangspunkt der Entwicklung leistungsthematischer Zieltheorien war die im attributionstheoretischen Zusammenhang gemachte Beobachtung, dass es große interindividuelle Unterschiede bei der Attribuierung von Misserfolg gibt, nämlich »mangelnde Anstrengung« vs. »mangelnde Begabung«. Dweck und Elliott (1983) vermuten, dass diese unterschiedlichen Attribuierungen zustande kommen, weil die Personen unterschiedliche Ziele verfolgen, nämlich zum einen Ergebnisziele (performance goals), bei denen es um die Demonstration von möglichst hoher eigener Kompetenz geht, und zum anderen Lernziele (learning goals, mastery goals), in denen es darum geht, die eigene Kompetenz zu steigern. Die Erklärungen aktuellen Verhaltens und Erlebens aus solchen konkreten Zielsetzungen sind ganz hilfreich, weil sie den großen Bogen, der von den Motivdispositionen zu konkretem Verhalten geschlagen wird, überbrücken helfen, indem sie auf mittelhohem theoretischen Niveau – zwischen den Motiven auf der einen Seite und dem Verhalten auf der anderen Seite – eine weitere Erklärungsebene einziehen.

Elliot und Church (1997) und Elliot und McGregor (2001) haben ein solches hierarchisches Motivationsmodell entwickelt, in dem insgesamt drei, später vier motivationale Tendenzen mit entsprechenden Zielen unterschieden werden. Die vier Ziele ergeben sich, wenn man die Art der Ziele (Ergebnis- vs. Lernziele) mit der grundlegenden Richtung der Motivation (Aufsuchen vs. Meiden) kombiniert: zunächst (1.) eine Lernorientierung, die auf die Entwicklung und Steigerung der eigenen Kompetenz gerichtet ist und eine aufsuchende Motivationsform darstellt. Und zweitens (2.) eine Lernorientierung, die auf möglichen Verlust des Gelernten gerichtet ist und eine meidende Motivation darstellt. Drittens (3.) eine Ergebnisorientierung, die auf Demonstration von Kompetenz im Vergleich zu anderen gerichtet ist und eine zweite aufsuchende Motivationsform darstellt. Und schließlich viertens (4.) eine Ergebnisorientierung, die auf Vermeidung der Demonstration von Inkompetenz im Vergleich zu anderen gerichtet ist und eine weitere meidende Motivationsform darstellt.

Aus der Perspektive des Erfolgs- und Misserfolgsmotivs betrachtet zeigt sich, dass das Erfolgsmotiv stets mit aufsuchenden Zielen, der aufsuchenden Lernorientierung oder der aufsuchenden Ergebnisorientierung verbunden ist. Das Misserfolgsmotiv ist hingegen mit Ergebniszielen, und zwar sowohl mit aufsuchenden als auch meidenden Ergebniszielen, verbunden. Es geht bei diesen Zielen darum, die eigene Kompetenz zu demonstrieren oder möglichst keine Inkompetenz und Schwächen zu zeigen.

In einer empirischen Untersuchung im Klassenraum haben Elliot und Church (1997) dieses Modell überprüft, indem sie die Motive, Kompetenzerwartungen, Zielorientierungen als vermittelnde Variablen und schließlich die intrinsische Motivation sowie die erzielten Leistungen als abhängige Variablen erfasst haben. **Abbildung 12.6** zeigt dieses Modell einschließlich der ermittelten signifikanten Pfadkoeffizienten. Die Befunde entsprechen weitgehend dem Modell. Die Übernahme eines Lernziels begünstigt die Entstehung von intrinsischer Motivation, und die Übernahme eines mei-

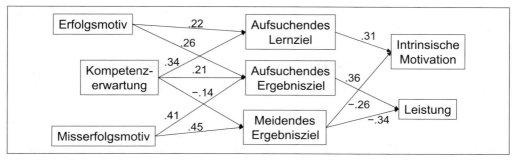

Abb. 12.6: Ein mehrstufiges Motivationsmodell mit den vermittelnden Zielorientierungen sowie signifikanten Pfadkoeffizienten (nach Elliot & Church, 1997, S. 165)

denden Ergebnisziels erwies sich als beeinträchtigend für intrinsische Motivation und Leistung gleichermaßen. Motive, Erwartungen und Ziele sind untereinander, wie vom Modell beschrieben, verbunden. Interessanterweise gibt es keine direkten Effekte von den Motiven zu den abhängigen Maßen, was die wichtige vermittelnde Funktion der Zielorientierungen in dieser Untersuchung eindrucksvoll unterstreicht. Allerdings sind die Motive, wie vorhergesagt, mit den Zielorientierungen verbunden; das Erfolgsmotiv mit den beiden aufsuchenden Orientierungen, das Misserfolgsmotiv mit den Ergebniszielen.

Das Ziel, etwas lernen zu wollen und die eigenen Kompetenzen zu zeigen, ist typisch für das Erfolgsmotiv ebenso wie das Bestreben, in der Öffentlichkeit nicht für inkompetent gehalten zu werden, typisch für das Misserfolgsmotiv ist. Aufsuchende Ergebnisziele sind als einzige mehrdeutig und können sowohl mit dem Erfolgs- als auch mit dem Misserfolgsmotiv in Zusammenhang stehen.

Die in **Abbildung 12.6** dargestellten Befunde sind exemplarisch und konnten in einer Reihe von Nachuntersuchungen bestätigt werden. Aufsuchende und meidende Ergebnisziele haben förderliche und mindernde Einflüsse auf die Leistungseffizienz, während Lern- und Bewältigungsziele mit intrinsischer Motivation zusammenhängen. Das ist zumindest das theoretische und empirische Kernstück eines von Cury, Elliot, Fonseca und Moller (2006) entwickelten sozial-kognitiven Modells der Leistungsmotivation. Allerdings werden in dieser Theorie einige kontroverse Befundlagen komplett unterdrückt, so etwa, dass es auch zwischen Lernzielen und Leistungen theoretisch plausible, positive Beziehungen gibt (Meece et al., 2006) und dass auch der Zusammenhang der Ergebnisziele mit Leistungsresultaten komplexer ist als dargestellt (Spinath & Schöne, 2003). Ein entscheidender Nachteil und eine theoretische Rückwärtsentwicklung dürfte sein, dass in dieser Theorie Selbstkonzepte der eigenen Kompetenz als Dispositionsvariablen eingeführt, aber keine Motive mehr berücksichtigt werden. So muss denn die Frage, durch welche zugrunde liegende Motivation sich die Ziele speisen, offenbleiben. Insbesondere bei langfristig zu erbringenden Leistungen, wie etwa Schul- und Studienleistungen, ist fraglich, ob sich die für die Zielerreichung notwendige Motivation allein aus den Zielen ableiten lässt.

12.7 Gelernte Hilflosigkeit

Die von Seligman (1975) zum ersten Mal dargestellte Theorie der Gelernten Hilflosigkeit basiert auf einem tierexperimentellen Forschungsparadigma zum Vermeidungslernen. Hunde, denen man jede Bewegungsmöglichkeit nahm und die man mit unausweichlichen, mäßig schmerzhaften Stromstößen behandelte, unternahmen später, auch wenn die Möglichkeit dafür vorhanden war, keine Versuche, diesen aversiven Stromstößen zu entgehen. Die theoretische Erklärung, die man diesem Phänomen unterlegte, nahm als wichtigsten Faktor für die Entstehung von Hilflosigkeit den objektiv nicht bestehenden Zusammenhang (Nicht-Kontingenz) zwischen Handlung und Handlungsergebnis an. Dies sollte zu Kontrollverlust und zu der sich generalisierenden Erwartung führen, dass auch in Zukunft die Dinge nicht zu kontrollieren sind. Hieran schließen sich motivationale, kognitive und emotionale Defizite an, die schließlich in der Einstellung sämtlicher Handlungsbemühungen enden.

Die recht frühzeitig vorgenommene Ausdehnung des Untersuchungsparadigmas in den Humanbereich führte zu einer Reihe von methodischen und konzeptuellen Veränderungen und Erweiterungen (Hiroto & Seligman, 1975). Die experimentelle Induktion von Nicht-Kontingenz geschah meist über die Herstellung einer Serie von zufällig aufeinander folgenden Misserfolgen, manchmal allerdings auch nur eines einzigen (»one-shot«) gravierenden Misserfolgs. Bei der theoretischen Behandlung der Frage, wie sich denn das Erlebnis des Kontrollverlusts auf die Generalisierung von Erwartungen auch zukünftig nicht vorhandener Kontrollmöglichkeiten auswirkt, haben sich Attribuierungen als ein wichtiges vermittelndes Bindeglied erwiesen (Abramson et al., 1978; Weiner & Litman-Adices, 1980). Die Hilflosigkeit tritt nach diesen Reformulierungen insbesondere dann auf, wenn Misserfolg (Nicht-Kontingenz) mit internal stabilen und globalen Ursachenelementen erklärt wird.

Aufgrund einer gemeinsamen Fragestellung, nämlich der nach der attributionalen Vermittlung von Leistungsdefiziten nach (nicht kontingenten) Misserfolgen, ist es zu einer zunehmenden Konvergenz in den Forschungs- und Erklärungsansätzen der Hilflosigkeits- und Teilen der Leistungsmotivationsforschung gekommen (Boggiano, Barrett & Kellam, 1993; Dweck & Elliott, 1983). Die attributionale Fassung der Hilflosigkeitstheorie liefert insbesondere eine Erklärung für den Transfer der Erfahrung von Kontrollverlust auf neue Situationen, sie macht allerdings keine Aussage über die Entstehung von Hilflosigkeit in konkreten Situationen.

Das Ausmaß der Generalisierung auf neue Situationen sollte insbesondere von der Globalität der vorgenommenen Attribuierung für Misserfolg abhängig sein. Alloy et al. (1984) haben diese Hypothese überprüft und gefunden, dass bei einer habituellen Neigung zu globalen Attribuierungen für aversive Ereignisse eine besondere Bereitschaft besteht, nach negativen Ereignissen mit emotionalen und verhaltensmäßigen Beeinträchtigungen zu reagieren. Erfasst man allerdings nicht den habituellen Attributionsstil, sondern theoriegerecht konkrete Attribuierungen für einzelne Ereignisse und entsprechende Beeinträchtigungen, so ist die Datenlage nicht sehr konsistent (Robins, 1988).

Auf den gesonderten Einfluss der Erfolgswahrscheinlichkeit auf die Vermittlung des Hilflosigkeitseffekts macht eine Untersuchung von Mikulincer (1988) aufmerksam. Die Vpn bekamen bei Aufgaben mit abgestuften Eingangswahrscheinlichkeiten (niedrig, mittel, hoch) in unterschiedlichem Ausmaß nicht kontingenten Misserfolg induziert. Es wurden in dieser Untersuchung keine generellen Hilflosigkeitseffekte beobachtet, sondern sowohl eine gesteigerte als auch eine herabgesetzte Leistungseffektivität in Abhängigkeit von der Eingangswahrscheinlichkeit. Ein geringes Ausmaß an nicht kontingenten Misserfolgen verbesserte die Leistungseffizienz bei mittelhohen

> **Box 12.3: Depressionen**
>
> Bereits Seligman (1975) hatte die Ansicht vertreten, dass die Entstehungsbedingungen für Gelernte Hilflosigkeit – damals erst im Tierexperiment belegt – auch auf die Entstehung von reaktiven Depressionen (Hilflosigkeitsdepressionen) beim Menschen übertragen werden können. Diese Vermutung gründet sich auf einige Gemeinsamkeiten im Erscheinungsbild von Hilflosigkeit und reaktiven Depressionen:
>
> - Motivationsverlust in zentralen Domänen menschlicher Existenz:
>   - Appetitlosigkeit
>   - Aggressionsverlust
>   - Libidoverlust
>   - Soziale Interesselosigkeit
> - Verminderte Fähigkeit zur Initiierung von Willenshandlungen
> - Verminderte Bereitschaft für neue Lernerfahrungen

Vor dem Hintergrund der attributionalen Neufassung der Hilflosigkeitstheorie wurden später habituelle Attribuierungen für die Entstehung und Aufrechterhaltung von Depressionen verantwortlich gemacht. Peterson, Buchanan und Seligman (1995) sprechen hier von einem Attributionsstil, der ähnlich stabil ist wie eine Eigenschaft. Der Attributionsstil wird als eine Art Risikofaktor gesehen, der den Ausbruch einer Depression begünstigen kann, etwa dann, wenn belastende Lebensereignisse eintreten (Diathese-Stress-Modell). Depressive Personen attribuieren unangenehme Ereignisse und Fehlschläge mit internalen, stabilen und globalen Ursachen, was dann für die Zukunft nur Negatives verheißt. Eine Zukunft mit der Vision weiterer negativer und unkontrollierbarer Ereignisse wirkt dann wie ein Verstärker auf die depressive Symptomatik (»depression about depression«, Teasdale, 1985). So könnte etwa ein junger Mann, der beim Werben um die Gunst einer Mitschülerin abgeblitzt ist, zu der Ansicht gelangen: »Dass ich hier zurückgewiesen wurde, liegt daran, dass ich (internal) bei Mädchen (global) keine Chance habe (stabil)«. Dass vor dem Hintergrund einer solchen attributionalen Einschätzung auch zukünftig keine erfolgreichen Umwerbungen zu erwarten sind, liegt auf der Hand.

Zeitgenössische kognitive Therapien basieren auf dem Versuch, diese kognitiven Schemata aufzubrechen und gleichzeitig neue Fertigkeiten einzuüben, die es gestatten, zukünftige negative Ereignisse besser zu beherrschen und deren erwartete Unkontrollierbarkeit zu verringern. In der Therapie werden Patienten wiederholt an ihre depressive Symptomatik herangeführt, aber mit neuen, eher bewältigungsorientierten kognitiven Schemata. Die Erschaffung und Verfügbarkeit solcher alternativer, funktionaler kognitiver Sets stellt die wichtigste vermittelnde Wirkvariable einer kognitiven Therapie dar (Teasdale et al., 1995; Teasdale et al., 2001). Die erwarteten therapeutischen Effekte bestehen im Wesentlichen darin, die Kontrollierbarkeit zukünftiger negativer Ereignisse zu erhöhen, um dadurch die befürchtete Aufschaukelung der Depressionssymptomatik zu verhindern. Teasdale et al. (2001) haben in einer Untersuchung überprüft, inwieweit der Therapieerfolg von solchen dysfunktionalen Denkschemata abhängt, und stießen hierbei auf einen unerwarteten, aber hochinteressanten Befund: Nicht so sehr die Inhalte depressogener Kognitionen sagten den Therapieerfolg vorher, sondern die Art der von den Patienten gegebenen Antworten. Solche Patienten, die sehr häufig extreme Antwortalternativen angaben (z. B. »völlige Übereinstimmung« oder »Das trifft immer auf mich zu«), waren

> nach einer Therapie besonders rückfallgefährdet. Dies bedeutet, dass eine erfolgreiche Therapie nicht so sehr auf eine Veränderung der *Denkinhalte*, sondern eher auf einer Veränderung des *Denkstils* aufbaut, indem der Patient angeregt wird, seine extremen negativen, kategorialen Denkschablonen und seine negativistischen Schwarz-Weiß-Perspektiven zugunsten angepasster, realitätsnaher und modulierter Denkweisen aufzugeben.

Erfolgserwartungen, während ein größeres Ausmaß an nicht kontingenten Misserfolgen die Leistungseffizienz bei mittelhohen und hohen Erfolgserwartungen herabsenkte. Keine Beeinträchtigungen waren hingegen bei ohnehin niedrigen Erfolgserwartungen zu beobachten. Diese Befunde zeigen, dass neben dem Ausmaß an Nicht-Kontingenz-Erfahrungen auch das Ausmaß, in dem frühere Erwartungen und Erfahrungen angesichts der auftretenden Nicht-Kontingenz revidiert werden müssen, die resultierenden Hilflosigkeitseffekte mit beeinflusst. Nicht-Kontingenz und Serien von Misserfolgen sind also insbesondere dann beeinträchtigend, wenn sie nicht erwartet werden. Für die Entwicklung einer Hilflosigkeitsorientierung erscheint die Überzeugung wesentlich, dass eigene Anstrengung und angestrebte Erfolge nicht miteinander in Beziehung stehen. Trotz hoher Anstrengung lassen sich die erwünschten Resultate nicht herbeiführen. Auf dem Hintergrund einer niedrigen Einschätzung der eigenen Handlungskompetenz kann eine habituelle Attributionsneigung entstehen, Misserfolge über alle Lebensbereiche mit mangelnder Kompetenz in Verbindung zu bringen, was zu den beschriebenen Defiziten bis hin zur Depression führen kann (Peterson & Seligman, 1984).

Der enge Zusammenhang von unangemessenen Attribuierungen und der Entstehung von Hilflosigkeit oder gar einer depressiven Erkrankung ist unbestritten; aber kann man davon ausgehen, dass diese Attribuierungen tatsächlich die Ursache für diese Entwicklungen darstellen? Wahrscheinlich nicht. Wahrscheinlich sind hier motivationale Orientierungen wichtiger, und Attribuierungen stabilisieren lediglich die auftretenden Erlebens- und Verhaltensweisen (Brewin, 1988). Neben dem Leistungsmotiv, das für die Verarbeitung von Misserfolgserlebnissen sicherlich einflussreich ist, hat insbesondere Boggiano (Boggiano & Barrett, 1985; Boggiano, 1998) die Unterscheidung von intrinsischer und extrinsischer Motivation aufgegriffen (vgl. Kap. 3.6).

Intrinsische Motivation sollte dazu führen, sich selbst mit herausfordernden Aufgaben zu konfrontieren, um den Spaß dabei (insbesondere auch angesichts des Lernfortschritts) zu genießen. Bei einer extrinsischen Motivation kommen die Anforderungen von außen; ob die angestrebten Ziele realisiert werden können, liegt häufig außerhalb der Kontrollmöglichkeiten des Handelnden. Bei extrinsischer Motivation sollte sich deshalb eher die Vorstellung herausbilden können, dass Ergebnis und investierte Anstrengung unabhängig sind. Vor dem Hintergrund einer extrinsischen Motivation sollte sich Gelernte Hilflosigkeit deshalb bevorzugt entwickeln können. Boggiano (1998) hat diese Vermutungen in einer Untersuchung geprüft, in der sie die intrinsische und extrinsische Motivation, Kompetenzwahrnehmung, Anstrengungsattribution und die relative Bevorzugung von Begabungs- gegenüber Anstrengungsattribuierungen erfasst und zu Leistungsmaßen (die Güte von Problemlösungen) nach Misserfolgsrückmeldungen in Beziehung gesetzt hat. Die Befunde zeigen eine Reihe von bedeutsamen Beziehungen zwischen der intrinsischen Motivation, der Kompetenzwahrnehmung, Attribuierungen und Leistungen. Wenn man jedoch alle Variablen gleichzeitig in einer Regressionsanalyse berücksichtigt, bleibt allein die Beziehung zwischen der intrinsischen Motivation und den Leistungsdaten signifikant, während andere zuvor noch signifikante Einzelbeziehungen verschwinden. Intrinsisch Motivierte bieten angesichts von Misserfolg zunehmend höherwertige Problemlösungen an, während extrinsisch Motivierte zunehmend schlechtere Lösungen erreichen, sie nehmen auch weniger Anstrengungsattribuierungen vor. Das Auftreten von kognitiven Defiziten nach gehäuftem (nicht kontingentem) Misserfolg war in dieser Untersuchung also abhängig von der vorherrschenden Motivation (hier: der extrinsischen Motivation), nicht hingegen abhängig von einem zur Hilflosigkeit prädisponierenden Attributionsmuster.

12.8 Auf ein Wort ...

Eine frühe Theorie leistungsmotivierten Verhaltens hat McClelland entwickelt. Diese Theorie war noch ganz auf die personseitigen Determinanten leistungsorientierten Handelns – die Motive – bezogen. Zunächst wurde das Leistungsmotiv definitorisch eingegrenzt und operational gegen andere Motivthematiken abgegrenzt. Außerdem wurden erste Vorstellungen über den Erwerb von Motivdispositionen geäußert, in denen Prozesse der Affektanregung eine bedeutsame Rolle spielen. Erste empirische Untersuchungen konnten belegen, dass das so konzipierte Leistungsmotiv in einem theoretisch sinnvollen Zusammenhang mit verschiedenen Typen von Leistungsverhalten steht. Allerdings wird in dieser Theorie noch keine Unterscheidung zwischen der Motivdisposition und dem angeregten Motiv – der Motivation also – getroffen. Diese Unterscheidung macht erst das Risiko-Wahl-Modell, das stringent in der Tradition von Erwartung-Wert-Theorien steht

und Verhalten aufgrund der Interaktion von Person- und Situationsfaktoren vorhersagt. Das Modell enthält Motiv-, Anreiz- und Erwartungsvariablen, aus deren multiplikativer Interaktion eine Resultierende Tendenz entsteht, die dann Vorhersagen auf Leistungs-, Ausdauer-, Aufgabenwahl- und Zielsetzungsverhalten in Abhängigkeit von der Aufgabenschwierigkeit erlaubt. Danach sollten bei mittleren subjektiven Erfolgswahrscheinlichkeiten die Verhaltensunterschiede zwischen Erfolgs- und Misserfolgsmotivierten maximiert, bei niedrigen und sehr hohen Erfolgswahrscheinlichkeiten hingegen minimiert werden.

Der attributionstheoretische Neuansatz hält grundsätzlich an den Erwartung-Wert-Modellvorstellungen fest, macht jedoch zwei wichtige Zusatzannahmen. Zum einen sollen die Motive mit unterschiedlichen Voreingenommenheiten im Gebrauch von Kausalerklärungen einhergehen, zum anderen sollen die Affekte (Anreize) und Erwartungen bzw. Erwartungsänderungen von diesen Kausalerklärungen abhängen. Es gibt eine Reihe von Untersuchungen, die diese Annahmen des attributionstheoretischen Modells stützen, aber auch einige, die die geforderten Zusammenhänge nicht haben auffinden können. Dies mag daran liegen, dass nicht sämtliche theoretisch repräsentierten Prozesse auch in allen Stadien einer Handlung erlebnismäßig präsent sind und abgerufen werden können. Sie treten wohl insbesondere nur dann ins Bewusstsein, wenn die Handlung vom Zielkurs abzuweichen droht (vgl. Kap. 3.6).

Die schlichte Trennung von variablen und stabilen Attribuierungen für negative, aversive Ereignisse hat sich als weitreichend und bedeutungsvoll erwiesen. So hat sie beispielsweise dazu angeregt, Handlungsziele zu unterscheiden, die sich zum einen auf die Problembewältigung (Bewältigungsorientierung) beziehen und eine variable Misserfolgsattribuierung voraussetzen und die sich zum anderen auf Kompetenzdemonstration (Ergebnisorientierung) beziehen und eine stabile Attribution voraussetzen. Als besonders beeinträchtigend hat sich hier eine Ergebnisorientierung erwiesen, die auf Vermeidung von Inkompetenz ausgerichtet ist und auf stabilen internalen Misserfolgsattribuierungen aufbaut. Stabile, internale und globale Attribuierungen für negative Ereignisse haben sich auch als ein stabilisierender Faktor für die Ausbreitung von Gelernter Hilflosigkeit erwiesen, insbesondere dann, wenn diesen Aktivitäten eine extrinsische motivationale Orientierung zugrunde liegt.

Literaturverzeichnis

Aarts, H. & Dijksterhuis, A. (2000). Habits as knowledge structures: Automaticity in goal-directed behavior. *Journal of Personality and Social Psychology, 78*, 53–63.
Abelson, R. P. (1963). Computer simulation of »hot cognitions«. In S. Tomkins & S. Messick (Hrsg.), *Computer simulation of personality* (pp. 277–298). New York: Wiley.
Abramson, L. Y., Seligman, M. E. P. & Teasdale, J. D. (1978). Learned helplessness in humans: Critique and reformulation. *Journal of Abnormal Psychology, 87*, 49–74.
Ach, N. (1905). *Über die Willenstätigkeit und das Denken.* Göttingen: Vandenhoeck & Ruprecht.
Ach, N. (1935). Analyse des Willens. In E. Abderhalden (Hrsg.), *Handbuch der biologischen Arbeitsmethoden* (Bd. 6). Berlin: Urban & Schwarzenberg.
Adler, A. (1927). *Studie über Minderwertigkeit von Organen.* München.
Alloy, L. B. & Tabachnik, N. (1984). Assessment of covariation by humans and animals: The joint influence of prior expectations and current situational information. *Psychological Review, 91*, 112–149.
Alloy, L. B., Peterson, C., Abramson, L. Y. & Seligman, M. E. P. (1984). Attributional style and the generality of learned helplessness. *Journal of Personality and Social Psychology, 46*, 681–687.
Altemus, M., Deuster, P., Gallivan, E., Carter, C. & Gold, P. (1995). Suppression of hypothalamic-pituitary-adrenal responses to exercise stress in lactating women. *Journal of Clinical Endocrinology and Metabolism, 80*, 2954–2959.
Anderson, C. A. (1989). Temperature and aggression: Ubiquitous effects of heat on occurrence of human violence. *Psychological Bulletin, 106*, 70–96.
Anderson, C. A., Berkowitz, L., Donnerstein, E., Huesmann, L. R., Johnson, J. D., Linz, D., Malamuth, N. M. & Wartella, E. (2003). The Influence of media violence on youth. *Psychological Science in the Public Interest, 4*, 81–110.
Anderson, C. A. & Bushman, B. J. (2002a). Human aggression. *Annual Review of Psychology, 53*, 27–51.
Anderson, C. A. & Bushman, B. J. (2002b). Media violence and the American public revisited. *American Psychologist, 57*, 448–450.
Archer, J. (1996). Sex differences in social behavior. Are the social role and evolutionary explanations compatible? *American Psychologist, 51*, 909–917.
Armor, D. A. & Taylor, S. E. (2003). The effects of mindset on behavior: Self-regulation in deliberative and implemental frames of mind. *Personality and Social Psychology Bulletin, 29*, 86–95.
Atkinson, J. W. (1957). Motivational determinants of risk-taking behavior. *Psychological Review, 64*, 359–372.
Atkinson, J. W. (1964). *An introduction to motivation.* Princeton: van Nostrand.
Atkinson, J. W. (1987). The Michigan studies of fear of failure. In F. Halisch & J. Kuhl (Eds.), *Motivation, intention, and volition* (pp. 1–31). Heidelberg: Spinger.
Atkinson, J. W., Bongort, K. & Price, L. H. (1977). Explorations using computer simulation to comprehend thematic apperceptive measurement of motivation. *Motivation and Emotion, 1*, 1–27.
Atkinson, J. W. & Feather, N. T. (Hrsg.) (1966). *A theory of achievement motivation.* New York: Wiley.
Atkinson, J. W., Heynes, R. W. & Veroff, J. (1954). The effects of experimental arousal of the affiliation motive on thematic apperception. *Journal of Abnormal and Social Psychology, 49*, 405–410.
Atkinson, J. W. & Litwin, G. H. (1960). Achievement motive and test anxiety conceived as motive to approach success and motive to avoid failure. *Journal of Abnormal and Social Psychology, 60*, 52–63.
Atkinson, J. W. & Walker, E. L. (1956). The affiliation motive and perceptual sensitivity to faces. *Journal of Abnormal and Social Psychology, 53*, 38–41.

Baars, B. J. (1997). *In the theater of consciousness: The workspace of the mind.* New York: Oxford University Press.

Literaturverzeichnis

Badia-Elder, N., Kiefer, S. W. & Dess, N. K. (1996). Taste reactivity in rats selectively bred for high vs. low saccharin consumption. *Physiology & Behavior, 59,* 749–755.
Baker, R. R. (1997). *Krieg der Spermien.* München: Limes.
Baker, R. R. & Bellis, M. A. (1995). *Human sperm competition.* New York: Freeman.
Bandura, A. (1962). Social learning through imitation. In M. R. Jones (Hrsg.), *Nebraska symposium on motivation* (S. 211–269). New York: Academic Press.
Bandura, A. (1983). Psychological mechanisms of aggression. In R. G. Geen & E. I. Donnerstein (Hrsg.), *Aggression. Theoretical and empirical reviews. Vol. 1: Theoretical and methodological issues* (S. 1–40). New York: Academic Press.
Bandura, A. (1989). Self-regulation of motivation and action through internal standards and goal systems. In L. A. Pervin (Hrsg.), *Goal concepts in personality and social psychology* (S. 19–85). Hillsdale: Erlbaum.
Bandura, A. (1991). Self-regulation of motivation through anticipatory and self-reactive mechanisms. In R. A. Dienstbier (Hrsg.), *Nebraska symposium on motivation* (S. 69–164). Lincoln: University of Nebraska Press.
Bandura, A., Underwood, B. & Fromson, M. E. (1975). Disinhibition of aggression through diffusion of responsibility and dehumanization of victims. *Journal of Research in Personality, 9,* 253–269.
Barber, N. (1995). The evolutionary psychology of physical attractiveness: Sexual selection and human morphology. *Ethology and Sociobiology, 16,* 395–424.
Bargh, J. A. & Chartrand, T. L. (1999). The unbearable automaticity of being. *American Psychologist, 54,* 462–479.
Bargh, J. A. & Ferguson, M. J. (2000). Beyond behaviorism: On the automaticity of higher mental processes. *Psychological Bulletin, 126,* 925–945.
Bargh, J. A. & Gollwitzer, P. M. (1994). Environmental control of goal-directed action: Automatic and strategic contingencies between situations and behavior. In W. D. Spaulding (Hrsg.), *Nebraska symposium on motivation* (S. 71–124). Lincoln: University of Nebraska Press.
Bargh, J. A., Gollwitzer, P. M., Lee-Chai, A., Barndollar, K. & Trötschel, R. (2001). The automated will: Nonconscious activation and pursuit of behavioral goals. *Journal of Personality and Social Psychology, 81,* 1014–1027.
Baumann, N., Kaschel, R. & Kuhl, J. (2005). Striving for unwanted goals: Stress-dependent discrepancies between explicit and implicit achievement motives reduce subjective well-being and increase psychosomatic symptoms. *Journal of Personality and Social Psychology, 89,* 781–799.
Baumert, J., Artelt, C., Klieme, E., Neubrand, M., Prenzel, M., Schiefele, U., Schneider, W., Tillmann, K.-J. & Weiß, M. (2002). *PISA 2000 – Die Länder der Bundesrepublik Deutschland im Vergleich.* Opladen: Leske + Budrich.
Baumgarten, H. G. & Grozdanovic, Z. (1995). Die Rolle des Serotonins in der Verhaltensmodulation. *Fortschritte der Neurologie, Psychiatrie. Sonderheft 1, 63,* 3–8.
Bäumler, G. (1975). Beeinflussung der Leistungsmotivation durch Psychopharmaka I: Die 4 bildthematischen Hauptvariablen. *Zeitschrift für Experimentelle und Angewandte Psychologie, 22,* 1–14.
Bechara, A. & Damasio, A. R. (2005). The somatic marker hypothesis: A neural theory of economic decision. *Games and Economic Behavior, 52,* 336–372.
Becker, P. (1980). *Studien zur Psychologie der Angst.* Weinheim: Beltz.
Berkowitz, L. (1962). *Aggression: A social psychological analysis.* New York: McGrawHill.
Berkowitz, L. (1990). On the formation and regulation of anger and aggression. A cognitive-neoassociationistic analysis. *American Psychologist, 45,* 494–503.
Berkowitz, L. (1993). *Aggression: Its causes, consequences, and control.* Philadelphia: Temple University Press.
Berkowitz, L., Cochran, S. & Embree, M. (1981). Physical pain and the goal of aversively stimulated aggression. *Journal of Personality and Social Psychology, 40,* 687–700.
Berkowitz, L. & Embree, M. C. (1987). The effect of escape possibility on aversively stimulated aggression. *Journal of Research in Personality, 21,* 405–416.
Berlyne D. E. (1958). The influence of complexity and novelty in visual figures on orienting responses. *Journal of Experimental Psychology, 55,* 280–296.
Berlyne, D. E. (1960). *Conflict, arousal, and curiosity.* New York: McGraw-Hill.
Berlyne, D. E. (1971). *Aesthetics and psychobiology.* New York: Appleton Century Crofts.
Bernhardt, P. C. (1997). Influences of serotonin and testosterone in aggression and dominance: Convergence with social psychology. *Current Directions in Psychological Science, 6,* 44–48.

Literaturverzeichnis

Bernhardt, P.C., Dabbs,. J.M. Jr., Fielden, J.A. & Lutter, C.D. (1998). Testosterone changes during vicarious experiences of winning and losing among fans at sporting events. *Physiology & Behavior, 65,* 59–62.

Bernstein, I.L., Treneer, C.M., Goehler, L.E. & Murowchick, E. (1985). Tumor growth in rats: Conditioned suppression of food intake and preference. *Behavioral Neuroscience, 88,* 818–830.

Berridge, K.C. (2003). Pleasures of the brain. *Brain and Cognition, 52,* 106–128.

Berthoud, H.-R. (2002). Multiple neural systems controlling food intake and body weight. *Neuroscience and Biobehavioral Reviews, 26,* 393–428.

Bettencourt, B.A. & Kernahan, C. (1997). A meta-analysis of aggression in the presence of violent cues: Effects of gender differences and aversive provocation. *Aggressive Behavior, 23,* 447–456.

Bettencourt, B.A. & Miller, N. (1996). Gender differences in aggression as a function of provocation: A meta-analysis. *Psychological Bulletin, 119,* 422–447.

Bexton, W.M., Heron, W. & Scott, T.H. (1954). Effects of decreased variation in the sensory environment. *Canadian Journal of Psychology, 8,* 70–76.

Biernat, M. (1989). Motives and values to achieve: Different constructs with different effects. *Journal of Personality, 57,* 69–95.

Bischof, N. (1989). Emotionale Verwirrungen. Oder: Von den Schwierigkeiten im Umgang mit der Biologie. *Psychologische Rundschau, 40,* 188–205.

Blanchard, D.C. & Blanchard, R.J. (1989). Experimental animal models of aggression: What do they say about human behaviour? In J. Archer & K. Browne (Hrsg.), *Human aggression: Naturalistic approaches* (S. 94–121). London: Routledge.

Blanchard, R.J., Blanchard, D.C. & Takahasi, L.K. (1978). Pain and aggression in the rat. *Behavioral Biology, 23,* 291–305.

Blankstein, K.R., Toner, B.B. & Flett, G.L. (1989). Test anxiety and the contents of consciousness: Thought-listing and endorsement measures. *Journal of Research in Personality, 23,* 269–286.

Boggiano, A.K. (1998). Maladaptive achievement patterns: A test of a diathesis-stress analysis of helplessness. *Journal of Personality and Social Psychology, 74,* 1681–1695.

Boggiano, A.K. & Barrett, M. (1985). Performance and motivational deficits of helplessness: The role of motivational orientation. *Journal of Personality and Social Psychology, 49,* 1753–1761.

Boggiano, A.K., Barrett, M. & Kellam, T. (1993). Competing theoretical analyses of helplessness: A social-developmental perspective. *Journal of Experimental Child Psychology, 55,* 194–207.

Bolles, R.C. (1972). Reinforcement, expectancy, and learning. *Psychological Review, 79,* 394–409.

Bower, G.H. (1981). Mood and memory. *American Psychologist, 36,* 129–148.

Brewin, C.R. (1988). Depression und Attribution: Kritische Fragen. In D. Kammer & M. Hautzinger (Hrsg.), *Kognitive Depressionsforschung* (S. 17–29). Bern: Huber.

Brunstein, J.C. (1995). *Motivation nach Mißerfolg. Die Bedeutung von Commitment und Substitution.* Göttingen: Hogrefe.

Brunstein, J.C. & Maier, G.W. (1996). Persönliche Ziele: Ein Überblick zum Stand der Forschung. *Psychologische Rundschau, 47,* 146–160.

Brunstein, J.C. & Maier, G.W. (2005). Implicit and self-attributed motives to achieve: Two separate but interacting needs. *Journal of Personality and Social Psychology, 89,* 205–222.

Brunstein, J.C., Schultheiss, O.C. & Grässmann, R. (1998). Personal goals and emotional well-being: The moderating role of motive dispositions. *Journal of Personality and Social Psychology, 75,* 494–508.

Buck, R. (1999). The biological affects: A typology. *Psychological Review, 106,* 301–336.

Bühler, Ch., Hetzer, H. & Mabel, F. (1928). Die Affektwirksamkeit von Fremdheitseindrücken im ersten Lebensjahr. *Zeitschrift für Psychologie, 107,* 30–49.

Bushman, B.J. & Baumeister, R.F. (1998). Threatened egotism, narcissism, self-esteem, and direct and displaced aggression: Does self-love or self-hate lead to violence? *Journal of Personality and Social Psychology, 75,* 219–229.

Buss, A.H. (1963). Physical aggression in relation to different frustrations. *Journal of Abnormal and Social Psychology, 67,* 1–7.

Buss, A.H. (1971). Aggression pays. In J.L. Singer (Hrsg.), *The control of aggression and violence* (S. 7–18). New York: Academic Press.

Buss, D.M. (2001). Human nature and culture: An evolutionary psychological perspective. *Journal of Personality, 69,* 955–987.

Buss, D.M. (2004). *Evolutionäre Psychologie.* München: Pearson Studium.

Literaturverzeichnis

Buss, D. M., Hasleton, M. G., Shackelford, T. K., Bleske, A. L. & Wakefield, J. C. (1998). Adaptations, exaptations, and spandrels. *American Psychologist, 53*, 533–548.
Buss, D. M., Larsen, R. J., Westen, D. & Semmelroth, J. (1992). Sex differences in jealousy: Evolution, physiology, and psychology. *Psychological Science, 3*, 251–255.
Buss, D. M. & Schmitt, D. P. (1993). Sexual strategies theory: An evolutionary perspective on human mating. *Psychological Review, 100*, 204–232.
Byrne, A. & Eysenck, M. W. (1995). Trait anxiety, anxious mood, and threat detection. *Cognition and Emotion, 9*, 549–562.

Cabanac, M. (1979). Sensory pleasure. *Quaterly Review of Biology, 54*, 1–22.
Cabanac, M. (1990). Taste: The maximization of multidimensional pleasure. In E. D. Capaldi & T. L. Powley (Hrsg.), *Taste, experience, and feeding* (S. 28–42). Washington: American Psychological Association.
Cacioppo, J. T., Berntson, G. G., Lorig, T. S., Norris, C. J., Rickett, E. & Nusbaum, H. (2003). Just because you're imaging the brain doesn't mean you can stop using your head: A primer and set of first principles. *Journal of Personality and Social Psychology, 85*, 650–661.
Calvo, M. G. & Cano-Vindel, A. (1997). The nature of trait anxiety: Cognitive and biological vulnerability. *European Psychologist, 2*, 301–312.
Capaldi, E. D. (1996). *Why we eat what we eat.* Washington: American Psychological Association.
Carver, C. S. & Scheier, M. F. (1986). Functional and dysfunctional responses to anxiety: The interaction between expectancies and self-focused attention. In R. Schwarzer (Hrsg.), *Self-related cognitions in anxiety and motivation* (S. 111–141). Hillsdale: Erlbaum.
Carver, C. S. & Scheier, M. F. (1998). *On the self-regulation of behavior.* Cambridge: Cambridge University Press.
Chartrand, T. L. & Bargh, J. A. (1999). The chameleon effect: The perception-behavior link and social interaction. *Journal of Personality and Social Psychology, 76*, 893–910.
Christiansen, K. (1999). Hypophysen-Gonaden-Achse (Mann). In C. Kirschbaum & D. Hellhammer (Hrsg.), *Enzyklopädie der Psychologie, Biologische Psychologie, Band 3: Psychoendokrinologie und Psychoimmunologie* (S. 141–222). Göttingen: Hogrefe.
Clark, R. A. & Sensibar, M. R. (1955). The relationship between symbolic and manifest projections of sexuality with some incidental correlates. *The Journal of Abnormal and Social Psychology, 50*, 327–334.
Clore, G. & Ketelaar, T. (1997). Minding our emotions: On the role of automatic, unconscious affect. In R. S. Wyer Jr. (Hrsg.), *The automaticity of everyday life: Advances in social cognition* (Vol. 10., S. 105–120). Mahwah: Erlbaum.
Cohen, S. (1992). Stress, social support, and disorder. In H. O. F. Veiel & U. Baumann (Hrsg.), *The meaning and measurement of social support* (S. 109–124). New York: Hemisphere.
Coie, J. D. (1974). An evaluation of the cross-situational stability of childrens' curiosity. *Journal of Personality, 42*, 93–116.
Coie, J. D., Cillessen, A. H. N., Dodge, K. A., Hubbard, J. A., Schwartz, D., Lemerise, E. A. & Bateman, H. (1999). It takes two to fight: A test of relational factors and a method for assessing aggressive dyads. *Developmental Psychology, 35*, 1179–1188.
Collins, C. J., Hanges, P. J. & Locke, E. A. (2004). The relationship of achievement motivation to entrepreneurial behavior: A meta-analysis. *Human Performance, 17*, 95–117.
Constantian, C. A. (1981). *Attitudes, beliefs, and behavior in regard to spending time alone.* Unpublished doctoral dissertation. Boston: Harvard University.
Corning, W. C. & Kelly, S. (1973). Platyhelminthes: The turbellarians. In W. C. Corning & J. A. Dyad (Hrsg.), Invertebrate learning (Vol. 1) (S. 171–224). New York: Plenum.
Coyne, J. C. & Downey, G. (1991). Social factors and psychopathology: Stress, social support, and coping processes. *Annual Review of Psychology, 42*, 1991.
Crozier, J. B. (1974). Verbal and exploratory responses to sound sequences varying in uncertainty level. In D. E. Berlyne (Hrsg.), *Studies in the new experimental aesthetics: Steps toward an objective psychology of aesthetic appreciation* (S. 27–90). Washington: Wiley.
Csikszentmihalyi, M. (1975). *Beyond boredom and anxiety.* San Francisco: Jossey-Bass.
Csikszentmihalyi, M. & Rathunde, K. (1993). The measurement of flow in everyday life: Toward a theory of emergent motivation. In R. A. Dienstbier & J. E. Jacobs (Hrsg.), *Nebraska symposium on motivation* (S. 57–97). Lincoln: University of Nebraska Press.

Cummings, D. E. & Overduin, J. (2007). Gastrointestinal regulation of food intake. *Journal of Clinical Investigation, 117,* 13–23.
Cunningham, M. R. (1986). Measuring the physical in physical attractiveness: Quasi-experiments on the sociobiology of female facial beauty. *Journal of Personality and Social Psychology, 50,* 925–935.
Cunningham, W. A., Johnson, M. K., Gatenby, J. C., Gore, J. C. & Banaji, M. R. (2003). Neural components of social evaluation. *Journal of Personality and Social Psychology, 85,* 639–649.
Cury, F., Elliot, A. J., Fonseca, D. D. & Moller, A. C. (2006). The social-cognitive model of achievement motivation and the 2 x 2 achievement goal framework. *Journal of Personality and Social Psychology, 90,* 666–679.
Custers, R. & Aarts, H. (2005). Positive affect as implicit motivator: On the nonconscious operation of behavioral goals. *Journal of Personality and Social Psychology, 89,* 129–142.

Damasio, A. R. (1994) *Descartes' error: Emotion, reason, and the human brain.* New York: Putnam.
Darwin, C. (1859). *On the origin of species by means of natural selection.* London: Murray (dt.: Über die Entstehung der Arten. Ges. Werke, Bd. 2, Stuttgart: Schweizerbarth, 1876).
Darwin, C. (1877). A biographical sketch of an infant. *Mind, 2,* 285–294.
Davidson, J. K., Darling, C. A. & Norton, L. (1995). Religiosity and the sexuality of women: Sexual behavior and sexual satisfaction revisited. *The Journal of Sex Research, 32,* 235–243.
Davis, M. (1992). The role of the amygdala in fear and anxiety. *Annual Review of Neuroscience, 15,* 353–375.
Dawkins, R. (1976). *The selfish gene.* New York: Oxford University Press.
DeCharms, R. (1976). *Enhancing motivation: Change in the classroom.* New York: Irvington.
DeCharms, R. & Davé, P. N. (1965). Hope of success, fear of failure, subjective probability, and risk-taking behavior. *Journal of Personality and Social Psychology, 1,* 558–568.
DeCharms, R., Morrison, H. W., Reitman, W. & McClelland, D. C. (1955). Behavioral correlates of directly and indirectly measured achievement motivation. In D. C. McClelland (Hrsg.), *Studies in motivation* (S. 414–423). New York: Appleton-Century-Crofts.
Deci, E. L. & Ryan, R. M. (1991). A motivational approach to self: Integration in personality. In R. A. Dienstbier (Hrsg.), *Nebraska symposium on motivation* (S. 237–288). Lincoln: University of Nebraska Press.
Deci, E. L. & Ryan, R. M. (2000). The »what« and »why« of goal pursuits: Human needs and the self-determination of behavior. *Psychologycal Inquiry, 11,* 227–268.
Dehaene, S. (1997). *The number sense.* Oxford: Oxford University Press.
Depue, R. A. & Collins, P. F. (1999). Neurobiology of the structure of personality: Dopamine, facilitation of incentive motivation, and extraversion. *Behavioral and Brain Sciences, 22,* 491–569.
Depue, R. A. & Morrone-Strupinsky, J. V. (2005). A neurobehavioral model of affiliative bonding: Implications for conceptualizing a human trait of affiliation. *Behavioral and Brain Sciences, 28,* 313–395.
Derryberry, D. & Tucker, D. M. (1991). The adaptive base of the neural hierarchy: Elementary motivational controls on network function. In R. A. Dienstbier (Hrsg.), *Nebraska symposium on motivation* (S. 289–342). Lincoln: University of Nebraska Press.
DeSteno, D., Bartlett, M. Y., Solovey, P & Braverman, J. (2002). Sex differences in jealousy: Evolutionary mechanism or artifact of measurement? *Journal of Personality and Social Psychology, 83,* 1103–1116.
Dettmering, P. & Pastenaci, R. (2004). *Das Vermüllungssyndrom. Theorie und Praxis.* Eschborn: Klotz.
Deutsche Gesellschaft für Ernährung (DGE) (1996). *Ernährungsbericht 1996.* Frankfurt: Henrich.
Deutsche Gesellschaft für Ernährung (DGE) (2006). *Die Deutschen werden immer dicker* (http://www.dge.de/modules.php?name=News&file=article&sid=576). Zugriff am 02. 11. 2007.
Dickhäuser, O. & Rheinberg, F. (2003). Bezugsnormorientierung: Erfassung, Probleme, Perspektiven. In J. Stiensmeier-Pelster & F. Rheinberg (Hrsg.), *Diagnostik von Motivation und Selbstkonzept* (S. 41–56). Göttingen: Hogrefe.
Dickinson, A. & Balleine, B. W. (2000). Causal cognition and goal-directed action. In C. Heyes & L. Huber (Hrsg.), *The evolution of cognition* (S. 185–204). Cambridge: MIT Press.
Dijksterhuis, A. (2004). Think different: The merits of unconscious thought in preference, development, and decision making. *Journal of Personality and Social Psychology, 87,* 586–598.
Dijksterhuis, A., Aarts, H. & Smith, P. K. (2005). The power of the subliminal: On subliminal persuasion and other potential applications. In R. R. Hassin, J. S. Uleman & J. A. Bargh (Hrsg.), *The new unconscious* (S. 77–106). New York: Oxford University Press.

Literaturverzeichnis

Dijksterhuis, A. & van Olden, Z. (2006). On the benefits of thinking unconsciously: Unconscious thought can increase post-choice satisfaction. *Journal of Experimental Social Psychology, 42,* 627–631.
Dollard, J., Doob, L.W., Miller, N.E., Mowrer, O.H. & Sears, R.R. (1939). *Frustration and aggression.* New Haven: Yale University Press.
Drewnowski, A. & Rock, C.L. (1995). The influence of genetic taste markers on food acceptance. *American Journal of Clinical Nutrition, 62,* 506–511.
Dutton, K.A. & Brown, J.D. (1997). Global self-esteem and specific self-views as determinants of people's reactions to success and failure. *Journal of Personality and Social Psychology, 73,* 139–148.
Dweck, C.S. & Elliott, E.S. (1983). Achievement motivation. In E.M. Hetherington (Hrsg.), *Socialization, personality, and social development* (S. 643–691). New York: Wiley.

Eagly, A.H. (1987). *Sex differences in social behavior: A social-role interpretation.* Hillsdale: Erlbaum.
Eagly, A.H. & Wood, W. (1999). The origins of sex differences in human behavior. *American Psychologist, 54,* 408–423.
Eibl-Eibesfeldt, I. (1950). Über die Jugendentwicklung des Verhaltens eines männlichen Dachses (Meles meles L.) unter besonderer Berücksichtigung des Spieles. *Zeitschrift für Tierpsychologie, 7,* 327–355.
Eibl-Eibesfeldt, I. (1975). *Krieg und Frieden aus der Sicht der Verhaltensforschung.* München: Piper.
Eibl-Eibesfeldt, I. (1978). *Grundriß der vergleichenden Verhaltensforschung.* München: Piper.
Eibl-Eibesfeldt, I. (1988). Der Mensch – das riskierte Wesen. Zur Naturgeschichte menschlicher Unvernunft. München: Piper.
Einstein, A. (1949). Einstein über Sigmund Freud. In Calaprice, A. (Hrsg.) (2000), Einstein sagt. Zitate, Einfälle, Gedanken. München: Piper.
Eisenberger, N.I., Lieberman, M.D. & Williams, K.D. (2003). Does rejection hurt? An fMRI study of social exclusion. *Science, 302* (5643), 290–292.
Elliot, A.J. & Church, M.A. (1997). A hierarchical model of approach and avoidance achievement motivation. *Journal of Personality and Social Psychology, 72,* 218–232.
Elliot, A.J. & Dweck, C.S. (2005). *Handbook of competence and motivation.* New York: Guilford Press.
Elliot, A.J. & McGregor, H.A. (1999). Test anxiety and the hierarchical model of approach and avoidance achievement motivation. *Journal of Personality and Social Psychology, 76,* 628–644.
Elliot, A.J. & McGregor, H.A. (2001). A 2 x 2 achievement goal framework. *Journal of Personality and Social Psychology, 80,* 501–519.
Elliot, A.J. & Thrash, T.M. (2008). Approach and avoidance temperaments. In G. Boyle, G. Matthews & D. Saklofske (Hrsg.), *The Sage handbook of personality theory and assessment, Vol. 1: Personality theories and models* (S. 315–333). Thousand Oaks: Sage Publications.
Endler, N.S., Parker, J.D.A., Bagby, R.M. & Cox, B.J. (1991). Multidimensionality of state and trait anxiety: Factor structure of the Endler multidimensional anxiety scales. *Journal of Personality and Social Psychology, 60,* 919–926.
Engeser, S., Rheinberg, F. & Möller, M. (2007). *Motive imagery in schoolbooks and PISA achievement levels in Germany: A pilot study testing McClelland's hypothesis.* Unveröffentlichter Arbeitsbericht. Universität Potsdam.
Entwisle, D.R. (1972). To dispel fantasies about fantasy-based measures of achievement motivation. *Psychological Bulletin, 77,* 377–391.
Epstein, S. (1967). Towards a unified theory of anxiety. In B.A. Maher (Hrsg.), *Progress in experimental personality research* (S. 1–89). New York: Academic Press.
Epstein, S. (1972). The nature of anxiety with emphasis upon its relationship to expectancy. In C.D. Spielberger (Hrsg.), *Anxiety: Current trends in theory and research* (Vol. 2) (S. 291–337). New York: Academic Press.
Epstein, S. (1977). Versuch einer Theorie der Angst. In N. Birbaumer (Hrsg.), *Psychophysiologie der Angst* (S. 208–266). München: Urban & Schwarzenberg.
Eysenck, M. (1992). *Anxiety: The cognitive perspective.* Hillsdale: Erlbaum.

Feather, N.T. (1961). The relationship of persistence at a task to expectation of success and achievement-related motives. *Journal of Abnormal and Social Psychology, 63,* 552–561.
Feather, N.T. (1963). Persistence at a difficult task with alternative task of intermediate difficulty. *Journal of Abnormal and Social Psychology, 66,* 601–609.

Literaturverzeichnis

Fechner, G.T. (1923). *Über das höchste Gut.* Stuttgart: Strecker und Schröder.
Ferguson, T.J. & Rule, B.G. (1983). An attributional perspective on anger and aggression. In R. G. Geen & E.I. Donnerstein (Hrsg.), *Aggression. Theoretical and empirical reviews. Vol. 1: Theoretical and methodological issues* (S. 41–74). New York: Academic Press.
Feshbach, S. (1971). The dynamics and morality of violence and aggression: Some psychological considerations. *American Psychologist, 26,* 281–292.
Fink, B. & Sövegjarto, O. (2006). Pheromone, Körpergeruch und Partnerwahl. *Gynäkologie, 39,* 731–740.
Fink, B., Seydel, H., Manning, J.T. & Kappeler, P.M. (2007). A preliminary investigation of the associations between digit ratio and women's perception of men's dance. *Personality and Inidividual Differences, 42,* 381–390.
Fink, H., Rex, A., Voits, M. & Voigt, J.-P. (1998). Major biological actions of CCK – a critical evaluation of research findings. *Experimental Brain Research, 123,* 77–83.
Flynn, J.P. (1972). Patterning mechanisms, patterned reflexes, and attack behavior in cats. In J.K. Cole & D.D. Jensen (Hrsg.), *Nebraska symposium on motivation* (S. 125–153). Lincoln: University of Nebraska Press.
Forgas, J.P., Bower, G.H. & Moylan, S.J. (1990). Praise or blame? Affective influences on attributions for achievement. *Journal of Personality and Social Psychology, 59,* 809–819.
Försterling, F., Preikschas, S. & Agthe, M. (2007). Ability, luck, and looks: An evolutionary look at achievement ascriptions and the sexual attribution bias. *Journal of Personality and Social Psychology, 92,* 775–788.
Fox, E. (1994). Attentional bias in anxiety: A defective inhibition hypothesis. *Cognition and Emotion, 8,* 165–195.
French, E. & Lesser, G.S. (1964). Some characteristics of the achievement motive in women. *Journal of Abnormal and Social Psychology, 68,* 119–128.
French, J.R.P. & Raven, B.H. (1959). The basis of social power. In D. Cartwright (Hrsg.), *Studies in social power* (S. 150–167). Ann-Arbor: The University of Michigan.
Freud, S. (1898). Die Sexualität in der Ätiologie der Neurosen. *Gesammelte Werke,* Bd. I (S. 489–516). London: Imago, 1952.
Freud, S. (1900). Die Traumdeutung. *Gesammelte Werke,* Bd. II/III (S. 1–642). London: Imago, 1942.
Freud, S. (1904). Zur Psychopathologie des Alltagslebens. *Gesammelte Werke,* Bd. IV (S. 1–322). London: Imago, 1941.
Freud, S. (1905). Drei Abhandlungen zur Sexualtheorie. *Gesammelte Werke,* Bd. V (S. 27–145). London: Imago, 1942.
Freud, S. (1915a). Triebe und Triebschicksale. *Gesammelte Werke,* Bd. X (S. 210–232). London: Imago, 1946.
Freud, S. (1915b). Die Verdrängung. *Gesammelte Werke,* Bd. X (S. 248–261). London: Imago, 1946.
Freud, S. (1920). Jenseits des Lustprinzips. *Gesammelte Werke,* Bd. XIII (S. 1–69). London: Imago, 1947.
Freud, S. (1930). Das Unbehagen in der Kultur. *Gesammelte Werke,* Bd. XIV (S. 419–506). London: Imago, 1948.
Friedman, J.M. & Halaas, J.L. (1998). Leptin and the regulation of body weight in mammals. *Nature, 395,* 763–770.
Fujita, K., Gollwitzer, P.M. & Oettingen, G. (2007). Mindsets and pre-conscious open-mindedness to incidental information. *Journal of Experimental Social Psychology, 43,* 48–61.
Fulkner, D.W., Eysenck, S.B.G. & Zuckerman, M. (1980). The genetics of sensation seeking. *Journal of Personality Research, 14,* 261–281.
Funder, D.C. (2006). Towards a resolution of the personality triad: Persons, situations, and behavior. *Journal of Research in Personality, 40,* 21–34.

Gable, S.L. (2006). Approach and avoidance social motives and goals. *Journal of Personality, 74,* 175–222.
Gable, S.L., Reis, H.T. & Elliot, A.J. (2003). Evidence for bivariate systems: An empirical test of appetition and aversion across domains. *Journal of Research in Personality, 37,* 349–372.
Gahr, M. (1996). Neuronale Grundlagen von Motivation und Emotion. In J. Dudel, R. Menzel & R.F. Schmidt (Hrsg.), *Neurowissenschaft* (S. 463–484). Berlin: Springer.
Gangestad, S.W. & Cousins, A.J. (2001). Adaptive design, female mate preferences, and shifts across the menstrual cycle. *Annual Review of Sex Research, 12,* 145–185.

Literaturverzeichnis

Gangestad, S. W., Garver-Apgar, C. E., Simpson, J. A. & Cousins A. J. (2007). Changes in women's mate preferences across the ovulatory cycle. *Journal of Personality and Social Psychology, 92*, 151–163.

Gangestad, S. W. & Simpson, J. A. (2000). The evolution of human mating: Trade-offs and strategic pluralism. *Behavioral and Brain Sciences, 23*, 675–687.

Gangestadt, S. W. & Thornhill, R. (1997). Human sexual selection and developmental stability. In J. A. Simpson & D. T. Kenrick (Hrsg.), *Evolutionary social psychology* (S. 169–195). Mahwah: Erlbaum.

Garcia, J., Forthman Quick, D. & White, B. (1984). Conditioned disgust and fear from mollusk to monkey. In D. L. Alkon & J. Farley (Hrsg.), *Primary substrates of learning and behavioral change* (S. 47–61). Cambridge: Cambridge University Press.

Geen, R. G. (1983). Aggression and television violence. In R. G. Geen & E. I. Donnerstein (Hrsg.), *Aggression. Theoretical and empirical reviews. Vol. 2: Issues in research* (S. 100–125). New York: Academic Press.

Geen, R. G., Rakosky, J. J. & Pigg, R. (1972). Awareness of arousal and its relation to aggression. *British Journal of Social and Clinical Psychology, 11*, 115–121.

Glickman, S. E. & Sroges R. W. (1966). Curiosity in zoo animals. *Behaviour, 26*, 151–188.

Goodall, J. (1986). *The chimpanzees of Gombe: Patterns of behavior.* Boston: Bellknap Press of the Harvard University Press.

Gollwitzer, P. M. & Kinney, R. F. (1989). Effects of deliberative and implemental mind-sets on illusion of control. *Journal of Personality and Social Psychology, 54*, 531–542.

Gosling, S. D. (2001). From mice to men: what can we learn about personality from animal research? *Psychological Bulletin, 127*, 45–86.

Götz, G. (2004). *Implizite Motive und Aufmerksamkeitsprozesse bei Opiatabhängigen.* Unveröffentlichte Diplomarbeit. Bergische Universität Wuppertal.

Graham, S., Weiner, B. & Zucker, G. S. (1997). An attributional analysis of punishment goals and public reactions to O. J. Simpson. *Personality and Social Psychology Bulletin, 23*, 331–346.

Grammer, K. (1996). *The human mating game: The battle of the sexes and the war of signals.* Paper presented at the Human Behavior and Evolution Society annual conference, Northwestern University.

Grammer, K., Renninger, L. A. & Fischer, B. (2004). Disco clothing, female sexual motivation, and relationship status: Is she dressed to impress? *Journal of Sex Research, 41*, 66–74.

Griffitt, W. (1987). Females, males, and sexual responses. In K. Kelley (Hrsg.), *Females, males, and sexuality* (S. 141–173). Albany: State University of New York Press.

Groos, K. (1930). *Die Spiele der Tiere.* Jena: Fischer.

Güntürkün, O. (2000a). Die Evolution der Angst. In G. Lazarus-Mainka & S. Siebeneick (Hrsg.), *Angst und Ängstlichkeit* (S. 90–106). Göttingen: Hogrefe.

Güntürkün, O. (2000b). Die Neurobiologie der Angst. In G. Lazarus-Mainka & S. Siebeneick (Hrsg.), *Angst und Ängstlichkeit* (S. 73–89). Göttingen: Hogrefe.

Guinote, A. (2008). Power and affordances: When the situation has more power over powerful than powerless individuals. *Journal of Personality and Social Psychology, 95*, 237–252.

Haggbloom, S. J., Warnick, R., Warnick, J. E., Jones, V. K., Yarbrough, G. L., Russell, T. M., Borecky, C. M., McGahhey, R., Powell, J. L. III, Beavers, J. & Monte, E. (2002). The 100 most eminent psychologists of the 20th century. *Review of General Psychology, 6*, 139–152.

Hamilton, J. O. (1974). Motivation and risk-taking behavior: A test of Atkinson's theory. *Journal of Personality and Social Psychology, 29*, 856–864.

Hamilton, W. D. (1964). The genetical theory of social behaviour. I, II. *Journal of Theoretical Biology, 7*, 1–52.

Harcourt, A. H. (1987). Dominance and fertility among female primates. *Journal of Zoology, 213*, 471–487.

Harcourt, A. H. (1989). Social influences on competitive ability: Alliances and their consequences. In V. Standen & R. A. Foley (Hrsg.), *Comparative socioecology – The behavioural ecology of humans and other mammals* (S. 223–242). Oxford: Blackwell.

Harlow, H. F. & Harlow, M. K. (1965). The affectional systems. In A. M. Schrier, H. F. Harlow & F. Stollnitz (Hrsg.), *Behavior of nonhuman primates* (Vol. 2) (S. 287–334). New York: Academic Press.

Harris, C. R. (2004). The evolution of jealousy. *American Scientist, 92*, 62–71.

Heatherton, T. F., Herman, C. P. & Polivy, J. (1991). Effects of physical threat and ego threat on eating behavior. *Journal of Personality and Social Psychology, 60*, 138–143.

Heatherton, T. F., Herman, C. P. & Polivy, J. (1992). Effects of distress on eating: The importance of ego-involvement. *Journal of Personality and Social Psychology, 62,* 801–803.
Hebb, D. O. (1946). On the nature of fear. *Psychological Review, 53,* 88–106.
Hebb, D. O. (1955). Drives and the CNS (Conceptual Nervous System). *Psychological Review, 62,* 243–254.
Heckhausen, H. (1963). *Hoffnung und Furcht in der Leistungsmotivation.* Meisenheim: Hain.
Heckhausen, H. (1989). *Motivation und Handeln* (2. Auflage). Berlin: Springer.
Heckhausen, H. & Gollwitzer, P. M. (1987). Thought content and cognitive functioning in motivational and volitional states of mind. *Motivation & Emotion, 11,* 101–120.
Heckhausen, H., Gollwitzer, P. M. & Weinert, F. E. (1987). *Jenseits des Rubikon: Der Wille in den Humanwissenschaften.* Berlin: Springer.
Heckhausen, H., Schmalt, H.-D. & Schneider, K. (1985). *Achievement motivation in perspective.* New York: Academic Press.
Heckhausen, J. & Heckhausen, H. (2006). *Motivation und Handeln* (3. Aufl.). Heidelberg: Springer.
Heider, F. (1958). *The psychology of interpersonal relations.* New York: Wiley.
Heine, S. J., Kitayama, S., Lehman, D. R., Takata, T., Ide, E., Leung, C. & Matsumoto, H. (2001). Divergent consequences of success and failure in Japan and North America: An investigation of self-improving motivations and malleable selves. *Journal of Personality and Social Psychology, 81,* 599–615.
Heinrichs, M., Baumgartner, T., Kirschbaum, C. & Ehlert, U. (2003). Social support and oxytocin interact to suppress cortisol and subjective responses to psychosocial stress. *Biological Psychiatry, 54,* 1389–1398.
Herman, C. P. & Polivy, J. (1984). A boundary model for the regulation of eating. In A. J. Stunkard & E. Stellar (Hrsg.), *Eating and its disorders* (S. 141–156). New York: Raven Press.
Hetherington, M. M. & Rolls, B. J. (1996). Sensory-specific satiety: Theoretical frameworks and central characteristics. In E. D. Capaldi (Hrsg.), *Why we eat what we eat. The psychology of eating* (S. 267–290). Washington: American Psychological Association.
Hilgard, E. R. (1963). Motivation in learning theory. In S. Koch (Hrsg.), *Psychology. A study of science* (Vol. 5) (S. 253–283). New York: McGraw-Hill.
Hill, S. W. & McCutcheon, N. B. (1975). Eating responses of obese and nonobese humans during dinner meals. *Psychosomatic Medicine, 37,* 395–401.
Hinde, R. A. (1954). Factors governing the changes in strength of a partially inborn response, as shown by the mobbing behaviour of the chaffinch (Fringilla coelebs): 1, The nature of the response and an examination of its course; 2, The waning of the response. *Proceedings of the Royal Society of London, B, 142,* 306–331, 331–358.
Hinkin, T. R. & Schriersheim, C. R. (1989). Development and application of new scales to measure the French and Raven (1959) bases of social power. *Journal of Applied Psychology, 74,* 561–567.
Hiroto, D. S. & Seligman, M. E. P. (1975). Generality of learned helplessness in man. *Journal of Personality and Social Psychology, 31,* 311–327.
Hofer, J. & Chasiotis, A. (2003). Congruence of life goals and implicit motives as predictors of life satisfaction: Cross-cultural implications of a study of Zambian male adolescents. *Motivation and Emotion, 27,* 251–272.
Hull, C. L. (1943). *Principles of behavior. An introduction to behavior theory.* New York: Appleton-Century-Crofts.
Hull, C. L. (1952). *A behavior system: An introduction to behavior theory concerning the individual organism.* New Haven: Yale University Press.

James, W. (1890). *The principles of psychology.* New York: Holt.
Jamner, L. D. & Leigh, H. (1999). Repressive/defensive coping, endogenous opioids, and health: How a life so perfect can make you sick. *Psychiatry Research, 85,* 17–31.
Jellestad, K., Følleso, G. S. & Ursin, H. (1994). Neurobiological foundation of exploration. In H. Keller, K. Schneider & B. Henderson (Hrsg.), *Curiosity and exploration* (S. 43–63). Berlin: Springer.
Jemmott, J. B. III (1982). *Psychosocial stress, social motives, and disease susceptibility.* Unpublished doctoral dissertation. Harvard University.
Jemmott, J. B. III, Hellman, C., Locke, S. E., McClelland, D. C., Kraus, L., Williams, R. M. & Valeri, R. C. (1988). *Motivational syndromes associated with natural killer cell activity.* Unpublished manuscript. Princeton: Princeton University, Department of Psychology.

Literaturverzeichnis

Jemmott, J. B. III & McClelland, D. C. (1988). *Secretory IgA as a measure of resistance to infectious disease: Comments on Stone, Cox, Valdimarsdottir, and Neale (1987)*. Unpublished manuscript. Princeton: Princeton University, Department of Psychology.
Job, V., Oertig, D. & Brandstätter, V. (2008). *Motive-discrepancies as antecedents of problematic eating behavior*. Paper presented at the 15th General Meeting of the European Association of Experimental Social Psychology, Opatija, Croatia.
Johnson, T. E. & Rule, B. G. (1986). Mitigating circumstance information, censure, and aggression. *Journal of Personality and Social Psychology, 50*, 537–542.
Jones, A. C. & Gosling, S. D. (2005). Individual differences in approach and avoidance motivation in animals. In A. Elliot (Hrsg.), *Handbook of approach and avoidance motivation*. Mahwah: Erlbaum.
Jones, D. (1995). Sexual selection, physical attractiveness, and facial neoteny: Cross-cultural evidence and implications. *Current Anthropology, 36*, 723–748.

Karabenick, S. A. & Youssef, Z. I. (1968). Performance as a function of achievement level and perceived difficulty. *Journal of Personality and Social Psychology, 10*, 414–419.
Karli, P., Eclancher, F., Vergnes, M., Chaurand, J. P. & Schmitt, P. (1974). Emotional responsiveness and interspecific aggressiveness in the rat: Interactions between genetic and experimental determinants. In J. H. F. van Abeelen (Hrsg.), *The genetics of behavior* (S. 291–319). Amsterdam: North-Holland.
Kehr, H. (2004). Implicit/explicit motive discrepancies and volitional depletion among managers. *Personality and Social Psychology Bulletin, 30*, 315–327.
Keller, H., Schneider, K. & Henderson, B. (1994). Preface: The study of exploration. In H. Keller, K. Schneider & B. Henderson (Hrsg.), *Curiosity and exploration* (S. 1–13). Berlin: Springer.
Kelley, H. H. & Michela, J. L. (1980). Attribution theory and research. *Annual Review of Psychology, 31*, 457–501.
Kendler, K. S., Neale, M. C., Kessler, R. C., Heath, A. C. & Eavens, L. J. (1992). The genetic epidemiology of phobias in women. *Archives of General Psychiatry, 49*, 273–281.
Kenrick, D. T. & Keefe, R. C. (1992). Age preferences in mates reflect sex differences in reproductive strategies. *Behavioral and Brain Sciences, 15*, 75–133.
Kleinbeck, U. & Schmidt, K.-H. (1996). Die Wirkung von Zielsetzungen auf das Handeln. In J. Kuhl & H. Heckhausen (Hrsg.), *Enzyklopädie der Psychologie, Motivation und Emotion, Band 4: Motivation, Volition und Handlung* (S. 875–907). Göttingen: Hogrefe.
Klinesmith, J., Kasser, T. & McAndrew, F. T. (2006). Guns, testosterone, and aggression. *Psychological Science, 17*, 568–571.
Klinger, E. (1990). *Daydreaming. Using waking fantasy and imagery for self-knowledge and creativity*. Los Angeles: Jeremy P. Tarcher, Inc.
Klivington, K. A. (1992). *Gehirn und Geist*. Heidelberg: Spektrum.
Klüver, H. & Bucy, P. (1937). »Psychic blindness« and other symptoms following bilateral temporal lobectomy in Rhesus monkeys. *American Journal of Physiology, 119*, 352–353.
Kornadt, H.-J. (2007). Motivation im kulturellen Kontext. In G. Trommsdorff & H.-J. Kornadt (Hrsg.), *Enzyklopädie der Psychologie, Themenbereich C, Serie VII, Band 2: Erleben und Handeln im kulturellen Kontext* (S. 284–376). Göttingen: Hogrefe.
Kornadt, H.-J. & Tachibana, Y. (1999). Early child-rearing and social motives after nine years: A cross-cultural longitudinal study. In W. J. Lonner, D. L. Dinnel, D. K. Forgays & S. A. Hayes (Hrsg.), *Merging past, present, and future: Selected proceedings of the 14th international congress of the IACCP* (S. 429–441). Lisse: Swets and Zeitlinger.
Kosfeld, M., Heinrichs, M., Zak, P. J., Fischbacher, U. & Fehr, E. (2005). Oxytocin increases trust in humans. *Nature, 435* (7042), 673–676.
Kosslyn, S. M., Cacioppio, J. T., Davidson, R. J., Hugdahl, K., Lovallo, R. W., Spiegel, D. & Rose, R. (2002). Bridging psychology and biology: The analysis of individuals in groups. *American Psychologist, 57*, 341–351.
Kuester, J. & Paul, A. (1989). Reproductive strategies of subadult barbary macaque males at Affenberg Salem. In A. E. Rasa, C. Vogel & E. Voland (Hrsg.), *The sociobiology of sexual and reproductive strategies* (S. 93–109). London: Chapman & Hall.
Kuhl, J. (1983). *Motivation, Konflikt und Handlungskontrolle*. Berlin: Springer.

Lakin, J. L. & Chartrand, T. L. (2003). Using nonconscious behavioral mimicry to create affiliation and rapport. *Psychological Science, 14*, 334–339.

Langens, T. A. (2001). Predicting behavior change in Indian businessmen from a combination of need for achievement and self-discrepancy. *Journal of Research in Personality, 35*, 339–352.
Langens, T. & Schmalt, H.-D. (2008). Motivational traits: new directions and measuring motives with the Multi-Motive Grid (MMG). In G. Boyle, G. Matthews & D. Saklofske (Hrsg.), *The Sage handbook of personality theory and assessment, Vol. 1: Personality theories and models* (S. 523–544). Thousand Oaks: Sage Publications.
Langens, T. A. & Schüler, J. (2005) Written emotional expression and emotional well-being: The moderating role of fear of rejection. *Personality and Social Psychology Bulletin, 31*, 818–830.
Lansing, J. B. & Heyns, R. W. (1959). Need affiliation and frequency of four types of communication. *Journal of Abnormal and Social Psychology, 58*, 365–372.
Lanzetta, J. T. (1971). The motivational properties of uncertainty. In H. I. Day, D. E. Berlyne & D. E. Hunt (Hrsg.), *Intrinsic motivation: A new direction in education* (S. 134–147). Toronto: Holt.
Laux, L. & Glanzmann, P. (1996). Angst und Ängstlichkeit. In M. Amelang (Hrsg.), *Enzyklopädie der Psychologie, Differentielle Psychologie und Persönlichkeitsforschung, Band 3: Temperaments- und Persönlichkeitsunterschiede* (S. 107–151). Göttingen: Hogrefe.
Lazarus, R. S. (1991). Cognition and motivation in emotion. *American Psychologist, 46*, 352–367.
Lazarus, R. S. & Alfert, E. (1964). Short-circuiting of threat by experimentally altering cognitive appraisal. *Journal of Abnormal and Social Psychology, 69*, 195–205.
Lazarus-Mainka, G. & Siebeneick, S. (2000). Ängstlichkeit – ein Selbstkonzept. In G. Lazarus-Mainka & S. Siebeneick (Hrsg.), *Angst und Ängstlichkeit* (S. 314–350). Göttingen: Hogrefe.
LeDoux, J. E. (1995). Emotion: Clues from the brain. *Annual Review of Psychology, 46*, 209–235.
LeDoux, J. E. (1996). *The emotional brain.* New York: Simon & Schuster.
LeMagnen, J. (1992). *Neurobiology of feeding and nutrition.* San Diego: Academic Press.
Leventhal, H. (1984). A perceptual-motor theory of emotion. In L. Berkowitz (Hrsg.), *Advances in experimental social psychology* (Vol. 17) (S. 117–182). New York: Academic Press.
Leventhal, H. & Scherer, K. R. (1986). The relationship of emotion to cognition: A functional approach to semantic controversy. *Cognition and Emotion, 1*, 3–28.
Lewin, K. (1926). Untersuchungen zur Handlungs- und Affektpsychologie. II. Vorsatz, Wille und Bedürfnis. *Psychologische Forschung, 7*, 330–385.
Lewin, K. (1931). Environmental forces in child behavior and development. In C. Murchison (Hrsg.), *Handbook of child psychology* (S. 94–127). Worcester, Mass.: Clark University Press.
Lewin, K. (1935). *A dynamic theory of personality: Selected papers.* New York: McGraw-Hill.
Lewin, K. (1938). *The conceptual representation and the measurement of psychological forces.* Durham: Duke University Press.
Lim, M. M. & Young, L. J. (2006). Neuropeptidergic regulation of affiliative behavior and social bonding in animals. *Hormones and Behavior, 50*, 506–517.
Lindworsky, J. (1932). *Willensschule.* Paderborn: Schöningh.
Loeber, R. & Stouthamer-Loeber, M. (1998). Development of juvenile aggression and violence: Some common misconceptions and controversies. *American Psychologist, 53*, 242–259.
Loewenstein, G. (1994). The psychology of curiosity: A review and reinterpretation. *Psychological Bulletin, 116*, 75–99.
Looy, H. & Weingarten, H. P. (1992). Facial expressions and genetic sensitivity to 6-n-propylthiouracil predict hedonic response to sweet. *Physiology & Behavior, 52*, 75–82.
Lore, R. K. & Schultz, L. A. (1993). Control of human aggression. A comparative perspective. *American Psychologist, 48*, 16–25.
Lorenz, K. (1937). Über die Bildung des Instinktbegriffes. *Naturwissenschaften, 25*, 289–300, 307–318 und 325–331.
Lorenz, K. (1943). Die angeborenen Formen möglicher Erfahrung. *Zeitschrift für Tierpsychologie*, 235–309.
Lorenz, K. (1950). Ganzheit und Teil in der tierischen und menschlichen Gemeinschaft. *Studium Generale, 3*, 455–499.
Lorenz, K. (1969). Innate bases of learning. In K. H. Pribram (Hrsg.), *On the biology of learning* (S. 13–93). New York: Harcourt.
Lowell, E. L. (1952). The effect of need for achievement on learning and speed of performance. *Journal of Psychology, 33*, 31–40.
Lugt-Tappeser, H. & Schneider, K. (1987). Ängstlichkeit und das Erkunden eines neuen Objektes bei Vorschulkindern. *Zeitschrift für Entwicklungspsychologie und Pädagogische Psychologie, 19*, 300–313.

Literaturverzeichnis

Luhmann, N. (1975). *Macht*. Stuttgart: Enke.
Lutchmaya, S., Baron-Cohen, P., Raggatt, P., Knickmeyer, R. & Manning, J.T. (2004). 2nd and 4th digit ratios, fetal testosterone and estradiol. *Early Human Development, 77,* 23–28.
Lyman, B. (1989). *A psychology of food, more than a matter of taste*. New York: Van Nostrand Reinhold.

Machiavelli, N. (1532). Il principe. New York: McGraw-Hill.
Macht, M. & Simons, G. (2000). Emotions and eating in everyday life. *Appetite, 35,* 65–71.
MacLean, P. (1974). *Triune conception of the brain and behavior*. University of Toronto Press.
Mandler, G. & Sarason, S.B. (1952). A study of anxiety and learning. *Journal of Abnormal and Social Psychology, 47,* 166–173.
Maner, J.K., Gaillot, M.T., Rouby, D.A. & Miller, S.L. (2007). Can't take my eyes off you: Attentional adhesion to mates and rivals. *Journal of Personality and Social Psychology, 93,* 389–401.
Mason, A. & Blankenship, V. (1987). Power and affiliation motivation, stress, and abuse in intimate relationships. *Journal of Personality and Social Psychology, 52,* 203–210.
Mayer, J.D., Faber, M.A. & Xu, X. (2007). Seventy-five years of motivation measures (1930–2005): A descriptive analysis. *Motivation and Emotion, 31,* 83–103.
Mayer, J. (1955). Regulation of energy intake and the body weight: The glucostatic theory and the lipostatic hypothesis. *Annals of the New York Academy of Sciences, 63,* 15–43.
Mayr, E. (1974). Behavior programs and evolutionary strategies. *American Scientist, 62,* 650–659.
Mayr, E. (1994). *… und Darwin hat doch recht. Charles Darwin, seine Lehre und die moderne Evolutionstheorie*. München: Piper.
McAdams, D.P. (1980). *A thematic coding system for the intimacy motive*. Unpublished doctoral dissertation. Harvard University.
McAdams, D.P. (1982). Experiences of intimacy and power: Relationships between social motives and autobiographical memory. *Journal of Personality and Social Psychology, 42,* 292–302.
McAdams, D.P. (1989). *Intimacy: The need to be close*. New York: Doubleday.
McAdams, D.P. & Bryant, F.B. (1987). Intimacy motivation and subjective mental health in a nationwide sample. *Journal of Personality, 55,* 395–413.
McAdams, D.P. & Constantian, C.A. (1983). Intimacy and affiliation motives in daily living: An experience sampling analysis. *Journal of Personality and Social Psychology, 45,* 851–861.
McAdams, D.P. & Powers, J. (1981). Themes of intimacy in behavior and thought. *Journal of Personality and Social Psychology, 40,* 573–587.
McAdams, D.P. & Vaillant, G.E. (1982). Intimacy motivation and psychosocial adjustment: A longitudinal study. *Journal of Personalty Assessment, 46,* 586–593.
McClelland, D.C. (1961). *The achieving society*. Princeton: Van Nostrand.
McClelland, D.C. (1975). *Power. The inner experience*. New York: Irvington.
McClelland, D.C. (1979). Inhibited power motivation and high blood pressure in men. *Journal of Abnormal Psychology, 88,* 182–190.
McClelland, D.C. (1980). Motive dispositions: The merits of operant and respondent measures. In L. Wheeler (Hrsg.), *Review of personality and social psychology* (Vol. 1) (S. 10–41). Beverly Hills: Sage.
McClelland, D.C. (1985). *Human motivation*. London: Scott, Foresman & Co.
McClelland, D.C. (1989). Motivational factors in health and disease. *American Psychologist, 44,* 675–683.
McClelland, D.C., Alexander, C. & Marks, E. (1982). The need for power, stress, immune function, and illness among male prisoners. *Journal of Abnormal Psychology, 91,* 61–70.
McClelland, D.C., Atkinson, J.W., Clark, R.A. & Lowell, E.L. (1953). *The achievement motive*. New York: Appleton-Century-Crofts.
McClelland, D.C. & Jemmott, J.B. (1980). Power motivation, stress, and physical illness. *Journal of Human Stress, 6,* 6–15.
McClelland, D.C. & Kirshnit, C. (1988). The effect of motivational arousal through films on salivary immunoglobulin A. *Psychology and Health, 2,* 31–52.
McClelland, D.C., Koestner, R. & Weinberger, J. (1989). How do self-attributed and implicit motives differ? *Psychological Review, 96,* 690–702.
McClelland, D.C., Maddocks, J.A. & McAdams, D.P. (1985). The need for power, brain noradrenaline turnover, and memory. *Motivation and Emotion, 9,* 1–10.

McClelland, D. C., Patel, V., Stier, D. & Brown, D. (1987). The relationship of affiliative arousal to dopamine release. *Motivation and Emotion, 11*, 51–66.

McClelland, D. C. & Pilon, D. A. (1983). Sources of adult motives in patterns of parent behavior in early childhood. *Journal of Personality and Social Psychology, 44*, 564–574.

McClelland, D. C. & Teague, G. (1975). Predicting risk preferences among power related tasks. *Journal of Personality, 43*, 266–285.

McClelland, D. C., Wanner, E. & Vanneman, R. (1972). Drinking in the wider context of restrained and unrestrained assertive thoughts and acts. In D. C. McClelland, W. N. Davis, R. Kalin & E. Wanner (Hrsg.), *The drinking man* (S. 162–197). New York: The Free Press.

McClelland, D. C. & Watson, R. I., Jr. (1973). Power motivation and risk-taking behavior. *Journal of Personality, 41*, 121–139.

McClelland, D. C. & Winter, D. G. (1969). *Motivating economic achievement.* New York: Free Press.

McDougall, W. (1928). *Grundlagen einer Sozialpsychologie.* Jena: Fischer.

McFarlane, D. H. (1930). The role of kinesthesis in maze learning. *University of California Publications in Psychology, 4*, 277–305.

Mead, M. (1961). Cultural determinants of sexual behavior. In W. Young (Hrsg.), *Sex and internal secretions* (Vol. 11) (S. 1433–1479). Baltimore: Williams & Wilkins.

Meece, J. L., Anderman, E. M. & Anderman, L. H. (2006). Classroom goal structure, student motivation, and academic achievement. *Annual Review of Psychology, 57*, 487–503.

Mehrabian, A. (1969). Measures of achieving tendency. *Educational and Psychological Measurement, 29*, 445–451.

Mehrabian, A. & Ksionzky, S. (1974). *A theory of affiliation.* Lexington: Heath.

Mehta, P. H., Jones, A. C. & Josephs, R. A. (2008). The social endocrinology of dominance: Basal testosterone predicts cortisol changes and behavior following victory and defeat. *Journal of Personality and Social Psychology, 94*, 1078–1093.

Michalak, J., Püschel, O., Joormann, J. & Schulte, D. (2006). Implicit motives and explicit goals: Distinctive modes of motivational functioning and their relations to psychopathology. *Clinical Psychology and Psychotherapy, 13*, 81–96.

Mikulincer, M. (1988). The relationship of probability of success and performance following unsolvable problems: Reactance and helplessness effects. *Motivation and Emotion, 12*, 139–153.

Mikulincer, M. (1989). Cognitive interference and learned helplessness: The effects of off-task cognitions on performance following unsolvable problems. *Journal of Personality and Social Psychology, 57*, 129–135.

Miles, D. R. & Carey, G. (1997). Genetic and environmental architecture of human aggression. *Journal of Personality and Social Psychology, 72*, 207–217.

Miller, G. A., Galanter, E. & Pribram, K.-H. (1960). *Plans and the structure of behavior.* New York: Holt, Rinehart & Winston.

Miller, L. C. & Fishkin, S. A. (1997). On the dynamics of human bonding and reproductive success: Seeking windows on the adapted-for human-environmental interface. In D. T. Kenrick & J. A. Simpson (Hrsg.), *Evolutionary social psychology* (S. 197–235). Mahwah, N. J.: Erlbaum.

Miller, N. E. (1944). An experimental investigation of acquired drives. *Psychological Bulletin, 38*, 534–535.

Miller, N. E. (1948). Studies of fear as an acquirable drive: I. Fear as motivation and fear-reduction as reinforcement in the learning of new responses. *Journal of Experimental Psychology, 38*, 89–101.

Miller, N. E. (1951). Learnable drives and rewards. In S. S. Stevens (Hrsg.), *Handbook of experimental psychology* (S. 435–472). New York: Wiley.

Millet, K. & Dewitte, S. (2007). Digit ratio (2D:4D) moderates the impact of an aggressive music video on aggression. *Personality and Individual Differences, 43*, 289–294.

Mineka, S. & Zinbarg, R. (2006). A contemporary learning theory perspective on the etiology of anxiety disorders: It's not what you thought it was. *American Psychologist, 61*, 10–26.

Mischel, W. & Shoda, Y. (1998). Reconciling processing dynamics and personality dispositions. *Annual Review of Psychology, 49*, 229–258.

Møller, A. P. & Thornhill, R. (1998). Male parental care, differential parental investment by females, and sexual selection. *Animal Behaviour, 55*, 1507–1515.

Morris, J. S., Frith, C. D., Perett, D. I., Rowland, D., Young, A. W., Calder, A. J. & Colan, R. J. (1996). A differential neural response in the human amygdala to fearful and happy facial expression. *Nature, 383*, 812–815.

Literaturverzeichnis

Morris, L. W. & Liebert, R. M. (1970). Relationship of cognitive and emotional components of test anxiety to physiological arousal and academic performance. *Journal of Consulting and Clinical Psychology, 35,* 332–337.
Mowrer, O. H. (1939). A stimulus-response analysis of anxiety and its role as a reinforcing agent. *Psychological Review, 46,* 553–565.
Mowrer, O. H. (1960). *Learning theory and behavior.* New York: Wiley.
Muraven, M. & Baumeister, R. F. (2000). Self-regulation and depletion of limited resources: Does self-control resemble a muscle? *Psychological Bulletin, 126,* 247–259.
Murray, H. A. (1938). *Explorations in personality.* New York: Oxford University Press.
Murray, H. A. (1942). *Thematic apperception test.* Cambridge: Harvard University Press.
Mustafic, M. (2007). *Biologische und psychologische Determinanten der Beziehungsorientierung bei Männern: Eine Mediationsanalyse.* Unveröffentlichte Diplomarbeit. Universität Wuppertal.

Natsoulas, T. (1995). A rediscovery of Sigmund Freud. *Consciousness and Cognition, 4,* 300–322.
Neary, R. S. & Zuckerman, M. (1976). Sensation seeking, trait and state anxiety, and the electrodermal orienting reflex. *Psychophysiology, 10,* 211.
Netter, P. (2006). Dopamine challenge tests as an indicator of psychological traits. *Human Psychopharmacology: Clinical and Experimental, 21,* 91–99.
Netter, P., Henning, J. & Roed, I. S. (1996). Serotonin and dopamine as mediators of sensation seeking behavior. *Neuropsychobiology, 34,* 155–165.
Netter, P. & Rammsayer, T. (1991). Reactivitiy to dopaminergic drugs and aggression related personality traits. *Personality and Individual Differences, 12,* 1009–1017.
Newman, L. S, Duff, K. J. & Baumeister, R. (1997). A new look at defensive projection: Thought suppression, accessibility, and biased person perception. *Journal of Personality and Social Psychology, 72,* 980–1001.
Nicholls, J. G. (1984). Achievement motivation: Conceptions of ability, subjective experience, task choice, and performance. *Psychological Review, 91,* 328–346.
Nickel, T. W. (1974). The attribution of intention as a critical factor in the relation between frustration and aggression. *Journal of Personality, 42,* 482–492.
Nørretranders, T. (1998). *The user illusion: cutting consciousness down to size.* New York: Penguin.
Nunnally, J. C. (1971). Determinants of visual exploratory behavior: A human tropism for resolving informational conflicts. In H. I. Day, D. E. Berlyne & D. E. Hunt (Hrsg.), *Intrinsic motivation: A new direction in education* (S. 73–82). Toronto: Holt, Rinehart & Winston.

Öhman, A. (1992). Orienting and attention: Preferred preattentive processing of potentially phobic stimuli. In B. A. Campbell, H. Hayne & R. Richardson (Hrsg.), *Attention and information processing in infants and adults: Perspectives from human and animal research* (S. 263–295). Hillsdale, N. J.: Erlbaum.
Öhman, A., Lundquist. D. & Esteves, F. (2001). The face in the crowd revisited: A threat advantage with schematic stimuli. *Journal of Personality and Social Psychology, 80,* 381–396.
Öhman, A. & Mineka, S. (2001). Fears, phobias, and preparedness: Toward an evolved module of fear and fear learning. *Psychological Review, 108,* 483–522.
Olds, J. & Milner, P. (1954). Positive reinforcement produced by electrical stimulation of septal area and other regions of the rat brain. *Journal of Comparative and Physiological Psychology, 47,* 419–427.
Olweus, D. (1979). Stability of aggressive reaction patterns in males: A review. *Psychological Bulletin, 86,* 852–875.

Payne, B. K., Burkley, M. A. & Stokes, M. B. (2008). Why do implicit and explicit attitude tests diverge? The role of structural fit. *Journal of Personality and Social Psychology, 94,* 16–31.
Penn, D. C. & Povinelli, D. J. (2007). Causal cognition in human and nonhuman animals: A comparative, critical review. *Annual Review of Psychology, 58,* 97–188.
Pérusse, D. (1993). Cultural and reproductive success in industrial societies: Testing the relationship at the proximate and ultimate levels. *Behavioral and Brain Sciences, 16,* 267–322.
Peterson, C., Buchanan, G. M. & Seligman, M. E. P. (1995). Explanatory style: History and evolution of the field. In G. M. Buchanan & M. E. P. Seligman (Hrsg.), *Explanatory style* (S. 1–20). Hillsdale: Lawrence Erlbaum.

Peterson, C. & Seligman, M.E.P. (1984). Causal explanations as a risk factor for depression: Theory and evidence. *Psychological Review, 91,* 347–374.
Phelps, E.A. (2006). Emotion and cognition: Insights from studies of the human amygdala. *Annual Review of Psychology, 57,* 27–53.
Piaget, J. (1975). *Das Erwachen der Intelligenz beim Kinde* (Gesammelte Werke, Bd. 1). Stuttgart: Klett.
Pillsworth, E.G., Haselton, M.G. & Buss, D.M. (2004). Ovulatory shifts in female sexual desire. *The Journal of Sex Research, 41,* 55–65.
Pinnow, M. & Schneider, K. (1994). Mimetic behavior of rats in flavor aversion learning. *Behavioural Processes, 31,* 1–12.
Polivy, J. & Herman, C.P. (2002). Causes of eating disorders. *Annual Review of Psychology, 53,* 187–213.
Pribram, K.H. (1976). Self-consciousness and intentionality. In G.E. Schwartz & D. Shapiro (Hrsg.), *Consciousness and self-regulation. Advances in research* (Vol. 1) (S. 51–100). New York: Wiley.
Puca, R.M. (2001). Preferred difficulty and subjective probability in different action phases. *Motivation and Emotion, 25,* 307–326.
Puca, R.M., Rinkenauer, G. & Breidenstein, C.M. (2006). Individual differences in approach and avoidance movements: How the avoidance motive influences response force. *Journal of Personality, 74,* 979–1014.
Puca, R.M. & Schmalt, H.-D. (1999). Task enjoyment: A mediator between achievement motives and performance. *Motivation and Emotion, 23,* 15–29.
Puca, R.M. & Schmalt, H.-D. (2001). The influence of the achievement motive and spontaneous thoughts in pre- and postdecisional action phases. *Personality and Social Psychology Bulletin, 27,* 302–308.
Püschel, O. (2006). Individuelle Therapiezieldefinition am Anfang einer Psychotherapie – Eine kritische Stellungnahme. In R. Sachse & P. Schlebusch (Hrsg.), *Perspektiven klärungsorientierter Psychotherapie* (S. 119–146). Lengerich: Pabst.

Rensch, B. (1988). *Probleme genereller Determiniertheit allen Geschehens.* Berlin: Parey.
Revelle, W. (1995). Personality processes. *Annual Review of Psychology, 46,* 295–328.
Reyer, H.-U. (1985). Brutpflegehelfer beim Graufischer. In D. Francke (Hrsg.), *Verhaltensbiologie* (2. Aufl.) (S. 277–282). Stuttgart: Thieme.
Reyer, H.-U. (1990). Pied kingfishers: Ecological causes and reproductive consequences of cooperative breeding. In P.B. Stacey & W.D. Koenig (Hrsg.), *Cooperative breeding in birds – long-term studies of ecology and behavior* (S. 529–557). Cambridge: Cambridge University Press.
Rheinberg, F. (1980). *Leistungsbewertung und Lernmotivation.* Göttingen: Hogrefe.
Rheinberg, F. & Engeser, S. (2009). Motive training and motivational competence. In O.C. Schultheiss & J.C. Brunstein (Hrsg.), *Implicit motives.* Oxford: University Press.
Rheinberg, F. & Günther, A. (2005). Ein Unterrichtsbeispiel zum lehrplanabgestimmten Einsatz individueller Bezugsnormen. In F. Rheinberg & S. Krug (Hrsg.), *Motivationsförderung im Schulalltag* (3. Aufl.) (S. 55–68). Göttingen: Hogrefe.
Rhodes, G. (2006). The evolutionary psychology of facial beauty. *Annual Review of Psychology, 57,* 199–226.
Richter, C.P. (1957). On the phenomenon of sudden death in animals and man. *Psychosomatic Medicine, 19,* 191–198.
Riedl, R. (1987). *Kultur. Spätzündung der Evolution?* München: Piper.
Robins, C.J. (1988). Attributions and depression: Why is the literature so inconsistent? *Journal of Personality and Social Psychology, 54,* 880–889.
Rolls, B.J., Castellanos, V.H., Halford, J.C., Kilara, A., Panyam, D., Pelkman, C.L., Smith, G.P. & Thorwart, M.L. (1998). Volume of food consumed affects satiety in men. *American Journal of Clinical Nutrition, 67,* 1170–1177.
Rolls, E.T. (1999). *The brain and emotion.* Oxford: Oxford University Press.
Rolls, E.T. (2000). The orbitofrontal cortex and reward. *Cerebral Cortex, 10,* 284–294.
Rosen, J.B. & Shulkin, J. (1998). From normal fear to pathological anxiety. *Psychological Review, 105,* 325–350.
Rosenzweig, M.R. (1984). Experience, memory, and the brain. *American Psychologist, 39,* 365–376.
Roth, G. & Menzel, R. (1996). Neuronale Grundlagen kognitiver Leistungen. In J. Dudel, R. Menzel & R.F. Schmidt (Hrsg.), *Neurowissenschaft* (S. 539–559). Heidelberg: Springer.

Literaturverzeichnis

Rowland, N. E., Li, B.-H. & Morien, A. (1996). Brain mechanisms and the physiology of feeding. In E. D. Capaldi (Hrsg.), *Why we eat what we eat. The psychology of eating* (S. 173–204). Washington: American Psychological Association.

Rozin, P. (1996). Sociocultural influences on human food selection. In E. D. Capaldi (Hrsg.), *Why we eat what we eat. The psychology of eating* (S. 233–263). Washington: American Psychological Association.

Rule, B. G. & Nesdale, A. R. (1976). Emotional arousal and aggressive behavior. *Psychological Bulletin, 83,* 851–863.

Sachse, R. (2003). *Klärungsorientierte Psychotherapie.* Göttingen: Hogrefe.

Sachse, R. (2005). Motivklärung durch Klärungsorientierte Psychotherapie. In J. Kosfelder, J. Michalak, S. Vocks und U. Willutzki (Hrsg.): *Fortschritte der Psychotherapieforschung* (S. 217–231). Göttingen, Hogrefe.

Sachse, R. (2006). *Psychologische Psychotherapie bei chronisch entzündlichen Darmerkrankungen.* Göttingen: Hogrefe.

Sadalla, E. K., Kenrick, D. T. & Vershure, B. (1987). Dominance and heterosexual attraction. *Journal of Personality and Social Psychology, 52,* 730–738.

Sarason, I. G. (1972). Experimental approaches to test anxiety: Attention and the uses of information. In C. D. Spielberger (Hrsg.), *Anxiety. Current trends in theory and research* (Vol. 2) (S. 381–403). New York: Academic Press.

Sarason, I. G., Sarason, B. R., Keefe, D. E., Hayes, B. E. & Shearin, E. N. (1986). Cognitive interference: Situational determinants and traitlike characteristics. *Journal of Personality and Social Psychology, 51,* 215–226.

Schachter, S., Goldman, R. & Gordon, A. (1968). Effects of fear, food deprivation, and obesity on eating. *Journal of Personality and Social Psychology, 10,* 91–97.

Schafe, G. E. & Bernstein, I. L. (1996). Taste aversion learning. In E. D. Capaldi (Hrsg.), *Why we eat what we eat. The psychology of eating* (S. 31–51). Washington: American Psychological Association.

Schjelderup-Ebbe, T. (1935). Social behavior in birds. In C. Murchison (Hrsg.), *Handbook of social psychology* (S. 947–972). Worcester: Clark University Press.

Schmalt, H.-D. (1975). Selbständigkeitserziehung und verschiedene Aspekte des Leistungsmotivs. *Zeitschrift für Entwicklungspsychologie und Pädagogische Psychologie, 7,* 24–37.

Schmalt, H.-D. (1976). *Das LM-GITTER. Ein objektives Verfahren zur Messung des Leistungsmotivs bei Kindern. Handanweisung.* Göttingen: Hogrefe.

Schmalt, H.-D. (1979a). Leistungsthematische Kognitionen II: Kausalattribuierungen, Erfolgserwartungen und Affekte. *Zeitschrift für Experimentelle und Angewandte Psychologie, 26,* 509–531.

Schmalt, H.-D. (1979b). Machtmotivation. *Psychologische Rundschau, 30,* 269–285.

Schmalt, H.-D. (1982). Two concepts of fear of failure motivation. In R. Schwarzer, H. van der Ploeg & C. D. Spielberger (Hrsg.), *Advances in test anxiety research* (Vol. 1) (S. 45–52). Lisse: Swets & Zeitlinger.

Schmalt, H.-D. (1986). Das Machtmotiv und Verantwortlichkeitsattribution für interpersonale Ereignisse. *Psychologische Beiträge, 28,* 533–550.

Schmalt, H.-D. (1987). Power motivation and the perception of control. In F. Halisch & J. Kuhl (Hrsg.), *Motivation, intention, and volition* (S. 101–113). Berlin: Springer.

Schmalt, H.-D. (1994). Zur Aufhebung und Akzentuierung von Leistungsdefiziten nach nichtkontingentem Mißerfolg. *Zeitschrift für Experimentelle und Angewandte Psychologie, 61,* 261–278.

Schmalt, H.-D. (1996). Zur Kohärenz von Motivation und Kognition. In J. Kuhl & H. Heckhausen (Hrsg.), *Enzyklopädie der Psychologie, Motivation, Volition und Handlung, Band 4: Motivation und Emotion* (S. 241–273). Göttingen: Hogrefe.

Schmalt, H.-D. (1999). Assessing the achievement motive using the grid technique. *Journal of Research in Personality, 33,* 109–130.

Schmalt, H.-D. (2002). *Priming und Leistung: Der moderierende Effekt impliziter Motive.* Bergische Universität Wuppertal: Unveröffentlichtes Manuskript.

Schmalt, H.-D. (2003). Leistungsmotivation im Unterricht: über den Einsatz des LM-Gitters in der Schule. In J. Stiensmeier-Pelster & F. Rheinberg (Hrsg.), *Diagnostik von Motivation und Selbstkonzept* (S. 105–128). Göttingen: Hogrefe.

Schmalt, H.-D. (2006). Waist-to-hip ratio and female physical attractiveness: The moderating role of power motivation and the mating context. *Personality and Individual Differences. 41,* 455–465.

Schmalt, H.-D. (In Vorbereitung) *Fear of power motivates alcohol, sex, and drugs*.
Schmalt, H.-D. & Langens, T. (2004). *Projective, semiprojective, and self-report measures of human motivation predict private cognitive events: strivings, memories, and daydreams*. University of Wuppertal: Unpublished manuscript.
Schmalt, H.-D. & Sokolowski, K. (2000). Zum gegenwärtigen Stand der Motivdiagnostik. *Diagnostica, 46*, 115–123.
Schmalt, H.-D. & Sokolowski, K. (2006). Motivation. In Spada, H. (Hg.) *Allgemeine Psychologie*, Bern: Huber. Schmalt, H.-D., Sokolowski, K. & Langens, (2000*). Das Multi-Motiv-Gitter zur Erfassung von Anschluß, Leistung und Macht – MMG*. Frankfurt: Swets.
Schmitt, D.P. & Buss, D.M. (2001). Human mate poaching: Tactics and temptations for infiltrating existing mateships. *Journal of Personality and Social Psychology, 80*, 894–917.
Schmitt, D.P. and 121 members of the International Sexuality Description Project (2004). Patterns and universals of mate poaching across 53 nations: The effects of sex, culture, and personality on romantically attracting another person's partner. *Journal of Personality and Social Psychology, 86*, 560–584.
Schnackers, U. & Kleinbeck, U. (1975). Machtmotiv und machtthematisches Verhalten in einem Verhandlungsspiel. *Archiv für Psychologie, 227*, 300–319.
Schneider, A.M. & Tarshis, B. (1975). *Physiological psychology*. New York: Random House.
Schneider, K. (1973). *Motivation unter Erfolgsrisiko*. Göttingen: Hogrefe.
Schneider, K. (1996). Intrinsisch (autotelisch) motiviertes Verhalten – dargestellt an den Beispielen des Neugierverhaltens sowie verwandter Verhaltenssysteme (Spielen und leistunsmotiviertes Handeln). In J. Kuhl & H. Heckhausen (Hrsg.), *Enzyklopädie der Psychologie, Motivation, Volition und Handlung, Band 4: Motivation und Emotion* (S. 119–152). Göttingen: Hogrefe.
Schoeck, H. (1977). Ist Leistung unanständig? In G. Hartfield (Hrsg.), *Das Leistungsprinzip* (S. 166–177). Opladen: Leske + Budrich.
Schüler, J., Job, V., Fröhlich, S. & Brandstätter, V. (2008). A high implicit affiliation motive does not always make you happy: A corresponding explicit motive and corresponding behavior are further needed. *Motivation & Emotion, 32*, 231–242.
Schüler, J. & Langens, T.A. (2007). Psychological crisis in the marathon race and the buffering effects of self-verbalizations. *Journal of Applied Social Psychology, 37*, 2319–2344.
Schultheiss, O.C. (2001). An information processing account of implicit motive arousal. In L.M. Maehr & P. Pintrich (Eds.), *Advances in motivation and achievement (Vol. 12, Methodology in motivation research)*, S. 1–41. Greenwich: JAI Press.
Schultheiss, O.C. & Brunstein, J.C. (1999). Goal imagery: Bridging the gap between implicit motives and explicit goals. *Journal of Personality, 67*, 1–38.
Schultheiss, O.C., Campbell, K.L. & McClelland, D.C. (1999). Implicit power motivation moderates men's testosterone responses to imagined and real dominance success. *Hormones and Behavior, 36*, 234–241.
Schultheiss, O.C. & Hale, J.A. (2007). Implicit motives modulate attentional orienting to facial expressions of emotion. *Motivation and Emotion, 31*, 13–24.
Schultheiss, O.C. & Rhode, W. (2002). Implicit power motivation predicts men's testosterone changes and implicit learning in a contest situation. *Hormones and Behavior, 41*, 195–202.
Schützwohl, A. & Horstmann, G. (1999). Überraschung, Handlungsunterbrechung und Schemarevision. In M. Jerusalem & R. Pekrun (Hrsg.), *Emotion, Motivation und Leistung* (S. 65–77). Göttingen: Hogrefe.
Schwarzer, R. (2000). *Streß, Angst und Handlungsregulation* (4. Aufl.). Stuttgart: Kohlhammer.
Schweiger, U. & Pirke, K.-M. (1999). Die Hypothalamus-Hypophysen-Gonaden-Achse bei der Frau. Wechselwirkungen mit Verhalten und anderen psychischen Funktionen. In C. Kirschbaum & D. Hellhammer (Hrsg.), *Enzyklopädie der Psychologie, Theorie und Forschung, Biologische Psychologie, Band 3: Psychoendokrinologie und Psychoimmunologie* (S. 223–261). Göttingen: Hogrefe.
Sears, R.R. (1941) Non-aggressive reactions to frustration. *Psychological Review, 48*, 343–346.
Seligman, M.E.P. (1971). Phobias and preparedness. *Behavior Therapy, 2*, 307–320.
Seligman, M.E.P. (1975). *Helplessness: On depression, development, and death*. San Francisco: Freeman.
Shafir, E. & Tversky, A. (1995). Decision making. In E. Smith & D.N. Osherson (Hrsg.), *Thinking. An invitation to cognition science* (Vol. 3) (S. 77–100). Cambridge: MIT Press.
Shipley, T.E. & Veroff, J. (1952). A projective measure of need for affiliation. *Journal of Experimental Psychology, 43*, 349–356.

Literaturverzeichnis

Simpson, J. A. & Kenrick, D. (1997). *Evolutionary social psychology*. London: Erlbaum.
Simpson, J. A., Gangestad, S. W., Christensen, P. N. & Leck, K. (1999). Fluctuating asymmetry, sociosexuality, and intrasexual competitive tactics. *Journal of Personality and Social Psychology, 76,* 159–172.
Singh, D. (1993). Adaptive significance of female physical attractiveness: Role of waist-to-hip ratio. *Journal of Personality and Social Psychology, 65,* 293–307.
Smith, C. P. (Ed.). (1992). *Motivation and Personality. Handbook of Thematic Content Analysis*. Cambridge: Cambridge University Press.
Smith, C. P., Feld, S. C. & Franz. C. E. (1992). Methodological considerations: steps in research employing content analysis systems. In C. P. Smith (Ed.), *Motivation and Personality. Handbook of Thematic Content Analysis* (pp. 515–536). Cambridge: Cambridge University Press.
Sobal, J. & Stunkard, A. J. (1989). Socioeconomic status and obesity: A review of the literature. *Psychological Bulletin, 105,* 260–275.
Sokolov, E. N. (1963). *Perception and the conditioned reflex*. Oxford: Pergamon Press.
Sokolowski, K. (1986). *Kognitionen und Emotionen in anschlußthematischen Situationen*. Wuppertal: Bergische Universität Wuppertal (Unveröffentlichte Dissertation).
Sokolowski, K. (1993). *Emotion und Volition*. Göttingen: Hogrefe.
Sokolowski, K. & Heckhausen, H. (2006). Soziale Bindung: Anschlussmotivation und Intimitätsmotivation. In J. Heckhausen & H. Heckhausen (Hrsg.), *Motivation und Handeln* (3. Aufl., S. 193–210). Heidelberg: Springer.
Sokolowski, K. & Schmalt, H.-D. (1996). Emotionale und motivationale Einflußfaktoren in einer anschlußthematischen Konfliktsitutation. *Zeitschrift für Experimentelle Psychologie, 43,* 461–482.
Sokolowski, K., Schmalt, H.-D., Langens, T. & Puca, R. M. (2000). Assessing achievement, affiliation, and power motives all at once: the Multi-Motive Grid (MMG). *Journal of Personality Assessment, 74,* 126–145.
Sokolowski, K., Schmitt, S., Jörg, J. & Ringendahl, H. (1997). Anschlußmotiv und Dopamin: Ein Vergleich zwischen Parkinson- und Rheumaerkrankten anhand implizit und explizit gemessener Motive. *Zeitschrift für Differentielle und Diagnostische Psychologie, 18,* 251–259.
Solms, M. (2004). Freud returns. *Scientific American, 290,* 82–88.
Spence, J. T. & Spence, K. W. (1966). The motivational components of manifest anxiety: Drive and drive stimuli. In C. D. Spielberger (Hrsg.), *Anxiety and behavior* (S. 291–326). New York: Academic Press.
Spielberger, C. D. (1972). Anxiety as an emotional state. In C. D. Spielberger (Hrsg.), *Anxiety: Current trends in theory and research* (Vol. 1) (S. 23–49). New York: Academic Press.
Spielberger, C. D. (1983). *Manual for the State-Trait Anxiety Inventory (STAI)*. Palo Alto: Consulting Psychologists Press.
Spinath, B. & Schöne, C. (2003). Subjektive Überzeugungen zu Bedingungen von Erfolg in Lern- und Leistungskontexten und deren Erfassung. In J. Stiensmeier-Pelster & F. Rheinberg (Hrsg.), *Diagnostik von Motivation und Selbstkonzept* (S. 15–28). Göttingen: Hogrefe.
Steele, R. S. (1977). Power motivation, activation, and inspirational speeches. *Journal of Personality, 45,* 53–64.
Stewart, A. J. & Rubin, Z. (1976). The power motive in the dating couple. *Journal of Personality and Social Psychology, 34,* 305–309.
Steyer, R., Schwenkmezger, P. & Auer, A. (1990). The emotional and cognitive components of trait anxiety: A latent state-trait model. *Personality and Individual Differences, 11,* 125–134.
Strachman, A. & Gable, S. L. (2006). What you want (and do not want) affects what you see (and do not see): avoidance social goals and social events. *Personality and Social Psychology Bulletin, 32,* 1446–1458.
Stroebe, W. (2002). Übergewicht als Schicksal? Die kognitive Steuerung des Essverhaltens. *Psychologische Rundschau, 53,* 14–22.
Switzky, H. N., Haywood, H. C. & Isett, R. (1974). Exploration, curiosity, and play in young children: Effects of stimulus complexity. *Developmental Psychology, 10,* 321–329.

Tataranni, P. A., Gautier, J.-F., Chen, K., Uecker, A., Bandy, D., Salbe, A. D., Pratley, R. E., Lawson, M., Reiman, E. M. & Ravussin, E. (1999). Neuroanatomical correlates of hunger and satiation in humans using positron emission tomography. *Proceedings of the National Academy of Science, USA, Medical Science, 96,* 4569–4574.

Taylor, S. E. (2006). Tend and befriend: Biobehavioral bases of affiliation under stress. *Current Directions in Psychological Science, 15*, 273–277.

Taylor, S. E. & Gollwitzer, P. M. (1995). Effect of mindset on positive illusions. *Journal of Personality and Social Psychology, 69*, 213–226.

Taylor, S. E. & Gonzaga, G. C. (2007). Affiliative responses to stress: A social neuroscience model. In E. Harmon-Jones & P. Winkielman (Hrsg.), *Social neuroscience: Integrating biological explanations of social behavior* (S. 454–473). New York: Guilford Press.

Teasdale, J. D. (1985). Psychological treatments for depression: How do they work? *Behavior Research & Therapy, 23*, 157–165.

Teasdale, J. D., Scott, J., Moore, R. G., Hayhurst, H., Pope, M. & Paykel, E. S. (2001). How does cognitive therapy prevent relapse in residual depression? Evidence from a controlled trial. *Journal of Consulting and Clinical Psychology, 69*, 347–357.

Teasdale, J. D., Segal, Z. V. & Williams, J. M. G. (1995). How does cognitive therapy prevent depressive relapse and why should attentional control (mindfulness) training help? *Behavior Research & Therapy, 33*, 25–39.

Tepper, B. J. (1998). Genetics of perception '98. 6-n-propylthiouracil: A genetic marker for taste, with implications for food preference and dietary habits. *American Journal of Human Genetics, 63*, 1271–1276.

Tepper, B. J. & Nurse, R. J. (1998). PROP taster status is related to the perception and preference for fat. *Annals of the New York Academy of Science, 855*, 802–804.

Terhune, K. W. (1968). Motives, situation, and interpersonal conflict within Prisoner's Dilemma. *Journal of Personality and Social Psychology, Monograph Supplement, 8*, No. 3, Pt. 2, 1–24.

Terhune, K. W. (1970). The effects of personality in cooperation and conflict. In P. Swingle (Hrsg.), *The structure of conflict* (S. 193–234). New York: Academic Press.

Thornhill, R., Gangestad, S. W. & Comer, R. (1995). Human female orgasm and mate fluctuating asymmetry. *Animal Behaviour, 50*, 1601–1615.

Thrash, T. M., Elliot, A. J. & Schultheiss, O. C. (2007). Methodological and dispositional predictors of congruence between implicit and explicit need for achievement. *Personality and Social Psychology Bulletin, 33*, 961–974.

Tiedens, L. Z. & Fragale, A. R. (2003). Power moves: Complementary in dominant and submissive nonverbal behavior. *Journal of Personality and Social Psychology, 84*, 558–568.

Tinbergen, N. (1952). *Instinktlehre*. Berlin: Parey.

Tinbergen, N. & Kuenen, D. J. (1939). Über die auslösenden und richtungsgebenden Reizsituationen der Sperrbewegung von jungen Drosseln (Turdus m. merula L. und T. e. ericetorum Turton). *Zeitschrift für Tierpsychologie, 3*, 37–60.

Toates, F. (2001). *Biological psychology. An integrative approach*. Harlow: Pearson Education.

Tolman, E. C. (1932). *Purposive behavior in animals and men*. New York: Appleton

Tooby, J. & Cosmides, L. (1992). The psychological foundations of culture. In J. H. Barkow, L. Cosmides & J. Tooby (Hrsg.), *The adapted mind: Evolutionary psychology and the generation of culture* (S. 19–136). New York: Oxford University Press.

Tracy, J. L. & Robins, R. W. (2007). The psychological structure of pride: A tale of two facets. *Journal of Personality and Social Psychology, 92*, 506–525.

Trapnell, P. D. & Campbell, J. D. (1999). Self-consciousness and the five-factor model of personality: Distinguishing rumination from reflection. *Journal of Personality and Social Psychology, 76*, 284–304.

Trivers, R. (1985). *Social evolution*. Menlo Park: Benjamin/Cummings.

Trivers, R. L. (1972). Parental investment and sexual selection. In B. Campbell (Hrsg.), *Sexual selection and the descent of man: 1871–1971* (S. 136–179). New York: Aldine-Atherton.

Trudewind, C., Mackowiak, K. & Schneider, K. (1999). Neugier, Angst und kognitive Entwicklung. In M. Jerusalem & R. Pekrun (Hrsg.), *Emotion, Motivation und Leistung* (S. 105–126). Göttingen: Hogrefe.

Turner, R. A., Altemus, M., Enos, T., Cooper, B. & McGuiness, T. (1999). Preliminary research on plasma oxytocin in normal cycling women: Investigating emotion and interpersonal distress. *Psychiatry: Interpersonal and Biological Processes, 62*, 97–113.

Twenge, J. M. & Campbell, W. K. (2003). ›Isn't it fun to get the respect that we're going to deserve?‹ Narcissism, social rejection, and aggression. *Personality and Social Psychology Bulletin, 29*, 261–272.

Literaturverzeichnis

Uvnäs-Moberg, K. (1998). Oxytocin may mediate the benefits of positive social interaction and emotions. *Psychoneuroendocrinology, 23,* 819–835.

Veroff, J. (1957). Development and validation of a projective measure of power motivation. *Journal of Abnormal and Social Psychology, 54,* 1–8.
Veroff, J. (1969). Social comparison and the development of achievement motivation. In C.P. Smith (Hrsg.), *Achievement-related motives in children* (S. 46–101). New York: Russel Sage Foundation.
Veroff, J. (1992). Power motivation. In C.P. Smith (Hrsg.), *Motivation and personality: Handbook of thematic content analysis* (S. 278–285). Cambridge: Cambridge University Press.
Voland, E. (2004). Grundriss der Soziobiologie. Heidelberg: Spektrum.
Vontobel, J. (1970). *Leistungsbedürfnis und soziale Umwelt.* Bern: Huber.

Watson, P.J. & Thornhill, R. (1994). Fluctuating asymmetry and sexual selection. *Trends in Ecology and Evolution, 9,* 21–25.
Weber, M. (1956). *Wirtschaft und Gesellschaft.* Tübingen: Mohr.
Wedekind, C. & Füri, S. (1997). Body odour preferences in men and women: Do they aim for specific MHC combinations or simply heterozygosity? *Proceedings of The Royal Society of London, 264,* 1471–1479.
Wegner, D.M. (1994). Ironic processes of mental control. *Psychological Review, 101,* 34–52.
Weinberger, J. & McClelland, D.C. (1990). Cognitive versus traditional motivational models: Irreconcilable or complementary? In E.T. Higgins & R.M. Sorrentino (Hrsg.), *Handbook of motivation and cognition: Foundations of social behavior* (Vol. 2.) (S. 562–597). New York: Guilford Press.
Weiner, B. (1985). An attributional theory of achievement motivation and emotion. *Psychological Review, 92,* 548–573.
Weiner, B. (1986). *An attributional theory of motivation and emotion.* New York: Springer.
Weiner, B. (2005). Motivation from an attribution perspective and the social psychology of perceived competence. In A.J. Elliot & C.S. Dweck (Hrsg.), *Handbook of competence and motivation* (S. 73–84). New York: Guilford Press.
Weiner, B. (2006). *Social motivation, justice, and the moral emotions – an attributional approach.* Mawah: Erlbaum.
Weiner, B. & Litman-Adizes, T. (1980). An attributional, expectancy-value analysis of learned helplessness and depression. In J. Garber & M.E.P. Seligman (Hrsg.), *Human helplessness. Theory and applications* (S. 35–57). New York: Academic Press.
Weiner, B., Russell, D. & Lerman, D. (1978). Affective consequences of causal ascriptions. In J.H. Harvey, W.J. Ickes & R.F. Kidd (Hrsg.), *New directions in attribution research* (Vol. 2) (S. 59–90). Hillsdale: Erlbaum.
Weiner, B. & Sierad, J. (1975). Misattribution for failure and enhancement of achievement strivings. *Journal of Personality and Social Psychology, 31,* 415–421.
Weiss, J.M., Glazer, H.I. & Pohorecky, L.A. (1976). Coping behavior and neurochemical changes in rats: An alternative explanation for the original ›learned helplessness‹ experiments. In G. Serban & A. King (Hrsg.), *Animal models in human psychobiology* (S. 141–173). New York: Plenum.
Westenhoefer, J. & Pudel, V. (1993). Pleasure from food: Importance for food choice and consequences of deliberate restriction. *Appetite, 20,* 246–249.
Whissell-Buechy, D. (1990). Effects of age and sex on taste sensitivity to phenylthiocarbamide (PTC) in the Berkely Guidance sample. *Chemical Senses, 15,* 39–57.
White, R.W. (1959). Motivation reconsidered: The concept of competence. *Psychological Review, 66,* 297–333.
Wiedeman, M.W. (1997). Extramarital sex: Prevalence and correlates in a national survey. *The Journal of Sex Research, 34,* 167–174.
Williams, L.A. & DeSteno, D. (2008). Pride and perseverance: The motivational role of pride. *Journal of Personality and Social Psychology, 94,* 1007–1017.
Williamson, D.A., Gleaves, D.H. & Stewart, T.M. (2005). Categorical versus dimensional models of eating disorder: An examination of the evidence. *International Journal of Eating Disorders, 37,* 1–10.
Willner, P., Benton, D., Brown, E., Survijt, C., Davies, G., Morgan, J. & Morgan, M. (1998). »Depression« increases »craving« for sweet rewards in animal and human models of depression and craving. *Psychopharmacology, 136,* 272–283.

Wills, T. A., Windle, M. & Cleary, S. D. (1998). Temperament and novelty seeking in adolescent substance use: Convergence of dimensions of temperament with constructs from Cloninger's theory. *Journal of Personality and Social Psychology, 74*, 387–407.
Wilson, D. S., Near, D. & Miller, R. R. (1996). Machiavellianism: A synthesis of the evolutionary and psychological literatures. *Psychological Bulletin, 119*, 285–299.
Wilson, T. D. (2002). *Strangers to ourselves: Discovering the adaptive unconscious.* Cambridge: Harvard University Press.
Wilson, T. D. & Dunn, E. W. (2004). Self-knowledge: Its limits, value, and potential for improvement. *Annual Review of Psychology, 55*, 493–518.
Wilson, T. D. & Linville, P. W. (1982). Improving the academic performance of college freshmen: Attribution therapy revisited. *Journal of Personality and Social Psychology, 42*, 367–376.
Wilson, T. D., Lisle, D. J., Schooler, J. W., Hodges, S. D., Klaaren, K. J. & LaFleur, S. J. (1993). Introspecting about reasons can reduce post-choice satisfaction. *Personality and Social Psychology Bulletin, 19*, 331–339.
Wine, J. (1971). Test anxiety and direction of attention. *Psychological Bulletin, 76*, 92–104.
Winter, D. G. (1972). The need for power in college men: Action correlates and relationship to drinking. In D. C. McClelland, W. N. Davis, R. Kalin & E. Wanner (Hrsg.), *The drinking man* (S. 99–119). New York: The Free Press.
Winter, D. G. (1973). *The power motive.* New York: The Free Press.
Winter, D. G. (1987). Leader appeal, leader performance, and the motive profiles of leaders and followers: A study of American presidents and elections. *Journal of Personality and Social Psychology, 52*, 196–202.
Winter, D. G. (1991). *Manual for scoring motive imagery in running text* (3rd edition). Unpublished manuscript: University of Michigan.
Winter, D. G. (1993). Power, affiliation, and war: Three tests of a motivational model. *Journal of Personality and Social Psychology, 65*, 532–545.
Winter, D. G. (1996). *Personality.* New York: McGraw-Hill.
Winter, D. G. (2001). Measuring Bush's motives. Proceedings of the International Society for Political Psychology. *ISPP News*, 8–9.
Winter, D. G. & Stewart, A. J. (1977). Power motive reliability as a function of retest instructions. *Journal of Consulting and Clinical Psychology, 45*, 436–440.
Winter, D. G., Stewart, A. J. & McClelland, D. C. (1977). Husband's motives and wife's career level. *Journal of Personality and Social Psychology, 35*, 159–166.
Winterbottom, M. R. (1958). The relation of need for achievement to learning experiences in independence and mastery. In J. W. Atkinson (Hrsg.), *Motives in fantasy, action, and society* (S. 453–478). Princeton: Van Nostrand.
Wirth, M. M. & Schultheiss, O. C. (2006). Effects of affiliation arousal (hope of closeness) and affiliation stress (fear of rejection) on progesterone and cortisol. *Hormones and Behavior, 50*, 786–795.
Woike, B. A. (1995). Most-memorable experiences: Evidence for a link between implicit and explicit motives and social-cognitive processes in everyday life. *Journal of Personality and Social Psychology, 68*, 1081–1091.
Wonderlich, S. A., Joiner, T. E. Jr., Keel, P., Williamson, D. A. & Crosby, R. D. (2007). Eating disorder diagnosis: Empirical approaches to classification. *American Psychologist, 62*, 167–180.
Wood, W., Wong, F. Y. & Chachere, J. G. (1991). Effects of media violence on viewers' aggression in unconstrained social interaction. *Psychological Bulletin, 109*, 371–383.
Wood-Gush, D. G. M. & Vestergaard, K. (1991). The seeking of novelty and its relation to play. *Animal Behaviour, 42*, 599–606.
Wright, R. (1994). *The moral animal: Evolutionary psychology and everyday life.* New York: Vintage Books.
Wundt, W. (1907). Über Ausfrageexperimente und über die Methoden zur Psychologie des Denkens. *Psychologische Studien, 3*, 301–360.

Yalon, I. D., Green, R. & Fisk, N. (1973). Prenatal exposure to female hormones: Effect on psychosexual development in boys. *Archives of General Psychiatry, 28*, 554–561.

Zajonc, R. B. (1980). Feeling and thinking: Preferences need no inferences. *American Psychologist, 35*, 151–175.

Literaturverzeichnis

Zeigler-Hill, V. (2006). Discrepancies between implicit and explicit self-esteem: Implications for narcissism and self-esteem instability. *Journal of Personality, 74*, 119–143.
Zillmann, D. & Bryant, J. (1974). Effect of residual excitation on the emotional response to provocation and delayed aggressive behavior. *Journal of Personality and Social Psychology, 30*, 782–791.
Zuckerman, M. (1994). Impulsive unsocialized sensation seeking: The biological foundations of a basic dimension of personality. In J. E. Bates & T. D. Wachs (Hrsg.), *Temperament. Individual differences at the interface of biology and behavior* (S. 219–255). Washington: American Psychological Association.
Zuckerman, M. (2008). Personality and sensation seeking. In G. Boyle, G. Matthews & D. Saklofske (Hrsg.), *The Sage handbook of personality theory and assessment, Vol. 1: Personality theories and models* (S. 379–398). Thousand Oaks: Sage Publications.
Zumkley, H. (1996). Aggression und Aggressivität. In M. Amelang (Hrsg.), *Enzyklopädie der Psychologie, Differentielle Psychologie und Persönlichkeitsforschung, Band 3: Temperaments- und Persönlichkeitsunterschiede* (S. 337–375). Göttingen: Hogrefe.

Sachregister

A

AAM 61–63
Abwägen 93–95, 111–113
Ach-Lewin-Kontroverse 86–89, 91
Adrenalin 227, 246, 249
Aggression 29, 195 ff.
Aktivation 162, 167, 171
Aktivierung 34, 35, 48, 186, 226
Altruismus 66, 67, 83
Amygdala 46, 48, 50, 51, 76, 78, 192, 220, 241
Angst 174 ff.
　Besorgtheit 180–183
　Emotionalität 180–183
　Handlungskontrolle 187–189
　State-Trait-Modell 189–192
Anreize 14–16, 20–26, 41–44
　Blickbewegungen und 21
　imaginierte 22
　Kontrolle der 42–44
　natürliche 20, 53, 241
　soziale 20
Anschluss 236 ff.
Anspruchsniveau 262, 264, 271, 272
antizipierter Affektwechsel 18, 23, 25, 29, 105
Aphagie 128
Appetenzverhalten 60–63
Ärger 81–83, 200, 203, 207
Attraktivität 68, 143, 144
Attribution 28, 81–84, 206–208, 264–273, 276
Aufforderungscharakter 20, 23, 86–89
Aufmerksamkeit 180–182
Aufsuchen-Meiden 24, 34–36, 49, 133, 160–162, 183, 223–226, 274
Ausdauer (Persistenz) 263
Auslöser (z. B. AAM) 61–63

B

Basalganglien 46
Bauchgefühl 105–108
Behaviorismus 73–75
Beobachtungslernen 211, 216

Bewusstsein 33, 100
Bewusstseinslage 93–95

C

Calvinismus 19
Cholezystokinin (CCK) 123, 127, 128

D

Dehumanisierung 213
Depression 117, 253, 277, 278
Dopamin 25, 46–49, 71, 106, 172

E

Eifersucht 145–147
Elektroenzephalogramm (EEG) 45, 171
Emotion 23, 60, 75–79, 269
Endhandlung 60–63
Endorphine 247–250
Energetisierung 17, 34, 103
Erregung 46
　sexuelle 150–153
Erregungstransfer 207
Erwartung 14–16, 26, 80, 230, 259–263, 267
Erwartungsemotionen 17, 24
Erwartung-Wert-Modelle 15, 26, 27, 80, 88, 89, 214–217, 228, 259–263
Essstörungen 133, 134
Ethologie 59–63
Evolution 18, 19, 59–68, 138–140, 159, 160
Extraversion 49

F

Face-in-the-Crowd 176, 181
Fantasien 22, 152
Feldtheorie 86–88
Fitness 28–30, 66–68
　Darwin'sche 28
　inklusive 66–68

Sachregister

Flow-Erleben 33, 85, 271
Fluktuierende Asymmetrie (FA) 140–142
Fremdenangst 177, 197
Frustrations-Aggressions-Hypothese 202–204
funktionale Magnetresonanztomographie 50–52
Furcht 14–16, 174 ff.
   vor Machtverlust 223–226
   vor Misserfolg 264–266, 272
   vor Zurückweisung 239, 250, 253

G

GABA 50, 192
Gefangenen-Dilemma 228–231
Gehirn 44–48, 106, 107, 129
Gehirn-Darm-Achse 123
Gelernte Hilflosigkeit 275–279
Geschmack (süß-bitter) 42, 121, 124, 125
Geschmacksaversion 126, 135
Gesundheit 114, 227, 250
Gitter-Technik 55–57
Glukose 125, 128
Gütemaßstab 256, 259

H

Hackordnung 219
Handicap-Hypothese 140
Handlungskontrollstrategien 92, 93
Handlungs-Lageorientierung 92
Handlungsmodelle 85, 86, 89–98
   hierarchische 96
   sequenzielle 89
hedonische Verzerrung 84, 265, 269, 270
Helfer-am-Nest 66, 67
Heroinabhängigkeit 250
Hippocampus 46, 78, 79, 171
Hoffnung 14–16
Hunger 120 ff.
Hypothalamus 45, 122, 128, 200

I

Ikarus-Effekt 254
Immunoglobulin 226, 227, 251
implizite und explizite Motive 53, 101–105, 108–110, 113–119
Information 165
Instinkt 59–64
Intention 30–34, 86, 87, 92, 208, 209
Intimität 236 ff.
intrinsische Motivation 33, 85, 274, 278

K

Kaspar-Hauser-Versuch 59, 177
Kennedy, J. F. 223, 233, 235
Kindchenschema 61, 143
klassisches Konditionieren (Pawlow) 175, 178, 179, 192, 204
Koevolution 19, 69
Kognition 75, 78, 80–84, 130–132, 180–182
kollative Variablen 163
Konflikt 34–36, 114–118, 160, 183–186
Kortex
   anteriorer cingulärer 237
   orbitofrontaler 79, 241
   präfrontaler 51, 79, 106
Kortisol 246, 249
Krieg und Frieden 231–234

L

Längenverhältnis 2D/4D 153, 154, 201, 202
Langeweile 85, 167, 169, 259
Läsionsstudien 44
Leistung 256 ff.
Leistungsgesellschaft 257
Leistungsmotiv 19, 47, 103, 104, 114–117, 258 ff.
Leptin 122
Lernbereitschaft 63, 177, 178
Limbisches System 46
Locus coeruleus 48
Lust-Unlust-Mechanismus 23, 24, 70

M

Machiavellismus 222
Macht 219 ff.
Major Histocompatibility Complex (MHC) 151
mediale präoptische Region (MPOA) 151
mediales Vorderhirnbündel (MFB) 25
Mimik 42–44, 125, 242, 243
Mimikry 237
Motiv-Anreiz-Interaktion 15, 20, 22, 23
motivationale Kompetenz 118, 119
Motivationstraining 109, 272, 273
Motive 18, 19
Motivkongruenz 114–119, 131
Motivmessung 52–57, 101, 223–225, 238–241
Multi-Motiv-Gitter (MMG) 35, 56, 57, 102, 224, 225, 235, 240

N

Narzissmus 210, 211

Neoassoziationismus 30, 204
Neugier 77, 159 ff.
 diversive 166 ff.
 spezifische 163 ff.
Neurotransmitter 25, 46–49
Noradrenalin 46–48, 226
Nucleus accumbens 25, 48, 49

O

organismische Bedingungsfaktoren 44–46, 123, 124, 153–155, 171, 172
Orientierungsreaktion 77, 79, 161, 165
Östrogen 143, 154
Oxytozin 155, 247–249

P

Parkinson 48
Partnerwahl 144–150, 155
 Strategien der 67, 68
Pheromone 150
Pleistozän 150, 156, 177
Poaching 148, 149
Positronenemissionstomographie (PET) 45
Progesteron 246, 249
PROP (6-n-Prophylthiouracil) 126, 127
Prüfungsängstlichkeit 180–183
Psychoanalyse 69–73

R

Rangordnung 219–221
regionale Hirndurchblutung (rCBF) 50, 51
Risiko-Wahl-Modell 259–264
Rollenerwartungen 109, 156, 198
Rubikon-Modell 91–95

S

Selbstaufmerksamkeit 183
Selbstbewertung 76, 77, 84, 213, 266, 272
Selbstregulation 212, 271, 272, 274
Selektion 59, 64, 65, 139, 140, 145
Self-Handicapping 272

Sensation-Seeking 167–171
sensorische Deprivation 166–168
Serotonin 46, 48, 172
Sexualität 138 ff., 208
somatische Marker 105–108
soziale Zurückweisung 237
Soziobiologie 18, 20, 64–68, 139, 144
Soziosexualität 142
Stolz 24, 77, 268
Stress 116, 187–189, 226, 227, 246, 247
Substantia nigra 46

T

Testosteron 143, 153, 154, 201, 228
Thalamus 76
Thematischer Auffassungstest (TAT) 52–55, 101, 102, 184, 223, 238–240
 Kritik 54
Trennungsangst 246
Triebtheorie 70–75, 178–180

U

Übergewicht 121, 128–130, 132–134
Überraschung 165, 166, 269

V

Valenz 20, 88, 89
Vergleichende Verhaltensforschung 60–64
Vermüllungssyndrom 245
Voodoo-Tod 236

W

Waist-to-Hip-Ratio (WHR) 68, 143
Wille 30–34, 89–95

Z

Ziele 14–16, 28–31, 96, 97, 110–114
Zieltheorien 191, 274, 275
ZNS 22, 25, 44, 167, 172

Regina Vollmeyer
Joachim Brunstein (Hrsg.)

Motivationspsychologie und ihre Anwendung

2005. 226 Seiten mit 28 Abb. und 12 Tab. Kart.
€ 25,–
ISBN 978-3-17-018701-6

Mit Beiträgen von Tanja Bipp, Stefan Engeser, Hugo Kehr, Uwe Kleinbeck, Olaf Köller, Sander L. Koole, Andreas Krapp, Siegbert Krug, Julius Kuhl, Ulrich Kuhl, Thomas A. Langens, Brigitte Rollett, Ulrich Schiefele, Heinz-Dieter Schmalt, Kurt Sokolowski, Birgit Spinath, Lilian Streblow und Regina Vollmeyer

Motivation spielt eine zentrale Rolle, wenn es darum geht, Schüler für das Lernen zu begeistern oder Arbeitnehmer zu mehr Engagement am Arbeitsplatz anzuspornen. Arbeitgeber und Lehrer erhoffen sich hierzu von der Wissenschaft leicht umzusetzende Tipps. Bei realistischer Betrachtung erweist sich das Motivationsgeschehen aber schnell als komplex. Personen können aus unterschiedlichsten Gründen motiviert sein und es kann viele Gründe geben, warum Personen Handlungen unterlassen. Dieses Buch berichtet hierzu den aktuellen Kenntnisstand, wobei die motivationspsychologischen Grundlagen sowie die Anwendungskonsequenzen für Schule und Beruf anschaulich aufgezeigt werden.

Prof. Dr. Regina Vollmeyer und **Prof. Dr. Joachim Brunstein** lehren Pädagogische Psychologie an den Universitäten Frankfurt/Main bzw. Gießen.

▶ www.kohlhammer.de

W. Kohlhammer GmbH · 70549 Stuttgart
Tel. 0711/7863 - 7280 · Fax 0711/7863 - 8430

Jens-Uwe Martens/Julius Kuhl

Die Kunst der Selbstmotivierung

Neue Erkenntnisse der Motivationsforschung praktisch nutzen

3., aktual. und erw. Auflage 2009
190 Seiten mit 4 Abb. Kart.
€ 24,90
ISBN 978-3-17-020401-0

Orientiert an den neuesten Erkenntnissen der experimentellen Psychologie und der Hirnforschung beantwortet dieses Buch alle wichtigen Fragen der modernen Motivationspsychologie: Wie können wir erreichen, was wir uns vornehmen? Wie kann man die eigenen Gefühle zur Steigerung von Motivation und Selbstmanagement einsetzen? Wie funktioniert Selbstmotivation und wie kann man sie lernen? Was versteht man unter „persönlicher Intelligenz" und wie lässt sie sich entwickeln?

„Die Autoren nehmen den Leser mit auf eine faszinierende Reise zum bewussten Umgang mit den eigenen Lebensentwürfen und zum Freilegen selbstmotivierter Handlungen. Ein Beispiel gebendes Buch für ein Ineinandergreifen von fundierter Theorie, praktischer Erfahrung und Orientierung gebender Schlussfolgerung."

Rasche Nachrichten

Dipl.-Psych. Jens-Uwe Martens ist Leiter eines renommierten Trainingsinstituts für Führungskräfte aus Industrie und Wirtschaft in München.

Professor Dr. Julius Kuhl lehrt Differentielle Psychologie und Persönlichkeitsforschung an der Universität Osnabrück.

▶ www.kohlhammer.de

W. Kohlhammer GmbH · 70549 Stuttgart
Tel. 0711/7863 - 7280 · Fax 0711/7863 - 8430

Marcus Hasselhorn/Andreas Gold

Pädagogische Psychologie

Erfolgreiches Lernen und Lehren

2., durchgesehene Auflage 2009
486 Seiten mit 45 Abb. Kart.
€ 37,-
ISBN 978-3-17-020677-9
Kohlhammer Standards Psychologie

Wie lernen Menschen und wie kann man ihnen dabei helfen? In diesem Lehrbuch geht es um Theorien und empirische Befunde, auf deren Grundlage erfolgreiches Lernen und Lehren möglich ist. Dargestellt werden die allgemeinen und individuellen Voraussetzungen erfolgreichen Lernens und Lehrens sowie die aus der Unterschiedlichkeit der Lernenden resultierenden Besonderheiten. Auch Maßnahmen der pädagogisch-psychologischen Beratung und Intervention, wenn der Erfolg des Lernens und/oder Lehrens ausbleibt, werden behandelt.

„Was Studierende der Psychologie und auch des Lehramts insbesondere mögen werden, ist die sehr klare Gliederung und die ebenso klare und verständliche Ausdrucksweise der Autoren. In diesem Lehrbuch ist es gelungen, die gute Lesbarkeit mit wissenschaftlicher Präzision und Aktualität zu kombinieren."

Prof. Dr. Jens Möller, Universität Kiel

Professor Dr. Marcus Hasselhorn lehrte Pädagogische Psychologie und Entwicklungspsychologie an der Universität Göttingen und leitet seit 2007 den Bereich „Bildung und Entwicklung" am Deutschen Institut für Internationale Pädagogische Forschung (DIPF). **Professor Dr. Andreas Gold** lehrt Pädagogische Psychologie am Institut für Psychologie der Goethe-Universität Frankfurt am Main.

▶ www.kohlhammer.de

W. Kohlhammer GmbH · 70549 Stuttgart
Tel. 0711/7863 - 7280 · Fax 0711/7863 - 8430